참요

참요
시대의 징후를 노래하다

심경호 지음

한얼미디어

| 책을 엮으며 |

 말은 주술이다. 자기 세계에 대해 희망을 담은 말, 저주를 담은 말, 그 말을 여러 사람이 함께 노래할 때 말은 더욱 주술의 힘을 강하게 지니게 된다.
 과거의 언중言衆들은 짧고 간결한 음악적 언어로, 현실에 대한 우려감이나 정치에 대한 불만을 표출하고는 했다. 그것을 요謠라고 한다. 그중 도참사상이나 참언讖言을 토대로 만들어진 요를 참요讖謠라고 한다. 그런데 그것은 자연스럽게 발생하여 마치 아이들의 언어유희와 같으면서도 미래를 예시하는 기능을 지니기에, 옛사람들은 그것을 동요라고 불렀다. 그러나 요는 아동이 만든 것만은 아니다. 누군가 아동을 통해 유포시키거나 아이들의 노래 형식으로 조작한 경우가 많다.
 성호 이익은 귀신이 어린아이에게 붙어서 말을 만들어내는 것이 동요라고 했다. 귀신의 존재를 믿어서 그렇게 말한 것이 아니라, 동요의 예지성과 신뢰성을 강조하려고 그렇게 말한 것이다.
 참요나 동요는 모두 공적 언론과 차별되는 대항언론의 성격을 지니며 현실 비판의 기능을 지닌다. 다만 생성과정을 보면 참요와 동요는 서로 관련이 있기도 하고 서로 다른 부류를 이루기도 한다.

중국과 한국의 문헌을 보면 요의 생성과 존재 양상은 다음과 같이 매우 다양하다.

① 본래 민간이나 지식인 사이에 노래가 있었는데 그 의미를 알 수 없게 된 뒤 역사적 사건과 결부시켜 변형되고 재해석되는 요
② 후대의 사람들이 만들어내어 역사적 사건 뒤에 유포시킨 요
③ 하늘의 의지를 드러낸다고 하면서 예언을 하는 요
④ 형혹熒惑(화성)의 움직임에 연관시켜 예언의 주술성이 강화된 요
⑤ 현실 정치나 특정 사건의 흑막을 암시, 혹은 풍자하는 정치적인 요
⑥ 시대나 군주, 지방관 등을 송축하는 작위적인 요

이 가운데 ①②③④는 참요, ⑤는 정치요, ⑥은 송축요에 해당한다. 혹자는 ①②③④와 ⑤를 모두 참요라고도 부른다.

본래 좁은 의미의 참요는 ④만을 가리킨다. 참요는 도참사상이나 형혹설과 관련이 있기 때문이다. 하지만 ①②③④는 모두 사건발생을 미리 예언하거나 사건발생을 예언했다고 간주되는 노래로서, 그것들을 넓은 의미의 참요라고 불러도 무방하다. ⑤는 현실을 풍자하거나 정치적인 성격을 띠지만 예언의 노래로 간주되지 않기에 참요라고 볼 수 없다. 그렇기는 하지만 정치요 가운데는 그것이 예언의 노래로 간주되었는지 그렇지 않았는지 판별하기 쉽지 않다. 따라서 관점에 따라서는 ⑤의 정치요도 참요로 볼 수 있다.

이 책에서는 참요란 개념을 광의의 뜻에서 사용하여, ①②③④와 ⑤를 모두 참요라고 부르기로 한다.

우리 문헌에 정착된 '요'나 구전민요 가운데는 참요나 정치요의 성격을 지닌 것이 많다. 백제의 멸망을 암시한 '백제동월륜百濟同月輪', 신라 진성여왕 때의 다라니 은어 '나무망국', 신라의 멸망과 고려의 건국을 암시한 '계림사', 후백제의 멸망을 암시한 '절영마'와 '완산아', 고려 정중부의 난 때 유포되었던 '보현찰', 충혜왕 때 유행한 '아야마', 조선의 건국을 암시한 '목자득국', 연산군의 패망을 예견한 '삼합로고', 숙종 때 과거 부정을 풍자한 '어사화야 금은화야', 인현왕후와 장희빈을 미나리와 장다리로 비유하여 노래한 '미나리는 사철, 장다리는 한철' 등등이 그것들이다. 그밖에 반역의 사실과 관련된 노래, 군주의 황음荒淫이나 궁중의 불안을 반영한 노래, 정쟁에 관련된 노래 등도 많다. 필자는 120여 건 정도를 여러 문헌기록에서 찾아낼 수 있었다.

참요는 그것이 과연 예언인지 부회인지 판단하기 어려울 때가 많다. 이를테면 〈녹두새요〉·〈파랑새요〉는 예언이요 선동인지, 회상이요 울분토로인지 분명하지 않다. 더구나 정치적인 의도에서 민중의 동요 형식을 모방하여 지은 의제擬製 참요나 특정인을 평가하는 말을 흘려보내는 인평人評 형태의 참요도 있다. 〈전읍흥요甸邑興謠〉와 〈형장요亨長謠〉 등은 명백히 정치적 의제이다. 또 조선 초의 〈남산요〉는 이방원 형제의 거사로 정도전과 남은이 죽게 되리라는 예언을 담고 있다.

민중이나 지식인들은 노래의 형태는 아니지만 현실의 문제를 은밀하게 비판하는 말을 퍼뜨리기도 했다. 그것을 '요언'이나 '패언'이라고 한다. 곧 유언비어를 말한다. 현실 비판의 내용은 괘서와 투서의 형태로 전하기도 했다. 또 아전과 백성 중에서 원한을 품은 사람들은 산에 올라가 크게 욕지거리를 하거나 민심을 혼란시키는 말을 퍼뜨리기도 했다. 그것을 산호山呼라고 한다. 참요는 요언(패언)이나 산호와 마찬가지로 민중이나 지식인의 울분과 비판의식을 담고 있다.

"민중의 소리를 들어라. 민중의 소리를 두려워하라."

이것은 근대 이전의 정치 강령 가운데 하나였다. 그렇기에 위정자는 거리에서 노래되는 동요나 민간에 떠도는 참요와 요언에 귀를 기울였다. 하지만 정권을 농단하는 자들은 민중의 소리를 두려워하여 그것을 금압하려고 했다. 고려 원종 때 임유무가 동요와 도참圖讖(앞날의 길흉을 예언하는 술법)을 퍼뜨리는 자를 체포하면 관작과 재화를 상으로 주겠다고 했던 것은 그 대표적인 예이다.

참요나 요언, 산호 등은 공적 언론과 대치되는 대항적 언론으로서, 대개 현실 정치의 잘못을 명확하게 지적해왔다. 그렇기에 과거의 군주들은 대항언론의 내용을 듣고 정치의 득실을 파악했다. 이익은 《성호사설》의 '첨앙인주瞻仰人主' 조항에서, 항간의 동요는 궁내의 일들을 풍자하는 내용이 많으므로 군주는 그 노래를 듣고 자신의 몸가짐을 바로잡아야 한다고 했다. 정약용은 지방 수령에게 패서와 투서를 불살라야 한다고 권하면서도, "유언비어가 거두어져서 보리뿌리로 들어간다."라는 속담을 인용해서, 유언비어는 스스로 가라앉을 때까지 기다리는 것이 좋다고 했다. 그리고 위정자나 목민관은 유언비어가 발생한 이유를 살펴서 스스로 근신하고 정치를 쇄신해야 한다고 말했다.

대항언론 가운데서도 참요와 정치요는 노랫말의 특성상 전파가 빨라 '적시성'을 지녔다. 곧 언중들이 짧은 음악적 언어로 현실에 대한 우려감이나 정치에 대한 불만을 표출하는 그 방식은 오늘날 트위터의 글쓰기와 매우 닮아 있다.

이 책은 한국 문헌에 기록되어 있는 참요와 정치요를 대상으로, 민간의 대항언론이 형성되고 처리되는 과정을 살펴봄으로써, 근대 이전 대항언론의 가치와 그 역사적 의미를 생각해보기로 한다.

2012년 7월 20일
안암골에서 심경호

차례

책을 엮으며 • 004

1부 —— 고대·중세의 참요

서동방을 몰래 안고 간다 | 서동요 • 017
백제는 둥근달, 신라는 초승달 | 백제월륜요 • 024
지리다 도파 도파 | 지리다요 • 030
나무망국 찰니나제 | 나무망국요 • 034
계림은 누른 잎, 송악은 푸른 솔 | 계림요 • 039
먼저 닭 잡고 뒤에 오리를 치리라 | 고경참요 • 046
절영 명마 이르면 백제가 망하리 | 절영마요 • 054
가련하다 완산 아이 | 완산요 • 063
인종 때의 동요 • 068
어느 곳이 보현찰인가 이 길을 따라가면 모두 죽으리라 | 보현찰요 • 076
용이 섰다 | 입룡요 • 085
용손 열둘 다 죽은 뒤 다시 십팔자 | 십팔자요 • 091
청새진 호장의 동요 | 청새진요 • 094
박나무 가지 꺾어서 물밥 한 그릇 | 호지목지요 • 100
용손 열둘이 다 죽고 남쪽에서 제경을 이룩한다 | 작제경요 • 104

만수산에 안개 자욱하네 | 만수산요 • 111
악양에서 죽으니 고난은 옛일 | 악양요 • 118
닷새베로 도목을 짓네 | 종포도목요 • 125
홀연 남쪽 외적 하나가 깊이 와우봉으로 들어가네 | 남구요 • 131
소가 크게 운다 | 우대후요 • 137
참새야 어디서 날아오느냐 | 사리화요 • 141
서경성 밖에는 불빛, 안주성 밖에는 연기 | 이원수요 • 145
역사를 베네 역사를 베네 | 할사요 • 149
목자가 나라를 얻으리라 | 목자요 • 153

2부 —— 조선 전기의 참요

남산에 가서 돌을 쪼니 정 남은 것이 없구나 | 남산요 • 161
해 저물자 계집아이를 구하다니 | 맥숙요 • 164
은행나무 다시 살면 순흥이 회복되고
　　　　순흥이 회복되면 노산군도 복위된다 | 은행나무요 • 167
망마다 승슬어이라 | 망마다요 • 175
웃기로고 궂기로고 패하로고 | 삼합로고요 • 178
매이역가 수묵묵 | 수묵묵요 • 182
충성이 사모인가 | 사모요 • 186
이 손이 어떤 손인가 | 만손요 • 190
목자는 이미 쇠퇴하고 주초가 천명을 받는다 | 주초수명요 • 197
슬파곤의 노래 | 슬파곤요 • 200
김안로 흉서의 동요 | 김안로 동요 • 203
서대문 아들의 큰 붓 | 대필요 • 210

채여 채여! 이李를 고쳐 채라 했구나 | 채채요 • 218
나라 어지럽히는 자는 동인, 나라 망하게 하는 자는 서인 | 망국요 • 221
목자가 망하고 전읍이 흥한다 | 천읍흥요 • 223
뽕나무에서 말갈기 나면 집 주인이 왕이 된다 | 마렵요 • 227
정여립의 갈건삼을 입었구나 | 여립갈건삼요 • 231
막좌리 벌이 갈물로 허물어지면 | 막좌리평요 • 235
악용운근岳聳雲根 담공월영潭空月影이라 | 악용운근요 • 240
경기감사 우장직령 | 우장직령요 • 245
이팔자 저팔자 타팔자 | 차팔자요 • 249
부슬비 내리는 서울 거리 | 세우천가요 • 252
네놈이 왜장 청정이 아니냐 | 왜요 • 256
온 성이 궁궐이로다 | 만성궁궐요 • 262
은이냐 돌이냐 | 은야석야요 • 265
달아나는 것만 못하다 | 성불여월요 • 269
금수레야 금수레야 | 금거요 • 274
춘삼월 보름달이 돌아오네 | 도라오내요 • 277
밭 있으면 세금이 없고 세금 있으면 밭이 없구나 | 유세무전요 • 283

3부 ── 조선 후기의 참요

탁탁귀가 있다 | 탁탁귀요 • 297
오라비 상투가 왜 그래요 | 병자란요 • 301
정혈을 버리고 사혈을 취하다니 | 사혈요 • 306
자점이 점점 | 자점점점요 • 309
형장亨長을 형장刑杖하면 면했이 면免할소냐 | 형장요 • 314

섭제에 일어나리라 | 섭제요 • 318
허허 우숩다 | 허허우소다요 • 321
의호청밀宜乎淸密이라 | 의호청밀요 • 325
허적이 산적 된다 | 허적산적요 • 330
미나리가 좋으랴 장다리가 | 근호야 • 335
미나리는 사철, 장다리는 한철 | 미나리요 • 337
어사화냐 금은화냐 | 어사화요 • 342
화로장사鬻老張死 | 화로요 • 352
권설權卨이 소설騷屑 | 권설소설요 • 356
숭례문 밖 남지의 요참 | 남지요 • 361
일경은 파경 | 일경파경요 • 364
광삼의 천지다 | 광삼건곤요 • 368
상相을 보면 느린데 성性은 어찌 급한가 | 완급요 • 372
한유韓柳의 자리에 한 그루 송松 | 석상송요 • 375
조송의 천지 | 조송건곤요 • 377
청루의 남은 꿈이 용문에 올랐다 | 청루여몽요 • 380
수통과부水桶寡婦 | 수통과부요 • 384
증천 박색이 맬렬하게 들어온다 | 박색요 • 387
억수로 귀하다 | 억귀요 • 391
목탁탁 고양아 | 목탁탁요 • 395
안국동이 망국동, 마상에 봉한식이라 | 망국동요 • 399
정후겸 행상도 | 행상도요 • 404
이셔고만 감즉고만 옴즉고만 | 삼개고만요 • 407
홍도화는 한철 | 홍도화요 • 412
남인의 흥기를 예언한 동요 • 416
홍충도 감사의 탐학을 비판하는 동요 | 홍충도요 • 420
윤 여인의 죽음에 관한 노래 | 배천 농요 • 426
청량교에 시위 나니 니집두 떠내려간다 | 청량교요 • 433

잇꽃에 열매 없으니 홍화를 어찌 하나 | 홍화요 • 438
오오 동래 울산의 한 살배기 까마귀야 | 오오요 • 441
내일이면 | 내일요 • 445
수원은 원수 | 수원요 • 447
수원에 가서 태어나지 못하여 한스럽네 | 수원요 • 451
일 없소 | 무계요 • 455
남포 주자화상서원 설립을 풍자하는 가요 | 운곡리가요 • 458
새 옷 입고 새 밥 먹고 새 잠 잔다 | 삼산요 • 464
일사황관에 귀신이 탈의하다 | 임신기병요 • 469
철산 치오 가산 치오 정주 치오 | 홍경래란요 • 475
이경화야 네 날 살려라 | 이경화요 • 479
간드렁 간드렁 | 간드렁요 • 483
연산 경내에 세 도둑놈 | 연산요 • 486

4부 —— 구한말, 근세의 참요

관상감에서 성인이 나온다 | 관상감요 • 491
아랫대궐 웃대궐 경복궁 새대궐 | 경복궁요 • 498
바람이 분다 | 매화타령 • 502
경성에서 태어나지 못한 것은 그렇다치고
　　　　어찌하여 영문에도 살지 못하나 | 삼수갑산요 • 506
평양 선화당은 민씨 사랑방 | 선화당요 • 512
숲속에서 자느라 돌아오지 않네 | 임간요 • 520
공자가 시관에 석숭이 장원이다 | 석숭장원요 • 523
파방 파방 또 파방 파방 | 파방요 • 528

우장이 나오자 어린아이 잘 자라고, 금계랍 들어오자
　　　노인들이 제 명에 사네 | 우장금계랍요 • 531
천리 늘어선 소나무가 하루아침에 하얗게 되리라 | 천리연송요 • 534
전주고부 녹두새야 | 녹두새요 • 538
파랑새야 파랑새야 녹두꽃이 떨어지면 청포장사 눈물낸다 | 청포장사요 • 544
새야 새야 파랑새야 | 파랑새요 • 551
개남아 개남아 진개남아 | 개남요 • 555
봉준아 봉준아 전봉준아 | 봉준요 • 560
가보세 가보세 | 가보세요 • 562
사대문 걸고 나비잠만 잔다 | 나비잠요 • 570
성났다 변났다 연주문을 열어라 | 연주문요 • 573
네가 무슨 년에 도화냐 복숭아 꽃이 도화지 | 도화요 • 578
여드레간 청명했다 | 팔일청명요 • 582
초포에 배가 가고 계산 바위가 하얗게 된다 | 초포요 • 587

부록

부록 1 요謠에 대한 고찰 • 593
부록 2 한국 한문학의 참요와 그 정착문헌 일람 • 623

참고문헌 • 632
찾아보기 • 636

1부

고대·중세의 참요

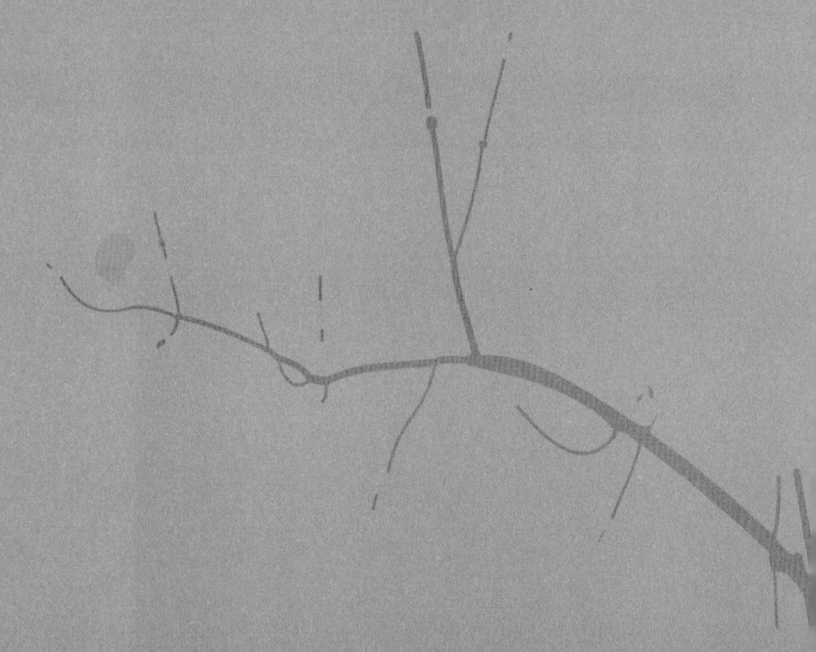

서동방을 몰래 안고 간다
: 서동요

선화공주님은	善花公主主隱 선화공주주은
남몰래 얼어 두고	他密只嫁良置古 타밀지가양치고
서동방을	薯童房乙 서동방을
밤에 몰래 안고 가다	夜矣卯乙抱遺去如 야의묘을포유거여

— 《삼국유사》 〈기이紀異〉 제2 '무왕'조 / 오구라 신페이, 양주동, 홍기문 해석 참고

《삼국유사》 '무왕'조에 수록된 서동薯童설화에는 4개의 구로 이루어진 향가가 들어 있다. 이것을 〈서동요〉라고 부른다. 서동은 서薯, 즉 마를 캐어 생활을 이어가던 소년을 가리킨다.

서는 서여薯蕷(참마)로, 산우山芋, 산약山藥, 산저山藷, 왕연王延, 월일반月一盤, 서약薯藥이라고도 한다. 지방에 따라서는 홍서紅薯, 백서白薯, 지과地瓜,

1부 고대·중세의 참요 017

홍초紅茗 등 조금씩 다른 종류가 있다고 한다. 서薯는 저藷로도 적는다.

〈서동요〉는 선화공주가 밤마다 몰래 서동을 찾아간다는 뜻을 담고 있다. 방房은 서방書房에서의 '방'과 같다. 다만 노래는 향찰로 기록되어 있으므로 아직 정확하게 해독하지는 못한다. 노래의 마지막에 나오는 '가다'라는 표현은 '가도다'라는 진행형, 반복형의 뜻이라고 볼 수 있다. 사랑의 행위가 지금 이루어지고 있다는 사실을 말하는 듯하다.

이 노래가 대궐 안에까지 퍼지자 왕은 마침내 공주를 귀양 보냈다. 그러자 서동이 길목에서 기다리다가 그녀를 데리고 백제로 돌아가서, 자신은 임금이 되고 선화는 왕비로 삼았다고 한다.

이 서동설화는 민담을 문헌으로 정착시킨 것이다.

이 설화는 백제 무왕의 이야기라고 전한다. 무왕은 백제 제30대 왕으로, 이름은 장璋 또는 무강武康·헌병獻丙·일기사덕一耆篩德이다. 법왕의 아들이며 의자왕의 아버지다. 법왕과 그 위의 혜왕은 모두 즉위한 지 두 해 만에 죽었으므로 나라 안이 혼란스러웠다.

무왕의 모친이 홀로 되어 서울 남쪽의 못가에 집을 짓고 살던 중, 용과 관계하여 무왕을 낳았다고 전한다. 어릴 적부터 도량이 무척 컸지만 가난해 마를 캐어 팔아서 생활해야 했으므로 도성 사람들이 그를 서동이라 불렀다.

서동은 신라 진평왕의 셋째 공주 선화가 아름답기 짝이 없다는 말을 듣고, 머리를 깎고 서라벌(지금의 경주)로 갔다. 그리고 거리의 아이들에게 마를 나누어 주자, 아이들이 그를 따랐다. 그러자 서동은 동요를 지어 아이들로 하여금 부르게 했다. 이 동요가 궁궐에 들어가자, 신하가 극력 간諫하여 공주를 먼 곳으로 귀양 보내게 했다. 왕후는 공주가 떠나려

할 때 순금 한 말을 노자로 주었다. 공주가 길을 갈 때 서동이 맞이하자, 공주는 그가 누구인지는 몰랐지만 그를 따라갔다. 뒤에 서동의 이름을 알고 동요의 내용이 들어맞은 것을 기이하게 여겼다.

선화공주는 백제로 가서, 어머니가 주었던 황금으로 살아가려 했다. 서동이 웃으면서 "이것이 무엇이오?"라고 하니, 공주는 "이 황금이면 평생 먹고 살 수 있을 겁니다."라고 했다. 서동은 "내가 어려서 마를 캐던 곳에 이런 것을 흙처럼 쌓아 놓았소."라고 했다. 공주가 크게 놀라 "그것은 천하의 지극한 보물입니다. 있는 곳을 알거든 가져다가 저희 부모님 궁에 보내지요."라고 했다. 서동은 금을 쌓아 놓고 용화산 사자사獅子寺의 지명법사知命法師에게 가서 금을 실어 보낼 방법을 물었다. 지명법사는 "내가 신통한 힘으로 보낼 터이니 금을 가지고 오시오."라고 했다. 선화공주가 편지와 함께 금을 사자사 앞에 갖다 놓았다. 지명법사는 그 금들을 하룻밤 사이에 신라 궁중으로 보냈다. 진평왕은 서동을 존경하게 되었으며 늘 편지를 보내어 안부를 물었다. 서동이 이로부터 인심을 얻어 왕위에 올랐다.

어느 날 무왕이 부인과 함께 사자사에 가려고 용화산 아래 큰 연못가에 이르렀는데, 미륵삼존이 연못에서 나타났다. 무왕은 수레를 멈추고 절을 올렸다. 그러자 부인이 왕에게 말했다. "이곳에 큰 절을 지어 주십시오. 그것이 제 소원입니다." 왕이 허락하고는 지명법사에게 연못을 메울 일을 물었다. 지명법사는 하룻밤 사이에 산을 헐어 못을 메워 평지로 만들었다. 그리고 미륵삼존의 상을 만들고 전殿과 탑塔, 낭무廊廡를 각각 세 곳에 세우고 절 이름을 미륵사라 했다. 진평왕이 여러 공인工人들을 보내 일을 돕게 했다.

서동설화는 이렇게 미륵사 연기緣起설화 속에 들어 있다. 설화 자체만을 보면 납득하기 어려운 이야기가 많다.

무왕은 법왕의 아들이거늘, 어째서 그 어머니가 홀로 되었을 때 용과 관계하여 낳았다고 했는가? 무왕은 귀한 신분으로 태어났거늘 어째서 마를 캐어 팔러 다녀야 했는가? 무왕은 마를 캐던 곳에 황금이 산적해 있는데도 그것이 보물인 줄 몰랐단 말인가?

역사학 분야의 연구에 따르면, 백제는 옥천 전투에서 패배한 후 귀족의 내분이 일어났다. 그래서 여러 왕들이 고작 한두 해만 왕위에 있었다. 그런데 무왕은 즉위하여 41년간이나 집권하여 정치를 안정시키고 백제군을 낙동강 방면으로 진출시켰다. 630년에는 사비궁을 중수하고 634년에는 왕궁 남쪽에 인공 호수와 인공 섬을 만들었다. 그리고 앞서 법왕이 600년에 짓기 시작했던 왕흥사를 30년 만에 완성시켰다. 이 절은 왕실의 원찰願刹이었다.

집권 후반기의 무왕은 익산에 별도의 도읍을 경영하여, 평성坪城을 축조하고는 제석사와 미륵사를 창건했다. 서동설화에서 미륵사가 등장하는 것은 이러한 배경과 관계가 있다.

다만, 백제와 신라의 관계로 볼 때 서동설화가 무왕의 이야기라고 보는 것은 수긍하기 어려운 면이 있다. 그래서 서동을 동성왕이라 하거나, 신라 원효나 백제 무령왕을 가리킨다고 보는 주장까지 있다.

서동설화는 무왕보다 앞선 동성왕의 결혼 동맹 사실을 반영하는 것인지 모른다. 또 무령왕이 즉위 전에 담로장의 자격으로 익산을 다스린 사실과 관련이 있을 듯도 하다. 즉, 서동설화는 백제 무왕이 신라와의 관계에서 우위를 차지하고 미륵사를 창건한 사실을 배경으로 하되, 그 이전의 결혼동맹 사실이나 무령왕 고사 등을 한데 합하여 구성된 이야기라고 볼 수 있다. 혹자는, 백제가 멸망한 후 미륵사 승려들이 절을 구하려고 그 절이 신라와 관련이 있는 것처럼 설화를 지어냈다고 보기도 한다.

최근 미륵사지 석탑 보수 때 〈사리봉안기舍利奉安記〉가 발견되었는데, 거기에는 무왕의 왕비가 사택沙宅씨로 되어 있다.

> 우리 백제 왕후께서는 좌평佐平 사택적덕沙宅積德의 따님으로 지극히 오랜 세월에 좋은 인연을 심어 금생今生에 뛰어난 과보果報를 받아 만민萬民을 어루만져 기르고 불교의 동량棟梁이 되어 능히 정재淨財를 희사喜捨하여 가람伽藍을 세우고, 기해년 정월 29일에 사리를 받들어 봉양했다.

무왕 40년 기해년(639) 정월에 미륵사 서탑에 사리를 봉안한 주체는 왕비였던 사택적덕의 딸이었다. 따라서 미륵사 창건과 관련된 인물은 선화공주가 아니라 사택씨였던 셈이다. 다만, 선화공주가 무왕의 왕비가 아니었다고 단정하기는 어렵다. 무왕에게 여러 비빈들이 있었을 가능성이 있기 때문이다. 더구나 《삼국유사》는 〈서동요〉와 서동설화를 '무왕'조에 실어 두었으므로 그것이 무왕과 관련이 있었음에 틀림 없다.

'무왕'조는 《삼국유사》에서 〈기이〉 편의 마지막인 '가락국기' 앞에, 김부대왕이 고려 태조에게 귀부한 사실을 적고 나서 '남부여·전백제'조, '무왕'조, '후백제견훤'조의 순으로 배치된 속에 있다. '남부여·전백제'조부터 '가락국기'까지 네 조항은 《삼국사기》에서 배제된 《고기》류의 정보에 근거하는 듯하다. 따라서 '무왕'조의 서동설화는 민중의 기억 속에서 살아남은 역사였던 것이다.

《고기》에서 무왕은 지룡池龍의 아들이다. 이것은 후백제의 견훤이 지렁이의 아들이었다고 한 것과 유사하다. 무왕의 설화와 견훤의 설화는 야래자夜來者 전설을 모태로 건국신화로 발전한 것이다. 그런데 서동설화는 일본 규슈 분고오노 시豊後大野市에 전하는 마나노장자眞名野長者설화와 유사한 면이 있다.

옛날 나라奈良의 서울에 다마츠히메玉津姬라는 공주가 있었다. 어느 날 공주의 얼굴에 큰 흠이 생겨 통곡을 했다. 그래서 매일 밤 신에게 참배를 했다. 어느 날 밤 꿈에 신이 나타나, "분고노구니豊後の国의 마나노바루眞名野原(지금의 우스키)에 숯쟁이 코고로炭燒小五郎라는 자가 살고 있는데, 그 자와 결혼하면 행복하게 될 것이다."라고 했다. 꿈에서 깨어난 공주는 몰래 서울을 빠져나가 분고노구니로 향했다. 오랜 여행 끝에 가까스로 그곳에 도착해서 잠깐 쉴 때, 손발이 더럽고 남루한 옷을 입은 채 머리가 헝클어진 한 사내가 걸어왔다. 그 자가 코고로였다. 코고로는 공주의 이야기를 듣고 놀랐지만, 공주의 간청에 마지못해 두 사람이 부부가 되어 초라한 숯쟁이 집에서 살림을 차렸다.

어느 날 곤궁해 견디다 못한 공주는 서울에서 가져온 금을 포대에서 꺼내어 코고로에게 주었다. 그러자 코고로는 놀라지도 않으면서 "이런 돌이라면 내가 숯을 굽는 가마(釜) 부근이나 이 아래의 연못에 얼마든지 있소."라고 했다. 공주는 놀라서 그를 따라 연못으로 가보았다. 두 사람이 연못에 이르자, 기이하게도 금색의 거북이가 물에 떠 와서, "나는 이곳의 주인으로 보물을 지켜 왔으나 그 모든 것을 그대들에게 주겠노라." 하고는, 돌연 금색의 새가 되어 날아갔다. 그리고 공주가 물가로 내려가 물에 얼굴을 씻자, 커다란 흠이 없어지고 아름다운 본래의 모습으로 되었다. 또 코고로가 손에 잡은 작은 돌은 모두 금으로 바뀌어, 곧바로 부자가 되었다. 사람들은 코고로를 마나노장자라고 불렀다.

〈서동요〉는 여전히 많은 의문점이 있다. 다만 동요가 정치적 목적에서 배태되었을 가능성을 알려준다는 점은 의심할 여지가 없다.

| 참고문헌 |

이병도, 〈서동설화에 대한 신고찰〉, 《력사학보》 1, 1953.
김선기, 〈쑈뚱노래〉, 《현대문학》 151, 1967.
김병욱, 〈서동요고〉, 《백제연구》 7, 충남대학교 백제연구소, 1976.
김종우, 〈서동요연구〉, 《삼국유사와 문예적 가치 해명》, 새문사, 1982.
황패강, 〈서동요연구〉, 《신라문화》 3·4, 동국대학교 신라문화연구소, 1987.
사재동, 〈서동요의 문학적 실상〉, 《한국문학유통사의 연구》 I, 중앙인문사, 1999.
민찬, 〈서동요 해독 및 해석의 관점〉, 《한국문화》 33, 서울대학교 한국문화연구소, 2004.

오구라 신페이小倉進平, 《鄕歌及び吏讀の硏究》, 아세아문화사, 1974년 영인.
양주동, 《증정 고가연구》, 일조각, 1987년 중판.
홍기문, 《향가해석》, 김지용 해제, 여강출판사, 1990년 영인.
한국정신문화연구원, 《역주 삼국유사》, 이회문화사, 2002.

백제는 둥근달, 신라는 초승달
: 백제월륜요

백제는 둥근달	百濟同月輪 백제동월륜
신라는 초승달	新羅如月新 신라여월신

— 《삼국사기》〈백제본기〉 '의자왕'조

〈백제월륜요〉는 백제가 망하리라 예언했다는 동요이다. 한자시로 번역되어 있는데, 다섯 글자로 이루어진 두 시구를 잇댄 연구(聯句)이되, 각 구마다 마지막 글자에 운자를 두어 압운을 했다. 백제를 둥근달, 신라를 초승달에 비교하여, 쇠퇴와 신흥의 사실을 선명하게 대비시켰다. 이 동요는 《삼국사기》〈백제본기〉의 '의자왕'조에 설화와 함께 전한다.

  의자왕 20년인 660년, 사슴 모양의 개 한 마리가 서쪽으로부터 사비하(泗沘河) 언덕에 이르러 왕궁을 향하여 짖더니 잠깐 사이에 사라졌다. 그러자 서울의 개들이 길에 모여 울부짖다가 얼마 후 흩어졌다. 이때 귀신 하나가 궁궐 안으로 들어와, "백제가 망한다. 백제가 망한다."라고 크게 외치고는 땅으로 들어갔다. 왕이 이상하게 여겨 사람을 시켜 파보게 했더니, 석 자[尺]가량의 깊이에 거북이 한 마리가 있었고, 그 등에 "백제는 둥근달과 같고 신라는 초승달과 같다."라는 글이 적혀 있었다. 왕이 무당에게 물으니, "둥근달 같다는 것은 가득찼다는 뜻입니다. 가득차면 기웁니다. 초승달 같다는 것은 아직 차지 않았다는 뜻입니다. 차지 않았으면 가득차게 됩니다."라고 대답했다. 왕은 화가 나서 그를 죽였다. 그러자 다른 사람이 말했다. "둥근달 같다는 것은 왕성하다는 것이요, 초승달 같다는 것은 미약하다는 것입니다. 아마 우리나라는 왕성하게 되고 신라는 점차 미약해진다는 뜻일까 합니다." 왕이 기뻐했다.

동요는 한 나라의 멸망을 명확하게 예언했다. 하지만 의자왕은 동요의 참 의미를 새겨듣지 않아서 결국 나라를 망치고 말았다.

무왕의 뒤를 이은 의자왕은 초반에는 여러 개혁정치를 시행했다. 재위 19년인 659년에는 군사를 보내 신라의 독산성과 동잠성의 두 성을 쳤다. 하지만 백제는 말기 증세를 드러냈고, 천재지변이 발생했다.

이 해(659) 봄 2월에 여러 마리의 여우가 궁궐 안으로 들어왔는데 흰 여우 한 마리가 상좌평의 책상 위에 앉았다. 여름 4월에 태자궁의 암탉이 참새와 교미했다. 5월에 서울 서남쪽의 사비하에 길이 세 장丈의 물고기가 나와 죽었다. 가을 8월에는 길이 18자의 여자의 시체가 생초진에 떠올랐다. 9월에는 궁중의 홰나무가 마치 사람이 곡을 하듯이 울고, 밤에는 귀신이 궁궐 남쪽 길에서 울었다.

다음 해인 의자왕 20년(660)에는 더욱 불길한 징조들이 나타났다.

봄 2월에는 서울의 우물물이 핏빛이 되었다. 서해 바닷가에서는 조그마한 물고기들이 나와 죽었는데 백성들이 이루 다 먹을 수가 없었다. 사비하는 물이 핏빛처럼 붉어졌다. 여름 4월에는 두꺼비와 개구리 수만 마리가 나무 위에 모였다. 서울의 저자 사람들이 까닭 없이 놀라 달아났는데 넘어져 죽은 자가 100여 명이나 되었고 재물을 잃은 것은 헤아릴 수 없었다. 5월에는 바람과 비가 갑자기 불어 닥치고, 천왕사와 도양사 두 절의 탑에 벼락이 쳤으며, 백석사 강당에도 벼락이 쳤다. 검은 구름이 용처럼 공중에서 동과 서로 나뉘어 서로 싸웠다. 6월에 왕흥사의 승려들이, 돛배 같은 것이 큰물을 따라 절 문으로 들어오는 것을 목격했다.

이러한 변고가 있은 뒤 궁궐의 땅 속에서 거북이가 나왔는데, 그 등에는 "백제는 둥근달, 신라는 초승달"이라고 쓰인 참요의 글귀가 있었던 것이다.

이때 당나라 고종은 좌무위대장군 소정방을 신구도행군대총관으로 삼아 좌효위장군 유백영, 우무위장군 풍사귀, 우효위장군 방효공을 거느리고 군사 13만 명을 통솔하여 백제를 치게 했다. 신라 왕 김춘추는 당나라로부터 부총관에 임명되고, 다시 우이도행군총관의 직함을 받고는, 김유신과 함께 당나라 군사를 성원하면서 백제를 쳤다. 소정방은 성산城山에서 바다를 건너 백제 서쪽의 덕물도에 이르고, 김유신은 정예 군사 5만 명을 거느리고 백제로 향했다.

의자왕은 신하들에게 방책을 물었다. 좌평 의직義直은, 멀리 바다를 건너온 당나라 군사를 먼저 쳐야 한다고 했다. 달솔 상영常永은, 당나라 군대의 길을 막아 그 군사가 피로해지기를 기다리면서 일부 군사를 보내 신라의 군사를 쳐서 기세를 꺾은 후에 형편을 보아 세력을 합하여 당나라 군사와 싸워야 한다고 주장했다.

의자왕은 어느 말을 따를지 주저했다. 그래서 고마미지현(수령현, 지금의 전남 장흥군 장흥읍)에 유배되어 있는 좌평 흥수興首에게 사람을 보내 계책을 물었다. 흥수는 말했다.

"백강[혹은 기벌포]과 탄현[혹은 침현]은 우리나라의 요충지이므로 한 명의 군사와 한 자루의 창만 가지고 막아도 1만 명의 적이 당할 수 없을 것입니다. 용감한 군사를 뽑아 그곳을 지키게 하여 당나라 군사가 백강에 들어오지 못하게 하고 신라 군사가 탄현을 넘지 못하게 하십시오. 그리고 대왕은 성을 여러 겹으로 막아 굳게 지키다가 적의 군량이 다 떨어지고 사졸이 피로해지길 기다린 뒤에 힘을 떨쳐 적을 치면 반드시 승리할 것입니다."

하지만 대신들은 믿지 않았다.

"흥수는 오랫동안 갇혀 있던 몸이라 임금을 원망하고 나라를 사랑하지 않았을 것이므로 그 말을 쓸 수가 없습니다. 당나라 군사들로 하여금 백강에 들어오게 하여 물의 흐름을 따라 배를 나란히 할 수 없게 하고, 신라군으로 하여금 탄현을 올라오게 하여 좁은 길을 따라 말을 가지런히 할 수 없게 함만 같지 못합니다. 이때 우리 군사들을 풀어 공격하면 닭장 속에 있는 닭을 죽이고 그물에 걸린 물고기를 잡는 것과 같을 것입니다."

의자왕은 그 말을 믿었다.

그런데 당나라와 신라의 군사들이 이미 백강과 탄현을 넘어왔다는 말을 듣고 의자왕은 계백장군으로 하여금 결사대 5천 명을 거느리고 황산에 가서 신라 군사와 싸우게 했다. 계백은 네 번 크게 싸워 모두 이겼으나, 군사가 적고 힘도 꺾여서 마침내 패하고 자신도 죽었다. 백제는 군사들을 모아 웅진강 입구를 막고 강변에 군사를 둔치게 했다. 소정방은 왼편 물가로 나와 산으로 올라가서 진을 쳤다.

당나라 군사들을 실은 배들은 조수를 타고 꼬리에 꼬리를 물고 다가오며 북을 치고 떠들어댔다. 소정방은 보병과 기병을 거느리고 곧장 도성으로 나아가 30리쯤 되는 곳에 머물렀다. 남은 백제 군사들이 모두 모여 막아보았으나 전투에서 이기지 못하고, 죽은 자가 1만여 명이나 되었다. 당나라 군사가 성으로 육박하자 의자왕은 탄식하며, "성충의 말을 쓰지 않아 이 지경에 이르고 말았구나!"라고 하고는 태자 효孝와 함께 북쪽 변경으로 달아났다.

소정방이 사비성을 포위하자 의자왕의 둘째 아들 태泰가 스스로 왕이 되어 무리를 거느리고 굳게 지켰다. 태자의 아들 문사文思가 왕자 융隆에게 말했다. "왕과 태자가 성을 나갔는데 숙부가 멋대로 왕이 되었습니다. 만일 당나라 군사가 포위를 풀고 가면 우리들은 어찌 안전할 수 있겠습니까?" 그들은 측근들을 거느리고 밧줄에 매달려 성 밖으로 나갔다. 백성들이 모두 그들을 따라 가니 말릴 수가 없었다. 소정방이 군사로 하여금 성가퀴에 뛰어 올라가 당나라 깃발을 세우게 했다. 그러자 태는 문을 열었다. 이에 의자왕과 태자 효도 다른 성들을 바치고 항복했다. 소정방은 의자왕과 태자 효, 왕자 태·융·연演 및 대신과 장사 88명과 백성 12,807명을 당나라 서울로 보냈다.

수년 전 중국 낙양에 갔다가 북망산을 둘러보았는데, 그곳에서 의자왕의 묘지석이 나왔다고 들었다. 북망산은 곧 공동묘지이다. 의자왕이 고국으로 돌아가지 못하고 중국에서 그곳에 묻혔다는 것을 생각하면 가슴이 아프다.

《삼국사기》는 "백제는 둥근달 같고 신라는 초승달 같다."라는 말을 참언讖言이라고 했다. 참언이란 도圖와 참讖으로 인간사의 미래를 예언하는 도참설의 은어를 말한다. 참위讖緯라는 말보다 먼저 생겼다. 중국 주나라 말기에 천하가 혼란에 빠지게 되자 사람들이 살길을 찾아 방황하게 되니, 민중의 욕구에 호응하여 도참사상이 일어났다. 음양오행설, 천인감응설, 부서설, 풍수지리설 등을 혼합하여 천재지이를 인간사의 예언으로 설명하는 것이 도참사상이다.

《사기》〈진시황본기〉에 보면 도사 노생盧生이 바다에 들어갔다가 돌아와서 도참을 진언하기를, "진나라를 망하게 하는 것은 호胡입니다."라고 했다. 진시황은 그 말을 믿고 군사를 보내어 흉노족을 격파하고 북쪽 국경에 만리장성을 쌓았다. 그러나 진나라를 망하게 만든 것은 시황의 작은 아들 호해胡亥의 가혹한 정치였다. 또 전한 말기에 왕망이 득세했을 때, 우물 속에서 꺼낸 흰 돌에, "안한공 망에게 황제가 되리라 알린다告安漢公莽爲皇帝"라는 여덟 글자가 붉은 글씨로 씌어 있었다. 왕망은 이것을 근거로 야심을 이루었다. 그 후부터 제왕은 이러한 도참설을 많이 모방했다.

우리나라에서도 삼국시대에는 도참사상이 널리 퍼졌던 듯하다.

지리다 도파 도파

: 지리다智理多요

제49대 헌강대왕 때는 서울[京師]에서 해내에 이르기까지 집과 담장이 잇달아 있고, 초가는 하나도 없었다. 풍악과 노랫소리가 길에 끊이지 않았고, 바람과 비는 사철 순조로웠다. 이때 대왕은 개운포開雲浦(학성 서남쪽에 있으니 지금의 울주이다)에 출유하였다. (중략)

왕은 돌아와 영축산靈鷲山 동쪽 기슭의 승지勝地를 접지하여 절을 세우고 망해사望海寺라고 하였는데, 또 신방사新房寺라고도 이름 하였으니, 곧 용을 위해 세운 것이다. 또 포석정鮑石亭에 행차하였을 때 남산신南山神이 어전에 나와 춤을 추었는데, 좌우 신하는 보지 못했으나, 왕만 홀로 보았다. 어떤 사람이 앞에 나타나 춤을 추니, 왕이 몸소 춤을 추어 그 모양을 보였다. 신의 이름을 혹 상심祥審이라고 했으므로 지금까지도 나라 사람이 이 춤을 전하여 어무상심御舞祥審 또는 어무산신御舞山神이라고도 한다. 혹은 이미 신이 나와 춤을 추자 그 형상을 살펴 공인에게 명하여 본떠 새겨서 후대에 보이게 했으므로 상심象審이라고 한다고 하였다. 혹은 상염무霜髯舞라고도 하니, 이는 그 형상을 일컬은 것이다.

또 금강령金剛嶺에 행차했을 때 북악신北岳神이 나와 춤을 추었으므로 옥도검玉刀鈐이라고 이름 하였다. 또 동례전同禮殿 잔치 때 지신地神이 나와서 춤을 추었으므로 지백地伯 급간級干이라고 이름 하였다.

《어법집語法集》에 이러한 말이 있다.

"그때 산신山神이 춤을 춰 바치며 노래를 불러 '지리다도파도파智理多都波都波'라고 하였다."

이것은 지혜로 나라를 다스리는 사람이 형세를 미리 알고 많이 도망하여 도읍이 장차 파괴된다는 사실을 일러 말한 것이다. 곧 지신과 산신이 나라가 장차 망할 것을 알았으므로 춤을 추어서 그것을 경고했건만 나라 사람들이 깨닫지 못하고 도리어 상서가 나타났다고 하여 향락에 너무 심하게 빠졌기 때문에 나라가 마침내 망하였다.

―《삼국유사》〈기이〉 제2 '처용랑處容郞 망해사望海寺'조

《삼국유사》는 신라 제49대 헌강대왕이 태평세월을 향유했으나 망국의 조짐을 파악하지 못했다고 지적했다. 헌강왕은 879년 개운포에서 처용을 만난 것으로 유명하다.《삼국유사》는 처용랑의 고사를 기록한 아래에, 헌강왕이 포석정에서 남산신의 춤을 보고, 금강령에서 북악신의 춤을 보았으며 동례전 잔치 때 지신의 춤을 본 사실을 기록하고는《어법집》을 인용하여 당시에 산신이〈지리다요〉를 불렀다고 했다.

《삼국유사》에서는 이 노래를 기록한 다음에 '지혜로 나라를 다스리

는 사람이 형세를 미리 알고 많이 도망하여 도읍이 장차 파괴된다는 사실을 일러 말한 것'이라고 했다. 그리고 "지신과 산신이 나라가 장차 망할 것을 알았으므로 춤을 추어서 그것을 경고했건만 나라 사람들이 깨닫지 못하고 도리어 상서가 나타났다고 하여 향락에 너무 심하게 빠졌기 때문에 나라가 마침내 망하였다."라고 애석해 하였다. 즉 〈지리다요〉는 국망의 조짐을 예시한 참요였던 것이다.

지리다智理多는 '지혜로 다스리는 사람이 대부분 모두'라는 뜻인 듯하다. 리理는 다스릴 치治와 같다. 도파都波는 도망逃亡이란 말을 피휘하여 자음을 바꾸면서 '도읍이 파괴된다'는 말을 중의적으로 표현한 것 같다.

즉 "지리다 도파 도파"는 "지혜롭게 나라 다스리는 사람들이 대부분 도망하여 도읍이 파괴되리라"는 뜻을 나타낸 듯하다.

이 노래를 실은 《어법집》이란 책은 일종의 용어 해설집인 듯한데, 현재 전하지 않아서 찬자나 찬술 시기, 내용을 알 수가 없다.

《경향신문》 1962년 6월 11일자의 '경향춘추'에 소설가 김동리金東里가 '도파都波와 미도파美都波'란 제목으로 글을 기고한 일이 있다. 미도파라는 백화점 이름이 새로 만들어진 말로 '아름다운 도시의 물결'을 뜻한다고 하지만, 도파란 말과 같은 단어가 이미 《삼국유사》에 나와 있다고 지적하고 '도파'의 파波는 '파괴될 파破'와 동음으로 도파는 곧 '도읍이 장차 깨진다는 뜻'이므로 대단히 불길한 말이라고 했다. 그리고 다음과 같이 글을 매듭지었다.

나는 '미도파'의 '도파'를 반드시 《삼국유사》의 '도파'와 동일한 뜻으로 명명했으리라고도 보지 않고 그것 때문에 6·25가 터지고 4·19가 있었다고(자유당 때 생긴 명칭이니까) 믿지도 않는다. 그러나 당자當者가 어떻게 생각한다는 것은 그 사람의 자유겠지만, 그렇다고 천 년 묵은 고전에 나와 있는 말을 덮어놓고 부정한다거나 삭제할 수도 없는 일이다. 백화점 '미도파'보다는 《삼국유사》가 먼저 있었으니까. 같은 값이면 상서祥瑞로운 문자로 이름을 고침이 어떨까.

김동리는 '都波(도파)'를 '都破(도파)'와 동음으로 보아 이러한 글을 지은 것이다.

나무망국 찰니나제
: 나무망국요

나무망국　　　　南無亡國
찰니나제　　　　刹尼那帝
판니판니소판니　　判尼判尼蘇判尼
우우삼아간　　　　于于三阿干
부이사바하　　　　鳧伊娑婆訶

— 《삼국유사》〈기이〉 제2 '진성여대왕·거타지'조

신라 제51대 진성여왕 때, 다라니어로 이루어진 은어가 거리에 나붙었다. 다라니어란 범어(산스크리트어)를 말한다. 찰니나제는 여왕, 판니판니소판니는 두 소판蘇判을 말한다. 소판은 관직의 이름이다. 우우삼아간은 서너 명의 총신을, 부이는 진성여왕의 유모 부호를 가리킨다고 한다.

내용은 중앙 귀족의 부패와 진성여왕의 실정을 풍자한 것이다.

이 다라니 은어의 제작자로 대야주(지금의 합천)의 왕거인王巨仁이란 사람이 지목되어 옥에 갇히게 되었다. 왕거인은 천인상관설을 믿은 유학자이다. 그가 어째서 다라니 은어의 작자로 지목되었는지는 알 수가 없다.

진덕여왕 때인 888년에 부호鳧好 부인夫人과 위홍魏弘 잡간迊干 등 서너 명의 총신들이 권력을 마음대로 해서 정사를 어지럽히자 도둑들이 일어났다. 나라 사람들이 근심하여 다라니 은어를 지어 글로 써서 길 위에 던졌다. 왕과 권력자들은 이것을 보고 말했다. "왕거인이 아니고는 지을 사람이 달리 없다." 왕거인은 옥에 갇히고 말았다.

왕거인은 시를 지어 하늘에 호소했다. 그러자 하늘이 그 옥에 벼락을 쳐서 왕거인을 살아나게 했다. 그 시는 이러했다.

> 연단燕丹의 피어린 눈물 무지개가 해를 뚫었고
> 추연鄒衍의 품은 슬픔 여름에도 서리 내리네
> 지금 나의 불우함 그들과 같거니
> 황천皇天은 어이해서 아무런 상서로움도 없는가

이에 감응한 듯 홀연히 구름과 안개가 덮이고 벼락이 내리치면서 우박이 쏟아지자 왕은 두려워 왕거인을 석방하고 말았다. 그는 "우공이 통곡하자 3년이나 가물었고, 추연이 비통함을 머금으니 5월에 서리가 내렸도다."라고 하여 추연을 언급했다. 추연은 중국 전국시대의 사상가로 음양오행설을 제창했다. 이 시기에 지식인들이 추연의 오행상승설을 믿었음을 짐작케 한다.

당시 신라에는 흉년이 매년 거듭되고, 벌써 100년이 넘도록 왕가의 반란이 이어졌다. 누구라도 국가 정치를 비판할 만했다.

진성여왕은 왕좌를 오래 지키지 못했다. 그래서 후대 사람들이 많은 비난을 했다. 하지만 진성여왕이 정말로 음탕하고 무능했는지는 잘 알 수 없다. 진성여왕은 선덕여왕의 이름을 본떠서 만曼이라고 했다. 진성여왕은 선정을 베풀기 위해 많은 노력을 했다. 위홍은 그녀의 삼촌이었는데, 그 삼촌과 혼인을 했다. 당시의 풍습에서는 근친혼을 당연시했다.

진성여왕 때는 신기한 일이 많았다. 기타지居陀知설화도 그때에 있었다. 아찬 양패良貝는 진성여왕의 막내아들로, 당나라에 사신으로 가게 되었다. 양패는 후백제의 해적들이 진도에서 길을 막는다는 말을 듣고 활 쏘는 사람 50명을 뽑아 따르게 했다. 배가 곡도鵠島(골대도)에 이르렀을 때 풍랑이 크게 일어나 열흘 동안이나 그곳에 묵었다. 양패가 사람을 시켜 점을 치게 했더니, "섬에 신령한 못이 있으니 거기에서 제사를 지내면 좋겠습니다."라고 했다. 양패가 못가에 제물을 차려 놓자 못물이 한 길 이상 치솟았다. 그날 밤 꿈에 노인이 나타나서 양패에게 말하기를, "활 잘 쏘는 사람 하나를 이 섬 안에 남겨 두면 순풍을 얻을 것이오."라고 했다. 사람들이 "나무 조각 50개에 저희들의 이름을 각각 써서 물에 가라앉게 해서 제비를 뽑으시면 될 것입니다."라고 했으므로, 양패가 그 말대로 했다.

이때 거타지의 이름을 적은 제비가 물에 잠겼으므로 그를 내려놓자, 배는 순풍을 맞아 거침없이 나아갔다. 섬에 남겨진 거타지 앞에 갑자기 노인 한 사람이 못 속에서 나오더니 말했다. "나는 서해약西海若이오. 어떤 중이 해가 뜰 때마다 하늘에서 내려와 다라니 주문을 외며 이 못을 세 번 돌면 우리 부부와 자손들이 물 위에 뜨게 되오. 그러면 그 중이 내 자손들의 간을 빼어 먹고는 하여, 이제는 우리 부부와 딸 하나만 남아 있을 뿐이오. 내일 아침에 중이 또 올 것이니 그대가 활로 쏘아 주시오."

거타지는 노인의 말을 들어주기로 하고, 숨어서 기다렸다. 이튿날 해가 뜨자 과연 중이 오더니 주문을 외면서 늙은 용의 간을 빼먹으려 했다. 이때 거타지가 활을 쏘아 맞히자 중은 늙은 여우로 변하여 땅에 쓰러져 죽었다. 그러자 노인은 사례를 하고 자기 딸을 아내로 삼아 달라고 했다. 노인은 그 딸을 꽃 한 가지로 변하게 해서 거타지의 품속에 넣어 주고, 두 용에게 명하여 거타지를 모시고 사신의 배를 호위하여 당나라에 들어가도록 했다. 당나라 사람들은 신라의 배를 두 마리 용이 호위하고 있는 것을 보고 이 사실을 황제에게 말했다. 황제는 필경 비상한 사람일 것이라 여겨 잔치를 베풀어 여러 신하들의 윗자리에 앉히고 금과 비단을 후하게 주었다. 일을 마치고 본국으로 돌아온 후 거타지는 꽃가지를 꺼내어 여자로 변하게 해서 함께 살았다.

거타지란 이름의 뜻은 분명하지 않다. 서정주 시인은 '거시기'의 발음을 한자로 옮겨 적은 것이라고 했다. 거시기란 남자의 생식기를 가리킨다. 그런데 거타지설화에서도, 진성여왕 때의 나무망국 은어에서와 같이, 중이 하늘로부터 내려와서 다라니 주문을 외웠다고 했다.

다라니를 외워서 적을 제압하는 일은 밀교에서 흔히 볼 수 있다. 거기서부터 다라니로 악행을 저지른다는 무시무시한 이야기가 파생되어 나왔을 것이다.

신라에서도 밀교가 성행했다. 이를테면 《왕오천축국전》을 남긴 혜초는 밀교승이었다. 밀교는 범어로 바즈라야나(Vajrayāna)라 하는데, 현교顯教에 대응되는 명칭으로, 비밀불교·진언불교라고도 한다. 인도 대승불교의 말기인 7세기 후반에 융성한 유파이다. 대승불교의《반야경》과《화엄경》, 중관파中觀派·유가행파瑜伽行派 등의 사상을 기반으로 하고 힌두교의 영향을 받아 이루어졌다.

중국에서는 다라니와 밀교 경전이 동진 시대에 일부 번역되어 남북조·수·당 초까지 단속적으로 전해졌다. 그러다가 8세기 초부터 중엽까지 선무외가《대일경大日經》을 한역하고 금강지가《금강정경金剛頂經》을 번역하면서, 밀교는 중국에 본격적으로 전해졌다. 그 뒤 불공不空이 스리랑카에 가서 밀교를 배우고 80여 부의 밀교 경전을 가져와 여러 경전을 번역하여 밀교를 대성시켰다. 당나라 말엽에는 쇠미했으나, 원나라 때 라마교로 발전해서 성행했다. 일본에서는 헤이안平安시대에 밀교가 전래되어, 공해空海(구카이)는 진언종을 개창했다.

신라에서도 선덕여왕 원년(632)에 당나라에서 밀교를 배워 온 명랑明朗법사가 밀교를 창시했다.《삼국유사》〈신주神呪〉편은 밀본密本의 최사摧邪(사악한 요괴를 꺾음), 혜통惠通의 항용降龍(용을 항복시킴), 명랑의 신인神印 등을 거론했는데, 밀본·혜통·명랑은 모두 밀교인 신인종神印宗 계통의 승려들이다.

진성여왕 때 유포된 다라니 은어는 민중의 참요와 밀교의 주술적 언어가 결합된 결과일 것이다.

계림은 누른 잎, 송악은 푸른 솔

: 계림요

계림은 누른 잎	鷄林黃葉계림황엽
곡령은 푸른 솔	鵠嶺靑松곡령청송

— 《삼국사기》 권47 열전 제7 최치원열전 / 안정복, 《동사강목》 신라 효공왕 2년 11월

신라 말 최치원은 왕건이 천명을 받았음을 알고 문안 편지를 올리면서 "계림은 누른 잎, 곡령은 푸른 솔"의 두 구절을 적었다고 한다. 곡령은 송악 혹은 숭악이라고 하며, 개성의 산이다.

 최치원이 왕건에게 올린 글을 적은 곳을 상서장上書庄이라 한다. 지금의 경주 금오산 북쪽에 있다.

 안정복의 《동사강목》을 보면 효공왕 2년(898) 동 11월에 '아찬阿飡 최치원이 죄가 있어 면직되었다.'고 적고, 다음과 같은 기사를 실었다.

최치원이 서쪽으로 당나라를 섬기면서부터 동쪽으로 고국에 돌아와서도 모두 어지러운 세상을 만나자, 불우함을 상심하여 다시 벼슬하여 출세할 뜻을 버리고 산수 사이를 방랑했는데, 정자를 마련하며 솔과 대를 심고 서사書史를 탐독하며 풍월을 읊조렸다. 그 글에, "인간의 요로통진(현달한 벼슬길)에는 눈으로 볼만한 곳이 없고, 물외(속세 밖의 세계)의 청산녹수는 꿈에라도 돌아갈 때가 있으리라."라고 했다. 왕건이 일어났다는 말을 듣고서, 그가 범상치 않은 사람으로 반드시 천명을 받아 나라를 세울 것을 알아보고 편지를 보냈는데, '계림은 누른 잎, 곡령은 푸른 솔'이라는 구절이 있었다. 뒷사람이 그곳을 이름하여 상서장이라 했다. 지금 경주 금오산金鰲山 북쪽에 있다. 왕이 이 말을 듣고 꺼려하자, 최치원은 가족을 데리고 가야산 해인사에 은거하여, 모형(동복의 형)인 중 현준·정현사와 더불어 도우道友를 삼고, 함께 기거하면서 만년을 보냈다.

이보다 앞서 고려 중엽의 최자崔滋도 《보한집》에서 신라 왕이 '계림은 누른 잎, 송악은 푸른 솔'의 구절 때문에 최치원을 미워하자, 최치원은 가족을 데리고 가야산에 숨었다고 했다.

하지만 최치원은 신라의 조정에서 벼슬을 살았던 사람인데, 아직 멸망도 하지 않은 신라의 멸망을 예견하는 말을 왕건에게 했다는 것은 이상하다. 최치원이 참요를 왕건에게 바쳤다는 설이 유포된 것은 고려 8대 왕인 현종(재위 1009~1031)이 최치원에게 내사령의 벼슬을 증직하고 다시 그를 문창후文昌侯에 추봉한 때부터인 듯하다. 현종은 최치원이 참요를 적어 태조에게 보내어 조상의 건국 사업을 은밀히 도왔다고 해서 표창했다.

안정복은 《동사강목》에 안어按語(필자의 견해를 밝힌 말)를 붙여, 최치원이 참요가 적힌 서찰을 왕건에게 보낸 것을 두고 자중하지 못했다고 비판했다. 다만, 고려가 건국된 이후에 최치원이 고려 조정에서 벼슬을 받지 않고 은둔한 것은 그나마 평가할 만하다고 했다.

선비가 불행히도 쇠란衰亂한 세상에 처하여, 만약 지위가 높고 책임이 무거워서 형세가 조정을 떠나지 못할 때에는, 나라가 있으면 함께 있고 나라가 망하면 함께 망하여 그 휴척休戚(기쁨과 슬픔)을 같이할 것이요, 그렇지 않으면 멀리 빠져나가서 임천林泉에 자취를 숨기고 인간의 일에 간여함이 없거나, 오직 이 두 가지 길뿐이다. 고운(최치원)은 신라 때 네 분의 왕을 내리 섬겼고 지위가 아찬에 이르렀으므로, 역사서에서는 비록 '때를 만나지 못하여 벼슬길이 순탄하지 못했다.'라고 했더라도 또한 총애가 지극했다고 할 만하다. 궁예는 신라 왕실의 반적이었는데, 고려 태조가 그 도당이 되었으므로, 그도 또한 반적이었다. 비록 그 용 같은 모습과 봉 같은 자질에 웅대한 도략과 심원한 계책으로 제왕이 될 만한 기상과 나라를 개창할 조짐이 있었다 하더라도 나의 마음 가운데 더욱 개탄하는 바가 있었다면 어찌 차마 글을 올리고 교제를 청하여 선견지명을 자랑할 수 있었겠는가? 고려 태조는 신라의 유민遺民(전 왕조에 대해 절의를 지키면서 새 왕조에 벼슬하지 않는 사람)으로 혼란을 틈타서 굴기한 사람이다. 고운이 당세의 명망을 등에 지고서 만약 춘추시대 제齊 환공과 진晉 문공의 사업을 본받아서 왕실을 부흥할 것을 독려했더라면, 고려 태조의 어질고 너그러운 도량으로 혹 생각하는 바가 있었을 터인데, 이렇게 하지 않고 저렇게 한 것은 무슨 까닭인가? 후일 고려 현종이, 고운이 태조의 왕업을 은밀히 도운 공을 잊을 수 없다 하여 시호를 추증하고 포장褒獎했으니, 이것이 과연 고운에게 영광이었겠는가?

아아, 전한 말의 양웅은 머리가 세도록 경서를 연구했으되 마침내 왕망의 대부가 되었고, 고운은 문장이 세상을 경동시켰으되 마침내 고려 왕조의 공신이 되었으니, 선비가 글을 읽음에는 의리를 아는 것을 귀중하게 여기는데, 의리가 이에 이르면 과연 어디에 있겠는가? 고운의 평생 동안 발자취는 어린 나이에 바다를 건너 중국에 들어가서, 약관이 못 되어 과제科第에 올랐고, 그가 귀국함에 미쳐서는 〈시무책〉 10여조를 올렸으니, 공명을 위하여 의지를 가다듬어 입신양명에 마음을 두었음을 가히 알겠다. 그러나 당에서나 신라에서나 그 뛰어난 재질을 펴보지 못한 채 침체하고 좌절되었으며, 숨은 재기를 누르기 어려워 조금 재주 있음을 자랑했으되 큰 도리를 깨닫지 못했고, 자중하지 못하여 마침내 경솔한 데 빠지고 말았다. 옛사람이 이르기를 '문사文士는 절조를 지키는 자가 적다.'라고 했는데 그것은 고운을 두고 한 말인가? 그러나 최승우는 일찍이 적견훤을 위하여 격문을 초했고, 최언위도 또한 고려 태조의 총신이 되었으되, 고운은 여기에 보이지 않는다. 따라서 그가 은둔으로 세상을 마친 것만을 귀하게 여길 뿐이다.

후대 사람들도 최치원이 난세에 자기 몸을 보존하려고 부심하지 않고 신라의 유민遺民으로 남았다는 이유에서 그를 존경했다. 최곤술이란 분은 1937년에 〈가야산 학사당 이건상량문〉에서 "굶주리되 곡령청송鵠嶺靑松은 먹지 않았다."라고 예찬했다.

어쩌면 '계림은 누른 잎, 곡령은 푸른 솔'이란 말은 국정의 잘못을 시정하지 않으면 나라가 위태로워지고 새 나라가 등장할 수도 있다는 뜻으로 경계하려는 의도에서 지은 말이었을 가능성도 있다. 최치원은 신라 조정에 올린 〈시무책〉 10여조에서도 비슷한 경계의 말을 삽입하기도 했다. 그가 52세 되던 908년에 남긴 〈호국성팔각등루기護國城八角燈樓記〉에도 우국의 정성이 강하다. 중알찬 이재異才 부부가 법등을 높이 달아 빨리 전쟁을 없애려는 뜻에서 신라 수창군(대구 수성구) 호국성에 팔각등루를 세우고 기문을 청했다. 최치원은 그 뜻을 받아들여 글을 지었는데, 그 글에 "하늘이 아직 재앙 내린 것을 후회하지 않거늘 땅에서는 여전히 간악함이 판을 치는구나. 시국이 위태로우면 생명체가 모두 위태롭고 세상이 어지러우면 인심 또한 어지러워진다."라고 했다.

실은, 최치원이 왕건에서 편지를 보내어 고려 건국을 은근히 지지했다는 말은 연도상 맞지 않는다. 왕건은 최치원보다 20년 연하로 877년생이다. 최치원은 42세 때 은둔을 한 듯한데, 그때라면 왕건은 20대 초반으로 궁예의 휘하에 있었다. 최치원은 52세 되던 908년 이후로는 글을 쓰지 않은 듯하다. 왕건이 궁예를 타도하고 고려 왕이 된 것은 918년으로, 당시 최치원은 62세 때이다. 숭악(개성)으로 천도한 것은 그 이듬해이다.

아마도 고려 건국 후 고려 건국을 정당화하려는 의도에서 누군가가 신라 말의 참요를 최치원의 작품으로 둔갑시킨 듯하다. 실제로 최치원이 왕건에게 그런 글을 올렸다면 왕건은 최치원을 국사나 왕사로 초빙하여 극진히 대우했을 것이다. 《삼국사기》 '후백제견훤'조에는 927년에 왕건이 견훤에게 보낸 국서를 최치원이 적었다고 했으나, 이것은 사실로 받아들이기 어렵다.

현대의 역사연구자들이 주장하듯이, 고려 현종이 최치원을 표창한 것은 신라 출신세력의 지지가 필요했기 때문일 것이다. 현종의 할머니는 신라 경순왕의 사촌 누이로, 고려 왕 가운데 유일하게 신라 왕실의 혈통을 이었다. 즉, 935년 경순왕이 고려에 귀부하자 왕건은 장녀 낙랑공주를 경순왕의 아내로 주었고 경순왕은 그 답례로 백부 김억렴의 딸을 왕건의 아내로 주었다. 김억렴의 딸이 곧 신성왕태후이고 그 사이에 난 손자가 현종이다. 고려 7대 목종 때 현종은 목종의 어머니 천추태후로부터 탄압을 받아 머리를 깎고 승려 생활을 해야 했다. 천추태후가 김치양과 사통해 아들을 낳고는 그 아들을 목종의 후계자로 삼으려고 하자 장군 강조康兆가 정변을 일으켜 목종과 천추태후를 몰아내고 현종을 임금으로 추대했다. 당시 현종은 19세였다. 현종은 왕권을 수호하기 위해 신라 출신 세력의 지지가 필요했으며, 그 일환으로 최치원을 추봉했을 가능성이 있다.

최치원은 가야산에 은거한 것이 아니라 지리산 청학동에 숨어서 신선이 되었다는 이야기도 전한다. 단, 조선 중기의 박지화朴枝華는 〈청학동〉 시에서, 최치원이 청학동에 들어온 것은 처음부터 신선이 되려고 한 것이 아니라 난세를 피하여 부득이 은거한 것이라고 변호했다.

고운(최치원)은 당나라 진사로서	孤雲唐進士 고운당진사
처음에는 신선을 배우지는 않았다	初不學神仙 초불학신선
조그마한 삼한 땅이 서로 싸우고	蠻觸三韓日 만촉삼한일
사해에 전쟁 먼지 날릴 때	風塵四海天 풍진사해천
영웅의 마음을 어찌 헤아리랴	英雄那可測 영웅나가측
진결은 본래 전하지 않는다	眞訣本無傳 진결본무전

| 한 번 명산으로 들어간 뒤 | 一入名山去 일입명산거 |
| 맑은 바람이 팔백 년 동안 불어 오네 | 淸風八百年 청풍팔백년 |

  '진결'은 '계림은 누른 잎, 곡령은 푸른 솔'이라는 참요를 말한다. 박지화는, 영웅의 심사는 알기 어렵거늘 세간 사람들이 터무니없는 추측만 한다고 비판했다. 그리고 최치원이 지리산에 한 번 들어간 이후 그의 청풍淸風(맑은 풍모)만은 길이 전한다고 흠모의 정을 표시했다.
  최치원의 〈계림요〉를 어떻게 평가해야 할 것인지 정말로 단언하기 어렵다.

먼저 닭 잡고 뒤에 오리를 치리라
: 고경참古鏡讖요

삼수(태泰 자의 파자, 즉 태봉泰封) 가운데	三水中 삼수중
사유(나羅 자의 파자, 즉 신라新羅) 아래에	四維下 사유하
상제가 아들을 진辰·마馬에 내려 보내	上帝降子於辰馬 상제강자어진마
먼저 닭을 잡고	先操鷄 선조계
뒤에 오리를 치리라	後搏鴨 후박압
사년巳年에 두 용이 나타나	二龍見 이룡현
한 마리는 푸른 나무 속에 몸을 감추고	一則藏身靑木中 일즉장신청목중
한 마리는 검은 금 동쪽에 그림자를 드러내리라	一則現影黑金東 일즉현영흑금동

─《삼국사기》권50, 열전 제10 궁예 / 안정복,《동사강목》권5하 무인년 경명왕 2년 견훤(진훤) 27년 궁예 18년 / 이규경,〈태봉泰封의 경문鏡文과 철총鐵塚의 지문誌文에 대한 변증설〉,《분류分類 오주연문장전산고五洲衍文長箋散稿》경사편 5 논사류 1 논사論史 / 이유원李裕元,《임하필기林下筆記》권11, 문헌지장편文獻指掌編 '궁예의 옛 거울'

신라 경명왕 2년(918)은 견훤(진훤) 27년, 궁예 18년으로, 곧 궁예가 망한 해이다. 이 해 여름 6월, 태봉의 장수 왕건이 왕이라 일컫고 국호를 고려라 하니, 궁예는 달아났다가 죽었다. 고려 태조인 신성왕 왕건은 즉위하여 원년을 일컬었다.

궁예는 의심이 많고 조급하여 무고한 사람들을 잇달아 살육했으므로 사람마다 스스로 자신을 보전할 수 없었다. 왕건은 위엄과 덕망이 날로 성하여 호걸들이 그에게 마음을 돌렸다.

이 해 3월에 객상客商 왕창근이 당나라에서 와서 저잣거리의 가게에 있었는데, 저자 안에서 용모가 웅장하고 수염과 머리털은 희며 옛 관을 쓰고 거사居士의 옷을 입은 사람을 만났다. 그 사람은 왼손에는 세 개의 도자기 주발(바리때)을 들고, 오른손에는 함에 담긴 한 자(尺)가량의 고경古鏡을 들고 있었다. 그 사람은 왕창근에게, "내 거울을 사지 않겠는가?"라고 했다. 왕창근이 쌀 두 말을 주고 거울을 사자, 그 사람은 그 쌀을 거지들에게 나누어 주고는 회오리바람처럼 빨리 가버렸다. 왕창근이 거울을 시장 담벼락에 걸어 놓았더니, 거울에 햇빛이 비치자 은은히 가느다란 글자가 드러나 읽을 수 있었다. "사년巳年에 두 마리 용이 나타날 텐데, 한 용은 청목青木(송악) 속에 몸을 숨기고 다른 용은 흑금黑金(철원)의 동쪽에 모습을 드러낼 것이다."라는 글이었다. 왕창근이 이를 보고는 예사로운 것이 아니라 여기고 궁예에게 바쳤다.

궁예가 그 사람을 물색하여 찾게 했으나 찾지 못했다. 다만 동주東州 발삽사勃颯寺에 진성鎭星(토성)의 낡은 상이 있었는데, 그 사람의 모양과 같았으며 왼손과 오른손에 역시 바리때와 거울을 쥐고 있었다. 왕창근이 그 모양을 자세히 아뢰었더니, 궁예가 감탄하고 기이하게 여겨, 문인 송함홍·백탁·허원 등을 시켜 이를 해석하게 했다.

송함홍宋含弘 등은 이렇게 풀이했다. "삼수중 사유하 상제가 아들을 진·마에 내리셨다는 것은 진한·마한을 뜻한다. 사년 중에 두 용이 나타나 한 용은 청목 중에 몸을 감추고 한 용은 흑금 동쪽에 형상을 나타낸다 한 것은, 청목은 송松이므로 송악군 사람으로서 용龍 자 이름을 지닌 사람의 자손이 왕이 될 것이라고 말한 것이다. 왕 시중(왕건)이 왕후의 상相이 있으므로, 이분을 두고 한 말일 것이다. 흑금은 철鐵이니, 지금 도읍한 철원을 가리킨다. 지금 임금이 처음 이곳에서 일어났는데 이곳에서 멸망하리라고 알려주는 것 같다. 먼저 닭을 잡고 뒤에 오리를 친다는 것은 왕 시중이 즉위하여 먼저 계림을 얻고 뒤에 압록강까지 수복한다는 뜻일 것이다."

세 사람은 "왕은 시기하여 사람 죽이기를 좋아하므로, 만약 사실대로 아뢰면 왕 시중이 반드시 해를 입게 될 것이며, 우리들 역시 화를 면하지 못할 것이다."라고 하고는 거짓으로 고했다.

궁예의 성은 김씨이다. 《삼국사기》〈궁예전〉에 보면, 궁예의 부친은 신라 제47대 국왕 헌안왕이거나 제48대 국왕 경문왕이라고 했다. 궁예는 세달사에 들어가 승려가 되어 법명을 선종善宗이라 했다. 그런데 신라 말 세상이 어지러운 틈을 타서 무리를 모으면 뜻을 이룰 수 있겠다고 생각하고 진성여왕 재위 5년(891) 기훤箕萱에게 귀의했다. 그러나 기훤이 대수롭지 않게 여기자 이듬해 북원北原의 양길梁吉에게 갔다. 이후 궁예가 군졸과 고락을 같이하고 상벌을 공평하게 하자, 사람들이 그를 추종해 장군으로 추대했다. 궁예는 양길과 싸워 승리한 후 901년에 군왕을 자칭했는데, 이때 사람들에게 고구려 부흥을 선언했다. 궁예는 남쪽의 홍주興州 부석사에 가서 벽에 그려진 신라 군왕의 상像을 보고 칼로 내리쳤다고도 한다.

궁예는 904년에 국호를 마진, 연호를 무태라 하고, 철원을 서울로 정했다. 이후 송악군으로 도읍을 옮기고, 서라벌을 멸도滅都라고 부르게 하고 신라에서 오는 사람들을 모두 죽이기까지 했다. 911년에는 국호를 태봉으로 고쳤다. 미륵불을 자처한 궁예는 큰아들을 청광보살, 막내아들을 신광보살로 삼았다. 외출할 때는 흰 말을 탔고, 소년 소녀로 하여금 깃발, 일산日傘과 향기로운 꽃을 들고 앞에서 인도하게 했으며, 비구니 2백여 명을 시켜 범패를 부르며 뒤따르게 했다. 궁예는 강력한 왕권을 구축하려 하여 심지어 신료들을 참수하기까지 했다. 이 때문에 호족들은 크게 반발했다.

918년 6월 을묘의 날에 홍유·배현경·신숭겸·복지겸 등은 왕건의 집으로 가서 왕으로 추대할 뜻을 말하려 했다. 그들은 왕건에게 왕창근의 거울에 적힌 참언을 설명하면서 천명에 따라 민심이 돌아왔으니 이를 따르지 않으면 앙화가 미치리라 하고 거사를 권했다. 왕건의 부인 유씨에게는 동산에 새 오이가 열렸을 테니 그것을 따오라고 권하여 자리를 피하게 만들었다. 유씨는 북쪽 문으로 나가서 몰래 장막 안으로 들어갔다. 여러 장수들은 왕건에게, "어두운 임금을 폐하고 밝은 임금을 세우는 것은 천하의 큰 의리입니다."라고 했다. 왕건은 "왕이 비록 포학하더라도 신하로서 어찌 감히 딴마음을 가질 수 있겠소."라고 하며 거절했다. 여러 장수들은 "왕창근의 거울에 쓰인 글이 그러한데 어찌 하늘의 계시를 어겨서 독부獨夫의 손에 죽겠습니까." 했다. 그러자 유씨가 나와서 왕건을 독려하며 손수 갑옷을 가져다 입혔다.

동이 트자 여러 장수들은 곡식더미 위에 왕건을 앉히고서 군신의 예를 행했다. 그러자 많은 백성들이 기뻐했고, 먼저 궁문에 이르러 북을 치고 떠들며 기다리는 자 역시 만여 명이나 되었다. 궁예가 이 소식을 듣고 옷을 바꿔 입고 북문을 빠져 나가서 바위 골짜기로 도망했다가 조금 후에 부양(평강) 백성에게 살해되었다. 왕건은 포정전布政殿에서 즉위하여 국호를 고려라 하고 연호를 천수天授라 했다. 919년에는 도읍을 송도로 옮겼다.

'고경참' 이야기에서 왕창근은 중국의 상인으로 되어 있으나, 실은 복술가卜術家였을 것이다. 왕창근에게 거울을 팔았다는 노인은 진성鎭星의 현신이었을 것으로 추정된다고 했다. 진성은 토성을 말한다. 왕창근의 '고경참'은 중국 삼국시대 말에 거북 모양의 보석에 적힌 부적이 사마씨司馬氏가 위나라를 대신하여 진晉나라를 세울 것이라고 예견했다는 사실과 유사하다. 《위씨춘추魏氏春秋》에 이런 이야기가 있다.

삼국시대 위나라 명제의 청룡 3년 을묘(235)는 곧 촉한 후제後帝의 건흥 13년이다. 이 해 겨울 10월에 장액군張掖郡 산단현刪丹縣에 있는 금산金山의 현천玄川이 넘치면서, 그림이 아로새겨진 신령한 거북 모양의 보석이 나왔다. 여기에는 석마 일곱 필이 조각되어 있었는데, 한 필은 선인이 타고 있었고 또 한 필은 굴레가 씌워져 있었으며 나머지 다섯 필은 모양이 제대로 이루어지지 않았다. 이 보석 앞에는 뚜껑 덮인 옥갑이 있고,

위에는 옥자玉字·옥결玉玦 두 개와 황黃 하나가 있었다. 기린은 동쪽에, 봉황은 남쪽에, 백호는 서쪽에, 희우犧牛는 북쪽에 있었으며, 창백한 빛깔의 말(馬)이 가운데서부터 4면으로 나열되어 있었다. 그 남쪽에는 '상상삼천왕上上三天王'이란 다섯 글자가 적혀 있고, 또 "술대금 대토조 금단 취지 금립중 대금마일필재중 대길개수 차마갑인술수述大金 大討曹 金但取之 金立中 大金馬一匹在中 大吉開壽 此馬甲寅述水"라는 글이 적혀 있었다. 중中 자가 6자, 금金 자가 10자나 들어 있었다.

이규경은 《오주연문장전산고》에서, 진晉나라가 일어날 무렵 장액에서 보석이 나와 조짐을 보인 것과 고려가 일어날 무렵 태봉의 고경에서 조짐이 나타난 것이 유사하되, 예시豫示가 실현된 기간에 차이가 있다고 했다.

위나라 장액의 보석에 적힌 도록圖錄(도참圖讖)은 사마씨가 금덕金德으로 진나라의 왕이 되어 태시泰始란 연호를 쓰리라는 것을 이미 드러낸 것이다. 하지만 그 조짐은 진나라 초기에 이르러 자획이 더욱 밝아진 것이어서, 30년이 지나서야 예시가 마침내 들어맞았다.

그에 비하면 〈고경참요〉의 징험은 무척 빠르다. 태봉왕 궁예 18년은 후량 말제末帝의 정명 4년이고, 신라 경명왕 2년이다. 그 3월에 당나라 상인 왕창근이 거사에게서 구입한 고경古鏡에 고려 태조가 일어날 부록符錄이 적혀 있었다. 그런데 바로 그 해에 태조가 즉위했으므로, 부록의 응험이 매우 빨랐던 셈이다.

〈고경참요〉는 고려 태조 왕건의 등극을 예언한 부록이되, 정치적 이유에서 조작되었을 가능성이 높다.

한편, 이 참언을 보면 후대의 동요(참요)나 참언들이 사용하는 여러 형식들이 모두 들어 있다.

① 원래의 글자를 쪼개어 제시하는 파자를 이용했다.
삼수三水 - 泰의 파자
사유四維 - 羅의 파자

② 지명을 동물의 이름을 이용해서 표현했다.
닭을 잡다[操鷄] - 계림(신라)를 정벌하다
오리를 치다[搏鴨] - 압록강까지 치다

③ 용을 군주의 상징으로 이용했다. 《주역》의 영향이 엿보인다.

④ 음양오행설을 이용했다.
'一則藏身靑木中 一則現影黑金東'에서 청목은 송악을 가리키되, 오행설에서 동쪽이자 생명이 있는 곳을 함축한다. 흑금은 철원을 가리키되, 오행설에서 북쪽과 서쪽의 소멸하는 곳을 함축한다.

⑤ 전체 표현에 대구를 많이 사용했다.
'三水中 四維下'에서 三과 四, 水와 維, 中과 下는 각각 짝을 이룬다.
'先操鷄 後搏鴨'에서 先과 後, 操와 搏, 鷄와 鴨은 각각 짝을 이룬다.

'一則藏身靑木中 一則現影黑金東'은 두 구가 같은 짜임이면서, 藏

身과 現影, 靑木中과 黑金東은 각각 짝을 이룬다.

⑥ 운자를 사용했다.
'一則藏身靑木中 一則現影黑金東'에서 中과 東은 모두 평성 東운에 속하는 운자이다.

절영 명마 이르면 백제가 망하리
: 절영마요

| 절영 명마 이르면 | 絶影名馬至 절영명마지 |
| 백제가 망하리 | 百濟亡 백제망 |

―《고려사》 권1 세가 1 태조 1

고려 태조는 신성대왕神聖大王이라 칭한다. 즉위한 지 9년 되던 926년 여름 4월에 견훤이 볼모로 보낸 진호眞虎가 병들어 죽었으므로 시랑 익훤을 보내어 그 상喪을 호송했다. 견훤은 고려가 죽였다고 하여 왕신王信을 죽이고 웅진(공주)으로 진군했다. 고려 태조는 여러 성에 명령하여 성벽을 굳게 지키고 나와 싸우지 말도록 했다. 신라 왕은 고려에 사신을 보내 "견훤이 맹약을 어기고 군사를 일으켰으므로, 하늘이 결코 돕지 않을 것입니다. 만약 대왕께서 한번 북을 울리는 위세를 떨치시면 견훤은 반드시 저절로 패배할 것입니다."라고 했다. 북을 울린다는 것은 적과 대진할 때 진군하는 북을 한번 울리면 사기가 진작되므로, 그 첫 번 울리는 북소리에 진군하여 적을 이길 수 있으리라고 말한 것이다. 태조는 사신에게, "내가 견훤을 두려워하는 것이 아니라, 견훤의 죄악이 가득 차서 절로 쓰러지기를 기다릴 뿐이다."라고 했다.

이보다 앞서 견훤이 절영도絶影島의 총마驄馬 한 필을 고려에 바쳤는데, 그 후 참서讖書에 "절영 명마 이르면 백제가 망하리."라는 말이 있었다. 이때에 이르러 견훤은 말을 보낸 것을 후회하여, 사람을 시켜 돌려달라고 청했다. 태조는 웃으면서 말을 돌려주었다.

절영마에 대해 《고려사》나 《고려사절요》는 절영도의 명마라고 풀이했다. 절영도는 곧 부산 영도를 말한다. 근대 이전에 우리나라의 서해에서 남해의 전라도, 경상도에 이르기까지 2천여 리 바닷길에는 사람이 거주할 만한 섬으로는, 큰 섬은 대청, 소청, 교동, 강화, 진도, 절영, 남해, 거제 등 20개가 있고, 작은 섬은 헤아릴 수 없이 많다. 이 가운데 절영도는 동래부에 속했다. 《동국여지승람》에 보면, 동래부의 절영도는 동평현 남쪽으로 8리에 있으며, 목장이 있다고 했다. 정호鄭澔의 상소 가운데 "수영과 부산의 두 앞에 절영도가 있는데 태복시에서 말을 놓아 먹이고 있습니다."라고 했고, 성호 이익은 당시에 절영도에서 말은 기르지 않지만 목장은 그대로 남아 있다고 했다. 따라서 견훤이 고려 태조에게 증여했다는 절영 명마는 절영도의 섬에서 기르던 말일 수 있다.

거슬러 올라가면 신라 성덕왕 32년(733) 추7월에 김유신의 손자인 장군 김윤중金允中에게 절영산絶影山의 말 한 필을 주었다는 기록이 있다. 당시 성덕왕은 김윤중을 보내어 당나라 군사를 도와 발해를 치게 하고,

그를 발탁하여 대아찬을 제수했다. 성덕왕이 언젠가 월성에 올라 시종하는 관료들과 술을 마시고 즐길 때 김윤중을 불러 참여케 하려고 했다. 좌우에서 간언을 하자, 성덕왕은 "과인이 그대들과 함께 태평을 누리는 것은 김유신의 공이다. 만약 그 손자를 멀리하여 버린다면 착한 일을 착하게 여기어 자손에게 미치게 하는 의리가 아니다."라고 하고는 그를 불러 함께 즐겼다. 이때 김윤중에게 절영산의 말 1필을 하사했다고 한다. 《동사강목》의 기록에는 '절영산 말'이라고 했다. 이것도 절영도의 말과 같은 뜻일 듯하다. 이익도 그 둘을 같은 것으로 보았다.

그런데 '그림자를 끊는다'는 뜻의 절영은 유소劉邵의 〈칠화七華〉에 나오는 "玄休先生(현휴선생), 棄世遁命(기세둔명), 藏身于虛廓(장신우허곽), 絶影于無形(절영우무형)"이란 말에서 나왔을 가능성이 있다. "현휴 선생은 세상을 버리고 목숨을 도망하여, 허곽에 몸을 숨기고, 무형에 그림자를 끊었다."라는 뜻이다.

또한 절영은 신속히 달리는 명마를 가리킨다. 絶景으로도 쓰되, 역시 절영이라고 읽는다. 진시황에게 명마 일곱이 있었는데, 그 가운데 추풍追風과 섭영躡景이 있었으며, 절영이 곧 섭영이라고 한다. 《포박자抱朴子》에도 추풍과 섭영이 말의 빙족騁足(빨리 달리는 준족)을 설명하는 묘사어로 나와 있다.

《삼국지》〈위지·무제기武帝紀〉에, "건안 2년 봄 정월에 공(조조)이 완宛에 이르자 장수張繡가 항복했으나, 얼마 있다가 후회하고는 다시 배반했다. 공이 그와 전투를 했으나 군사가 패했고, 유시流矢에 맞았다. 장남 앙昂과 제자 안민安民이 해를 입었다."라고 되어 있고, 배송지裴松之의 주注는 진晉나라 왕침王沈의 《위서魏書》를 인증하여, "공이 타고 있던 명마

절영이 유시에 맞았다."라고 했다. 당나라 이백의 〈동무음東武吟〉 시에도 "보배스런 말은 절영과 나란하고, 비단 옷 차림으로 신풍으로 들어간다 寶馬麗絶景 錦衣入新豐"라는 구절이 있다.

곧 절영명마는 절영도 혹은 절영산의 명마일 수도 있고, 준족의 신마일 수도 있다. 이것은 이중의 의미를 지닌 어휘임을 알 수 있다.

견훤은 889년 무렵 사실상 독립된 세력을 구축했으나 실제 후백제 건국을 선포한 때는 효공왕孝恭王 재위 4년(900)이었다.

《삼국유사》에 인용되어 있는 《고기》는 견훤을 광주 출신이라고 했다. 견훤을 신라의 반적으로 규정하기보다 신라 영역 바깥의 인물로 설정한 것이리라. 견훤이 922년에 익산 미륵사에 탑을 쌓은 것은 그가 신라와는 상이한 전통을 추구했음을 상징적으로 보여준다. 견훤은 경주를 침공한 직후인 927년 12월에 고려 태조에게 서한을 보내 신라에 대해 존주尊周의 명분을 분명히 했지만, 실은 삼한 일통의 주역을 자임했다. 완산주에 입성할 무렵, 견훤은 백제의 복국을 선언했다.

견훤은 중국 전국시대 추연鄒衍의 오행상승설五行相勝說에 입각하여, 붉은 빛깔로 자신들의 정체성을 표시했다. 즉, 진성왕 10년(896)에 궐기하여 무주 동남 일대를 장악하고 수도의 서부 모량리까지 침입할 때 붉은 바지를 입었다. 사람들은 그의 무리를 적과적赤袴賊이라고 했다. 견훤은 남방의 화덕火德을 중시한 듯하다. 이것은 신라가 소호금천씨少昊金天氏의 후예를 자처하면서 금덕金德을 표방한 것에 대항하는 의미를 지녔다. 《삼국유사》는 신라에서 계룡鷄龍, 계림鷄林, 백마白馬 따위를 일컫는 것은 닭과 흰색이 서방에 속하기 때문이라고 했다. 한편, 궁예는 911년부터 914년 초까지 수덕만세水德萬歲라는 연호를 사용했고, 왕건도 수덕을 중시해서 평양을 도읍으로 삼았다. 이것은 전한 말의 유향劉向이 주장한 오행상생설에 따라 신라의 금덕을 수덕으로 잇는다는 의식을 드러낸 듯하다.

백제는 왕조의 교체를 전망하여 신라의 금덕과 상승相勝의 관계에 있는 화덕을 표방한 반면, 고려는 신라의 금덕과 상생의 관계에 있는 수덕을 표방했다고 볼 수 있다.

견훤과 왕건의 쟁패에서 초반에는 견훤이 우세했다. 925년 조물성曺物城 회전에서 불리함을 느낀 왕건은 화친을 청하면서 사촌동생 왕신王信을 인질로 보내야 했다. 견훤도 사위 진호眞虎를 인질로 교환했으나, 2년 후 진호가 고려에서 죽자 고려에 대한 화친정책을 철회했다. 고려와의 화친정책이 붕괴된 927년 9월, 견훤은 근품성과 고울부를 습격하고 서라벌까지 진격했다. 서라벌을 점령한 견훤은 경애왕을 죽이고 왕비를 능욕한 후 왕제王弟 김부金傅에게 왕위를 잇게 했다. 그가 바로 경순왕이다.

이때 왕건은 신라의 구원 요청을 받자 정예기병 5천 명을 거느리고 대구의 공산 아래로 가서 견훤의 군대와 교전했다. 왕건은 장군 신숭겸과 김락, 그리고 상당수의 병력을 잃었다. 하지만 신라의 민심을 얻을 수 있었다. 935년에 경순왕이 항복하자 왕건은 경순왕의 백부 김억렴의 딸을 취해 신성왕후 김씨로 삼고 자신의 두 딸을 경순왕에게 출가시켰다.

견훤은 왕건에게 보낸 서신에서 신라 경애왕의 살해를 정당화하여 한월韓鉞을 휘둘렀다고 표현했다. 한월이란 한금호韓擒虎의 도끼를 말한다. 한금호는 수나라 고조로부터 여주총관廬州總管에 임명되어 진陳나라 정벌의 임무를 부여받아, 정예 기병 5백 명을 이끌고 금릉으로 진격해 진나라 후주後主 숙두叔寶를 사로잡고 진나라를 평정했던 인물이다. 한금호의 공으로 수나라의 일통이 이루어졌다. 견훤은 자신이 한월을 휘둘러 무도한 신라를 종식시켰다고 선전했다. 하지만 왕자들의 권력쟁탈은 무마시키지 못했다.

《삼국사기》에 따르면 견훤이 죽었을 때 흑룡이 한강에 나타난 후 잠깐 동안 구름과 안개가 끼여 캄캄하더니 용은 날아가 버리고 이어 왕이 죽었다고 했다. 흑룡은 수덕을 상징한다. 수덕을 일컬은 견훤은 이렇게 새로운 대일통의 뜻을 이루지 못하고 운명하고 말았다. 그런데 《삼국사기》는 궁예와 견훤이 신라 말의 혼란을 극복해나간 공을 인정하기보다 그들이 고려 태조를 위해 백성을 몰아주었다고 낮게 평가했다.

신라의 운수가 다하고 도의가 상실되니 하늘이 돕지 않고 백성은 돌아갈 바를 몰랐다. 이에 뭇 도적들이 틈을 타고 일어나 마치 고슴도치 털과 같았거니와, 그 가운데 심한 자는 궁예와 견훤 두 사람뿐이었다. 궁예는 본래 신라의 왕자이면서도 반란하여 종주宗主의 나라를 원수로 삼아 멸망시킬 것을 도모해 선조의 화상을 베기에 이르렀으니, 그 어질지 못함이 심했다. 견훤은 신라의 백성으로서 일어나 신라의 녹을 먹으면서도 모반의 마음을 품고 나라의 위난을 요행으로 여겨 도읍을 침노하고 임금과 신하 베기를 마치 짐승 죽이듯 풀 베듯 했으니, 실로 천하의 극악한 사람이었다. 그러므로 궁예는 그 신하에게 버림당했고 견훤은 화가 그 아들에게서 일어났으니, 이는 모두 스스로 자초한 것들인지라 다른 누구를 허물할 것인가. 항우나 이밀은 뛰어난 재주를 가지고서도 한나라와 당나라의 흥기를 대적하지 못했거늘, 하물며 궁예나 견훤처럼 흉악한 이들이야 어찌 우리 태조를 상대해 항거할 수 있겠는가? 그들은 단지 태조를 위해 백성을 몰아다준 이들이었을 뿐이다.

백성을 몰아다준 자란 본래 은나라 탕왕에 의해 정벌된 걸桀이나 주나라 무왕에 의해 제거된 주紂를 두고 하는 말이었다. 《삼국사기》는 궁예와 견훤은 왕건이 기의起義의 군사를 일으킬 빌미를 마련해준 데 불과하다고 본 것이다. 고려 왕조의 관점에서 보면 궁예와 견훤은 모두 신라 내부의 반적에 불과했다.

저 절영마의 고사는 이렇게 견훤의 백제를 낮게 평가하는 관점에서 만들어졌을 가능성이 높다. 견훤이 절영마를 왕건에게 선물했다가 참언에 패념하여 말을 도로 찾아갔다는 이야기는 견훤의 성격적 결함을 암시하는 것이다. 성호 이익은 《해동악부》에 〈절영마가〉를 두어, 절영마의 참요를 다루었다.

> 큰 바다 가운데 산이 있어 절영이라 하는 곳
> 구름과 안개 어둑한 때 용의 정기[말]를 내렸다네
> 이때 바야흐로 병록丙鹿(고려)의 운세를 만나
> 도록과 부절이 다투어 내려왔으니
> 하찮은 견훤이 병력을 일으켰지만
> 흥망의 형세를 하늘이 환히 판명했도다
> 완산의 사자가 준마를 이끌고
> 남쪽의 보물과 함께 궁성에 들어오자
> 군왕은 난간에 임하여 뜰 가득한 공물을 받았으니

상서祥瑞에 참위설이 모두 부합했다네
하늘이 온갖 신들로 하여금 신물(말)을 호위하게 하여
대궐 문 앞에 우뚝 서자 웅혼한 바람이 일어났네
드넓은 강토를 궁궐 밖 마굿간처럼 여기기에
굴산屈産의 명마를 우虞나라에 잠시 돌려보낸들 무어 해가 되랴
지리산 앞 대방의 북쪽
동부洞府(선경의 계곡)에는 일만 마리의 이름이 전하나니
산하가 부유함과 강성함을 어이 믿으랴
기르는 동물도 어진 사람이 정벌하길 기다리는 법
날아오르려는 큰 뜻 지니고도 부질없이 구름처럼 모여 있다가
필경에는 모두 양 끌고 항복하러 가는 길에 따라갔다네
남쪽 백성들아 말이 오면 백제가 망한다는 노래일랑 부르지 말라
백제는 스스로 망했지, 용마가 와서 망한 것이 아니로다

洋中有山名絶影 雲霧晦冥龍降精 양중유산명절영 운무회명용강정
是時方値丙鹿運 錄圖赤符爭來呈 시시방치병록운 녹도적부쟁래정
甄萱小兒盜弄兵 興亡勢判天心明 견훤소아도롱병 흥망세판천심명
完山使者牽駿骨 卷與南琛入上京 완산사자견준골 권여남침입상경
君王臨軒受庭實 上瑞會與讖緯幷 군왕림헌수정실 상서회여참위병
天敎神物百神衛 卓立閶闔雄風生 천교신물백신위 탁립창합웅풍생
恢恢疆域視外廐 屈産未害歸虞城 회회강역시외구 굴산미해귀우성
智異山前帶方北 洞府猶傳萬馬名 지리산전대방북 동부유전만마명
山河富盛安足恃 畜物亦待仁人征 산하부성안족시 축물역대인인정

騰驤磊落空雲屯 畢竟盡逐牽羊行 등양뢰낙공운둔 필경진축견양행

南氓莫唱馬至濟亡謠 濟亡自亡不緣龍馬成 남맹막창마지제망요 제망자망불연룡마성

    이익은 국가는 산하山河나 축물畜物이 훌륭하고 풍부하다고 융성한 것이 아니라 군주의 덕이 있어야 발전한다고 강조했다. 결국 견훤은 산하와 짐승에 의지하다가 스스로 망하고, 왕건은 덕을 쌓아 인자무적仁者無敵의 국면을 형성하여 백제를 이겼다고 평가한 것이다.

    이후, 오광운의 《해동악부》, 이광사의 《동국악부》, 이영익의 《동국악부》, 이학규의 《영남악부》에 모두 〈절영마〉 곡이 들어 있는데, 그 취지는 대개 이익의 〈절영마가〉와 같다.

가련하다 완산 아이
: 완산요

933년 3월 견신검甄神劒이 그 아버지 견훤을 금산사金山寺에 유폐하고, 그 아우 금강金剛을 죽이고 스스로 즉위했다. 처음에 견훤이 잉첩媵妾이 많아 아들이 십여 명이나 되었다. 넷째 아들 금강이 키가 크고 지혜가 많아 견훤이 특히 사랑하여 왕위를 물려주려 했다. 그 형 신검, 양검, 용검이 이를 알고 근심했다. 그때 양검은 강주 도독이었고 용검은 무주 도독이었으며, 오직 신검만 곁에 있었다. 이찬 능환(웅환)이 사람을 강주와 무주로 보내 양검 등과 모의하게 했다. 청태 2년 을미 삼월에 이르러 능환은 영순(파진찬波珍粲 신덕新德과 영순英順) 등과 함께 신검에게 견훤을 금산사에 유폐시키고 사람을 보내 금강을 죽이라고 부추겼다. 신검은 자칭 대왕이라 하고 나라 안의 죄수를 사면하여, 운운했다. 처음에 견훤은 잠자리에서 일어나기 전에 멀리 궁정에서 고함치는 소리를 듣고, "이것이 무슨 소리냐?"라고 물었다. 신검이 아버지(견훤)에게 고하기를, "왕께서 연로하여 군사와 나랏일에 어두우신데, 장남 신검이 부왕의 자리를 잇는다고 모든 장수들이 기뻐 축하하는 소리입니다."라고 했다. 이윽고 아버지를 금산사에 옮기고, 파달 등 장사 삼십 인으로 지키게 했다.

이런 동요가 있었다.

가련하다 완산 아이　　　　　　可憐完山兒 가련완산아
아비 잃고 눈물 줄줄 흘리누나　　失父涕漣洏 실부체련이

─《삼국유사》 권2 '후백제 견훤'조 / 안정복,《동사강목》 제5하 을미년 왕 김부 9
년 견훤 44년 고려 태조 18년

〈완산요〉는 후백제 견훤과 그의 아들에 관한 설화와 함께 한역되어 전한다. 백제를 부흥하고자 했던 견훤의 꿈이 좌초될 것임을 예견한 참요이다. 이 점에서 조선 말에 전봉준과 동학군의 패배를 예언했다던 〈녹두새요〉나 〈파랑새요〉와 성격이 비슷하다.

〈완산요〉는 본래의 동요를 오언 연구聯句 한자시로 번역했다. '可憐完山兒(가련완산아)'의 아兒는 평성 지支운의 글자, '失父涕漣洏(실부체련이)'의 이洏도 평성 지支운의 글자이다. 곧, 누군가가 각구 압운의 형식으로 교묘하게 한역했다.

후백제는 경애왕을 살해하고 회군하면서 왕건의 군사를 격파하는 등 군사적인 우위를 과시했다. 하지만 후백제는 내분을 겪기 시작했다. 견훤은 여러 부인에게서 낳은 10여 명의 아들 중 넷째 아들 금강에게 왕위를 전해주려 했는데, 금강의 형 신검, 양검, 용검 등이 반발했다. 결국 935년 춘3월에 신검은 그 아버지 견훤을 금구현(지금의 김제시 금구면)의

금산사에 유폐하고 아우 금강을 죽인 후 10월에 스스로 즉위했다.

신검은 아버지 견훤이 자신의 즉위를 추인해주길 기대했다. 그의 불안한 심리를 꿰뚫어본 민심은 〈완산요〉를 퍼뜨렸다. '완산 아이'는 견훤의 아들 신검을 가리키는 듯하다. 혹은 금강이나 후백제의 백성들일 수도 있다. 그것이 누구를 가리키든, 이 동요는 후백제의 왕위계승이 정상적으로 이루어지지 못해 왕권이 확립될 수 없다는 비극을 암시하고 있다.

신검 정권이 출범하자 후백제의 지배계급은 더욱 분열했다. 견훤은 그 6월에 금산사를 탈출해서 왕건에게 귀부했다. 왕건은 견훤을 높여 상부尙父로 부르게 하고 남쪽 궁궐에 유숙하게 했으며 양주를 식읍으로 주었다.

신검은 10월의 즉위 때 유신維新을 선포하고 사면을 단행하여 권력을 정당화하려고 해서, 다음과 같은 교서를 내렸다.

한나라 여의如意가 특별한 총애를 입었지만 혜제惠帝는 임금이 되었고, 당나라 건성建成이 참람되게도 태자의 자리에 있었으나 태종이 일어나 제위에 올랐으니, 천명이란 바꿀 수 없는 것이고 임금의 자리는 돌아갈 바가 있는 것이다. 삼가 생각건대 대왕께서는 신묘한 무예가 보통을 뛰어넘고 영특한 지모는 만고에 으뜸이시라, 말세에 나서서 천하를 건지는 일을 자임해서 빠짐없이 삼한 땅을 돌아다니면서 백제의 옛 나라를 회복하셨다. 괴로움과 더러움을 시원하게 쓸어버려 백성들이 편안히 살게 되고, 바람과 우레처럼 북을 울리며 치달리니 가는 곳마다 달려와 붙좇았다. 공적이 거의 중흥하려 할 즈음에 슬기로운 사려가 문득 한번 잘못되자, 어린 아들이 사랑을 독차지하고 간신이 권세를 농단하여, 군주를 진晉 혜제惠帝의 어리석음으로 인도하고 인자한 아버지를 헌공獻公의 미혹한 길에 빠뜨려 왕위를 철모르는 아이에게 줄 뻔했다. 다행히 하늘이 굽어 살피시어 군자께서 허물을 고치시고 맏아들인 나로 하여금 이 한 나라를 다스려 바로잡게 했다. 돌아보매 나는 위엄 있는 맏아들의 자질조차 없었거늘, 어찌 임금의 자리에 나아갈 지혜가 있으랴! 조심스럽고 두려워 마치 얼음을 딛고 깊은 못을 건너는 듯하니, 마땅히 특별한 은혜를 베풀어 낡은 것을 쇄신하고 유신維新의 정치를 보여야 할 것인지라 온 나라의 죄수를 크게 사면하노라. 청태淸泰 2년 10월 17일 동트기 이전을 기해 이미 드러났거나 아직 드러나지 않았거나, 그리고 이미 매듭을 지은 것이거나 아직 매듭지어지지 않은 것이거나를 막론하고 사형의 죄 이하를 모두 사면해 말끔히 할지니, 주관하는 이는 이를 시행하라.

이 교서에서 신검은 '천명이란 바꿀 수 없고 임금의 자리는 돌아갈 곳이 있음'을 강조했다. 한나라 고조가 여의를 총애했지만 혜제가 즉위하여 이복동생인 여의를 독살한 것이나, 당나라 고조가 장남 건성을 후사로 정했지만 그 아우 태종이 건성을 살해하고 즉위한 것을 예로 들었다. 그리고 부친 견훤을 진晉나라 혜제와 춘추시대 진晉나라 헌공에 견주어 그 어리석음을 부각시켰다. 진나라 혜제는 천재지변을 자주 겪은 데다가 8왕의 난과 흉노·저·강족의 침략으로 외환에 시달려야 했다. 춘추시대 진나라 헌공은 무고한 태자 신생申生을 죽음으로 내몰아 정치적 혼란을 자초했다.

935년 10월에 신검이 유신을 선언한 직후 신라 조정은 고려에 항복하기로 의결했다. 이듬해 정월 신검은 후당에 사절을 파견했다. 하지만 호족은 더욱 이탈했다. 박영규는 신검이 집권한 이듬해에 고려에 귀부했다. 936년 견훤은 후백제를 공격해 왔다. 9월 8일 일리천一利川 전투에서 백제 좌장군 효봉孝奉·덕술德述·애술哀述·명길明吉은 고려군의 좌익에 있던 견훤에게 항복했다.

후삼국을 통일한 왕건은 호족들을 출신지의 사심관으로 삼아 지배하게 하는 한편, 그 자제들을 국도로 불러들여 볼모로 삼았다. 또 골품제를 폐지하고 6두품 지식인들을 흡수했다. 그리고 고구려를 계승하고자 북진정책을 강조했다. 단, 북진을 하지는 못했다.

안정복은 《동사강목》에 '유씨兪氏'의 사평을 부기해두었다.

> 견훤이 무리를 불러 모아 일어나서 영토를 넓히고 경계를 개척하여, 백제의 옛 땅을 남김없이 차지했다. 삼한을 침탈하기 40여 년 동안, 그 재력의 부유함과 갑병甲兵의 막강함은 족히 신라와 고려보다 뛰어나서 먼저 드날렸을 것이다. 그러나 그 잔학하고 이리처럼 탐욕스러워 백성을 죽여 없앤 것이 족히 나라를 엎고 대를 단절할 만했다. 그 위에 더하여 부자 사이에는 사랑하고 미워하는 것이 고르지 않고, 후사後嗣가 아직 정하여지지 못하여, 마침내 적자賊子에게 몸을 잃었으니, 이른바 도적이 떼 지어 살면 하루 해를 잘 마칠 계교가 없다는 것은 견훤을 두고 말함이 아니겠는가?

이것은 신라에서 고려로 민족사의 정통이 계승되었다는 관점에 따른 것이다. 그렇다면 오늘날의 관점에서 견훤을 어떻게 평가할 것인가? 〈완산요〉를 부르며 슬퍼했을 후백제의 민중들을 어떻게 위로할 것인가?

인종 때의 동요

고려 인종 때 평장사 벼슬의 김인존金仁存은 등청하다가 거리에서 동요를 듣고는 놀라 말에서 떨어졌다.

—《고려사》권96 열전 제9 김인존 / 안정복,《동사강목》제8상 계묘년 인종 공효왕

김인존은 문학으로 이름이 높고 맑은 절개로 중망重望을 입었다. 이름을 김연金緣이라고도 한다. 자는 처후處厚, 시호는 문성文成이다. 그가 인종 초에 거리에서 들었다는 동요는 가사가 전하지 않는다.

김인존은 문과에 급제하여 직한림원을 거쳐 개성부사가 된 후 상서예부원외랑, 기거사인, 기거랑 등을 역임하고 숙종 7년(1102)에 이부낭중 겸 시강학사로 승진하고 중서사인이 되었다. 예종 때 승지, 정당문학, 참지정사 등을 역임하고 수사종守司從 중서시랑 동중서문하평장사 상주국

에 올랐다.

인종이 어린 나이로 즉위하고 외척 이자겸李資謙이 권력을 쥐자, 화가 미칠까 두려워 사직소를 올렸으나 윤허 받지 못했다. 그런데 어느 날 관아로 나가다가 거리에서 동요를 듣고는 말에서 떨어졌다. 그 길로 돌아와 병석에 누워, 면직을 더욱 절실하게 청했다. 마침내 재상의 직을 면하고 판비서성사 감수국사에 임명되었다. 뒤에 익성동덕공신이 되고, 수태부守太傅 문하시중 판이부사가 되었다. 죽은 뒤 예종의 묘정廟庭에 배향되었다.

김인존은 숙종 7년(1102), 어린 나이인데도 접반사가 되어 요나라 사신 맹초孟初를 접대했는데, 교외에 나갔다가 눈을 밟게 되었다. 맹초가 그를 깔보고 먼저 '마제답설건뢰동馬蹄踏雪乾雷動'이라 하자, 김인존은 신속하게 응대하여 '기미번풍열화비旗尾飜風烈火飛'라 했다. "말발굽이 흰 눈을 밟자 하늘에 우레가 동한다."라는 말에 대해 "깃발 꼬리가 바람에 펄럭이자 뜨거운 불이 날아간다."라는 구절로 대장對仗을 맞춘 것이다. 맹초는 응구첩대應口捷對의 재능에 놀라서 참으로 천재라고 칭송하고 금대金帶를 선사했다.

예종이 동궁에 있을 적에 《논어》를 강講했는데, 김인존이 《논어신의論語新義》를 저술하여 진강했다. 이 경학 연구서는 전하지 않는다. 예종 원년(1106)에는 최선·이재·이덕우·박승중 등과 함께 왕명으로 《해동비록海東秘錄》을 저술했다. 이 책은 전래하던 여러 음양지리서들을 정리하여 만든 것이라 하는데, 지금은 전하지 않는다. 김인존이 장령전長齡殿 북쪽의 연영전각延英殿閣 앞에 있었던 문고인 청연각淸燕閣에 대해 기문記文을 작성한 것이 오늘날까지 남아 있다. 김인존의 아들 김영석은 평장사를 지냈고, 그 자손들은 대대로 문관의 요직에 올랐다.

김인존이 거리에서 동요를 들었던 그해 여름 4월에는 금오지金吳池의 물이 서너 날 동안 핏빛같이 붉었다고 한다. 아마도 그 동요는 이자겸이 발호할 조짐을 경고한 참요였을 것이다.

이자겸은 인주 이씨(경원 이씨)로, 현종 때부터 외척 세력으로 등장하여 권세와 부귀를 누리고 있었다. 이자겸의 조부인 이자연李子淵의 세 딸이 문종의 비였고, 이자연의 맏아들인 이의李顗의 딸은 선종의 비, 둘째 아들 이호李顥의 딸은 순종의 비였다.

이자겸은 둘째 딸을 예종의 비로 들여넣음으로써 권력을 장악했다. 예종이 재위 17년 만에 죽고 외손인 인종이 1122년에 어린 나이로 왕위에 오르자, 이자겸은 셋째 딸과 넷째 딸을 왕비로 들여보냈다. 그리고 친족을 요직에 포진시키고 당파를 만들어 스스로 자신을 높여 국공國公이 되고는, 부府를 개설하고 관속까지 두었다. 이자겸은 왕을 자신의 집으로 행차하게 해서 지군국사를 승인하는 책명을 줄 것을 요청하며 강제로 날짜를 정하려 했다. 인종은 그 요청을 받아들이지 않았다.

인종 4년(1126) 봄 2월에 왕비 이씨를 연덕궁주延德宮主로 책봉했는데, 바로 이자겸의 셋째 딸이다.

2월 신유에 내시지후 김찬金粲과 내시녹사 안보린安甫麟은 인종의 속내를 알아채고, 동지추밀원사 지녹연 등과 더불어 이자겸·척준경을 죽이려고 했다. 척준경은 이자겸의 아들 이지원의 장인으로, 동생 척준신과 함께 세력을 부리고 있었다. 인종은 김찬을 평장사 이수李壽와 전 평장사 김인존에게 보내어 계교를 물었다. 이수와 김인존은, "왕께서는 외가에서 생장했으니 은혜를 끊을 수 없습니다. 하물며 그들의 무리가 조정에 가득하므로 경솔히 움직여서는 안 됩니다. 시기를 기다리도록 하십시오."라고 했다. 인종은 듣지 않았다. 지녹연 등은 상장군 최탁·오탁, 대장군 권수, 장군 고석 등을 불러서 이자겸과 척준경을 잡아들여 먼 곳으로 유배 보낼 것을 모의했다.

그날 초저녁에 그들은 군사를 거느리고 궁중에 들어가 먼저 척준신, 척준경의 아들 내시 척순拓純, 지후 김정분, 녹사 전기상 등을 죽여 시체를 궁성 밖에 던졌다. 그러자 이자겸과 척준경은 재신·추신 및 백관들을 집으로 소집했다. 척준경은 사랑 최식, 지후 이후진, 녹사 윤한 등과 함께 수십 명을 거느리고 밤에 신봉문 밖에 이르러 아우성을 쳤다. 이자겸은 사람을 시켜 최탁, 오탁, 권수, 고석 등의 집에 불을 지르고 그 처자와 노복들을 잡아 가두었다. 척준경은 군사를 소집하여 군기고에 들어가서 갑옷과 무기를 가지고 나아가 승평문을 포위했다. 이자겸의 아들인 중 의장義莊은 현화사에서 중 삼백여 명을 거느리고 궁성 밖에 이르렀다.

인종은 신봉문에 나와서 황산黃傘(누런 일산)을 펼치고, 척준경의 군사들로 하여금 갑옷을 벗고 해산하라고 명하고, 내탕의 은폐銀幣를 줄에 달아 늘어뜨려 군졸에게 하사했다. 하지만 척준경은 군사에게 다시 갑옷을 입고 무기를 잡게 했다. 이자겸은 합문지후 최학란과 도병마 녹사 소억을 시켜 궁문에 이르러, 궁중에서 난을 일으킨 자를 내어 달라고 했다. 인종은 아무 말이 없었다. 척준경은 동화문 행랑에 불을 질렀다. 불길은 삽시간에 내침까지 타들어갔다. 밤에 인종은 십여 명의 측근만 대동하고 걸어서 산호정山呼亭에 이르러 탄식하기를, "김인존의 말을 듣지 않은 것이 한스럽구나."라고 했다. 그리고 해를 당할까 두려워 글을 지어 이자겸에게 선위하겠노라고 했다. 이자겸은 조서를 돌려주며, 자신에게는 두 마음이 없다고 했다.

계해의 날 새벽에 이자겸은 승선 김향을 보내어 인종에게 남궁으로 나오기를 청했다. 인종이 걸어서 경령전에 이르러 내시 백사청에게 명해서 조종의 신주를 받들어 내제석원 마른 우물에 들여 놓고, 서화문으로 나와 말을 타고 연덕궁에 이르렀다. 척준경과 이자겸의 무리는 인종을 모신 내시, 대장군, 낭장, 별장 등을 잡아 죽이고, 또 사람을 나누어 보내서 많은 사람들을 죽였다. 이날 궁궐이 다 타버리고 산호山呼·상춘賞春·상화賞花의 세 정자와 내제석원 행랑 수십 칸만 겨우 남았다.

3월에 이자겸은 인종에게 중흥택 서원으로 옮겨서 거처하기를 청했다. 인종은 의장과 시위도 없이 샛길로 서원에 갔다. 문에 이르자, 김의원金義元과 최자성이 중흥택 집사로서 나와 맞이했다. 왕이 마루에 오르자, 이자겸이 그 아내와 함께 나와서 절하고 땅을 두드리고 통곡하며, "황후가 궁으로 들어갈 때는 태자가 탄생되기를 원했고, 탄생하자 오래 사시기를 하늘에 기원하여 하지 않은 일이 없었습니다. 천지신명이 나의 지성을 알아주실 터인데, 도리어 오늘날 적신의 말을 믿으시고 골육을 해치고자 하실 줄은 몰랐습니다."라고 했다. 인종은 부끄러워하며 말이 없었다.

인종은 은밀히 내의 군기소감 최사전과 상의했다. 최사전은 척준경을 매수하여 병권을 그에게 주어 이자겸을 고립시키자고 청했다. 인종은 척준경에게 교서를 내려, "경은 지난 일은 생각하지 말고 마음을 다해서 보필하여 이후로는 어려운 일이 생기지 않게 하라."라고 했다. 이후 척준경이 이자겸과 갈라서자, 지추밀원사 김부일金富佾을 평장사 척준경의 사택에 보내어 빨리 일을 보도록 재촉하고, 안장 갖춘 말을 하사했다.

여름 4월에 왕이 안화사에 거둥했는데, 이자겸이 호종했다. 왕은 옛 궁궐을 바라보며 눈물을 주르르 흘렸다.

인종은 척준경을 문하시랑 판병부사에, 이수를 문하시랑 평장사에, 이자덕李資德·허재許載를 모두 참지정사에, 김부일을 정당문학政堂文學에, 이지미를 판추밀원사에, 김향金珦·김의원을 모두 동지추밀원사에, 김부식金富軾을 어사대부 추밀원부사에 임명했다.

5월에 인종은 연경궁으로 거처를 옮겼다. 이자겸은 궁의 남쪽에 거처하면서 북쪽 담을 뚫어 궁으로 통하게 하고, 군기고의 갑옷과 무기를 가져다 집 안에 보관했다. 얼마 후 이자겸이 십팔자十八子[이李 자를 파자한 것]의 비결대로 왕의 자리를 도모하고자 떡에 독약을 넣어서 왕께 드렸다. 그런데 이 사실을 왕비가 인종에게 알렸다. 인종이 떡을 까마귀에게 주었더니 까마귀가 죽었다. 이자겸은 또 독약을 보내어 왕비를 시켜서 왕에게 드리게 했다. 왕비는 대접을 들고 일부러 넘어져 엎질러 버렸다. 왕비는 이자겸의 넷째 딸이지만 아버지의 발호를 옳게 여기지 않았던 것이다.

인종은 척준경에게 병부에서 무관직의 인사를 맡아 보게 했다. 인종은 쪽지를 적어서 몰래 내시를 보내어 척준경에게 보였는데, 쪽지에 "오늘 숭덕부의 군사가 무기를 가지고 대궐 북쪽에 이르러 장차 침문으로 들어올 듯하다. 경은 이것을 잘 도모하라."라고 했다. 척준경은 상서 김향과 함께 장교 7명과 서리와 종들 20여 명을 거느리고 북문으로 나왔다. 그들은 손에 가진 것이 없어서, 각기 목책의 나무를 뽑아서 몽둥이를 만들어 가지고 금오위金吾衛 남쪽 다리로부터 대궐로 들어갔다. 인종은 천

복전 문에 나와 척준경을 기다리고 있었다. 척준경이 인종을 모시고 나오는데 이자겸의 무리가 활로 척준경을 쏘았다. 하지만 척준경이 칼을 빼어 들고 한번 호통치자 감히 움직이는 자가 없었다. 인종은 군기감으로 들어갔다. 척준경은 승선 강후현을 시켜 이자겸을 불렀다. 이자겸은 소복을 하고 왔다. 척준경은 사람을 나눠 보내어 이자겸의 무리를 체포했다.

인종은 광화문에 나와 포고하기를, "앙화가 궁궐 안에서 일어났으나 충신들의 의거로 해를 면하게 되었다."라고 했다. 사람들이 만세를 부르고 환호했다. 인종은 교서를 선포했다. "짐이 어린 나이로 조종의 대업을 이어받아 외가에 의뢰하고자 하여, 일의 크고 작음을 막론하고 모든 것을 위임했는데, 외가가 탐학하고 포학한 짓을 함부로 하고 백성을 괴롭혀서 나라에 해가 되었다. 짐이 비록 알았으나, 막아 낼 수가 없던 차에 창졸간에 변란이 일어나자 판병부사 척준경이 의거를 일으켜 난국을 바로잡았으니 그 공은 잊지 못할 것이다. 해당 관아는 논공하여 상을 내리도록 하라. 군기 소감 최사전崔思全도 뜻을 같이하여 은밀히 도왔으니 아울러 포상하라."

6월에 인종은 척준경을 추충정국 협모동덕 위사공신推忠靖國協謀同德衛社功臣 검교태사 수태보 문하시랑 동중서문하 평장사 판호부사 겸 서경유수사 상주국에 임명하고, 의복과 금·은으로 만든 그릇과 피륙, 안장 갖춘 말 및 노비 10명, 토지 30결結을 주었다. 이공수는 추충위사공신 판이부사에, 김향은 위사공신 호부상서 지문하성사에, 최사전은 병부상서에 임명했다.

간관이 여러 번 소를 올려, "이자겸의 두 딸은 주상의 이모이므로, 주상의 배우자가 될 수 없습니다."라고 하니, 왕이 두 왕비를 내치고, 전중내급사 임원애任元敱의 딸을 맞아들여 왕비로 삼았다. 그 12월에 이자겸은 영광군에서 죽었다. 인종은 김인존을 익성동덕공신翊聖同德功臣 검교태사 문하시중 감수국사 상주국 판례부사로 임명했다.

한편, 이자겸의 사촌 이자현李資玄은 일족이 영화를 누리고 있던 시기에 관직을 버리고 춘천의 경운산慶雲山으로 들어와 은둔했다. 이자현은 이의의 아들이고 이자겸은 이호의 아들이다. 이자현은 부친(이의)이 문종 22년(1068)에 백암서원을 중창하여 보현원普賢院이라 이름 지은 절을 문수원文殊院으로 이름 바꾸었다. 산 이름도 청평산으로 고쳤다. 그리고 계곡에다 좁은 공간에 식암息庵을 만들고 참선을 했다. 37년이란 긴 기간 동안 은둔했으며, 이자겸의 난이 있기 전에 죽었다. 뒤에 진락眞樂이라는 시호가 내렸다.

조선시대의 퇴계 이황은 〈청평산 아래를 지나면서 느낌이 있기에過淸平山下有感〉라는 시를 짓고 다산 정약용은 〈밤에 청평사에 묵다, 소동파의 '반룡사'에 화운함夜宿淸平寺和東坡蟠龍寺〉이라는 시를 지어, 이자현의 은거를 긍정적으로 평가했다. 하지만 두 시 모두 김인존의 처신에 대해서는 언급하지 않았다.

어느 곳이 보현찰인가
이 금을 따라가면 모두 죽으리라
: 보현찰요

처음에 정중부와 이의방이 약조하기를, "우리 무리는 오른쪽 어깨를 걷고 복두를 벗기로 하고, 그렇지 않은 자들은 모두 죽이자."라고 했다. 그래서 무인 가운데 복두를 벗지 않은 자들도 역시 많이 피살되었다. 의종은 크게 두려워하여 그들의 뜻을 위로하고 안정시키려고 해서, 여러 장수들에게 칼을 하사했다. 그러자 무신은 더욱 교만해져서 횡포를 부렸다. 이보다 앞서 이러한 동요가 있었다.

어느 곳이 보현찰인가	何處是普賢刹 하처시보현찰
이 금을 따라가면 모두 죽으리라	隨此畫同刀殺 수차화동도살

— 《고려사》권128 열전 제41 반역 정중부 / 《고려사절요》권11 의종毅宗 장효대왕莊孝大王 경인 24년 / 서거정, 《동국통감》

고려 의종 24년(1170) 8월 29일에 무신 정중부鄭仲夫 등이 난을 일으킬 때 그 조짐을 노래한 동요가 있었다. 그것을 〈보현찰요〉라고 한다. 동요는 6언의 연구聯句로, 찰刹과 살殺이 같은 입성 힐黠운에 속한다. 압운을 한 것이다. 《동국통감》에는 두 번째 구가 약간 다르게 기록되어 있다. 6언의 연구聯句로, 입성 힐黠운에 속하는 찰刹과 살殺을 압운한 것은 같다.

어느 곳이 보현찰인가　　　　　　何處是普賢刹 하처시보현찰
이를 따라 다 힘을 같이 해 죽이네　隨此盡同力殺 수차진동력살

고려시대에는 무인이 여러 차례 정변을 일으켰다. 목종 12년(1009) 2월 3일에 서경도순검사 강조가 목종을 폐위시키고 현종을 옹립했고, 현종 5년(1014) 11월 1일에는 상장군 김훈과 최질이 군사를 일으켜 중추원사 장연우와 일직 황보유의를 내쫓았다. 하지만 정중부의 정변은 규모가 컸다. 더구나 정중부의 난 이후 이의방·정중부·경대승·이의민 및 최충헌 3대까지 약 100년 동안이나 무신정권시대가 지속되었다. 정중부야말로 고려 무신시대의 문을 연 장본인이다.

정중부는 의종 24년(1170) 8월 29일에 유혈 정변을 일으켰다. 처음에 정중부는 이의방과 이고 등이 일으킨 무신 난의 명목상 우두머리였으나, 이의방이 이고를 죽이고 권력을 독차지하자, 한동안 숨죽이고 있다가 이의방을 제거하고 최고 권력자가 되었다.

정중부는 예종 원년(1106)에 해주에서 태어났으나 가계는 알려진 바가 없다. 7척의 키에 용모가 웅장하고 눈동자가 예리하며 피부가 희고 수염이 아름다웠다고 한다. 해주에서 군적에 이름이 오른 후, 인종 때 견룡군 대정이 되었다. 1146년 2월에 인종이 재위 23년 10개월 만에 서거하고 의종이 그 뒤를 이었다. 의종은 태자 시절에 놀기를 좋아해서 모후 공예황후가 둘째 아들 대령후 경을 태자로 책봉하자고 주장하기도 했다. 예부시랑 정습명鄭襲明이 태자를 보필하겠다고 하여, 의종은 제위를 물려받을 수 있었다.

정중부는 의종이 즉위한 뒤 교위로 승진하고, 다시 대장군을 거쳐 상장군이 되었다. 의종은 정습명의 간언을 달갑게 여기지 않게 되어, 재위 5년(1151)에 총신 김존중과 환관 정함을 시켜 병석에 누워 있는 정습명의 벼슬을 빼앗아버렸다. 이에 정습명은 독약을 먹고 자살하고 말았다.

의종은 민가를 헐고 별궁이나 정자를 많이 지었으므로, 백성들이 원한을 지니게 되었다. 또 병촉야유秉燭夜遊를 즐겼다. 병촉야유란 유흥에 탐닉한 사람들이 관솔불을 손에 들고 또 종자들에게 관솔불을 들게 하여 주위를 대낮같이 밝히고 노는 것을 말한다. 의종 6년(1152) 3월 계해, 궁중 안 동산의 숲 사이에서 빛이 나, 마치 화염이 일어나듯이 찬란했다. 궁궐 바깥의 사람들은 불이 난 줄 알고, 궐문에 모여 불을 끄려고 했는데, 불이 아닌 것을 알고 물러났다고 한다. 당시 사람들은 의종이 병촉야유를 좋아했으므로 이런 이변이 있었다고 여겼다.

어느 해 섣달 그믐날 밤에는 역신疫神을 쫓아내는 나례 때 젊은 내시(황제의 근시) 김돈중이 정중부의 수염을 촛불로 태워버렸다. 김돈중은 인종 때 묘청의 난을 진압하고 《삼국사기》를 편찬한 김부식의 아들이었다. 정중부는 김돈중에게 욕설을 했는데, 김부식은 의종에게 정중부를 잡아들여 매를 쳐야 한다고 주청했다. 의종은 이를 허락하되, 정중부에게 도망치도록 조치했다.

의종 24년(1170) 4월 28일, 의종과 문신들은 화평재에서 주연을 베풀었다. 무신들은 그 호위 때문에 지쳐 있었다. 정중부가 소변을 보려고 자리를 뜨자 견룡군 장교 이의방과 이고가 따라 나와 불만을 토로하고 거사할 것을 말했다.

8월 29일, 의종은 연복정을 거쳐 흥왕사로 나가 놀았다. 정중부와 이의방, 이고는 이날을 거사일로 잡았다. 정중부는 이의방과 이고에게, "만일 황제가 이곳을 떠나 환궁한다면 거사를 뒤로 미루기로 하고, 보현원으로 간다면 바로 거병하자."라고 했다. 또 약속하기를, "우리 편은 오른쪽 어깨를 드러내고 박두를 벗자."라고 했다. 오문(남문)에 다다른 의종은 무신들에게 오병수박희五兵手搏戱를 벌이게 했다. 오병수박희란 다섯 명씩 짝을 이뤄 택견을 겨루는 것을 말한다. 대장군 이소응은 무장이지만 나이가 들어 상대방을 당할 수 없자 달아났다. 이를 본 한뢰가 쫓아가서 이소응의 뺨을 때렸다. 그것을 보고 의종과 문신들은 손뼉을 치며 웃어댔다. 정중부가 참지 못하고 한뢰를 꾸짖었다. 의종은 정중부의 손을 잡고 달랬다.

의종은 보현원으로 자리를 옮겨 연회를 계속하려고 했다. 날이 저물어 의종의 행차가 보현원 부근에 다다랐을 때, 이의민과 이고는 보현원으로 먼저 가서 황명을 사칭하여 순검군들을 불러 모았다. 그리고 의종이 안으로 들어가고 문신들이 물러가려고 하자, 이의민과 이고는 임종식과 이복기를 먼저 칼로 베었다. 그것을 본 김돈중은 취한 척하며 말에서 떨어져 달아났고, 한뢰는 의종이 앉은 의자 밑으로 숨었다.

의종이 환관 왕광취를 시켜 살육을 멈추라고 명했으나 때는 늦었다. 이고는 한뢰를 끌어내어 죽였다. 의종을 수행했던 모든 문관과 대소 신료, 환관이 살해되었는데 시체가 산과 같았다고 한다.

김돈중이 도망한 것을 알고 정중부는 군사를 급히 개경으로 보내 동정을 살피게 했다. 김돈중이 아직 성내로 들어오지 않았다고 보고하자, 정중부는 일부 군사를 남겨 보현원을 지키게 하고 개경으로 달려가 황궁으로 들어가서 숙직 관리들을 모두 죽였다. 무신들은 문신의 집을 찾아다니며 50여 명을 잡아 죽였다.

의종은 무신들을 달래려고 그들의 벼슬을 올려주었다. 이의방에게는 용호군 중랑장을, 이고에게는 응양군 중랑장 벼슬을 내렸다. 정중부·이의방·이고 등은 의종을 환궁토록 종용했다. 이때 환관 왕광취가 무리를 모아 정중부 등을 치려다가 동료의 밀고로 발각되어 내시와 환관 20여 명이 군사들에게 맞아 죽었다.

정중부는 의종을 군기감에 가두고 태자는 영은관에 가두었다가, 의종은 거제도로, 태자는 진도로 추방하고 태손은 죽였다. 그리고 감악산에 숨어 있던 김돈중도 찾아내 죽였다. 이의방과 이고는 군사들로 하여금 문인의 집들을 헐어버리게 했다.

정중부 등은 의종을 폐위시키고 그의 아우 익양공 왕호王晧를 제위에 내세웠다. 곧 제19대 황제 명종이다. 명종을 옹립한 뒤 정중부는 환관 왕광취를 비롯해 백자단·영의·유방의 등을 효수했다. 명종은 정중부를 참지정사로 삼았다가 곧 중서시랑평장사, 문하평장사로 벼슬을 올려주었다. 또 정중부·이의방·이고에게 벽상공신의 칭호를 내렸다.

무신들은 살아남은 문신들을 모두 중방으로 불러 모았다. 중방은 본래 상장군과 대장군들로 구성된 최고 군사 의결기구였는데, 무신 난 이후 최고의 정치 의결기구로 격상되었다. 이고는 남은 문신들을 모두 죽여 없애려고 했으나 정중부는 이를 말렸다.

명종 원년(1171) 1월, 이고가 이의방을 죽이려다가 오히려 이의방에게 맞아죽었다. 이의방은 중방을 강화하고, 하급 무신들을 지방관으로 임명했다. 정중부는 병을 핑계로 집에서 나오지 않았다.

명종 2년(1172)에 귀법사의 승려 100여 명이 이의방을 타도하려고 개경 북문으로 쳐들어왔다가 패하여 참살을 당했다. 이의방은 귀법사·중광사·홍호사·용흥사·묘지사·북흥사 등 개경 인근의 여러 절을 허물고 재물을 약탈했다.

명종 3년(1173) 8월에 간의대부 동북면병마사 김보당은 군사를 일으켜, 장순석과 유인준 등을 보내 거제도에 갇혀 있는 의종을 경주로 모시고 나오게 했다. 정중부와 이의방은 군사를 보내 진압하여, 김보당을 죽였다. 이의민은 경주로 내려가 의종의 허리를 꺾어 죽였다.

명종 4년(1174) 9월에는 서경유수 조위총趙位寵이 북부 지방 40여 성의 호응을 받아 반란을 일으켰다. 이의방은 윤관의 손자 윤인첨尹鱗瞻을 원수로 삼아 반란을 진압하게 했다. 그러나 조위총은 윤인첨의 군사를 꺾고 개경을 향해 남하했다. 이의방은 서경 출신들을 모조리 숙청한 뒤 자신이 군사를 이끌고 출전했다.

이의방이 군사를 이끌고 절령(자비령)을 넘어 서경(지금의 평양)으로 진격하자 서경군이 한때 무너졌다. 그러나 조위총은 흩어진 군사를 수습했다. 개경군은 추위와 굶주림에 지쳐 대패했다. 그해 12월, 이의방이 군사를 다시 일으켜 서경으로 출전할 때, 정중부의 아들 정균이 승려 종감과 모의하여 이의방을 살해했다. 이로써 6년간에 걸친 이의방의 시대가 끝나고 정중부가 정권을 쥐었다. 정중부는 이의방의 형 이준의와 심복 고득원 등을 모두 죽이고 태자비인 그의 딸까지 폐출시켜 버렸다.

명종 6년(1176) 7월, 윤인첨은 서경군을 격파하고 조위총을 생포했다.

정중부는 벼슬이 문하시중, 수상에 올랐지만 나이가 이미 일흔이었다. 낭중 최충의가 "황제가 재상에게 궤장几杖을 하사하면 재상은 나이가 일흔이라도 치사致仕하지 않아도 됩니다."라고 알려주자, 정중부는 예부의 관리를 시켜 명종에게 그 내용을 상주하게 했다.

그해 9월에 남쪽 지방에서 반란이 일어났는데 토벌군의 누군가가 익명의 글을 내걸었다. "시중 정중부와 그의 아들 승선 정균, 사위 복야 송유인 등이 정권을 농락하여 남방의 적이 들고일어난 것이다. 군사를 내어 남방의 반란군을 토벌하기보다 이 자들부터 죽여야 마땅하다." 정중부와 정균 부자는 한동안 조정에 나가지 않았다.

2년이 지난 명종 8년(1178)에 정중부는 사직했다. 그 후 정균과 송유인이 전횡을 일삼았다. 중서시랑평장사를 지낸 경진慶珍의 아들 경대승은 명종 9년 9월에 견룡군 지휘자 허승과 합세하여 난을 일으켜 정균을 죽였다. 그리고 명종의 윤허를 받아내어 금군을 풀어 정중부를 죽이고 송유인 부자도 죽였다. 경대승은 중방을 무력화시키고 도방을 설치하여 자신의 측근들을 배치했다. 이어서 거사의 동지였던 허승과 김광립을 죽였다. 경대승은 정치를 개혁하려 했으나, 5년 만인 명종 13년(1183) 7월에 30세의 나이로 병사하고 말았다.

경대승이 죽자 명종은 경주로 사람을 보내 이의민을 불러올렸다. 이의민은 이후 13년 동안이나 권력을 휘둘렀다. 하지만 그도 최충헌에 의해 실각하고 말았다.

개성 동대문 밖 산대 바위 아래에 고려 의종이 세운 연복정은 이른바 정중부 난의 발단이 된 곳이다. 의종은 연복정을 지어 기이한 화초를 심고 호수를 만들어 밤낮 배를 띄워 놀았다. 재위 24년(1170)에 연복정에서 대장군 정중부, 산원 이의방은 바로 이곳에서 문신들은 살해하고 그 시체를 연못에 버렸다. 세간에서는 그 일을 조정침朝廷沈이라 했다. '조정이 물속에 침몰했다.'라는 풍자의 뜻을 지닌 말이다. 정중부는 의종을 개성으로 데리고 가서 다시 문신들을 학살했다. 사흘 뒤에는 의종을 거제도로 추방하고 의종의 아우 왕호王皓를 왕으로 세웠다. 이때 항간에는 "어디가 보현보살 사찰이냐, 여기서 모두 다 죽였구나."라는 동요가 유행했다.

복을 맞아들이는 곳이란 뜻의 연복정이 화를 자초하는 곳이 된 것은 아이러니가 아닐 수 없다. 고려 중엽의 시인 임규任奎가 〈연복정에 들러서 過延福亭〉라는 시를 남겼다.

누가 군신을 취향醉鄕으로 인도했나
군신 간의 앙화를 예견치 못하다니
옥 다락에 거나한 노래 멎지도 않은 터에
임금 다니는 길에 비린 피가 낭자했다
수 양제 때 변하汴河에 가을바람 싸늘했고
당 명황 때 촉도蜀道에는 궂은 비 처량했어라

당시의 그 한을 아는 사람 하나 없어
산과 시내 둘러보며 눈물겨워 하노라

誰勸君臣入酒鄕^{수권군신입주향}
不知禍自在蕭墻^{부지화자재소장}
酣歌不闋瓊樓上^{감가불결경루상}
猩血交流輦道傍^{성혈교류연도방}
煬帝汴河秋冷落^{양제변하추냉락}
明皇蜀道雨凄凉^{명황촉도우처량}
當時此恨無人識^{당시차한무인식}
滿目溪山淚數行^{만목계산루수행}

임규는 수나라 양제가 강도를 순항하며 놀다가 변하에서 우문화급에게 살해된 일, 당나라 명황이 안록산의 난으로 촉 땅으로 피신하던 중 마외에서 군사들의 요구로 양귀비를 죽여야 했던 일 등을 상기시켜, 군왕이 음탕한 놀이에 빠져서는 안 된다고 경계한 것이다.

용이 섰다
: 입룡요

명종 6년 6월에 윤인첨이 서경의 통양문通陽門을 공격하고 두경승은 대동문大同門을 공격하여 깨뜨리니, 성중의 적병들이 크게 무너졌다. 조위총을 사로잡아 베고, 그의 무리 10여 명은 가두고 나머지는 다 위로하고 무마하니, 주민들이 예전과 같이 안도했다. 태조의 진전眞殿에 배알하고, 조위총의 머리를 함에 넣어서 병마부사 채상정蔡祥正을 보내 와서 승첩을 보고했다. 조위총의 머리를 시가에 효시하고, 또 조위총의 처자와 포로 1백여 명을 보내 왔다.

이보다 앞서 윤인첨이 서경의 성 위에서 갑자기 떠들썩하게 지껄이는 소리를 듣고 물으니, 성 위의 사람들이 입룡立龍이라고 소리치며 축하한다고 했다. 윤인첨이 말하기를, "위총位寵이 장차 죽을 것이다. 사람과 머리를 떼어 버렸으니 어찌 살 수 있겠는가." 했다.

— 《고려사》 권96 열전 9 윤관 부 인첨 / 《고려사절요》 권12 명종明宗 광효대왕光孝大王 1 병신 6년 6월 / 안정복, 《동사강목》 제9하

정중부·이의방이 의종 24년(1170)에 정변을 일으키자 3년 후인 명종 3년(1173) 8월에, 동북면(동계)병마사로 있던 김보당이 의종의 복위를 꾀하여 난을 일으켰다. 계사년에 일어났으므로 이것을 '계사의 난'이라고도 한다. 이 난은 문신 계열이 무신을 타도하기 위해 일으킨 난이었다.

김보당은 정중부·이의방을 토벌하고 왕 의종을 복위시키고자, 병마녹사 이경직 및 장순석 등과 모의하여 동계에서 군사를 일으켰다. 김보당이 장순석으로 하여금 거제에 유배되었던 의종을 받들게 하니, 장순석은 의종과 함께 경주로 나와 웅거했다.

정중부는 이의민으로 하여금 군사를 거느리고 남쪽으로 향하게 하는 동시에 김보당의 본거지에도 군사를 보냈다. 9월에 이르러 난이 진압되고 김보당과 이경직은 붙잡혀 개경에 보내져 처형되었다. 한편, 이의민은 경주에 이르러 경주인들이 잡아둔 장순석 등 수백인과 의종을 살해했다. 김보당은 죽임을 당할 때 "문신으로서 모의에 가담하지 않은 자가 없다."라고 실토했다. 이 때문에 앞서 1170년에 화를 면했던 문신들까지도 학살당했다. 이 난이 진압된 후 무신들은 더욱 정부의 요직을 독점하게 되었다.

명종 4년(1174) 9월에는 병부상서로서 서경유수를 겸하고 있던 조위총이 서북의 여러 성에 격문을 보내 절령(자비령) 이북 40여 성의 호응을 얻어 난을 일으켰다. 그러자 이의방은 윤관의 손자인 윤인첨을 원수로 삼아 반란을 진압하게 했다. 조위총은 윤인첨의 군사를 절령에서 물리치고, 선두에서 추격하여 개경 근교에 이르렀다. 그러자 이의방은 서경 출신들을 숙청한 뒤 자신이 군사를 이끌고 출전했다. 이의방의 군사가 반격을 하여 절령을 넘어 서경으로 진격하자 서경군이 한때 무너졌다. 조위총은 흩어진 군사를 수습하여 서경의 성에 들어가 농성했다. 이의방의 개경군은 추위와 굶주림에 지쳐 대패하고 말았다.

그해 11월, 이의방이 군사를 다시 일으켜 서경으로 진격하려고 출전할 때, 정중부의 아들 정균이 승려 종감과 모의하여 이의방을 살해했다. 정중부는 이의방의 형 이준의와 심복 고득원 등을 모두 죽이고 태자비인 그의 딸까지 폐출시켜 버렸다.

명종은 전중감 유응규와 급사중 사정유를 조위총에게 보내 이의방 일파가 제거되었으므로 군사를 일으킨 명분이 없어졌다고 알렸다. 하지만 조위총은 군세를 그대로 유지했다. 조위총은 이의방이, 군주를 시해하고 장례를 치르지 않았다고 그 죄를 성토했다. 그러자 윤인첨은 서경을 피해 북계의 연주성을 포위하여 공격했다. 조위총은 연주에 구원병을 보냈지만 중로가 관군에게 막혀 되돌아왔다.

연주는 평안북도 영변의 옛이름이고, 영변군은 영주와 무주를 합하여 부르는 이름이다. 영주는 본래 밀운군인데 670년에 연주로 고쳤고, 무주는 원래 운남군인데 995년 무주방어사라 했다가 공민왕 때 태주로 이속된다. 조선 태종 때 무주는 무산현이 되고 세종 때 연산과 합하여 영변으로 된다.

명종 5년(1174) 5월에 명종은 내시 10인을 시켜 의종을 희릉禧陵에 호장護葬하게 하고 시호를 장효莊孝, 묘호를 의종이라 했다. 조위총이 거병한 명분을 무화시키려 한 것이다.

6월에 윤인첨의 관군은 연주를 점령했다. 그러자 조위총에게 속했던 여러 성들이 관군에게 항복했다. 이어서 윤인첨은 서경을 포위 공격하며 장기전에 돌입했다. 조위총은 전세가 불리해지자 김존심과 조규를 금나라로 보내 구원을 청하려고 했다. 하지만 김존심은 조규를 죽이고 관군에게 항복했다. 조위총은 다시 서언을 금나라에 보내어 정중부와 이의방이 의종을 죽인 사실과 절령 이북으로부터 압록강에 이르는 40여 성을 가지고 금나라에 내속하겠다고 청했다. 금나라는 조위총의 청을 받아들이지 않고 도리어 서언을 잡아 고려로 보냈다.

명종 6년(1176) 6월에 윤인첨은 서경의 통양문을 공격하고 두경승은 대동문을 공격하여 깨뜨렸다. 이로써 성중에 있던 조위총의 군사들이 크게 무너졌다. 마침내 윤인첨은 조위총을 사로잡아 베고, 그의 무리 10여 명을 체포했다. 윤인첨은 조위총의 머리를 함에 넣어 개성으로 보내어 승첩을 보고하고, 조위총의 처자와 포로 1백여 명을 개성으로 보냈다.

조위총의 난이 진압되기 이전인 명종 6년(1176) 정월에는 공주 명학소에서 망이·망소이가 무리를 모아 산행병마사를 자칭하고 봉기하여 공주를 함락시켰다. 소는 천민 집단의 특수 행정 구역이다. 조위총의 난을 진압하는 데 어려움을 겪고 있던 정부는 그들을 무마시키려 했으나 난민들은 응하지 않았다. 이에 대장군 정황재와 장군 장박인에게 3천의 군사를 주어 난을 진압하도록 했지만 난민에게 패배했다. 정부는 회유책을 썼으나, 망이 등은 예산현을 공략하여 감무를 살해하고 충주까지 점령했다. 그러자 정부는 군대를 보내 대대적으로 토벌하려 했다. 이듬해 정월에 망이·망소이가 강화를 요청하자, 정부는 이들을 향리로 호송했다. 그러나 한 달 지나 망이·망소이는 정부의 군대가 자신들의 가족을 가두었다는 것을 이유로 재차 봉기하여 가야사를 노략하고, 3월에는 홍경원을 불태웠다. 이들은 아주를 함락시키고, 청주를 제외한 청주목 관내의 모든 군현을 점령했다. 5월에 정부가 군대를 파견하여 이들을 토벌하자, 6월에 망이는 항복을 청해 왔다. 마침내 7월 망이·망소이 등이 남적처치병마사 정세유에게 붙잡혀 청주옥에 갇히고 난은 종식되었다.

명종 6년(1176) 6월에 윤인첨이 서경의 통양문을 공격하고 두경승은 대동문을 공격할 때 서경의 성 위에서 갑자기 떠들썩하게 지껄이는 소리가 났다. 윤인첨이 그 까닭을 묻자, 성 위의 사람들이 '입룡立龍'이라고 소리치며 축하한다고 했다. 그러자 윤인첨은, "조위총이 장차 죽을 것이다. 사람과 머리를 떼어 버렸으니 어찌 살 수 있겠는가!"라고 했다.

입룡立龍이란 글자는 조위총趙位寵의 位란 글자에서 사람 人을 떼고 寵이란 글자에서 갓머리 宀을 뗀 것에 해당한다.

이보다 앞서 이 해 4월에 검은 기운이 서북을 따라 동남 옆으로 뻗쳐 있어 너비가 베폭과 같았다. 태사太史가 아뢰기를, "3개월이 지나지 않아 서경이 패배할 것입니다."라고 했는데, 이때에 이르러 과연 그렇게 되었다고 한다.

아마도 서경성 안에 있던 백성들은 이 검은 기운을 보고 '입룡'이라고 기뻐했을 듯하다. '용이 선다.'라는 것은 조위총의 이름에서 입룡이란 글자를 찾아서 그 뜻을 이용하여 새로운 군주가 즉위한다는 뜻을 함축한 것이다. 서경의 백성들은 검은 기운이 뻗치는 현상을 보고 조위총이 즉위할 것이라는 예시로 해석했을 것이다.

하지만 정부의 태사(천문관)는 그 검은 기운을 보고 '3개월이 지나지 않아 서경이 패배할 것'이라고 예견했다. 그리고 윤인첨은, 입롱이란 한자는 位寵(위총)에서 사람 人과 갓머리 ⼧이 떨어져 나가는 것을 뜻하므로 조위총이 패망하리라고 해석한 것이다.

그런데 고려 조정을 무인들이 장악한 것에 불만을 품은 문인들의 관점에서 보면, 조위총은 반란자가 아니었다. 그렇기에 조선시대에 편찬된 《고려사》는 조위총의 사적을 반역자 열전에 넣지 않고 그냥 열전에 넣어 기록했다. 《동국여지승람》도 조위총을 평양의 명환名宦으로 기록했다. 조선 후기의 안정복도 《동사강목》에서 그 사실을 논한 바 있다. 성호 이익은 《해동악부》에 〈입룡요立龍謠〉 편을 두어, 조위총의 거사를 '충忠'으로 평가해야 한다고 주장했다.

하지만 조위총은 절령 이북의 땅을 금나라에 바치려고 했으니, 오늘날의 관점에서 보면 반역 행위라고 보지 않을 수 없다. 당초 조위총이 무신 정권의 타도를 명분으로만 내세웠던 것인가, 금나라에 절령 이북을 바치려고 한 것도 한때의 방편이었던가, 현재로서는 단정할 수가 없다.

용손 열둘 다 죽은 뒤 다시 십팔자

: 십팔자요

용손 열둘 다 죽은 뒤	龍孫十二盡 용손십이진
다시 십팔자	更有十八子 갱유십팔자

―《고려사절요》 권13 명종明宗 광효대왕光孝大王 2 계축 23년

고려 명종 23년(1193)에 김사미金沙彌는 경상도 운문雲門을 거점으로, 효심孝心은 초전草田을 거점으로 반란을 일으켰다. 명종은 대장군 전존걸全存傑을 보내어 토벌하게 했다. 이때 이의민李義旼의 아들 이지순李至純은 장군으로서 출정했다. 이의민이 일찍이 붉은 무지개가 두 겨드랑이에서 일어나는 꿈을 꾸고 상당히 자부하고 있었다. 또 옛 참요에 "용손 열둘 다 죽은 뒤, 다시 십팔자."라는 말이 있음을 알고, 분수에 넘치는 기대를 품고 있었다. 十八子(십팔자)는 李의 파자破字이므로 고려의 국왕 열둘

이 죽은 뒤 자기 자신이 국왕 자리에 올라 신라를 부흥시킬 뜻을 품었던 것이다. 그래서 김사미·효심과 통했고, 적들도 거만 금을 선물로 주었다.

이의민(?~1196)은 본관이 경주인데, 소금장수인 아버지 이선李善과 여종인 어머니 사이에서 태어났다. 경군京軍으로 발탁된 후 수박手搏을 잘하여 의종에게 총애를 받아 별장으로 승진했다. 의종 24년(1170)의 무인정변 때 공을 세우고 중랑장이 되었다가 곧 장군으로 승진했다. 명종 3년(1173)에 동북면병마사 김보당이 정중부와 이의방을 토벌하고 의종을 복위시키겠다는 명분으로 정변을 일으켰는데, 이때 이의방의 명령을 받아 의종을 죽이고 대장군에 올랐다. 이듬해 서경유수 조위총이 군사를 일으키자, 정동대장군 지병마사로서 출전하여 조위총의 군사를 크게 격파하고 그 공으로 상장군이 되었다. 또한 명종 7년(1177) 조위총의 패잔병이 보향산保香山에 집결하자, 8장군을 거느리고 출정하여 승전했다.

명종 9년(1179) 이의방·정중부가 제거된 뒤 집권한 경대승은 무인정변 이후 자행된 무인들의 불법을 문제 삼으며 마침내 의종을 살해한 사실까지 거론했다. 이에 이의민은 두려움을 느끼고 방비를 철저히 했다. 명종 11년(1181)에 이의민은 형부상서장군에 올랐지만 경대승에게 해를 당할까 두려워 고향 경주로 갔다. 경대승이 죽은 후에야 명종의 부름을 받아 병부상서 벼슬을 받고 서울로 올라와 수사공좌복야에 임명되었다. 이때 이르러 이의민은 무인정권의 최고실력자가 되었다. 명종은 이의민이 난을 일으킬까 봐 두려워 미리 그를 중앙정부로 불러들였다고도 한다. 명종 20년(1190)에 이의민은 동중서문하평장사 판병부사가 되었다.

명종 23년(1193) 김사미·효심의 난이 발생했을 때 조정에서 파견한 관군이 번번이 패했다. 이때 이의민은 신라 부흥의 뜻을 가지고 그의 아들이자 토벌대장군인 이지순李至純을 통해 민란 세력과 내통했다. 이에 대해서는 기록이 조작되었다는 설도 있다. 또 이의민이 반란군을 지원한 것은 사실이지만 신라 부흥을 위해서가 아니라 자신의 권력을 확대하기 위해서였다고도 한다.

관군의 대장군이었던 김존걸은 분해하면서 "법으로 이지순을 다스리면 그 애비인 이의민이 반드시 나를 해칠 것이요, 다스리지 않으면 적은 더욱 기세가 세질 것이니, 죄는 장차 누구에게 돌아가겠는가!"라고 하고는, 독약을 마시고 죽었다.

그해 12월 김사미·효심의 난은 진압되고, 이듬해 이의민은 공신으로 책봉되었다. 그러자 이의민은 관리 임명을 마음대로 하였으며, 그의 아들들도 횡포하여 인심을 잃었다. 그런데 이의민의 아들 이지영李至榮이 최충헌崔忠獻의 동생 최충수崔忠粹의 집비둘기를 빼앗은 일이 있었다. 이 사건이 도화선이 되어 이의민 부자는 명종 26년(1196)에 최충헌 형제에게 살해되었다.

《고려사열전》의 사신史臣은 김사미의 반란 때 이의민이 그들과 결탁한 사실을 기록한 후, "의리를 보고도 실행을 하지 않음은 용기가 없는 것이다."라고 전제하고 김존걸이 대장군으로서 자기 역할을 제대로 하지 않은 것을 비판했다.

이의민은 무신정권 내에서 자기 세력을 심으려다가 개성에서 실행하기 어렵자, 고향인 경주를 근거지로 딴 마음을 먹었다. 그때 참요의 설에 크게 기대었던 것이다.

청새진 호장의 동요

: 청새진요

고종 15년에 청새진淸塞鎭 호장이 함부로 동요를 만들어, 용주龍州와 함께 모반을 했다. 병마사 채송년蔡松年이 그들을 잡아 주살했다.

─《고려사》 세가 권22 고종 15년 9월 병신

고종 때 청새진淸塞鎭 호장이 함부로 만들었다는 동요는 어떤 내용인지 전하지 않는다. 당시 무인 최충헌이 권력을 행사하여 왕권이 미약하자, 청새진의 호장은 중앙권력에 반감을 품고 반란을 일으키려고 민심을 선동하려 한 듯하다.

    청새진은 오늘날의 평북 희천熙川이다. 고려 때 위주威州로 승격시켰다가 희주熙州로 고치고 개주价州에서 겸하여 관리하게 했다. 조선 태조 때 분할하고 군을 두었으며, 태종 때에 희천으로 고쳤다. 위성威城이라고도 한다. 이곳은 바로 고려 고종 3년(1216)에 김취려金就礪/呂 장군이 거란의 침략군을 격퇴시킨 곳이다.

청새진 호장을 붙잡아 죽인 채송년蔡松年(?~1251)은 평강 채씨의 시조로, 자는 천로天老이다. 어전행수御殿行首로 낭장이 되었으나, 아버지보다 먼저 조정에 나가는 것을 꺼려 부임하지 않았다. 그 후 그 연고를 알게 된 최충헌의 배려로, 아버지가 참직參職에 오르자 비로소 출사했다. 그리고 최충헌의 신임을 받아 추밀승선樞密承宣이 되었다.

최우崔瑀가 집권하던 고종 15년(1228)에 채송년은 병마사로서 청새진 호장의 모반을 사전에 탐지하여 그 주동자를 주살했다. 고종 18년(1231) 몽고군을 막기 위하여 대장군으로서 북계병마사가 되어 제도諸道의 병사를 징집했다. 그 후 어사대부와 참지정사를 거쳐 중서시랑평장사에 이르렀다.

채송년은 자질이 단정하고 준수하며, 성품이 화평하여 부귀를 끝까지 누렸다고 한다. 시호는 경평景平이다. 맏아들 채정蔡楨은 중서시랑평장사로 평강군에 봉해졌고, 둘째 채자화蔡子華는 문하시랑평장사, 상장군, 판이부사 등을 지냈다. 후손들은 본관을 평강으로 삼아 세계를 이어왔다.

청새진 호장이 반란의 마음을 품은 것은 거란의 침략 이후 이 지역이 심하게 피해를 보았기 때문일 것이다.

처음에 원나라 태조 성무황제聖武皇帝, 즉 칭기스칸이 군사를 출동하여 금나라의 연도燕都(연경)를 치니 금나라 선종宣宗이 변卞 땅으로 옮겨갔다. 성무황제는 북쪽으로 돌아가고 군사는 머물러 연경을 지키게 했는데, 연경 사람들이 원나라 군사를 대접하여 취하게 만들고는 섬멸했다. 거란에 남은 금산왕자金山王子와 금시왕자金始王子가 그 도당인 아아걸노鵝

兒乞奴를 장수로 삼아 하삭河朔 지방 백성들을 위협하여 따르게 하고 대요수국大遼收國의 왕이라 자칭했다. 성무황제가 크게 노하여 많은 군사를 출동해서 정벌하니, 두 왕자가 동쪽으로 나와서 거주할 땅과 양식을 고려에 청했는데, 고려가 허락하지 않았다. 두 왕자는 고려를 침범하려는 마음을 지녀 아아걸노를 시켜 먼저 군사 수만 명을 거느리고 강을 건너게 했다. 그 처자들도 모두 따라 왔다. 그들은 진응鎭戎과 영삭寧朔을 경유하여 아사천阿史川으로 나왔다. 고려의 3군은 조양진朝陽鎭에 이르러, 중군은 성안에 진을 치고 우군과 후군은 성 밖에 진을 쳤다. 상장군 노원순盧元純이 중군, 오응부吳應夫가 우군, 섭상장군攝上將軍 김취려가 후군이었다.

고려 말에 이제현李齊賢은 〈김평장행군기金平章行軍記〉에서 고종 3년(1216)에 김취려 등 고려 3군이 조양진, 연주延州, 개평역과 청새진 전투에서 승리하여, 적이 청새진을 넘어 도망한 일을 자세히 기록했다. 김평장은 곧 김취려를 말하며, 평장은 평장사라는 직위를 가리킨다.

9월 25일에 아홉 장수가 적의 머리 7백 급을 베고 소·말과 패인牌印·무기 등을 이루 다 적을 수 없이 많이 얻으니, 적병은 다시 군사를 정돈하지 못하고 개평역開平驛에 모여 주둔했다. 3군이 벌써 왔어도 감히 모두들 나아가지 못하고, 우군은 서산西山 기슭에 자리잡고, 중군은 들판에서 적의 공격을 받고 조금 물러나서 독산獨山에 주둔했다. 김취려가 칼을 빼어 들고 말을 채찍질하며 장군 기존정奇存靖과 함께 곧장 적의 포위망을 뚫고 들어가서 나가고 들어가며 쳐부수니 적이 무너져 달아났다. 추격하여 개평역을 지났는데 적이 역의 북쪽에 복병하고 있다가 갑자기 중군을 공격하므로 김취려가 회군하여 공격하니 적이 또다시 무너졌다. 상장군 노원순이 밤에 김취려에게 말하기를, "저들은 많고 우리는 적은데 우군도 오지 않습니다. 처음 사흘 먹을 양식만을 가지고 떠났는데 지금 벌써 다 없어졌습니다. 물러가 연주성을 차지하고 있으면서 뒤에 오는 군사를 기다리는 것이 좋겠습니다."라고 했다. 김취려는, "우리 군사가 여러 번 승리하여 투지鬪志가 아직도 많으니, 이 기세를 이용하여 한 번 더 싸우고 의논하기로 합시다."라고 했다. 적이 묵장墨匠의 들에 진을 쳤는데 군사의 사기가 매우 성했다. 노원순이 말을 달리며 김취려를 부르고, 또 검은 깃발을 날려 신호를 하니, 사병들이 적군의 칼날을 무릅쓰고 나가서 한 명이 백 명을 당하지 않는 자가 없었다. 김취려가 문비文備와 함께 적진을 횡단하여 가는 곳마다 휩쓰니, 세 번 접전하여 세 번 다 승리했는데, 김취려의 맏아들이 전사했다.

달아나는 적을 추격하여 향산香山 남강南江에 이르니, 적군이 빠져 죽은 자가 천 명이나 되어, 그 처자들이 모여 우는 소리가 만 마리나 되는 소가 우는 것 같았다. 한 사람이 무기를 버리고 관원이라 자칭하면서 앞으로 뛰어나와 청하기를, "우리들이 귀국의 변경을 소란하게 했으니 진실로 죄가 있습니다. 그러나 처자들이야 무엇을 알겠습니까. 다 죽이지 말아 주시오. 또 우리를 핍박하지 않는다면 우리들은 지체없이 돌아가겠습니다."라고 하거늘, 김취려가 사람을 시켜 말하기를, "네 말을 어찌 믿을 수 있겠느냐. 술을 줄 테니 마음 놓고 마시고 가거라."라고 했다. 조금 있다가 아아걸노가 병부가 찍힌 글을 보내면서 애걸했는데, 역시 그가 말한 것과 같았다. 3군이 각기 2천 명을 보내어 그 뒤를 따랐는데, 적이 버린 물자·양곡·기구·병기가 길에 흩어져 있고, 소와 말은 혹 그 허리를 베고 혹은 그 엉덩이를 찔렀으니, 이는 우리가 얻어도 다시 쓰지 못하게 한 것이었다. 보낸 군사 6천 명이 청새진에서 싸웠는데, 적을 생포하고 죽인 것이 상당히 많았다. 평로진平虜鎭의 도령都領 녹진祿進도 공격하여 70여 명을 죽이니, 적이 드디어 청새진을 넘어 도망해 갔다.

창주昌州의 분도장군分道將軍 김석金碩이 보고하기를, "거란의 뒤를 따라 이르는 자들이 지난 달부터 많이 국경 안으로 들어오는데, 바로 금산과 금시의 군사들입니다."라고 했다. 3군이 연주에 주둔해서는 오직 내상군內廂軍만을 머물러 지키게 하고 그 나머지는 모두 출발했는데, 후군만이 적과 양천楊川에서 접전하여 수백 명을 생포하거나 죽였으며 양군兩軍은 먼저 박주博州로 돌아갔다. 김취려가 군수품 차량을 호송하며 천천히 행군하여 사현포沙現浦에 이르렀는데, 적이 갑자기 나타나 저격했다. 김취려가 급한 상황을 양군에게 알렸지만, 양군은 자기들만 편하려고 지키고 나오지 않았다. 김취려가 힘써 싸워 적을 물리치고 끝까지 군수품 차량을 호송하여 당도했다.

노원진이 서문西門 밖에 나와 맞이하면서 축하하기를, "갑자기 강한 적을 만나고서도 능히 그 기세를 꺾고, 수송하는 3군의 군사들에게 조그마한 손실도 없게 했으니, 이것은 공의 힘이오."라고 하면서 말 위에서 술을 따라 권하며 축수祝壽했다. 양군의 장사將士와 여러 성의 부로父老들이 모두 머리를 조아리면서 말하기를, "이번에 강한 적과 맞서 그곳에서 싸우기란 어려운 일이었습니다. 개평開平·묵장墨匠·향산香山·원림元林 지방의 싸움에서 후군이 언제나 선봉이 되어 소수의 병력으로 많은 적을 공격하여, 우리들 노약자들로 하여금 생명을 보존하게 했습니다. 보답할 것이 없으니 다만 축수할 따름입니다."라고 했다.

10월 20일 밤에 3군이 군사를 보내어 적을 홍교역興郊驛에서 습격했다. 이튿날 밤에는 홍법사洪法寺에서 싸우고, 또 이튿날에는 고을 성문 밖에서 교전하여 모두 이기고 고려 부대는 성안으로 들어가 군사들을 쉬게 했는데, 적이 밤에 청천강을 건너 서경西京(지금의 평양)에 이르고, 날씨가 추우니 얼음 위로 걸어서 대동강을 건너 서해도西海道(지금의 황해도)로 들어왔다.

고종 4년(1217)에도 거란군 5,000여 명이 고려를 침략하여 제천까지 쳐내려왔다. 이때 김취려는 전군병마사前軍兵馬使로서 거란군을 명주溟州(지금의 강릉) 쪽으로 패주시켰다. 고종 5년(1218)에 거란이 다시 침입하자 김취려는 병마사가 되어 서북면원수 조충趙沖과 함께 거란군을 강동성으로 쫓아냈고, 몽고군·동진국東眞國과 힘을 합쳐 강동성을 함락시켰다.

비록 고려 군사가 거란을 격퇴시키기는 했지만, 국경 지역의 백성들은 거란의 내침으로 시달린 데다가 다시 저들이 침략할지 모른다고 불안해 했을 것이다. 고종 15년(1228)에 이르러 청새진의 호장은 지역 주민의 심리를 이용해서 반란을 획책했던 듯하다. 그러나 역사 기록에는 자세한 내용이 전하지 않는다.

박나무 가지 꺾어서 물밥 한 그릇
: 호지목지瓠之木枝요

박나무 가지	瓠之木枝 호지목지
꺾어서 물밥 한 그릇	切之一水饍 절지일수선
누대나무 가지	陋台木枝 누대목지
꺾어서 물밥 한 그릇	切之一水饍 절지일수선
가라 가라 멀리 가라	去兮去兮 遠而去兮 거혜거혜 원이거혜
저 산 마루턱으로 멀리 가라	彼山之嶺 遠而去兮 피산지령 원이거혜
서리가 안 오거든	霜之不來 상지불래
낫을 갈아 삼을 베고 멀리 가라	磨鎌刈麻去兮 마겸예마거혜

— 《고려사》 권54 지8 오행 금金 요언妖言 고종 36년 11월 / 《고려사절요》 고종 36년 / 《증보문헌비고》 권11 상위고

고려 고종 36년(1249) 11월에 〈호지목지요〉가 유행했다. 이 동요는 낙토를 그리워하는 민중의 심리를 담고 있다. 그렇다면 이 동요는 어떠한 상황에서 나온 것이며 어떤 의미가 있는가?《고려사절요》를 보면 고종 36년(1249)에는 최항崔沆이 권력을 장악하는 일이 있었다.

윤 2월에 사공司空 김미金敉가 최항이 자기를 해하려 한다는 말을 듣고 먼저 꾀하기 위해 급제 홍열洪烈, 춘방공자 정첨鄭瞻을 보내어 백부 추밀원부사 김경손金慶孫에게 급히 편지를 띄웠다. 김경손이 화가 자기에게 미칠까 두려워 먼저 최이(최우)에게 고하니, 최이가 홍열 등을 가구옥街衢獄에 가두고 그 무리를 국문했다. 처음에 최항이 김미를 소환할 때, 장군 유정劉鼎, 지유指諭 기홍석奇洪碩·민경함閔景咸 등이 최이에게 편지를 보내 김미를 후사로 삼으라고 청했다. 그러나 최이는 불문에 붙였다. 이때에 이르러 최이가 그 편지를 내어보이면서, 서명한 자들을 모두 가두고 국문하여, 경함 등을 강에 던져 죽이고 김미는 고란도로 귀양 보냈다. 또 나머지 40여 명을 죽이거나 귀양 보내거나 강등하여 내쫓았다.

겨울 11월에 최이가 죽자, 내외 도방이 모두 최항을 옹립했다. 최항은 복상한 지 2일 만에 상복을 벗고는 문을 닫고 들어앉아 아버지가 사랑하던 여러 첩들을 간통했다.

최항을 추밀원부사 이병부상서 어사대부로 삼았는데, 얼마 후에 동서북면병마사도 겸했다. 최항이 지추밀원사 민희閔曦와 추밀원부사 김경손이 인심을 얻은 것을 꺼리어 섬으로 귀양 보내고, 또 좌승선 최환崔峘과

장군 김안金安과 지유 정홍유鄭洪裕와 아버지의 시첩 30명을 귀양 보냈다.

왕이 조서를 내리기를, "황고皇考께서 위에 계실 때와 과인이 즉위한 이래로 진양공晉陽公 최이가 좌우에서 보필했으므로 온 나라가 그를 부모같이 의지했다. 그런데 이제 홀연히 세상을 떠나니 의지할 데가 없다. 아들 추밀원부사 최항이 대를 이어 진정鎭定하니 등급을 뛰어서 정승의 지위에 제수한다."라고 했다.

최항은 최이 즉 최우의 서자이다. 최우는 나중에 이름을 최이로 고쳤다. 최항은 창기 서련방이 낳았는데, 처음에 송광사 중이 되었다가 쌍봉사로 옮겨서는 무뢰승을 모아 문도를 삼고 재화를 늘렸다. 고종 35년(1248)에 아버지의 명으로 환속해서 좌우위상호군·호부상서가 되었다. 뒤이어 추밀원지주사가 되고 아버지에게서 가병 500여 명을 나누어 받았다. 이듬해 고종 36년에 아버지가 죽자 정권을 잡고 은청 광록대부 추밀원부사 이병부상서 어사대부태자빈객銀靑光祿大夫樞密院副使吏兵部尚書御史大夫太子賓客이 되고 동서북면병마사東西北面兵馬使를 겸하며 교정별감이 되었다.

최항은 시기심이 많았다. 평소 민심을 얻었던 지추밀원사 민희, 추밀원부사 김경손을 귀양 보내고, 전 추밀원부사 주숙周肅과 형부상서 박훤朴暄을 죽였다. 1251년에는 계모 대씨大氏를 사사로운 감정 때문에 독살하고 귀양 보냈던 김경손을 죽였다. 위의 내용은 최항이 정권을 잡고 김경손을 죽이기까지의 사건들을 기록해둔 것이다.

최항은 집권 초에 각 지방의 별공別貢(토산물을 현물로 받던 세)과 어량선세魚梁船稅를 면제하고, 가렴주구를 일삼던 교정도감의 수획원을 소환하고 그 임무를 안찰사에게 맡겼다. 하지만 차츰 호사와 향락을 일삼으며 비위에 거슬리는 사람들을 많이 죽였다.

몽고가 육지로 나오라고 요구하자 고려의 무신정권은 고종 37년(1250)에 승천부昇天府(지금의 경기도 개풍)에 새 궁궐을 지어 그 요구에 응하는 듯한 태도를 보냈다. 하지만 고종 39년(1252)에 왕이 승천부로 가서 몽고 사신을 만나려 하자, 최항은 한사코 반대했다.

그 해에 몽고의 야굴也窟이 대군을 이끌고 침입했다. 이때 몽고군에 있던 종실 영녕공永寧公 왕준王綧으로부터 태자나 왕자 안경공安慶公 왕창王淐을 보내 회군을 청하라는 권고의 글이 왔으나 응하지 않았다. 그러나 몽고군이 전국을 유린하자 고종은 승천부의 새 궁궐로 나가 몽고의 사신을 맞이함으로써 위기를 모면했다.

고종 41년(1254)에 최항은 중서령 감수국사가 되고 고종 43년(1256)에 제중강민공신濟衆康民功臣에 봉해졌다. 죽은 뒤 진평공眞平公에 추봉되었다.

고종 36년의 〈호지목지요〉는 무신정권기에 민중들이 고난의 삶을 버리고 낙토로 떠나고 싶어 하는 마음을 호소한 것이다. 박나무 가지, 누대나무와 같은 식물, 물밥 한 그릇, 낫 갈아 삼베 베는 일 등 현실 생활의 식물을 소재로 삼았으며, 민요풍이 두드러진다.

용손 열둘이 다 죽고
남쪽에서 제경을 이룩한다
: 작제경요

판태사국사判太史局事 안방열安邦悅이 옛 수도인 개성으로 돌아가는 일에 대하여 태조의 영전에서 점을 쳤는데, 반은 존存하고 반은 망亡하는 점괘를 얻었다. 김통정金通精은, 망하는 것은 육지로 나가는 것이요, 존하는 것은 섬으로 들어가는 것이라고 하면서, 삼별초를 따라 남쪽으로 내려가 진도에 들어가 있으면서, "용손龍孫 열둘이 다 죽고 남쪽에서 제경帝京을 이룩한다."는 참설讖說을 이에 징험할 수 있다고 하면서 드디어 삼별초의 모주謀主가 되었다. 김통정은 제주로 갔다가 패하게 되자, 빠져 나와 김방경에게 가보려고 하였는데 군사들이 쳐서 죽였다.

| 용손 열둘이 다 죽고 | 龍孫十二盡 용손십이진 |
| 남쪽에서 제경帝京을 이룩한다 | 向南作帝京 향남작제경 |

— 《고려사절요》 권19 원종元宗 순효대왕順孝大王 2 신미 12년(1271)

〈작제경요〉는 대몽항쟁 시기에 삼별초를 지원하여 민중들이 부른 동요이다. 삼별초의 대몽 투쟁은 고려 원종 11년(1270)부터 원종 14년(1273) 사이에 있었다.

삼별초는 강화도에서의 항쟁기에 무인집권자들이 정권을 유지하기 위해 활용한 군대 조직이었다. 그런데 고종은 재위 46년(1259) 4월에 태자 왕전王倎을 몽고에 보내 항복의 뜻을 전하게 했다. 그해 6월에 고종이 죽은 후, 고려 조정은 강화도의 내성과 외성을 헐어버리고, 11월에는 개경에 궁궐을 세웠다. 그리고 이듬해 몽고에서 돌아온 원종은 몽고와의 유대 관계를 강화하는 한편, 무인 세력을 약화시키려고 했다. 다만 원종 6년(1265) 7월에는 안홍민安洪敏이 삼별초를 인솔하여 남해안에 침략한 왜구를 물리치는 등, 삼별초는 여전히 군사적 위세를 떨치고 있었다. 하지만 원종 7년(1266) 11월, 몽고가 고려에 일본으로 안내할 것을 요구하여 고려 조정이 일본과 통호通好하는 한편으로 일본 원정을 계획하게 되자, 민중의 원성과 삼별초의 불만이 증대되었다. 원종 11년(1270) 5월에 개경으로 환도하고, 6월에 장군 배중손裵仲孫과 김통정은 삼별초를 이끌고 승화후承化侯 왕온王溫을 추대하여 항쟁에 들어갔다. 그들은 관민들을 밖으로 나가지 못하게 하고 강화도에 관부官府를 세웠으나 관민들과 삼별초 이외의 군사들은 육지로 나갔다. 삼별초는 선박을 모아 재물과 백성·노비 등을 싣고 남쪽으로 내려가 전라도 진도를 근거지로 삼았다. 삼별초는 기세를 떨쳐 남해·창선·거제·제주 등 30여 개 섬을 지배했다. 그리고 육지에도 세력을 뻗쳐 육지의 물자를 진도로 옮겨 항전의 태세를 굳게 하고 장흥·합포(지금의 마산)·금주(지금의 김해)·동래 등 연안 요지를 비롯하여 전라도 등지를 공격했다. 이에 따라 조운漕運이 막힌 개경 정부는 김방경金方慶을 역적추토사逆賊追討使로 삼아 몽고군과 함께 이를 쫓게 했으나 힘이 미치지 못했다. 원종 12년(1271) 정월에 김방경은 전라도토역사全羅道討逆使로서 몽고 원수 아해阿海와 함께 진도를 공격했다. 그러나 삼별초의 기세를 꺾지 못하고, 아해는 후퇴했다.

고려 원종 12년(1271) 3월에 몽고는 아해를 소환하고 흔도忻都와 사추史樞로 대체시키고, 군대를 증강했다. 몽고의 중서성은 이런 공문을 보내왔다. "삼가 황제의 명을 받들어 흔도와 사추로 봉주(황해 봉산) 등에 경략사經略司를 두어 군사를 주둔시키고 둔전하게 하였다. 둔전에 소요되는 소 6천 마리 중에 동경東京(지금의 경주) 등에서 모아 보낸 절반을 제한 나머지 3천 마리는 경략사로 하여금 왕의 나라에서 값을 주어 사게 하며, 그 밖의 농기구, 종자와 마초 등과 가을까지의 군량 일체를 공급하되 모자람이 없게 하라." 고려에서도 양반, 백정, 잡색, 승도를 징발하고 지방군까지 동원하여 병력을 증강했다. 몽고에서는 영녕공永寧公 왕준王綧의 두 아들 왕희王熙·왕옹王擁을 보내어 군사 4백 명을 거느리고 진도를 공격하게 했다. 그리고 중서성에서는 다시 이런 공문을 보내왔다. "진도의 적들이 관청과 민가를 노략하고 여러 섬 30여 개 소를 함몰하여 그 힘이 점점 성해져서 생각하는 것이 더욱 교만 방자하게 되었다. 비록 항복한다고는 하지만 사실은 진심이 아니므로 급히 쳐서 큰 해를 제거하여야 하겠다. 만일 장마 질 때까지 이른다면 갑자기 쳐서 빼앗기 어려울 것이다. 본국으로 하여금 군사와 1백 40척을 더 출동하여 힘을 합해서 적을 치게 하노니, 써야 할 군량과 기구도 힘을 다해 공급하여 실수하고 잘못되는 일이 없도록 하여야겠다."

5월에 홍다구洪茶丘가 군사를 거느리고 진도의 적을 토벌하러 떠났다. 이날 탈타아가 재신·추신과 함께 교외에서 군사를 검열하였는데, 군사는 5백여 명이었다. 도령과 지유指諭에게는 한 사람에 말 한 필을 주고 군졸은 열 사람마다 말 한 필을 주었는데, 갈 때 군졸들이 행인들의 말을 많이 빼앗아 가졌다. 탈타아는 재신·추신에게 각각 말을 내어 관군에게 주게 하고, 경군京軍과 충청·경상 두 도의 군사를 더 징발하였다. 관군의 장군 변량邊亮·이수심李守深 등은 수군 3백 명을 거느리고 진도로 향하게 했는데, 4품관 이상 집에서 종 한 명씩을 내어 수수水手에 충당하게 하였다.

마침내 고려 관군이 진도를 토벌하였다. 김방경은 흔도와 함께 중군을 거느리고 벽파정碧波亭에서 들어가고, 왕희·왕옹 및 홍다구는 좌군을 거느리고 장항獐項(노루목)에서 들어가며, 대장군 김석金錫, 만호 고을마高乙麽는 우군을 거느리고 동면에서 들어가니, 전함이 총 1백여 척이었다. 삼별초는 벽파정에 모여 중군에 항거하려 하였으나, 홍다구가 앞서 나가며 불을 놓아 협공하자 놀라 흩어지며 우군 쪽으로 향했다. 우군이 두려워하여 중군 쪽으로 가려 하자, 삼별초는 배 두 척을 잡아서 모두 죽였다. 적에게 붙들려갔던 강화도의 사녀士女와 보화 및 진도의 주민들이 모두 몽고 군사에게 잡혔다. 승화후 왕온은 영녕공 왕준의 동모형이었으므로, 영녕군은 형의 목숨을 구하려고 했지만, 홍다구가 먼저 들어가 왕온과 그 아들 왕환王桓을 죽였다.

이렇게 고려와 몽고 연합군은 1271년 5월에 총공세를 펴서 진도를 함락했다. 승화후 왕온과 배중손은 진도에서 죽고, 김통정은 무리를 거느리고 탐라(제주도)로 도망했다.

고종 말에 판태사국사 안방열이 옛 수도인 개성으로 돌아가는 일에 대하여 태조의 영전에서 점을 쳤는데, 반은 존存하고 반은 망亡하는 점괘를 얻었다. 김통정은, 망하는 것은 육지로 나가는 것이요, 존하는 것은 섬으로 들어가는 것이라고 하면서, 삼별초를 따라 남쪽으로 내려가 진도에 들어가 있으면서, "용손 열둘이 다 죽고 남쪽에서 제경帝京을 이룩한다."라는 참설을 징험할 수 있다고 하면서 드디어 삼별초의 모주謀主가 되었다. 하지만 삼별초가 진도에서 패하자 김통정은 남은 무리를 거느리고 제주로 향한 것이다.

7월에 몽고의 중서성에서 고려 조정 앞으로 이런 공문을 보내왔다. "삼별초가 반역하여 백성들을 위협하여 노략하여간 후로 그 부모와 처자가 서로 잃어버린 자가 있는데 찾아서 복구하게 하며, 적인의 가속과 노비를 전쟁하는 장병들에게 나누어준 것 외에 진도에서 원래 살던 백성도 모두 가족들이 함께 모여 살게 하라." 하였다. 원종은 원수 흔도에게 말하여 위협에 의해 따라간 사람들을 돌려보내라고 하였는데, 흔도는 듣지 않았다. 이때 몽고 군사로서 진도를 토벌한 자가 6천 명이었는데 말은 무려 1만 8천 필이요, 여기에 다시 봉주(황해 봉산)의 둔전에서 사용한 농우 역시 5~6천여 필이었다. 거기에 필요한 군량을 모두 본국에서 장만하여 마련하니 중외가 모두 곤궁하여 백성들은 초목의 열매를 먹고 지내는 형편이었다. 이런 사실을 근심하여 원종은 몽고 황제에게 알리고 또 글을 중서성에 보내 삼별초에 부득이 협력한 사람들을 사면해야 한다고 따겼다. 이 해 몽고는 국명을 대원大元이라 하였다.

원종은 10월에 전쟁 고아들에게 관직을 주고, 삼별초를 토벌한 이의 아들은 관직으로 상주며, 아들이 없는 이에게는 부모와 처의 부역을 면제하였다. 또한 사면령을 내려, 적진에서 귀순한 자는 다시 전지를 주며, 전지가 없는 자는 특별히 후하게 구휼하고, 적을 따라갔던 무리로서 적이 평정된 후 몰래 고향으로 돌아온 자도 역시 모두 불문에 붙여서 편안히 정착하게 하였다. 장군 현문혁玄文奕의 처와 직학直學 정문감鄭文鑑의 처는 물에 몸을 던져 죽었는데, 절의가 가상하다고 하여 추증하고 그 자손을 벼슬시켰다.

이듬해 원종 14년(1273) 2월, 김방경은 고려 관군을 이끌고 몽골 군사와 함께 탐라의 삼별초를 공격하여, 4월에 삼별초를 평정하였다. 이때 김통정은 항바두리에서 자살했다고도 하고, 관군에게 죽었다고도 한다. 《고려사절요》는, 삼별초의 패색이 짙어지자 김통정이 김방경에게 투항하려 했는데, 군사들이 그를 쳐서 죽였다고 적었다.

국가에서 편찬하는 역사는 국가권력에 저항하는 세력을 반적叛賊으로 규정하기 마련이다.《고려사절요》는 조선시대에 만들어져서 고려에 대해 비판적인 거리를 둘 수 있었을 터이지만, 국가의 큰일과 관련한 기록은 고려시대의 역사기록을 그대로 계승하고 평가도 고려시대의 그것을 계승하였다. 그렇기에《고려사절요》는 삼별초를 '적'이라 적었으며, 김통정을 변절자로 규정했다. 이러한 역사관은 근대에 들어와 민족주의 사상이 일어나면서 바뀌었다. 신채호는 삼별초의 봉기를 반란이 아니라 외세 침략에 저항한 의거로 보았다.

한편《고려사절요》는 고려 관군을 인솔한 김방경을 높이 평가했다. 고려의 왕권을 중시하는 관점에서 보면 김방경은 전쟁 영웅이다.

삼별초가 진압된 이후 제주도는 원나라 직할령이 되고 충렬왕 2년

(1276)에는 원나라의 목마장이 설치되었다. 충렬왕 20년(1294) 이후 고려는 탐라만호를 두어 제주도를 관할하기 시작해서 공민왕 16년(1367)에 완전히 귀속시켰다.

삼별초의 봉기는 민중들에게 희망을 주었을 것이다. 《고려사절요》는 삼별초가 민중들을 겁박하고 민중에게 해악을 끼쳤다고 적었으나, 반드시 그렇지는 않았을 것이다. 민중들은 삼별초가 고려 왕통을 끊고 새 왕조를 세워주길 기대했을지 모른다. 그렇기에 참요에서 고려는 12대로 끝나리라고 노래했다.

삼별초가 봉기했을 때 원종은 고려 제24대 왕(재위 1259~ 1274)이었다. "용손 열둘이 다 죽는다."라고 한 것은 우의적인 표현이다. 옛날에는 서수序數로 간지를 사용했는데, 10간 12지가 60갑자를 이룬다. 이때 12지만을 가지고 순서를 매기면 12가 하나의 단위가 된다. 따라서 12지라고 하면 반드시 12지의 기간을 가리키는 것이 아니고 '하나의 시대'를 의미한다. 더구나 24의 수는 12지를 두 번 거친 오랜 역수曆數를 뜻한다. "용손 열둘이 다 죽는다."는 말은 "고려 왕실은 이제 끝장이다."라는 말을 돌려 말한 것이다.

앞서 이의민의 난 때도 "용손 열둘이 다 죽은 뒤, 다시 십팔자가 있도다."라는 참요가 있었다. 그때는 고려 제17대 국왕인 명종 연간인데도 "용손 열둘이 다 죽는다."는 표현을 썼다. 즉 "용손 열둘이 다 죽는다."라는 노래는 고려 왕실의 부패상과 무능력함에 염증을 느낀 민중들이 입에서 입으로 불러 전하던 저주 섞인 참요였던 것이다.

만수산에 안개 자욱하네
: 만수산요

충렬왕 20년 정월에 이런 동요가 거리에 유행했다.

만수산에　　　　　　萬壽山만수산
안개 자욱하네　　　　烟霧蔽연무폐

얼마 있다가 원나라 세조의 부음이 이르러 왔다.

— 《고려사》 권54 지8 오행 금金 요언妖言 충렬왕 20년

고려 충렬왕 때 유행한 〈만수산요〉는 원나라 세조 쿠빌라이의 죽음을 예견했거나 그 부음이 이르러 올 것을 예시한 노래이다. 세조 쿠빌라이는 중국을 평정하고 몽골제국을 건설한 칭기즈칸의 손자로, 원나라를

열었다. 그런데 어째서 고려에서 원나라의 일을 예견하는 동요가 유행한 것일까? 당시 고려가 급속하게 원나라의 간섭 구도 속에 편입되기 시작해서, 원나라의 사정이 고려인의 삶을 구속하게 되었기 때문이다.

다른 한편, 만수산은 개성 근처의 산이기도 하다. 만수산에 안개가 가득 끼었다는 것은 고려 왕권의 향배를 가늠할 수 없다는 뜻이기도 하다. 곧 이 동요는 세조 쿠빌라이가 죽어, 그 후원을 받아 왔던 충렬왕의 왕권도 미약해지리라는 뜻을 담고 있다.

충렬왕(1236~1308)은 고려의 제25대 국왕으로 1274년부터 1308년까지 왕의 자리에 있었다. 정확히 말하면 처음 1274년에 왕위에 오르고 중간에 세자에게 양위를 하고 상왕으로 물러나 있다가 다시 왕의 자리에 올라 1307년에 복위한 후 1년 만에 죽었다.

충렬왕은 원나라 황실과 처음으로 통혼한 고려 왕으로, 바로 원나라 세조 쿠빌라이의 사위였다. 몽골이 고려를 침략하자 충렬왕의 부친 원종은 종묘사직을 유지하고 왕권을 강화하기 위해 재위 12년(1271) 원나라에 통혼을 요청했다. 원종의 맏아들은 정순왕후 김씨 소생으로 고종 23년(1236)에 태어나 원종 8년(1267)에 태자로 책봉되었다. 1272년에 태자는 천여 근의 금을 지참하여 원나라로 가서 1년 반쯤 지난 뒤인 원종 15년(1274) 5월에 원나라 세조의 딸 홀도로게리미실 공주(제국대장공주)와 결혼했다. 그는 태자로 책봉된 직후 왕녀인 정화궁주와 혼인하여 장성한 자녀까지 둔 유부남이었으며, 이미 40이 가까운 나이였다. 그런데 원나라에 가서 다시 세조의 딸과 결혼한 것이다. 원나라 세조의 딸과 혼례를 치르고 두 달 뒤 원종이 승하하자, 태자는 왕위 승계를 위해 고려로 돌아왔다. 그가 바로 충렬왕이다. 충렬왕 이후로 고려 왕의 묘호는 '충忠'이라는 돌림자를 사용하게 되었다.

제국대장공주는 나이는 어렸지만 충렬왕의 정치적 입지를 강화시켜 주었다. 또 남편과의 사이가 원만하지는 않았던 듯하지만, 이듬해 아들을 낳았다. 그가 충선왕이다. 이후 고려의 왕들은 원나라에서 뚤루게禿魯花, 곧 질자質子(볼모)가 되어야 했다.

충렬왕은 변발에 호복 차림을 하고 고려로 왔다. 백성들은 그의 복색을 보고 눈물을 흘리기도 했다. 충렬왕은 즉위 초 개경과 각 도의 역과 외군에 응방鷹坊을 설치하고, 풍덕 마제산이나 장단 도라산으로 사냥을 자주 나갔다. 충렬왕은 또 무비라는 궁인을 총애하여 도라산으로 사냥 나갈 때 데리고 가서 즐겼다. 사람들은 무비를 '도라산'이라 불렀다고도 한다.

제국대장공주는 39세로 요절하기까지 권력을 휘둘렀다. 익명서의 무고를 믿고 김방경 등 중신들을 투옥하는가 하면, 충렬왕의 첫 부인인 정화궁주를 무릎 꿇게 만들었다. 게다가 전국의 인삼과 잣을 매점매석해서 원나라 상인들에게 팔아 이익을 챙겼다. 제국대장공주가 죽었을 때 원나라에서는 충렬왕의 총비들이 저주하여 죽은 것이 아닌가 의심하여 철저하게 조사하기도 했다.

이보다 앞서 원나라 세조 쿠빌라이는 고려의 흑산도를 기지로 삼아 일본 정벌을 준비했다. 원종 15년(1274) 5월 14일, 몽골의 정예군이 둔전군과 고려군을 규합하여 정벌에 나서려고 했다. 하지만 고려 원종이 6월에 갑자기 사망하여 출전이 석 달이나 연기되었다. 그 뒤를 이어 충렬왕이 즉위하자 여몽연합군은 쓰시마를 점령했다. 여몽연합군은 이키壹岐섬을 거쳐 하카다博多를 공격했으나, 태풍 때문에 좌군사 김신을 비롯하여 연합군 1만 4천여 명이 침몰했다. 그 6년 뒤 원나라는 고려의 합포에 정동행성政東行省을 설치하고, 충렬왕을 좌승상행중서성사로 정했다. 충렬왕 7년(1281)에는 몽골의 승상 하타해河塔海를 도독으로 임명하고, 홍다구를 동로군 장군에 삼아 총병력 15만 명을 동원했다. 고려도 김방경을 총대장으로 삼아 1만 명을 거느리고 합세했다. 5월에 홍다구·김방경 등이 군함을 타고 합포를 떠나 일본의 규슈로 건너가 전투를 벌였으나, 여름의 태풍 때문에 원나라 군사 15만 명과 고려 군사 1만 명이 대부분 수장되고 말았다. 살아남은 사람은 고작 1만 9천 명이었다고 한다. 이후 쿠빌라이는 일본 정벌을 포기했다.

《고려사절요》를 통해, 동요가 유행하기 바로 직전의 해와 동요가 유행한 해의 정치적 상황을 더 알아보면 다음과 같다.

충렬왕 19년(1293) : 원나라 지원 30년

3월에 조인규趙仁規가 원나라에서 돌아왔는데, 황제가 칙勅하기를, "경이 대대로 왕의 작위를 지키고, 우리 집안의 사위로 뽑히어 제후로서의 공로를 현저하게 나타냈으니, 마땅히 공로를 포장褒獎하는 은총을 보여야 할 것이다. 추충선력정원공신推忠宣力定遠功臣의 호를 주노니, 공을 더욱 세워 아름다운 명을 잘 선양하라." 하고, 또 첨의사사를 도첨의사사로 고쳐 종2품으로 승격시키고, 은인銀印 1과顆를 하사했다. 6월에 원나라에서 조인규를 왕부단사관王府斷事官으로, 이지저李之氐를 합포 등처 진변만호부 부만호合浦等處鎭邊萬戶府副萬戶로, 김연수金延壽를 서경 등처 관수수군 만호부 부만호西京等處管水手軍萬戶府副萬戶로 삼고 모두 호부虎符를 하사했다.

8월에 원나라에서 만호 홍파두아洪波豆兒를 보내어 배 만드는 것을 관할하고, 보전고 부사寶錢庫副使 첨사정詹思丁은 군량을 관할하게 했는데, 이는 다시 일본을 정벌하기 위해서였다. 파두아는 바로 홍복원洪福源의 손자인데, 고려의 관원을 바라보고 말에서 내려 눈물을 흘리면서 말하기를, "비록 벼슬이 높아져서 돌아왔으나, 맡은 임무가 백성을 괴롭히는 일이니 부끄럽다."라고 하고, 매우 공손하게 재상들을 예우했다.

겨울 10월 기해에 왕과 공주가 원나라에 갔는데, 양가집 처녀 3명을 선발하여 데리고 갔다. 12월에 신축에 왕이 연경(북경)에 이르러 홍군상洪君祥의 집에 사관을 정했다. 황제의 병이 위독하여 뵙지는 못했으나, 하사한 물품이 여러 왕이나 부마도 이에 견줄 수 없을 만큼 후했다.

충렬왕 20년(1294) : 원나라 지원 31년

봄 정월 계유일에 세조 황제가 붕崩했다. 왕이 전奠 드리는 예와 애모하는 정성을 모두 극진하게 했다. 원나라의 상제喪制에는 그 나라 사람이 아니면 감히 가까이 하지 못했는데, 오직 고려만이 참여할 수 있었기 때문에, 왕을 수종한 신하들은 여대輿臺 같은 천한 사람도 출입을 금하는 일이 없었다. 이때 왕이 입조하여 동정東征의 불편함을 말씀드리려 했는데 마침 황제가 붕어하여, 홍군상이 승상 완택完澤에게 고하여 드디어 전함의 제조를 폐지하고 동정 계획을 중지했다.

여름 4월 계사일에 왕이 공주와 함께 상도上都에 가서 황태자를 맞이하고, 즉위하자 표문을 올려 하례하고 금은으로 만든 주기酒器와 자라紫羅·저포(모시)와 표피豹皮·달피(수달피) 등을 바쳤다. 황제가 왕은 공이 크고 나이가 많다 하여 조칙을 내리기를, "출입할 때에 작은 수레를 타고 전문殿門까지 오라."라고 하고, 왕에게 은 3만 냥을 하사했다.

5월에 원나라에서 홀독해명가忽篤海明哥 등을 보내어 황제의 즉위조서를 반포했다. 왕이 네 가지 사항을 황제에게 아뢰었는데, 첫째 탐라를 되돌려 줄 것, 둘째 포로로 와 있는 인민을 돌려 줄 것, 셋째 공주를 책봉하여 줄 것, 넷째 왕의 작명을 추가하여 줄 것을 청했다. 이에 황제가 명하여, "탐라는 도로 본국에 예속하게 하고, 잡혀 온 인민과 흘러 들어와 사는 사람들은 사람을 보내어 요양행성遼陽行省과 함께 분간分揀하여 돌려보내며, 공주의 책봉은 의논하여 알리도록 하되, 국왕의 작명은 이미 여러 번 내렸으니 우선 내년까지 기다리라."라고 했다. 기묘에 왕이 공주와 함께 상도上都(원나라 수도)를 출발했다. 원나라에서 조서를 내려 공주를 책봉하여 안평공주安平公主라 했다. 8월 을유에 왕이 원나라에서 돌아왔다. 정유에 원나라에서 걸석렬乞石烈과 육십六十 등을 보내와서, 황제의 시호를 올린 조서를 반포했다. 12월에 원나라에서 홀도해忽都海 등을 보내어 연호를 고쳤다는 조서를 반포했다.

충렬왕은 원나라 지배 권력이 변화하고 고려 내의 부원附元세력과 알력을 일으키자 아들 충선왕에게 국왕의 자리를 물려주어야 했다. 충선왕은 세자로 있던 충렬왕 22년(1296) 11월, 연경에서 원나라 계국대장공주와 혼례를 올렸다. 충렬왕과 제국대장공주는 그 혼례를 보기 위해 연경을 방문하고, 이듬해 5월 5일에 귀국했는데, 귀국한 지 보름 만에 제국대장공주가 병들어 죽었다. 세자는 모후가 충렬왕의 궁인 무비 때문에 죽었다고 여겨, 무비를 포함한 충렬왕의 수족들을 처단했다. 세자는 계국대장공주와 결혼함으로써 원나라 세자의 외손이 되어 원 황실의 강력한 지원을 받았다. 충렬왕은 세자가 원나라로 떠난 후 원나라에 양위를 허가해달라고 요청했다. 이듬해 충렬왕 24년(1298) 1월 초에 세자와 계국대장공주가 고려로 오자, 충렬왕은 양위한 후 광문선덕태상왕이 되었다.

충선왕은 정식 왕비만 6명이었으며, 원나라에 있을 때부터 계국대장공주와 별거했다. 이 때문에 원나라 황실은 충선왕을 입조하도록 요구하고, 충렬왕을 복위시켰다. 충렬왕은 72세 때 고려로 돌아와 숙창원에서 여생을 보내다가 이듬해 1308년(충렬왕 34) 7월에 신효사神孝寺에서 죽었다. 충선왕은 그 다음 달인 8월에 귀국하여 상을 치르고 10년 만에 왕위를 되찾았다.

〈만수산요〉는 서천지방에 전하는 노동요의 사설과 일부 유사하다. 임동권 님의 《한국민요집》 II(집문당, 1974)에 서천지방 노동요가 실려 있다.

바람이 불라는지

나무가지가 우줄우줄

춤을 춘다

억수장마 질라는지

만수산에 구름돈다

동자童子야 그물건어

사려담고 닻내려

돛달아라

갈길이 바쁘다

고려 때 〈만수산요〉가 후대에까지 전하면서 본래의 의미를 잃고 그 일부가 노동요에 흡수된 것인지 모른다.

악양에서 죽으니 고난은 옛일
: 아야마阿也麻요

악양에서 죽으니	阿也麻^{아야마}
고난은 옛일	古之那^{고지나}
이제 가면	從今去^{종금거}
언제 오나	何時來^{하시래}

— 《고려사》 / 《고려사절요》 / 안정복, 《동사강목》 제14상 갑신년 충혜왕 후 5년 / 심광세, 《휴옹집》 권3 해동악부 아야마

〈아야마요〉는 원나라 간섭기인 고려 충혜왕 때 백성들이 부른 동요이다. 처음 두 구는 '岳陽亡(악양망) 故之難(고지난)'이란 말인데, 그 어구에서 받침을 빼고 부른 것이다. 따라서 동요는 "악양에서 죽으니 고난도 옛일. 지금 가면 언제 오나."라는 뜻을 지닌다. 마지막 두 구는 상여노

래의 후렴구와 같은 느낌을 준다. 從今去(종금거)가 今日去(금일거)로 되어 있기도 하다. 한편, 아야阿也는 아야치阿也赤 등 원나라 말과 관련이 있을 가능성도 있다.

백성들은 이 동요를 불러, 고려와 몽골의 정치적 갈등 속에서 충혜왕이 정치를 제대로 하지 못하고 음탕한 일에나 몰두한 사실을 비판했다. 백성들은 충혜왕이 원나라에 잡혀가 그곳에서 다시 돌아오지 말라고 기원했거나, 혹은 충혜왕이 원나라에 잡혀가 객사한 것을 기뻐했다.

충혜왕은 충숙왕의 아들로, 이름은 왕정王禎이다. 몽고 출신으로서 부왕 충숙왕의 셋째 부인이었던 계모 경화공주慶華公主를 겁탈했다. 경화공주는 이름이 백안홀도伯顏忽都이다. 충숙왕이 원나라에 있을 때 결혼하여 충숙왕 복위 2년(1333)에 왕과 함께 고려에 왔다. 충숙왕 복위 5년(1336)에 거처에 부府를 두어 처음으로 경화라는 이름을 얻었고 여기에 관속을 두었다. 충숙왕 복위 8년(1339)에 충숙왕이 죽고 이듬해 그 뒤를 이은 아들 충혜왕은, 경화공주를 위하여 두 번 향연을 베풀었다. 경화공주도 그 답례로 연회를 베풀었는데, 연회가 끝나자 충혜왕은 경화공주의 침실에 들어가 송명리宋明理 등의 무리를 시켜 경화공주를 움직이지 못하게 하고 범했다고 한다.

다음 날 공주가 이를 부끄러워하여 원나라로 돌아가고자 말을 사려했으나 충혜왕이 마시馬市를 금하여 말을 팔지 못하게 했다. 경화공주는 심왕파瀋王派의 조적曺頔 일당에게 이 사실을 알렸다. 조적 일당은 왕의 황음무도荒淫無道함을 구실로 심왕을 옹립하기 위해 난을 일으켰다. 조적은 국새를 영안궁에 감추고 군사 1,000명으로 반란을 일으켰던 것인데, 곧 평정되고 조적은 살해되었다. 이듬해 원나라는 사신 두린頭麟을 보내 충혜왕을 결박하고 말에 실어 잡아갔다.

그때 충혜왕은 총신이었던 고용보高龍普를 불렀으나 고용보는 도리어 왕을 꾸짖었다. 충혜왕은 원나라에 가서 형부刑部에 투옥되어 심양왕(원나라는 고려인이 많이 살고 있는 중국 심양의 지배권을 고려 왕에게 주었는데, 충선왕이 심양왕의 봉작을 받은 것이 그 시초임) 일당들과 대질하게 되었다. 마침 충혜왕을 미워하던 백안伯顏이 실각했으므로, 충혜왕은 석방되어 귀국했다. 하지만 여전히 횡포가 심하여 백성들을 괴롭히고 재화를 탕진함으로써 나라는 혼란에 빠졌다. 이에 이운李雲 등이 원나라에 상소하여 충혜왕의 횡포를 알렸다. 충혜왕은 복위 3년(1343) 11월에 원나라 사신들에게 끌려가서, 12월에 연경에서 2만여 리 떨어진 산동성 게양揭陽으로 귀양 보내졌다. 충혜왕은 수레에 묶여 가는 도중에 악양현岳陽縣에서 죽었다. 그 소식을 들은 고려 백성 중에는 "이제 다시 살 수 있는 날을 보겠구나!"라고 기뻐하는 이마저 있었다고 한다. 그보다 앞서 궁중과 길거리에서는 "阿也麻(아야마) 古之那(고지나) 今日去(금일거) 何時來(하시래)"라는 노래가 유행했다.

경화공주는 충혜왕의 폐신이었던 찬성사 정천기鄭天起를 정동성征東省에 가두고, 김지겸金之謙을 권정동성權征東省에, 김자金資를 도첨의사사都僉議使司 제조提調로 임명하는 등 정사에 개입했다. 공민왕 16년(1367)에 원나라는 공주에게 숙공휘녕공주肅恭徽寧公主의 시호를 추증했다.

충숙왕은 충선왕의 차남으로 몽고 여인 의비에게서 충렬왕 20년(1294) 7월에 태어났다. 몽고식 이름은 아자눌특 실리이다. 충렬왕 25년(1298)에 강릉군 승선사에 봉해졌고, 뒤에 강릉대군에 봉하여졌다. 아버지 충선왕을 따라 원나라에 갔다가 1313년에 왕위를 전위傳位받아 돌아와서, 20세의 나이로 즉위했다. 충선왕은 고려의 왕위를 충숙왕에게 넘겨주면서, 조카 왕고王暠를 세자로 세우고는 1316년에 심양왕 자리를 왕고에게 넘겨주었다. 심양왕 왕고는 충숙왕을 원나라에 무고를 하여, 충숙왕은 원나라에 불려가 5년 동안이나 머물러야 했다. 뿐만 아니라 심양왕 왕고는 고려의 국호를 폐지하고 원나라에 편입시켜 달라고 청원하기까지 했다. 충숙왕은 정치에 싫증을 느끼게 되어 왕위를 심양왕에게 넘겨주려 하다가 한종유의 반대로 일단 취소했다. 1330년, 충숙왕은 마침내 명덕태후 홍씨와의 사이에서 낳은 세자에게 왕위를 넘겨주고 원나라로 갔다.

그런데 1332년, 충혜왕이 황음무도하다는 이유로 원나라에 의해 폐위되자, 충숙왕이 복위했다. 그러나 신하들을 접견하지 않고 정사도 돌보지 않더니, 복위 8년 만인 1339년 3월에 지병이 악화되어 46세의 일기로 생을 마감했다.

충숙왕은 원나라 영왕營王 야광티무르의 딸 복국장공주, 원나라 위왕魏王 아목가의 딸 조국장공주曹國長公主, 몽고인 경화공주, 남양부원군 홍규洪奎의 딸 명덕태후明德太后, 德妃, 좌상시 권형의 딸 수비壽妃 등 5명의 부인을 두었다. 명덕태후 홍씨에게서 충혜왕과 공민왕을 얻었고, 조국장공주에게서 용산원자를 얻었다.

28대 충혜왕은 원나라 관서왕關西王 초팔焦八의 딸 덕령공주德寧公主를 아내로 맞았다. 충숙왕 15년(1328)에 세자로서 원나라에 볼모로 갔다가, 이듬해 아버지 충숙왕이 양위를 원하자 원나라 문종文宗의 책봉을 받고 1330년에 귀국하여 즉위했다. 그러나 주색과 사냥을 일삼고 정사를 돌보지 않다가, 원나라에 국새를 빼앗기고 부왕 충숙왕에게 양위한 뒤, 다시 원나라에 가서도 황음광포한 짓을 계속했다.

충혜왕은 왕으로 7년간 있었으나, 치적은 볼만한 것이 없었다. 호협豪俠하여 말 타고 활쏘기를 즐겼으며, 재물을 늘리는 데 급급했다. 바른말 하는 자가 있으면 죽였으므로 사람마다 죄받을까 두려워 감히 말하는 자가 없었다.

《고려사절요》의 사신史臣은 이렇게 논평했다.

충혜왕은 영특하고 슬기로운 재질을 착하지 못한 데에 사용했고, 불량배들을 가까이 친해서 음란하고 방자하여, 안으로는 부왕에게 꾸지람을 당하고 위로는 천자에게 죄를 얻었으니, 죄수의 몸으로 길에서 죽은 것도 마땅하다. 비록 한 사람 늙은 신하 이조년의 간절한 간언이 있었으나, 말을 듣지 아니했으니 어쩌겠는가.

조선 인조 때 심광세는 《해동악부》에 〈아야마阿也痲〉 곡을 넣었다. 심광세는 아야마阿也痲를 악양망岳陽亡의 뜻으로 보았다. 순조 때 《해동악부》를 지은 이학규도 마찬가지로 그렇게 해석했다.

심광세의 〈아야마〉 곡은 다음과 같다.

아야마, 악양이여
이제 가면 언제 돌아오나
회회 문서(몽고어를 위구르문자로 적은 몽고식 문서) 보내는 길은 막았으나
완전히 머물러두긴 진실로 어려웠네

개 돼지도 음식 찌끼는 먹지 않거늘
짐승 짓을 하다니 치욕스럽구나
원사(고용보)를 불렀으나 도리어 꽁꽁 묶여
행로에 고달프게 보자기에 싸여 가다니
자초한 앙화를 어디다 하소연하랴
아야마여
당시의 궁중 노래를 다 부르지 못하겠네

阿也麻嶽陽 아야마악양
此去何時還 차거하시환
畏吾書遮路 외오서차로
截留誠亦難 절류성역난
狗彘必不食其餘 구체필불식기여
禽犢之行言可辱 금독지행언가욕
院使雖呼反見縛 원사수호반견박
行路艱辛自持袱 행로간신자지복
自取之禍何須說 자취지화하수설
阿也麻 아야마
當時宮中歌未闋 당시궁중가미결

순조 때 이학규가 지은 〈아야마〉는 다음과 같다.

아야마[악양에서 죽었네]　　阿也麻 아야마

고지나〔고난도 옛일〕	古之那 고지나
경화공주	慶華主 경화주
얼굴이 벌개졌으니	顔如酡 안여타
외올아〔회회〕	畏兀兒 외올아
편지를 어찌하랴	書柰何 서내하
어리석은 놈아	沙箇里 사개리
시끄럽게 굴지마라	莫亂讙 막란화
무뢰한 놈이	撥皮子 발피자
위세 떨다니	威勢多 위세다
아야마〔악양에서 죽었네〕	阿也麻 아야마
고지나〔고난도 옛일〕	古之那 고지나
고원사〔고용보〕는	高院使 고원사
눈 부릅뜨며 꾸짖었도다	瞋且訶 진차가
두 귀가 바람에 쫑긋한	兩耳風 양이풍
한 필 노새로	一匹騾 일필라
지금 떠나가면	從今去 종금거
집 생각은 말거라	莫思家 막사가

 일국의 국왕을 한 필 노새에 실어 붙잡아가다니, 원나라의 횡포도 심하기는 심했다. 하지만 충혜왕의 그간 정치가 얼마나 포악했으면 백성들이 그 일을 좋아라고 여겼겠는가.

닷새베로 도목을 짓네

: 종포도목綜布都目 요

닷새베로	用綜布용종포
도목을 지으니	作都目작도목
정사가 참으로 흑책일세	政事眞黑冊정사진흑책
나는야 기름을 머리에 바르고 싶어도	我欲油之아욕유지
올해는 삼씨가 귀해	今年麻子少금년마자소
아 하는 수 없네	噫不得!희부득

— 《고려사》 권124 열전 37 폐행 김지경 / 《고려사절요》 충숙왕 16년(기사) 9월

종포는 화폐의 역할을 하던 오종포五綜布를 말하며, 우리말로는 '닷새베'이다. 닷새베는 올이 굵고 성근 베로, 추포麤布라고도 했다. 민간에서는 두서너 새의 베를 유통시키기도 했으며, 운반하자면 우마가 땀을 흘렸

고 쌓아 두면 쥐가 갉아서, 미곡의 값을 뛰어오르게 만들기도 했다. 그러나 고려 때는 은병銀甁과 함께 닷새베를 돈으로 줄곧 사용했다.

도목은 정년도목政年都目의 준말로, 연례로 시행하는 관리 임명과 면직에 관한 이유서를 말한다. 도목정都目政 혹은 도목정사都目政事라 하면 매년 6월과 12월에 관리를 선발, 전근, 승진 등을 심사하는 제도를 가리킨다. 중요하거나 긴급한 인사가 아니면 비록 관원의 자리가 비어도 도목 이외에 새로 보석하지 않는 것이 원칙이었다.

흑책은 아동들이 습자習字하던 책으로 판지板紙에 먹질하고 기름을 먹여 만들었다. 충숙왕 때에 정방政房에서 내린 정목政目을 권세부리는 자들이 뇌물에 좌우되어 제 마음대로 지우고 마구 고쳐서 알아볼 수 없게 되었으므로, 흑책정사黑册政事란 말이 생겨났다. 항간에서는 "닷새베로 도목을 지으니 정사가 참으로 흑책일세"라는 동요가 떠돌았다.

《고려사》의 김지경金之鏡 열전과 《고려사절요》를 보면 충숙왕 16년 9월의 기록에 위의 동요가 나온다.

김지경은 충숙왕 때의 폐신嬖臣(왕의 특별한 총애를 받는 신하)이다. 거듭 벼슬이 올라 밀직부사에 이르러 있었다. 이때 원나라에서 보낸 직성사인直省舍人 완자完者와 성위관省委官 문백안불화文伯顏不花가 와서 즉위 조서를 반포했다. 완자는 고려인이었다. 충숙왕은 백주白州에 있었는데, 병으로 나가서 맞이하지 못했더니, 완자가 힐문했다. 정방길鄭方吉은 사실대로 대답했으나 충숙왕은 오히려 근심하고 두려워했다. 완자가 홀치忽赤와 민자명閔子明을 보내어 왕에게 아뢰기를, "상국에서 고려의 과실이 많다고 말하니, 이제 다른 나라보다 먼저 등극 축하를 하는 것이 좋겠습니다."라고 했다.

충숙왕은 기뻐하며, "사신이 나의 편을 들고 있으니, 내가 다시 무엇을 근심하겠는가!"라고 했다. 내신內臣 밀직 김지경이 아뢰기를, "완자의 족당이 본국에 있는데, 완자가 그 족인들에게 벼슬을 시키고 싶어 하는 것 같습니다."라고 했다. 그러자 충숙왕은 김지경과 대사성 고용현高用賢, 우부대언 봉천우奉天祐에게 명하여 인사 처리를 하게 했다. 왕은 고용현에게 "전번에 너에게 지후祗候를 제수했으니, 이제 마땅히 4품으로 승진시키겠다."라고 했다. 하지만 고용현은 이미 대사성에 임명되어 있었다. 총신들이 제멋대로 관직을 제수하는데도 국왕은 살피지 못했던 것이다.

내신 신시용申時用이 정방政房에 와서 김지경을 꾸짖으며 말하기를, "오늘 벼슬을 제수하는 것은 사신에게 보이기 위한 것이다. 왜 너희 무리들만 벼슬을 팔아먹으면서 나의 자손에게는 벼슬을 주지 않느냐?"라고 따졌다. 그때 벼슬을 잃은 자들이 모두 뜰에 있었다. 신시용이 돌아보며 말하기를, "너희들은 돈이 없으니, 누구를 원망하겠는가?"라고 했다. 벼슬을 구하는 자들이 구름처럼 모이자, 김지경 등이 밤에 촌가에 숨어서 인사 처리를 했다.

상호군 신정申丁은 벼슬을 청탁했다가 이루지 못하자, 김지경과 봉천우를 꾸짖으며, "너희는 어째서 임금의 눈과 귀를 덮어 막고 벼슬을 함부로 제수하느냐!"라고 했다. 또 큰소리로 부르짖기를, "돈 없는 자는 벼슬을 구하지 말라!"라고 하자, 김지경이 대답하지 못했다. 비목批目이 이미 만들어졌지만, 밀직부사 이인길李仁吉이 자기 집에서 제멋대로 차례를 고쳤다. 비목이 내려오면 권세 부리는 자들이 다투어 지우면서 마음대로 정했으므로 붉은 글씨와 검은 글씨를 알아볼 수 없을 정도였다.

세상 사람들이 이것을 두고 흑책정사黑冊政事라고 말했다. 당시에 저 〈종포도목요〉가 유행했다.

이보다 앞서 충숙왕 15년, 가을 7월에 원나라에서 평장정사平章政事 매려역특미실불화買驢亦忒迷失不花 등을 파견했다. 그 전에 유청신·오잠이 원나라 중서성에, 충숙왕이 눈멀고 귀먹고 벙어리여서 친히 정사를 하지 못한다고 무고했다. 그러고는 "태위왕太尉王이 인종황제仁宗皇帝에게 주청하여, 왕도王燾를 고려의 왕으로 삼고 왕고王暠를 세자로 삼는다고 결정한 명령이 있었는데, 영종英宗 때에 이르러 왕도가 백안독고사伯顔禿古思와 공모하여 김정미金廷美를 시켜서 태위왕을 달래어 왕고의 세자인世子印을 빼앗고, 태위왕이 하사한 왕고의 전택田宅과 배신陪臣 유청신·오잠 등 1백 40명의 전택을 빼앗았습니다."라고 했다. 그래서 원나라가 매려를 보내 문책하게 한 것이다. 매려가 무고임을 확인하고 돌아가자, 충숙왕은 최여도崔汝道를 평양에 보내 금은·능라·저포를 선물로 주었다. 매려는 받지 않았다. 앞서 매려가 고려에 올 때, 충숙왕의 총신 최안도와 김지경은 화가 제 몸에 미칠 것을 두려워하여 밤낮으로 근심하고 겁내다가, 매려가 그냥 돌아가자 기뻐하여 더욱 교만해졌다.

《고려사》를 보면 사신史臣 백문보白文寶는 충숙왕의 실정失政에 대해 다음과 같이 비판했다.

왕이 연경에 머무른 지 5년 만에 근심하고 노고勞苦하여 놀라서 타고난 성품을 손상했다. 본국에 돌아와서도 항상 궁전 깊숙이 거처하면서 낙이 없고, 조신朝臣을 접견하지 않으며 직접 정사를 보지 않았다. 이 때문에 소인들이 조정에 나와, 조륜祖倫·최안도崔安道·김지경·신시용 같은 자들이 정권을 전단專斷하여 벼슬을 팔고 형옥을 팔지 못하는 짓이 없었으며, 대간臺諫의 소장疎狀은 중간에서 저지당하여 임금께 아뢰지 못하게 했다. 매려에게 견책을 당하지 않은 것은 요행이다.

김지경은 흑책도목을 행하는 전횡을 일삼는 데 그치지 않았다. 1330년에는 충숙왕을 유혹하여 왕위를 내놓게 하고, 원나라 문종에게 청하여 충숙왕의 왕위를 세자 왕정王禎에게 선양하게 하라고 했다. 그리고 충혜왕을 세우고는 그것을 자신의 공으로 삼았다. 하지만 충혜왕이 자신을 등용하지 않으므로 늘 앙앙불락했다. 1332년에 충숙왕이 복위한 후 김지경은 국왕의 은혜를 배반한 죄목으로 순군옥巡軍獄에 갇혀, 두려워하고 분해하다가 죽고 말았다.

한편, 고려 때 화폐로 사용하던 은병은 활구濶口라 했으며, 은 한 근으로 우리나라 지형을 형상했다. 성종 15년(996)에 철전鐵錢을 사용했으나 목종 5년(1002)에 시중 한언공韓彦恭의 주장에 따라 폐지했다. 숙종 7년(1102)에 '해동통보'라는 글자를 표면에 새긴 돈을 사용하게 했다. 하지만 백성들은 돈을 그다지 사용하지 않았으므로, 숙종 9년(1104)에는 주·현에 명하여 주식점酒食店을 열게 하고, 민간에 무역을 허락하여 돈의 편리함을 알게 했다. 하지만 예종이 즉위하자 또 폐지했다.

충숙왕 15년(1328) 12월에 은병의 값을 정했다. 당시 자섬사資贍司에서 아뢰기를, "은병의 값이 날로 떨어지니, 지금부터 상품은 종포 10필로, 첨병貼甁은 8~9필로 정하여 위반하는 자는 죄를 주소서."라고 했다. 은병을 만드는 데 구리를 섞었기 때문에 관에서 값을 정해도 사람들은 따르지 않았다고 한다. 충혜왕 원년(1331) 4월에 새로운 소은병小銀甁을 사용하게 했는데, 한 개가 오종포 15필에 해당하게 했다.

고려 말인 공양왕 3년(1391)에 중랑장 방사량房士良이 글을 올리기를, "추포를 쓰던 법은 동경(경주) 등 약간의 고을에서 나왔으나 조금만 습기가 있어도 상하므로, 관청을 설립하고 돈을 주조하여 일체 추포를 금하소서. 또 본국에서는 은과 구리가 나지 않으므로 송나라의 회자會子와 원나라의 보초寶鈔를 모방하여 고려에서 통행하던 저화楮貨를 인조印造해서 유포시켜 오종포와 함께 겸해 쓰게 하소서."라고 했다. 하지만 저화는 유통되지 않았다고 한다.

홀연 남쪽 외적 하나가
깊이 와우봉으로 들어가네
: 남구요

| 홀연 남쪽 외적 하나가 | 忽有一南寇 홀유일남구 |
| 깊이 와우봉으로 들어가네 | 深入臥牛峯 심입와우봉 |

—《고려사》권39 공민왕 10년 /《고려사》권54 지8 오행 금金 요언妖言 /《증보문헌비고》

남구南寇는 우리 역사에서 흔히 왜구를 가리키지만, 공민왕 때 유행한 〈남구요〉에서는 홍두적紅頭賊, 즉 홍건적을 뜻한다. 대개 남쪽은 음양오행설에 따르면 붉은 색이므로 남구는 곧 붉은 건을 머리에 두른 도적을 가리키는 것이다.

와우봉은 황해도 우봉牛峯을 가리키는 듯하다. 고려 때는 흥의역興義驛이라고 했다. 혹은 소의 해, 즉 신축년에 적이 침입하는 것을 상징적으로 표현한 것인지 알 수 없다.

공민왕 10년인 1362년(신축) 10월 정유의 날에 홍건적의 반성潘誠·사유沙劉·관선생關先生·주원수朱元帥 등이 10여 만의 무리를 이끌고 압록강을 건너서 삭주朔州를 침범했다. 추밀원부사 이방실李芳實이 서북면 도지휘사가 되어 이여경李餘慶과 함께 절령에 책문을 세우는 등, 고려 조정은 적의 내침에 대비했다. 하지만 10월 임인에 홍두적은 이성泥城을 침범했다. 공민왕은 참지정사 안우安祐를 상원수로, 성낭문학 김득배金得培를 도병마사로, 동지추밀원사 정휘鄭暉를 동북면 도시휘사로 삼았다. 그리고 모병하는 방을 내어, "모집에 응하는 자로서 선비나 향리에게는 벼슬을 주고, 궁宮·사司의 노예는 양민으로 삼든지 돈과 비단을 상 주든지 그들의 소원대로 해주겠다."라고 했다.

11월에 홍두적은 무주撫州(평북 영변)에 둔을 쳤다. 고려 군사는 수가 적었으므로, 이방실은 순주順州·은주殷州·성주成州와 양암陽嵓(평남 양덕)·수덕樹德(평남 양덕)·강동江東·삼등三登(평남 강동)·상원祥原(평남 중화) 등 다섯 고을의 백성과 곡식을 절령으로 옮겼다. 그리고 판사농사 조천주趙天柱, 좌승 유계조柳繼祖, 대장군 최준崔準 등을 박천博川으로 보내어 적을 쳐서 이겼다. 그 자신은 지휘 김경제金景磾와 더불어 개주价州(평남 개천)에서 적을 쳐 1백 50여 명을 베었다. 을묘의 날에는 안우가 보낸 조천주·정이鄭履 등이 보병과 기병 4백 명을 가지고 박천에서 적을 쳐서 적 1백여 명을 베었다. 기병 1백 명을 거느린 이방실은 연주延州에서 1천여 명을 쳐서 20명을 베었다. 안우는 모든 군사를 거느리고 안주安州에 나가 둔을 치고 승첩보를 올렸다. 공민왕은 안우를 도원수로 삼았다.

하지만 병진의 날에 적이 안주를 습격하자 우리 군사가 패하여, 상장군 이음李蔭과 조천주가 죽었다. 적은 지휘사 김경제를 사로잡아 그들의 원수로 삼고 글을 보내기를, "군사 1백 10만을 거느리고 동으로 갈 테니 속히 나와 항복하라."라고 했다. 공민왕은 참지정사 정세운鄭世雲을 서북면 군용체찰사로 삼고, 전 밀직제학 정사도鄭思道·김두金䥐를 보내어 절령의 책문을 지키게 하며, 평장사 이공수李公遂에게 죽전竹田에서 둔을 치게 했다. 계해의 날에는 평장사 김용金鏞을 총병관으로, 전 형부상서 유연柳淵을 병마사로 삼았다. 홍건적은 이날 밤에 군사 1만여 명을 절령 책문 옆에 매복시켰다가, 닭이 울자 철기鐵騎 5천 명으로 책문을 공격하여 깨뜨렸다. 고려 군사가 크게 무너지고, 안우와 김득배 등은 단기로 도망해 돌아왔다.

을축의 날에 안우가 군사를 수습하여 김용 등과 함께 금교역金郊驛에서 둔을 친 다음, 김용이 좌산기상시 최영을 공민왕에게 보내어 서울의 군사를 청했다. 공민왕은 피난하려고 생각해서, 서울에 사는 부녀들과 늙고 약한 자들을 성 밖으로 나가게 했다. 이 때문에 인심이 흉흉했다. 이 날, 홍건적의 선봉이 홍의역에 이르렀다. 홍의역은 곧 황해도 우봉이다.

병인의 날에 공민왕과 공주가 태후를 모시고 남쪽으로 파천하려 했다. 날이 밝기 전에 김용·안우·이방실 등이 달려와서 모두 아뢰기를, "경성을 지켜야 합니다."라고 말렸다. 특히 최영은 크게 부르짖기를, "주상께서는 조금 더 머무르셔서 장정들을 모집하여 종사를 지키소서."라고 했다. 날이 밝자, 공민왕은 민천사旻天寺로 거둥하고, 근신들을 거리로 내보내어 큰소리로 의병을 모집하게 했다. 하지만 서울 사람들은 모두 흩어진 뒤에서, 모집에 응한 자는 몇 사람뿐이었다. 안우 등도 어찌할 수 없어 공민왕에게 아뢰기를, "신 등이 여기 머물러 적을 막을 것이오니, 주상께서는 출행하소서."라고 했다. 공민왕이 숭인문을 나서자, 늙고 어린 자들은 땅에 넘어지고, 어미는 자식을 버리고, 짓밟히고 깔린 자가 들판에 가득했으며, 우는 소리가 천지를 진동했다.

공민왕 일행이 통제원通濟院에 이르자 경성에서 오는 자가 아뢰기를, "적이 이미 가까이 왔습니다."라고 했다. 임진강을 건너, 공주는 연輦을 버리고 말을 탔다. 자비次妃 이씨가 탄 말은 병들고 약했다. 그것을 보고 사람들이 보는 자가 모두 울었다. 공민왕은 원송수元松壽와 이색李穡에게 이르기를, "풍경이 이와 같으니, 그대들은 연구聯句를 지어보게나."라고 했다.

상주 판관 조진趙縉이 군사 1천 4백 명을 데리고 왔으므로, 대장군 김득제金得齊가 거느리게 했다. 사평원沙平院에 이르니, 개령 감무가 와서 쇄마刷馬 1백여 필을 바쳤다. 광주廣州에 이르러 유탁柳濯을 경상도도순문 겸 병마사로, 이춘부李春富를 전라도도순문 겸 병마사로, 이성서李成瑞를 양광도도순문 겸 병마사로, 강석姜碩을 교주강릉도도순문 겸 병마사로 삼았다. 중랑장 임견미林堅味가 재추에게 말하기를, "적이 이미 경성에 들어왔으니, 임진강 북쪽은 우리 땅이 아닙니다. 모든 도의 군사를 뽑아 적을 치도록 하소서."라고 했다. 하지만 재추들이 응하지 않자, 임견미는 눈물을 흘리면서 왕에게 아뢰었다. 공민왕은 "창졸간에 어떻게 하겠는가!"라고 했다.

신미의 날에 눈이 내리는데 이천현利川縣에 다다랐다. 공민왕은 옷이 젖고 얼어서 모닥불을 피워 추위를 녹였다. 이날 홍건적이 경성을 함락시켰다. 홍건적은 여러 달 동안 둔병하면서 소와 말을 죽여 그 가죽을 벗겨서 성城을 만들고 물을 부어 얼음을 얼렸는데, 사람들이 올라가지 못했다. 또 사람을 잡아서 굽거나 임부妊婦의 젖을 구워서 먹는 등 잔학한 짓을 마음대로 했다.

임신의 날에 왕이 음죽현陰竹縣에 다다랐다. 관리와 백성은 모두 도망해 숨었고, 판각문사 허유許猷가 쌀 두 말을 바쳤다. 공민왕은 안렴사 안종원安宗源과 안무사 허강許綱이 음식과 장막을 마련하지 못했다 하여, 이지태李之泰를 안종원의 대임으로 삼았다. 장군 홍선洪瑄이 자청해서 유격장군이 되겠다고 하자, 공민왕은 가상히 여겨 남경윤 양광도관군상만호로 발탁했다. 그리고 조희고趙希古를 광주목사 양광도 부만호로 삼았다.

12월 임진의 날에 왕이 복주福州에 이르렀다. 복주는 곧 오늘날의 안동이다. 이때 정세운鄭世雲은 홍두적을 소탕하고 경성을 수복시킬 것을 자기의 책임으로 여겨 여러 번 왕에게 청하기를, "속히 애통교서哀痛敎書를 내리시어 백성의 마음을 위로하시고, 사신을 여러 도에 보내시어 징병을 독려시키시옵소서."라고 했다. 애통교서는 외침이나 국난, 자연재해가 있을 때 군주가 그 책임을 자기에게 돌리고 유감의 뜻을 표시하는 글이다. 죄기소罪己疏라고도 한다. 왕은 정세운을 총병관으로 삼고 교서를 내렸다. 시중 이암이 말하기를, "적이 몰래 들어와서 왕과 신하들이 파천하여 천하의 웃음거리가 되었다. 앞장서서 대의를 부르짖은 그대가 절월을 가지고 군사를 거느려 떠나는데, 종묘사직이 다시 편안해지는 것은 이번 한 싸움에 있으니, 공은 부디 힘쓰시오."라고 했다.

공민왕은 영호루映湖樓에 거둥하여 얼마 동안 경치를 바라보더니, 이윽고 누에서 내려와서 배를 타고 놀았다. 그러자 구경하는 자들이 줄지어 늘어서고, 혹은 돌아서서 탄식하는 자도 있었다.

영호루는 밀양 영남루, 진주 촉석루와 함께 영남 3대 누각이라고 불린다. 현재 안동의 낙동강 남쪽 바위 언덕에 자리 잡고 있다. 원래는 안동시 당북동 강변에 있었으나 1934년 갑술 대홍수 때 모두 떠내려갔다. 영호루의 간판은 공민왕의 친필인데, 갑술년 대홍수 때 누각과 함께 떠내려갔으나 삼백 리 하류에 있는 상주 시민들이 찾아 되돌려 주었다. 1969년 12월에 안동 시민들이 영호루 중건 추신위원회를 조직하여, 시가지 남편 강 언덕인 정하동에 대지를 확보하고, 1970년 11월에 영호루를 중건했다.

소가 크게 운다

: 우대후요

소가 크게 울고　　　　　　　　　牛大吼 우대후
용은 바다를 떠나서　　　　　　　龍離海 용리해
얕은 물에서 맑은 물결을 희롱하네　淺水弄清波 천수농청파

─《고려사》권39 공민왕 10년 조 / 《고려사》권54 지8 오행 금金 요언妖言 / 《증보문헌비고》

앞서 〈남구요〉에서 보았듯이, 공민왕 10년인 1362년 10월에 홍건적 20여 만 명이 압록강을 건너 쳐들어와 개경을 함락했다. 공민왕은 홍건적을 피하여 임진강을 건넜다. 그 행차가 도솔원兜率院에 머물렀을 때 공민왕은 언덕에서 강산을 돌아보며 원송수와 이색에게, "풍경이 이와 같으니, 그대들은 연구聯句를 지어보게나."라고 했다. 임진강을 건너서는 공

주와 비가 연輦을 버리고 말을 탔다. 차비次妃 이씨가 탄 말은 매우 파리했다. 이를 보는 이가 모두 울었다고 한다. 공민왕 일행은 12월에 복주(안동)에 이르렀다.

공민왕은 영호루에 행차하여 그곳 안렴사按廉使의 향연을 받으며 활쏘기와 뱃놀이를 즐겼다. 이때 구경 나온 사람들이 담장을 두른 듯 빼곡했다. 어떤 사람은 옛날의 참요인 〈남구요南寇謠〉를 읊으면서 탄식했다. 또 어떤 사람은 옛날의 참요인 〈우대후요牛大吼謠〉가 들어맞았다고 하기도 했다.

〈우대후요〉는 우의와 상징을 이용해서 정치현실을 풍자했다. 소가 크게 운다는 말은 20여 만 명의 홍건적이 소의 해, 즉 신축년에 침입해서 국가가 위기에 처한 사실을 상징한다. 용이 바다를 떠났다는 말은 공민왕이 서울을 버리고 남쪽으로 피한 것을 말하며, 얕은 물에서 맑은 물결을 희롱한다는 말은 안동의 영호루에서 뱃놀이를 즐기는 것을 말한다.

홍건적의 침략으로 서울은 유린되고 온 백성이 도탄에 빠져 있는데도 안동으로 피난한 공민왕은 영호루에서 뱃놀이와 활쏘기나 즐겼다. 이 사실을 두고 백성들이 분노를 담아 이러한 동요를 입에서 입으로 전했을 것이다.

조선 후기의 이학규는 《해동악부》에 〈영호루〉 편을 두어 민중의 동요를 다루었다. 이학규는 공민왕의 폭정을 예시하는 사화史話 두 가지를 인용하면서 시 전체를 두 단락으로 나누어 환운했다.

어제 임진강은

풍경이 아름답고 오묘했네.

"궁비宮婢와 어자御子는 슬퍼 말아라

길은 멀고 말은 쇠약한 광경은 정말 시의 소재란다."

애석하다, 원주사元奏事와 이승선李承宣은

황급하여 읊조릴 겨를 없었다니.

오늘은 복주 방죽

즐거워라! 맑은 파도에 배를 띄워서.

신룡이 바다를 떠나고 소가 크게 운다고

소매 훔치며 지켜보는 이여, 탄식을 말아라.

"고맙구나! 파두반破頭潘과 주원수朱元帥여,

그대들 아니라면 어이 여기에 이르렀겠나?"

昨日臨津江 작일임진강

風景絶佳妙 풍경절가묘

宮婢司圉謾悽悲 궁비사어만처비

路修馬弱眞詩料 노수마약진시료

惜哉元奏事李承宣 석재원주사이승선

恩恩不暇爲吟嘯 총총불가위음소

今日福州堰 금일복주언

樂哉淸波舟 낙재청파주

神龍離海牛大吼 신룡리해우대후

觀者反袂莫嗟憂 관자반몌막차우

多謝破頭潘朱元帥 다사파두반주원수
若非卿輩至此不 약비경배지차부

첫 단락은 공민왕이 재위 10년 10월에 홍두적을 피하여 임진강을 건너 도솔원에 머물었을 때의 일을 다루었다. 공주와 비가 연輦을 버리고 말을 타고 차비 이씨는 파리한 말을 타야 했다. 하지만 공민왕은 언덕에서 상산을 돌아보며 원송수와 이색에게 연구聯句를 지으라고 했다. 이학규는 공민왕이 상황을 생각하지 않고 풍월이나 찾았던 것을 비난했다.

두 번째 단락은 그 해 12월에 공민왕은 복주에 이르러 영호루에 행차한 일을 소재로 했다. 당시 왕의 모습을 보려고 나온 사람들이 둑을 이룰 정도였으며, 어떤 이는 소매로 눈물을 훔쳤다. 또 어떤 이는 탄식하며, "'소가 크게 우니 용이 바다를 떠나 얕은 물에서 맑은 파도를 희롱한다.'는 말이 있더니, 지금 그것을 징험하는구나!"라고 했다. 그런데도 공민왕은 경치나 구경했으니, 홍건적의 파두번·주원수에게 좋은 기회를 주어 고맙다고 해야 말할 만했다고 비꼬았다.

참새야 어디서 날아오느냐
: 사리화沙里花요

부세는 과중하고 권력자들은 수탈하므로 백성들이 고생을 견디지 못한 나머지 참새가 곡식을 쪼아 먹는 것에 의탁하여 이 노래를 지어서 원망하였다. 익재 이제현이 시를 지어 다음과 같이 풀이했다.

참새야 어디서 날아오느냐	黃鳥何方來去飛 황조하방래거비
일 년 농사 아랑곳 않고 말이다	一年農事不曾知 일년농사부증지
불쌍한 백성이 농사 다 지어놓았더니	寡鰥孤獨耕耘了 과환고독경운료
벼와 기장을 다 먹어 치우다니	耗盡田間禾黍爲 모진전간화서위

- 《고려사》 권71 지志 권25 악樂 2 속악 '사리화沙里花' ; 이제현李齊賢, 《익재난고益齋亂藁》 권4 시 소악부小樂府 ; 이유원, 《임하필기》 권38 해동악부海東樂府 '사리화'

1부 고대·중세의 참요 141

〈사리화요〉는 고려의 민간가요인데, 이제현이 한시로 번역한 것이 《고려사》에도 실려 있고, 이제현의 문집 《익재난고》에도 실려 있다. 위의 기록은 《고려사》에 실려 있는 것이다. 《익재난고》에는 몇 글자가 다르게 나타난다. 황조黃鳥가 《익재난고》에는 황작黃雀으로 되어 있다. 셋째 구는 《고려사》에 '寡鰥孤獨耕耘了(과환고독경운료)'라 되어 있으나 《익재난고》에는 '鰥翁獨自耕耘了(환옹독자경운료)'로 되어 있다.

참새야 어디서 날아오느냐	黃雀何方來去飛
일 년 농사 아랑곳 않고 말이다	一年農事不曾知
홀아비 홀로 농사 다 지어놓았더니	鰥翁獨自耕耘了
벼와 기장을 다 먹어치우다니	耗盡田中禾黍爲

마지막 구의 爲는 감탄을 나타내는 작용을 한다. '-하다니!' 정도로 해석을 하면 좋을 것이다.

이제현은 소악부를 엮어, 고려의 민가를 칠언절구의 형식으로 한역해 두었다. 악부란 중국 한나라 때 음악을 관장하던 관부官府의 이름으로, 거기서 부른 노래의 가사인 시가를 악부라 하였다. 이후에는 음악과 동반되지 않고 악가풍의 시가를 악부라고 부르게 되었다. 이제현은 9수의 소악부를 짓고, 다시 탐라의 풍속을 노래한 2수를 소악부풍으로 지었다. 조선시대에 들어와서 신위申緯는 시조를 번안한 소악부 40수를 엮었으며, 조선 말의 이유원은 당시의 시가를 모태로 소악부 45수를 엮고,

별도로 이제현의 소악부를 모방해서 해동악부海東樂府 100수를 남겼다.

조선 말의 이유원은 이제현의 〈사리화〉를 다시 번안하여 다음과 같이 시를 지었다.

참새가 날아와 우리 기장 쪼아 대니	黃鳥飛來啄我粱
밭에서 일 년 식량 다 없어지는구나	田間耗盡一年粮
고통스런 백성의 실정을 그 누가 알겠나	疾苦民情誰得識
불쌍한 백성들만 스스로 슬퍼하네	寡鰥孤獨自悲傷

이제현의 시는 절구의 형식에 맞추었지만 이유원의 시는 질박한 풍격의 고시 형식으로 바꾸었다. 하지만 이제현의 시가 요의 원 모습에 충실하고 이유원의 시는 작위적인 번안인 듯하다.

전설에 의하면 주나라 때부터 정치에 반영하기 위해 민간의 풍속을 살피는 관리가 있었다고 한다. 그리고 그들이 채집한 시가 《시경》의 '국풍'이라고 한다. 실제로 그러한 관리가 있었는지, 또 그런 관리가 채집한 시가 국풍인지는 알 수가 없다. 하지만 역대로 중국이나 우리나라의 위정자들은 민간의 풍속을 살피기 위해 민요를 채집하고 정리했다. 고려 의종毅宗은 민간의 이익과 병폐를 살피고자 관리로 하여금 전국의 풍요風謠를 수집해서 선별하여 집성하게 했다고 한다. 당시 어느 지방의 역驛의 벽에 다음과 같은 시가 적혀 있어, 그것을 그 시선집에 수록했다고 한다.

종일 뜨거운 볕을 등지고 밭 갈지만	終日曝背耕종일폭배경

한 말 곡식도 없다니　　　　　而無一斗粟이무일두율
　　바꾸어 묘당(조정)에 앉게 하면　換使坐廟堂환사좌묘당
　　곡식 먹기를 만곡이나 하리라만　食穀至萬斛식곡지만곡

　이 시는 지식인의 한시였을 가능성이 높다. 하지만 민간의 요를 지식인이 한역했을 가능성도 있다.
　근대 이전의 지식인들 가운데는 민간의 요를 듣고 그것을 한역하여 전한 예가 많다. 단, 그 경우 민간의 요를 원래의 형태로 전하기보다는 한자시의 형식에 맞춰 번안하게 된다. 〈사리화〉를 보면, 이제현의 번안은 원래의 요를 비교적 충실하게 번역한 듯하지만 이유원의 한시는 원래의 요를 한자시의 형식에 맞춰 개작한 것이라고 할 수 있다.

서경성 밖에는 불빛, 안주성 밖에는 연기
: 이원수요

서경성 밖에는 불빛	西京城外火色 서경성외화색
안주성 밖에는 연기	安州城外烟光 안주성외연광
그 사이 왕래하는 이원수여	往來其間李元帥 왕래기간이원수
부디 백성을 구제하여 주오	願言救濟黔蒼 원언구제검창

— 《고려사》 권137 열전 50 신우 14년 6월 / 안정복, 《동사강목》 제16하 무진년 전 폐왕 우 14년 5월 / 이정형, 《동각잡기》 상 본조선원보록

고려 말의 우왕 때 이성계는 최영과 마음을 같이하고 힘을 합하여, 임견미와 염흥방 등을 제거했다. 하지만 정국을 운영하는 방식에서 이성계는 최영과 견해가 달랐다. 이성계와 최영이 정방政房에 있으면서 인사권을 행사했는데, 최영이 임견미와 염흥방을 등용한 사람은 모두 축출했다. 이

성계는 "임견미와 염흥방이 정권을 잡은 지 오래되어 모든 사대부가 다 그에 의해 등용된 사람들이오. 지금은 다만 그 재질이 현명한지 않은지만 물을 일이지, 어찌 지나간 일까지 허물하겠습니까?"라고 했다. 최영은 듣지 않았다.

이성계가 호발도胡拔都를 토벌하고 돌아오다가 안변安邊에 이르렀을 때 비둘기 두 마리가 밭 가운데 뽕나무에 앉아 있는 것을 보았다. 이성계가 활로 쏘니 한꺼번에 두 마리가 다 떨어졌다. 길 가에서 두 사람이 밭을 매고 있었는데, 한 사람은 한충韓忠이요 또 한 사람은 김인찬金仁贊이었다. 그 광경을 보고 탄복하기를, "도령都領의 활 쏘는 솜씨가 기묘합니다."라고 했다. 이성계는 웃으면서, "내 이미 도령의 나이는 지났소."라고 했다. 그러면서 쏘아 맞힌 새를 두 사람에게 가져가 먹게 하자, 두 사람도 조밥을 마련하여 올렸다. 이후 두 사람은 이성계를 추종해서 뒤에 모두 개국공신이 되었다.

이성계가 살던 마을에는 "서경성 밖에는 불빛, 안주성 밖에는 연기. 그이 왕래하는 이원수여, 부디 백성을 구제하여 주오."라는 동요가 있었다. 얼마 안 되어 이성계는 위화도威化島에서 군사를 돌렸다.

우왕이 홀로 최영과 요동을 칠 계획을 결정했으나 처음에는 드러내 놓고 말하지는 못했다. 우왕은 봉주鳳州에 이르러 최영과 이성계를 불러서 요양遼陽을 치려는 뜻을 말했다. 이때 이성계는 네 가지 불가한 이유를 들었다. 하지만 우왕은 평양에 행차하여 최영을 팔도도통사八道都統使로 삼고, 조민수를 좌군도통사로 삼아 심덕부沈德符 등으로 하여금 그의 지휘를 받게 하고, 이성계를 우군도통사로 삼아 이두란李豆蘭(퉁두란) 등으로 하여금 그의 지휘를 받게 했다. 좌군과 우군이 모두 3만 8천 6

백여 명인데, 십만 군사라고 호언했다. 최영은 우왕과 더불어 평양에 머무르면서 멀리서 지휘했다.

5월에 좌군과 우군이 압록강을 건너가 위화도에 이르렀는데, 이성계는 모든 장수들을 타일러 말했다. "만약 명나라의 국경을 침범하여 천자에게 죄를 얻게 되면, 종묘사직과 백성에게 화가 당장에 미칠 것이다. 이제 순역順逆의 도리를 글로 올려 회군하기를 청했으나, 왕이 살피지 못하고 최영 또한 매우 늙었으니, 공들과 더불어 왕을 뵙고 친히 화복의 사유를 아뢰어 임금의 측근에 있는 악인들을 제거하여 백성들을 편안하게 하지 않겠는가." 모든 장수들이 그 뜻을 따랐으므로 이성계는 압록강을 건너왔다.

이후 이성계가 정권을 장악하는 과정을, 이성계의 명으로 권근權近이 작성한 〈조선 환조 정릉 신도비朝鮮桓祖定陵神道碑〉에서는 다음과 같이 말했다. 단, 이 글에서는 〈남산요〉 등의 참요에 대해 언급하지 않았다.

고려 왕조는 시조 왕씨 이후로 거의 5백 년이 되었습니다. 국운이 이미 쇠퇴해지자 공민왕이 후사後嗣가 끊어졌는데, 요망스런 중 신돈의 아들 우禑가 성姓을 속여 왕위를 도적질하고는 주색에 빠지고 포학했습니다. 무진년(1388)에 그 재상 최영과 더불어 군사를 일으켜 경거망동하여 장차 천자의 국경을 범하려고 했으니, 백성의 화禍가 끝이 없게 되었습니다. 그때 우리 주상 전하께서 우군도통사가 되어 대의에 따라 군사를 돌이켰습니다. 우禑가 그제야 죄를 알고서 아들 창昌에게 왕위를 사양했습니다. 이듬해에 천자께서 이성異姓이 왕씨의 후사가 되었음을 책망하니, 전하께서 시중으로서 국정을 맡고 있었으므로, 여러 장상將相들과 서로 의논하여 왕씨의 후손인 요瑤를 세워 임금으로 삼았습니다.

권근은 이성계가 정권을 장악하는 과정을 대의의 발현과 명나라에 대한 사대의리의 실천에서 찾았으므로, 민중의 참요를 거론할 필요를 느끼지 않았을 것이다.

역사를 베네 역사를 베네

: 할사요

홍무洪武 25년(임신) 정월, 간당奸黨은 선생[나계종]이 역사 기록을 산삭刪削하는 것을 허락하지 않는다고 미워해서, 선생이 현릉玄陵(공민왕의 능)으로 배알하러 간 틈을 엿보아 용사 최형도崔衡道란 자를 보내어 한밤에 바람결에 별재에 불을 놓게 했다. 이래서 동실과 서실의 네 방에 소장된 고금의 서적이 모두 불탔다. 간당은 또 사관 이견李蠲을 사주하여 국사國史 가운데 선생이 평소 날마다 주대奏對하고 소차疏劄한 것과 여러 현자들과 문답한 것, 심지어 선생의 성명이 드러난 곳을 모두 칼로 오려내어, 역사책이 거의 다 결락되고 파기되기에 이르렀다. 지난해 겨울에, 송경(개성)의 초동들이 큰 거리에 모여서 손뼉을 치고 머리를 흔들면서 이런 노래를 불렀다.

역사를 베네 역사를 베네 국사를 베버리네	割史割史國史割 할사할사국사할
맥을 끊네 맥을 끊네 국맥을 끊네	斷脉斷脉國脉斷 단맥단맥국맥단
내년이라 내년이라 무슨 해이랴	明年明年是何年 명년명년시하년

그때 듣는 사람들이 모두 경악했는데, 이 해에 이르러 모두 징험이 되었다.

— 나계종, 《죽헌선생유집竹軒先生遺集》 하, 부록, 연보

나계종羅繼從(1339~1415)은 고려의 유신遺臣이다. 유신이란, 한 왕조가 망하고 새 왕조가 들어섰을 때, 지난 왕조에서 벼슬 살았다는 이유에서 새 왕조에서 벼슬 살지 않고 절개를 지킨 신하를 말한다.

본관은 나주羅州, 자는 술선述先, 호는 죽헌竹軒이다. 아버지는 증밀직부사 나직羅織이며, 어머니 증함평군대부인贈咸平郡大夫人은 안동 김씨로 김재택金在澤의 딸이다. 이곡李穀의 사위이다. 1374년 예문관제학으로 제수되었을 때, 공민왕(1352~1374)은 그에게 선조 문절공文節公의 얼을 계승하여 따르라는 뜻으로 계종繼從이라는 이름을 내려주었다.

나계종은 어려서부터 문명文名이 있어 15세 때에는 공민왕으로부터 사서육경 전질을 하사받을 정도였다. 공민왕 9년(1360) 국자감시에 합격하고 공민왕 11년(1362) 문과에 급제한 후, 춘추관검열·사헌부시사·예문관제학 등을 역임했다. 성균관순유박사成均館諄諭博士를 겸임할 때는 경전을 강론하여 주자(주희)의 집주集註에서 발명하지 못한 깊은 뜻을 많이 해석했으며, 전리좌랑典理佐郎으로 재임할 때는 경제책經濟策을 올렸다.

공민왕 18년(1369) 2월에 문하우정언門下右正言에 제수된 이후, 나계종은 작은 책자를 만들어서, 고려 초 이래로 천재지변을 기록하여 정사政事의 부응符應을 일일이 밝히고, 편말에 근래의 재이를 서술한 후, 국왕이

덕을 닦아 재앙을 물리칠 방도를 적은 후 그것을 《천경록天警錄》이라 하고는 왕에게 올렸다.

9월에 조봉대부朝奉大夫로 승품하고, 사헌부시사司憲府侍史가 되었다. 이때 신돈의 무리가 국정을 어지럽히자 궁중의 추악한 이야기가 파다하게 퍼져나가 여항에서 노래로 될 정도였다. 공민왕은 재위 15년인 1366년에 전민변정도감田民辨整都監을 설치해서 겸병을 억제하기도 했으나, 재위 14년 2월에 노국대장공주魯國大長公主를 잃고 5월부터 편조遍照(신돈)에게 정치를 맡긴 후부터 전반적으로 실정을 하고 말았다. 이후 고려조는 토지 겸병의 문제를 해결하지 못한 채 쇠하게 되었다.

나계종은 집으로 돌아와 상소문을 기초하여 시사를 극론하려 했다. 그런데 모친이 듣고는 눈물을 쏟으면서 이렇게 말했다.

"너의 집안이 대대로 국은을 받아왔고, 너는 지금 언관의 직책에 있으니, 진실로 조정의 정치에 조금이라도 보탬이 된다면 마땅히 절개를 세워 할 말을 다 하여야 하리니, 그렇다면 비록 죽더라도 여한이 없을 것이다. 하지만 현실의 정세를 제대로 알지 못하면서 함부로 위언危言을 진달한다면 조금도 사직에 이로울 것이 없으면서 잘못하여 혹독한 재앙을 입을 수가 있으니, 그렇다면 그저 조정에 대해서는 정사正士를 살육했다는 오명이 있게 하고, 세가世家에 대해서는 제사가 끊기게 만드는 참사가 있게 할 것이다. 이것이 충이겠는가, 이것이 효이겠는가. 너는 이 늙은 몸을 장차 어디에 두려고 하느냐?"

나계종은 마침내 상소문을 불태우고, 병을 칭하고는 조정에 나아가지 않았다.

1392년에 의령감宜寧監 이숭李崧이 장리贓吏라고 모함을 받아 무고하게 죽을 뻔했다. 이숭의 아들 이헌李憲이 일찍이 나계종에게 수학했는데, 이방원의 당은 이숭을 나계종의 당으로 지목하여 핍박한 것이다. 이후로 나계종에게는 배우러 오는 사람들이 드물어졌다. 이 해 4월에 정몽주가 순절하고, 7월에 고려가 망했다. 나계종은 통곡하여 목소리가 더 이상 나오지 않게 된 뒤에야 그만두었다. 집안 사람에게 사흘간 불을 피우지 말게 했다. 그 뒤에 권근이 편지를 보내어 와서, 새 조정에 함께 들어가자는 뜻을 말했으나, 나계종은 답서를 보내 거절했다. 11월에 현릉에 나가 곡하고, 노비 친홍을 송동松洞의 정사精舍에, 노비 성암 등을 송천松川의 집에, 노비 추만 등을 서울 집에, 노비 원봉 등을 갈산葛山의 선영 아래에 두고는, 가솔을 이끌고 나주로 돌아갔다. 그리고 동삼방東三坊 석간동石澗洞에 거처하면서 별도로 초막을 세우고, 집 둘레에 소나무와 대나무를 심은 후, 호를 죽헌거사竹軒居士라고 했다. 자리맡에는 경전과 송나라 제현의 서적 수백 권만 두었을 따름이었다. 길재吉再가 그의 행장을 지었다.

충남 공주시 반포면 학봉리 동학사 경내에 삼은각三隱閣이 있어, 포은 정몽주, 목은 이색, 야은 길재를 모셔 왔는데, 광해군 때 유방택을, 순조 때 도은 이숭인을, 그리고 그 이후에 나계종을 함께 모시게 되었다.

목자가 나라를 얻으리라

: 목자요

위화도에 있을 때 이성계는 백마를 타고 붉은 활에 흰 깃 달린 화살을 잡고 언덕 가에 서 있었다. 군중이 바라보고 말하기를, "옛날이나 지금이나 또 후세에나 어찌 저러한 인물이 있겠는가!"라고 했다. 장맛비가 여러 날 동안 내렸어도 물이 붇지 않았는데, 군사가 다 건너고 나니 큰물이 갑자기 닥쳐와서 온 섬이 물속에 잠겼다. 사람들이 모두 신기하게 여겼다. 회군하기 전에 잠저潛邸가 있는 동리에 동요가 있었는데, 그 노래에 다음 구절이 있었다.

목자木子가 나라를 얻는다 　　　木子得國목자득국

—《고려사》 권137 열전50 신우5 5월 갑술 삭 /《고려사》 권54 지8 오행 금金 요 언妖言 /《고려사절요》 권33 신우 4 무진 신우 14년 /《태조실록》 권1〈총서〉/ 안정복,《동사강목》 제16하 무진년 전폐왕 우 14년 5월 / 이정형,《동각잡기》 상 본조선원보록

고려 말에 이성계가 위화도 회군을 감행할 때 〈목자요木子謠〉가 군중과 민간에서 널리 노래되었다고 한다. 이성계 측 인사들이 회군을 전후하여 항간에 유포한 것일 가능성이 높다.

'木子'는 '李'의 파자다. 따라서 이 동요는 이씨 성을 가진 이가 장차 나라를 얻게 되리라는 예언을 담고 있다고 선전되었다. 본래 이씨 성에 관련된 이와 유사한 성격의 참요나 참언은 고려 중기부터 존재했다.

《고려사》와 《동사강목》에 보면 고려 중엽에 '十八子'설이 대두되었다. 이 '十八子'도 '李'의 파자이다. 고려 중엽에 인주 이씨 이자겸은 이 참언을 믿고 예종을 독살하려다 실패했다. 경주 출신의 정선 이씨 이의민도 같은 참언에 현혹되어 신라를 다시 세우겠다는 뜻을 품었다. 그러다가 조선이 건국되면서 십팔자설은 이성계의 혁명을 예시한 것으로 해석되었다. 이것을 두고 《용비어천가》 제69장은 다음과 같이 노래했다.

드르헤 龍이 싸호아 四七將이 일우려니 오라 흔들 오시리잇가
城밧긔 브리 비취여 十八子ㅣ 救ᄒᆞ시려니 가라 흔들 가시리잇가

제69장의 주에는 "참서에 십팔자가 삼한을 바로잡는다는 말이 있었다[十八字正三韓]"라고만 되어 있다. 그보다 앞서 십팔자설을 이용했던 이자겸과 이의민이 《고려사》 열전에서 '반역叛逆' 편에 입전立傳되어 있는 것을 고려하면, 《용비어천가》의 편찬자들은 십팔자설을 크게 선전하기 어려웠을 듯하다. 그래서 고려 말에는 십팔자를 목자로 파자하는 형태

로 참언을 만들어냈을 가능성이 있다.

木은 음양오행에서 水와 상생 관계에 있다. 근대 이전에는 각 왕조마다 특정 별자리의 운수와 연계되어 있다는 분야설과 함께 오행의 특정한 덕德을 지니면서 앞의 왕조를 순하게 잇거나 극복한다는 왕통교체론을 신봉했다. 여수麗水라는 지명에서 유추할 수 있듯이, 고려는 水의 덕에 배당되었던 듯하다. 또 麗(려)는 丙鹿(병록)으로 파자할 수가 있는데, 그렇다면 고려를 火의 덕으로 상정했을 가능성도 있다.

고려 말에 새로운 세상을 꿈꾸었던 민중이나 지식인들은 고려에서 다음 왕조로의 이행을 水에서 木으로의 상생적 계승이거나 火에서 水金 상극적 계승이라고 생각했을 것이다. 이씨는 木子로 분해되고, 이씨의 혁명으로 이루어진 왕조는 木德(목덕)이라고 보는 것이 무리가 없다. 따라서 고려의 水德(수덕)을 이어 이씨 목덕의 왕조가 들어서거나 고려의 火德(화덕)을 이기고 이씨 목덕의 왕조가 들어서리라고 기대했을 듯하다.

다만, 1930년대에 이은상은 이 노래에서 '木子'를 훈가자로도 읽을 수 있다고 보았다(이은상, 〈조선의 요참: 7〉, 《동아일보》, 1932. 7. 31, 5면). 木의 훈은 '낡'과 '나모' 두 가지 형태인데, 이 가운데 후자를 취하여 '남의'라는 뜻을 재구할 수 있다는 것이다. 하지만 실제로 그렇게 읽었을 가능성은 적다.

'목자득국'의 설은 고려 말에 집요하게 논리화된 흔적이 있다. 《고려사》와 권근의 〈유명 시 강헌 조선국태조 지인계운 성문신무대왕 건원릉 신도비명 병서有明諡康獻朝鮮國太祖至仁啓運聖文神武大王建元陵神道碑銘 幷序〉에 보면 다음 기록이 있다.

태조가 잠저에 있을 때 어떤 사람이 문 앞에 찾아와 이상한 글을 바치면서 말하기를, "지리산 바윗돌 속에서 얻었습니다." 했다. 그 글에 "목자木子가 돼지를 타고 내려 와서 다시 삼한三韓의 지경을 바로잡으리라."는 등의 말이 있었다. 태조가 사람을 시켜 영접해 들이게 했는데, 이미 떠나 버려 찾아도 찾을 수가 없었다. 고려의 서운관書雲觀에 예전부터 비장하여 오는 비기秘記의 〈구변진단지도九變震檀之圖〉에 '나무를 세워 아들을 얻는다建木得子.'는 말이 있고, 또 '왕씨가 망하고 이씨가 일어난다.'는 말이 있었는데, 끝내 고려가 망할 무렵까지 숨기고 드러내지 않았다. 또 사람의 운명을 잘 알아맞히는 혜징惠澄이란 자가 사사로이 그의 친한 사람에게 이르기를, "내가 남의 운명을 점친 것이 많으나 이성계만 한 이는 없었다."라고 했다. 그 친한 사람이 묻기를, "타고난 운명이 비록 좋더라도 지위가 정승에 이를 뿐이겠지." 하니, 혜징이 말하기를, "정승쯤이면 어찌 족히 말하겠는가. 내가 알아맞힌 것으로는 임금이 될 운명이니, 그가 왕씨를 대신하여 반드시 일어날 것이다."라고 했다.

'목자득국'의 설은 다음 세 가지 참언에 의해 지탱되었다.

① 목자木子가 '돼지를 타고 내려와서' 다시 삼한三韓의 지경을 바로잡으리라.
② 나무를 세워 아들을 얻는다[建木得子].
③ 왕씨가 망하고 이씨가 일어난다.

③은 가장 단순한 형태로, 고려 왕씨를 이기고 이씨가 나라를 차지하

리라 말한 것이다. ①에서는 '목자=이'씨가 삼한을 바로잡으리라고 하여, 파자의 형태로 이씨의 등극을 예시했다. '돼지를 타고 내려온다'는 어떤 의미인지 명확하지 않다. 권근은 〈태조신도비명〉에서 이 부분을 빼고 '목자가 삼한三韓을 다시 바로잡으리라〔木子更正三韓〕'라고 했다.

②는 파자의 형식이 아니라, 성력星曆을 표시하는 방식을 모방했다. 건목建木은 북두성의 자루 끝이 목성木星의 방향을 가리킨다는 뜻이 된다. 이씨의 李가 木을 구성부분으로 하므로, 그것을 목성에 견준 듯하다. 다만 성력과의 관계는 잘 알 수 없다. '목자득국'의 설을 발전시키는 과정에서 성력의 설까지 동원하려고 했음을 미루어 짐작할 뿐이다.

다른 분의 연구에서 밝혔듯이, 〈목자요〉에서 활용된 파자 방식은 후속편이 있다. '走肖(주초)'와 '非衣(비의)', '三奠三邑(삼전삼읍)'의 설이 그것이다.

走肖 = 趙 : 조준趙浚

非衣 = 裴 : 배극렴裴克廉

奠邑 = 鄭 ⇒ 三奠三邑 = 三鄭 : 정도전鄭道傳·정총鄭摠·정희계鄭熙啓

정도전은 이러한 파자들을 '목자'와 함께 신찬 악장 〈수보록受寶籙〉에 정리하면서, 이성계가 나라를 얻으리라는 것과 다섯 명의 중신이 그를 보위하리라는 것은 조선 개국 이전부터 예견된 바였다고 강조했다. 애당초 '목자'의 파자를 정도전이 만들었을 가능성도 있다.

정도전이 실각한 이후 태종은 〈수보록〉에 적힌 참언들이 작위적이어서 믿을 수가 없으므로 이 악장을 연주하지 말라고 지시했다.

옛부터 도참은 믿을 수가 없다. 지금 보록寶錄의 설을 내가 믿지 않는다. 첫째는 '삼전삼읍三奠三邑이 응당 삼한三韓을 멸할 것이다.'라 했는데, 사람들이 삼전三奠은 정도전·정총·정희계라고 하지만, 정희계는 재주와 덕이 없고 개국하는 데에도 그다지 공이 없으니, 그가 과연 때에 응하여 나온 사람이겠는가? 둘째는 '목자장군木子將軍의 검劍, 주초대부走肖大夫의 붓筆, 비의군자非衣君子의 지智가 다시 삼한을 안정케 하리라.'라 했는데, 사람들이 말하기를 비의非衣는 배극렴이라고 한다. 배극렴 역시 정승이 된 것이 오래지 않고, 태조를 보좌하여 다스린 것도 공효가 없었다. 마땅히 다시 영의정에게 고하여 하륜河崙이 지은 〈근천정〉을 제1곡으로 하고, 〈수보록〉은 악부에서 삭제하라.

태종은 '삼전삼읍'의 정희계와 '비의'의 배극렴에 관한 예시설을 특히 믿을 수 없다고 여겼다. 두 사람이 개국이나 개국 후의 치세에 도움이 된 바가 없다고 평가하면서 〈수보록〉에 나열된 참언의 허위성 내지 작위성을 문제 삼은 것이다. 정희계는 방석芳碩의 친모인 신덕왕후와 인척지간이고, 배극렴도 방석을 세자로 옹위한 인물로, 모두 정도전과 뜻을 같이했다. 태종은 〈수보록〉에 나열된 참요가 정도전 일파에 의해 조작된 것으로 보고, 그것들을 파기하려 한 것이다. 그러나 태종은 '목자득국'의 설은 파기할 수가 없었다. 그렇기에 《용비어천가》가 〈목자요〉를 거론하는 데도 그것을 용납했다.

2부

조선 전기의 참요

남산에 가서 돌을 쪼니
정 남은 것이 없구나
: 남산요

조선 태종 때 다음 동요가 있었다.

저 남산에 가서 돌을 쪼으니　　南山往伐石 남산왕벌석 (혹은, 彼南山 往伐石)

정釘 남은 것이 없구나　　　　釘無餘 정무여 (矣) (혹은, 釘無餘(矣))

정이란 것은 돌을 쪼는 연장으로 정釘과 정鄭의 음이 서로 같고, 여餘 자는 남은南間과 음이 서로 같다. 즉 이 노래는 정도전과 남은이 없어진다는 뜻이다. 얼마 후에 정도전과 남은이 주사誅死되었다.

— 《신증동국여지승람》 권3 비고편 동국여지비고 제2편 한성부 / 김안로, 《희락당고》 권8 잡저 《용천담적기》 / 어숙권, 《패관잡기》 권4 / 허봉, 《해동야언》 권3 / 이긍익, 《연려실기술》 별집 권15 천문전고天文典故 동요 / 《증보문헌비고》 / 정도전, 《삼봉집》 권14 부록 사실史實 주

〈남산요〉는 조선 태종 때 남은과 정도전이 제거된 사실을 미리 예견하거나 사후에 추념한 동요이다. 이 노래는 문헌에 따라 조금씩 다르게 기록되어 있으나, 근본 뜻은 같다.

《신증동국여지승람》,《희락당고》,《연려실기술》,《삼봉집》: '南山往(남산왕)伐石(벌석)釘無餘(정무여)'의 여덟 글자

《증보문헌비고》: '彼南山(피남산) 往伐石(왕벌석) 釘無餘(정무여)'의 3자 3구

《용천담적기》: '彼南山(피남산) 往伐石(왕벌석) 釘無餘矣(정무여의)'

《패관잡기》: '南山伐石去(남산벌석거) 錠無餘(정무여)'의 여덟 글자. 釘(정)이 錠(정)으로 되어 있다.

남산에 돌을 뜨러 간다고 한 것은 당시 신도 한양의 궁궐이나 성벽 등을 축조하는 데 남산의 돌을 떠와서 사용했기 때문인 듯하다. 돌을 뜨는 정이 남아나지 않는다는 것도 채석하는 군정의 고단한 삶을 반영하고 있다. 그러면서 이 동요는 남은과 정도전이 제1차 왕자의 난 때 제거된 사실과 연관되어 있다.

정도전은 조선 건국의 수훈자이자, 조선의 정치와 경제 제도를 수립한 인물이다. 그의 삶과 비참한 말로에 대해서는 새삼 언급할 필요가 없을 듯하다.

한편, 남은(1354~1398)은 고려 말부터 정도전과 뜻을 같이하고, 조선

에 들어와 제1차 왕자의 난 때 정도전과 함께 참혹한 화를 당한 인물이다. 본관은 의령으로, 할아버지는 지영광군사 남천로南天老, 아버지는 검교시중 남을번南乙蕃이다. 형은 영의정 남재南在, 아우는 우상절도사 남지南贄이다. 고려 말에 정도전과 함께 이성계 일파의 중심인물이 되어 요동 정벌을 반대했다. 우왕 14년(1388) 요동 정벌 때 조인옥趙仁沃 등과 함께 이성계에게 회군할 것을 진언했다. 1392년 정몽주가 살해되자 풀려나 동지밀직사사가 되어 정도전·조준·조인옥 등 52인과 함께 이성계를 왕으로 추대했다.

남은은 조선이 들어선 후 판중추원사 의흥친군위 동지절제사가 되고, 개국공신 1등에 책록, 의령군에 봉해졌다. 태조 3년(1394)에는 삼사좌복야가 되어 한양의 종묘와 궁궐 터 등을 정했다. 태조 4년(1395)에 정조사正朝使의 표문表文을 이유로 명나라가 정총鄭摠을 살해하고, 글의 초안자인 정도전을 명나라에 압송하라고 압력을 가해 왔다. 이때 정도전과 은밀히 의논하여 요동을 정벌할 계획을 세웠다. 그 후 태조를 도와 방석芳碩을 세자로 책봉하는 데 적극 간여했다. 이 때문에 1398년의 제1차 왕자의 난 때 정도전·심효생 및 아우 남지와 함께 살해당했다. 훗날 좌의정에 추증되고, 세종 3년(1421) 태조의 묘정에 배향되었다. 시호는 강무剛武이다.

민중들은 조선 건국의 공신이었던 정도전과 남은이 왕실의 권력 다툼에 깊이 간여했다가 목숨을 잃은 것을 애도, 〈남산요〉를 만들어 입에서 입으로 전했을 듯하다.

해 저물자 계집아이를 구하다니

: 맥숙參熟요

태종 8년, 황엄黃儼 등이 처녀를 데리고 북경으로 돌아가니, 임금이 모화루에서 전송했다. 이번 행차에 그 부모 친척의 울음소리가 길에 연했다. 길창군 권근權近이 그들을 위하여 시를 지어 말했다.

구중궁궐에서 요조숙녀를 생각하여
만리 밖에서 미인을 뽑으매
적불翟茀(꿩깃 장식 수레)은 멀리 행하고
제잠鯷岑(우리나라의 다른 이름)은 점점 아득하여진다
부모를 하직하니 말이 끝나기 어렵고
눈물을 참자니 씻으면 도로 떨어진다
슬프고 섭섭하게 서로 떠나는 곳에
뭇 산들이 꿈속에 들어와 푸르구나

이보다 먼저 동요가 있었는데, 권근이 또 시를 지어 다음과 같이 해설했다.

164 참요

보리 익으면 보리를 구하여야 하거늘	麥熟當求麥 맥숙당구맥
해 저물자 계집아이를 구하다니	日曛求女兒 일훈구여아
나비도 오히려 눈이 있어	蝶猶能有眼 접유능유안
아직 피지 않은 가지에 와서 택하누나	來擇未開枝 내택미개지

- 《태종실록》 태종 8년(무자) 11월 12일(병진)

　조선은 건국 후 태종 때 이르러 명나라 태종(영락제)과 사대관계를 맺고 동아시아에서 국가로서 비로소 외교적 승인을 얻었다. 그런데 명나라 태종은 태감 황엄을 보내, 조선에 깨끗하고 광채가 나는 세백지細白紙를 요구했다. 황엄은 환관으로 조선 태종 때 9번이나 다녀갔고 세종대왕 때에도 사신으로 왔다. 조선에서는 이미 안노생·홍서·설미수를 시켜 차례로 2만 1천 장을 중국에 바친 일이 있다. 그런데 명나라 태종이 처녀를 요구하자, 조선의 태종은 처녀를 진헌한다고 분명히 밝히기를 꺼려서, 예문관 대제학 이문화李文和를 처녀진헌사로 삼아 순백의 후지(두터운 종이) 6천 장을 바친다는 명목으로 북경으로 가게 하면서 처녀들을 데리고 가게 했다. 당시 조선에서 명나라에 보낸 주문奏文의 앞부분은 다음과 같다.

　영락 6년 4월 16일에 흠차하신 태감 황엄 등 관원이 본국에 도착하여 선유宣諭를 전해 받들었는데, '네가 조선국에 가서 국왕에게 말하여 잘생긴 여자가 있거든 몇 명을 선택하여 데리고 오라.' 하셨습니다. 그래서 신이 삼가 이에 의거해서 본국의 서울과 각 도의 부·주·군·현에서 문신·무신·군인·백성의 집 여자를 간택하여, 흠차관 등과 함께 여자 5명을 선택해서, 배신 이문화를 보내어 흠차 태감 황엄 등을 따라 북경에 가게 하고, 각 여자의 생년월일과 아비의 직함 및 본관을 낱낱이 기록하여 삼가 갖추어 아룁니다.

주문에는 조선에서 중국으로 보내는 5명의 처녀 이름을 나열하고, 그 처녀들을 따라 여사女使 16명과 화자火者 12명이 함께 간다는 사실을 적었다. 권근은 당시 민중들이 불렀다는 동요를 5언 절구의 시로 한역했다.

권근의 번역시에서 '숙맥당구맥麥熟當求麥 일훈구여아日曛求女兒'은 보리 익는 철인 4월에 처녀를 요구하는 것을 두고, 보리 익는 철에는 보리를 구해야 하거늘 처녀를 구한다고 비판한 것이다. '해 저물자'는 정세가 혼란한 틈을 타서 부당한 요구를 한다는 사실을 말하기도 하고, 부당한 요구를 하기 때문에 명나라와 조선의 관계가 예측하기 어려운 상황에 빠졌다는 것을 뜻하기도 한다.

'접유능유안蝶猶能有眼 내택미개지來擇未開枝'에서 나비는 환관 황엄을 가만히 가리키고 '아직 피지 않은 가지'란 성인이 되지 않은 처녀를 뜻한다.

은행나무 다시 살면 순흥이 회복되고
순흥이 회복되면 노산군도 복위된다
: 은행나무요

옛날 단종이 손위遜位할 때 안평대군 이용李瑢은 즉각 죽임을 당했고, 금성대군 이유李瑜는 순흥順興으로 귀양 가서 격문을 돌리고 군사를 일으키려다가, 미처 일으키기 전에 고발한 자가 있어 역시 죽임을 당하고 말았다. 이러므로 순흥이란 고을을 폐해 없애게 되었는데, 그 고을 백성들이 이렇게 노래했다.

압각鴨脚이 다시 살아나면 순흥이 회복되고　　鴨脚復生順興復 압각부생순흥부
순흥이 회복되면 노산魯山도 복위된다　　　　順興復魯山復位 순흥부노산복위

그 후 2백 30년이 넘어서 순흥부 동쪽에서 은행나무(압각)가 갑자기 저절로 자라나기 시작했다. 세속에 전하기는, 옛날 이 나무가 있었기 때문에 그런 노래가 있었다고 했다. 이 은행나무(압각수)가 다시 자라난 지 얼마 되지 않아 백성들의 소원에 따라 순흥에 부를 다시 설치하게 되었다. 또 이때[숙종 때] 신규申奎란 자가 단종은 복위되어야 한다는 상소를 올리자 조정의 의논도 모두 찬동하게 되었다. 그래서 옛날 순흥 백성들이 노래한 말이 과연 들어맞았

2부 조선 전기의 참요　167

다고 했다. 내가 순흥에 갔을 때 그 은행나무는 벌써 대여섯 길 정도로 자라 있었는데, 그 지방 사람들이 이렇게 이야기하는 것을 직접 들었다.

— 이익李瀷,《성호사설》권6 만물문萬物門 압각

〈은행나무요〉는 단종(노산군)의 복위를 모의했다는 죄목으로 체포되어 처형된 금성대군 이유의 죽음을 애도하고, 이유의 일 때문에 고을이 아예 없어진 순흥의 복권을 바랐던 민중들이 오랫동안 유포시킨 노래이다.

세종은 소헌왕후와의 사이에 8남 2녀를 두었다. 안평대군과 금성대군은 모두 소헌왕후에게서 태어났으니, 세조와 같은 어머니에게서 태어난 아우들이었다.

　　사嗣 문종은 순서로는 첫째이다.
　　사嗣 세조는 순서로는 둘째이다.
　　3남 안평대군 이용李瑢은 시호가 장소章昭이다. 부인은 연일 정씨로, 판서判書 증 좌의정 정연鄭淵의 딸이다. 2남〔의춘군 이우직과 덕양정 이우량〕을 두었다. 계유년(1453)에 화를 입었고, 뒤에 신원伸寃되었다.
　　4남 임영대군 이구李璆. 부인은 남지南智의 딸, 재취는 최승녕崔承寧의 딸이다.
　　5남 광평대군 이여李璵. 부인은 신자수申自守의 딸이다.
　　6남 금성대군 이유李瑜. 부인은 최사강崔士康의 딸이다. 정축년(1457)에 화를 입었고, 그 뒤에 신원되었다.

　　7남 평원대군 이임李琳. 부인은 홍이용洪利用의 딸이다.
　　8남 영응대군 이염李琰. 부인은 정충경鄭忠敬의 딸이다.
　　1녀 정소공주는 일찍 죽었다.
　　2녀 정의공주는 안맹담安孟聃의 아내이다.

한편, 세종은 빈과의 사이에 10남 2녀를 두었다.

　　1남 화의군 이영李瓔은 영빈 강씨가 낳았다. 계유년에 화를 입었다.
　　2남 계양군 이증李璔은 신빈 김씨가 낳았다. 좌익공신이다.
　　3남 의창군 이공李玒, 신빈 김씨가 낳았다.
　　4남 한남군 이어李𤥽, 혜빈 양씨가 낳았다. 정축년에 귀양 가서 죽었다.
　　5남 밀성군 이침李琛, 신빈 김씨가 낳았다.
　　6남 수춘군 이현李玹, 혜빈 양씨가 낳았다.
　　7남 익현군 이곤李璭, 신빈 김씨가 낳았다. 좌익공신이다.
　　8남 영풍군 이전李瑔, 혜빈 양씨가 낳았다. 정축년에 화를 입었다. 박팽년의 사위이다.
　　9남 영해군 이당李瑭, 신빈 김씨가 낳았다.
　　10남 담양군 이거李璖, 신빈 김씨가 낳았다. 일찍 죽었다.
　　1녀 정현옹주, 상침 송씨가 낳았다.
　　2녀 정안옹주, 숙원 이씨가 낳았다.

안평대군 이용은 세조가 계유정난을 일으킬 때 해를 당했고, 금성대군 이유는 세조가 단종을 폐위시키고 즉위할 때 해를 입었다. 금성대군은 세종의 여섯째 아들, 세조의 넷째 아우로, 계유정난 이후에 수양대군 일파의 견제를 받아 왔다. 그러다가 사육신과 연관이 있다는 이유로 순흥에 유배되었다. 순흥은 지금의 경상북도 영풍군 순흥면에 해당한다. 그런데 금성대군은 순흥부사 이보흠李甫欽과 단종의 복위를 도모하다가 발각되는 사건이 발생했다.

금성대군과 이보흠은 격문을 돌려 남쪽 지방 인사를 모아 영월로 가서 단종을 모셔 온 뒤, 새재(조령)와 죽령을 거점으로 삼아 방어하면서 단종을 복위시키기로 했다. 그런데 순흥부 관노가 금성대군과 이보흠의 대화 내용을 엿듣고 금성대군의 시녀를 꾀어서 격문을 훔쳐서는 한성으로 향했다. 이보흠은 한성으로 말을 달려 관노보다 먼저 모반의 변고를 알렸다. 이 일로 금성대군은 사사되고, 이보흠 자신도 격문의 초안자라는 이유로 교살당했다. 그런데 조현명趙顯命이 지은 금성대군의 시장諡狀에 의하면, 이보흠은 자수한 것이 아니라고 한다. 당시 기천 현감이 관노가 지니고 있던 격문을 빼앗아 서울에 가서 모반 사실을 알렸다고 한다.

성호 이익은 금성대군 등이 미처 난을 일으키기 전에 고발한 자가 있었다고 하여, 고발한 자의 이름을 밝히지 않았다. 하지만 역사의 기록에는 난을 고발한 사람은 다름 아닌 이보흠이라고 했다.

이 사건이 있자, 좌찬성 벼슬에 있던 신숙주는 단종을 제거하자고 제안을 했다. 영의정 정인지와 좌의정 정창손, 수양대군의 참모격이었던 이조판서 한명회도 거들었다. 세조는 재위 3년에 순흥을 없애버리고, 마아령馬兒嶺 아래 물 동편 땅인 부석浮石·무집이[수식水息]·관천串川·파문단破文丹 4리里를 끊어서 영천군에 귀속시켰다.

《국조보감》에 보면, 숙종 24년(1698) 9월 30일에 전 현감 신규申奎가 노산군魯山君(단종)과 중종의 폐비 신씨의 위호位號를 회복할 것을 청하는 상소를 올렸다. 노산군의 일과 관련하여, 신규는 노산군이 살해된 것은 세조의 잘못이 아니라 사육신의 잘못이라고 하면서, 노산군을 신원해야 한다고 주장했다.

신이 삼가 살피건대, 옛날 우리 세조 혜장대왕惠莊大王은 하늘이 내신 성군으로서 천 년에 한 번 있을 운세를 만나 화란禍亂을 평정하시니 하늘이 명하고 인심이 귀의했습니다. 노산魯山은 어린 나이에 보위에 올라 스스로 부족하다는 것을 알아 하늘의 명에 응하고 사람의 뜻을 따라 요임금이 순임금에게 선위한 것을 본받아 별궁으로 물러나니, 상왕으로 일컬었습니다. 세조께서 겸허한 마음으로 사양했으나 이루지 못하고 종묘사직의 부탁으로 하는 수 없이 보위에 오르셨으니, 온화하고 순조로우며 예를 갖춰 사양한 미덕은 당요唐堯와 우순虞舜의 성대함과 맞먹습니다. 또한 선위를 받고 반포한 교서의 내용을 살펴보면 만세에 떳떳이 말할 수 있는데 불행하게도 육신六臣의 변란이 뜻밖에 나오고, 권람과 정인지 등이 은밀히 협찬하는 논의가 또 따라서 격동시켜 세조께서 상왕을 보호하려는 은혜를 끝까지 지키지 못하게 했으니, 이것은 육신의 복위 계획이 그저 노산을 해치기에 알맞았을 뿐입니다. 충신과 지사들의 감회가 지금까지도 가시지 않고 있는 것은 성상께서 통촉하신 바라 생각건대 벌써 이해하고 계시어 어리석은 신이 자세히 진달할 필요도 없을 것입니다. 운수는 길고 짧음이 있고 일은 기휘忌諱에 관계되어 한 조각 외로운 무덤이 저 멀리 외지고 황폐한 곳에 있어 50여 년 동안을 향화香火가 미치지 못했습니다.

그러자 10월에 숙종은 종친과 문무백관들을 대정大庭에 모이도록 명하여 그 일로 문의했다. 숙종은 마침내 빈청에 다음과 같은 비망기를 내렸다.

내가 알기로는 광묘光廟(세조)께서 선위禪位를 받은 초기에 노산군을 떠받들어 태상왕으로 삼았고, 또 한 달에 3번씩 문안하는 예를 행하도록 명하셨다. 불행한 일이었지만 마지막의 처분[살해를 명한 처분]은 광묘의 본뜻이 아닌 듯하며, 그 근원을 따져보면 육신六臣에게서 연유된 것이었다. 육신에 대하여 이미 그 충절을 포양했는데, 그들이 섬긴 옛 임금의 위호를 추복追復하는 것이 무슨 혐의가 있는지 모르겠다. 그리고 명나라 경태景泰의 일이 이와 똑같지는 않지만 어느 정도 모방하여 행할 만하다. 나는 이번에 추복하는 일이야말로 광묘의 성대한 덕을 더욱 빛내는 것이라고 생각한다.

아, 일전에 신규의 상소를 받아 들고서 반도 채 읽기 전에 상심과 감회가 간절하게 느껴졌다. 그러나 중대한 일을 경솔하게 논의하여 털끝만치라도 불평한 뜻이 있게 해서는 안 되겠기에 이렇게 먼저 경연의 자리에서 묻게 된 것이다. 아, 신도神道와 인정人情은 그리 멀지 않으므로 하늘에 계신 조종의 영혼도 보이지 않는 곳에서 기뻐하시어 이와 같이 서로 감응하는 이치가 있게 된 것이 아니겠는가. 소원한 신하가 이처럼 중대한 일을 거론했으니, 참으로 천재일우의 기회이다. 그런데 일이 마침내 행해지지 않는다면 다시 어느 때를 기다리겠는가.

아, 왕가王家의 처사는 본래 필부와 같지 않은 법이다. 그러므로 간혹 사소한 논의에 구애하지 않고 과감한 결단을 내리는 사례가 예로부터 있어 왔다. 일이 참으로 행할 만한 것이라면 어찌 머뭇거리겠는가. 예관으로 하여금 속히 의식을 거행하게 하라.

여러 신하들이 다 나름대로의 견해를 올리자, 숙종은 처음 뜻을 조금 누그러뜨려 갑자기 추복하는 것은 실로 곤란한 점이 있으므로 순회세자와 소현세자 사당의 예에 의거하여 내관內官이 수직하고 태상시에서 제물을 보내 축문 없이 제사를 올리게 하라고 했다. 이후 노산군을 단종으로 추봉하고 따로 묘를 세우고 전사典祀를 거행하도록 하되, 위차位次를 정하기 어렵다는 이유로 복위復位하는 법식만은 거행하지 않았다. 또한 중종의 폐비 신씨는 복위해주지 않았다. 신씨는 영조 15년(1739)에 이르러 단경왕후로 복위된다. 그 후 정조는 재위 15년인 1791년 2월에 금성대군 이유와 화의군 이영은 물론 사육신의 절의에 버금가는 사람들을 내각과 홍문관에서 조사하도록 하여, 장릉(단종의 능)에 모두 31인을 배식하게 했다.

그런데 순흥에는 예로부터 왕기王氣가 있다는 속설이 있었다. 이익은 《성호사설》에서 그 사실을 밝혔는데, 〈은행나무요〉와 연관시켜 설명하지는 않았다. 곧 《성호사설》에 따르면 퇴계 이황李滉과 절친했던 황준량黃俊良은 평소 비방을 많이 받았다고 한다. 그래서 이황은 황준량이 죽은 후 그 제문에서, "오늘을 들어 옛일을 생각건대, 어찌 이런 사람에게 비방이 그리 많았던고. 없는 일을 지적하여 뼈까지 녹이는 참소를 했으니, 모두 원한에서 나온 것임을 알겠네."라고 했다. 그런데 혹자의 말에 따르면 황준량은 평소 "순흥에 왕기王氣가 있다."라고 말했기 때문에 사람들이 그것을 결점으로 삼았다고 한다. 다만, 이익은 이황이 그 소문 때문에 황준량의 제문에서 저렇게 말하지는 않았을 것이라고 했다. 오히려 이익은, 황준량이 성주星州에 부임했을 때 관속의 아내가 그를 흠모하다가 상사병으로 죽은 후 황준량이 여자귀신을 보았던 듯해서 죽을 때까지도 손을 모으는(공읍拱揖) 시늉과 사람 떠미는 시늉을 했던 일을 두고 안타까워했던 것이라고 했다.

망마다 승슬어이라

: 망마다望馬多요

성종 때 '望馬多(망마다) 勝瑟於伊羅(승슬어이라)'라는 동요가 있었다. '망마다'는 우리말로 사절辭絶하는 뜻을 나타내는 말이다. 이것은 한사코 사절하는 말이다. '승슬어이라'는 우리말로 싫다며 물리치는(염각(厭却)) 말이다. 모두 단절斷絶하는 뜻을 지니고 있다. 얼마 안 있어 윤비가 죄를 얻어 폐비되었다.

— 김안로, 《희락당고》 권8 《용천담적기》 / 허봉, 《해동야언》 권3 / 이긍익, 《연려실기술》 별집 권15 천문전고 동요

성종의 비 윤씨는 연산군의 생모이다. 윤씨는 판봉상시사 윤기무와 부인 신씨 사이에서 태어났다. 성종 4년(1473)에 숙의로 봉해진 후 성종 7년(1476)에 왕비로 책봉되었다. 그러나 질투가 심하고 부덕한 일을 많이 했으며 심지어 비상으로 왕과 후궁을 독살하려 했다는 혐의를 받아, 시

모 인수대비의 미움을 샀다. 결국 성종 10년(1479)에 왕은 윤씨를 폐위시켜 서인으로 만든 뒤 친정으로 내쫓았다. 그러나 신하들은 원자(뒷날의 연산군)의 어머니를 위해 따로 거처할 곳을 마련해주고 생활비 일체를 지급해야 한다고 탄원했다. 이 때문에 여러 가지 문제가 발생하자, 성종은 재위 13년인 1482년 8월에 영돈령부사 이상의 대신·육조·대간을 모아 의논하게 한 다음에 좌승지 이세좌에게 명하여 윤씨를 사사賜死했다.

연산군의 생모 윤씨는 자태가 빼어났다고 하는데, 성종보다 열두 살이나 연상이었다. 그러나 궁궐 안의 권력 갈등 때문에 성종 10년에 폐출되었다가 1480년에 38세로 사약을 마셔야 했던 것이다. 윤씨와 갈등을 빚은 인수대비는 윤씨보다 불과 여덟 살밖에 많지 않았다.

윤씨가 죽은 뒤 7년이 지난 1489년(성종 20)에 성종은 '윤씨지묘'라는 표석을 세우게 했다. 그리고 1494년에 성종 역시 38세로 창덕궁에서 승하했다.

성종의 뒤를 이어 1495년에 20세의 나이로 즉위한 연산군은 그 해에 임사홍을 통해 모친의 폐비 사건을 알게 되었다.

연산군은 임사홍의 밀고를 계기로 〈시정기時政記〉를 보고, 자신의 생모는 정현왕후(자순대비)가 아니라 폐비 윤씨였다는 사실을 알게 되었다. 연산군은 성종의 후궁 엄嚴·정鄭 두 숙의를 궁중 뜰에서 살해하고 그들의 아들인 안양군(이항)과 봉안군(이봉)도 귀양 보낸 후 죽였다.

연산군은 생모의 넋을 위로하기 위해 재위 3년(1497)에 모친의 묘에 효사孝思라는 묘호를 내렸다. 나아가 재위 10년(1504)에는 제헌왕후로 추존하고 묘호도 회릉懷陵으로 개칭했으며 신전을 혜안전惠安殿이라 했다. 그리고 폐비 사건에 관련되었다고 생각되는 인사들을 죽이거나 귀양 보냈다. 이것이 갑자사화이다. 1506년에 중종이 반정反正을 한 후, 윤씨의 관작은 추탈당했다.

지금 폐비 윤씨의 묘는 경기도 고양시 원당의 서삼릉 지역에 있다. 하지만 본래는 서울 청량리에 있었다.

윤씨는 신원되지 못했다. 현대의 관점에서 보면 윤씨의 혐의는 사실이 아니었을지 모른다. 그러나 당대의 동요는 윤씨를 부덕하다고 비판했다. 동요에서 '사절'했다든가 '염각'했다든가 하는 것은 윤씨가 성종을 거부한 사실을 두고 말한 것 같다.

웃기로고 궂기로고 패하로고

: 삼합로고三合盧古요

연산군 때 이런 동요가 있었다.

견소의로고　　見笑矣盧古 견소의로고
궂기로고　　　仇叱其盧古 구질기로고
패아로고　　　敗阿盧古 패아로고

우리말로 '굿'자를 한자로 쓰면 구질仇叱이다.
옛사람이 삼합로고三合爐古라고 했는데, '로고爐古'는 철당鐵鐺 노구솥이다. 대·중·소 셋을 하나의 갑에 담은 것을 시속에서 '삼합로고'라고 하고, 방언으로는 말을 끝맺는 말이 '로고'와 음이 같은데, 세 번 중복하여 말하면 삼합로고와 같기 때문이다. '견소의見笑矣'라는 것은 하는 짓(연산군의 행동)이 도리에 어그러져서 남에게 웃음을 산다는 것이고, '굿기仇叱其'라는 것은 방언으로 사람의 더러운 행동이 있어서 거칠고 음란하여 깨끗지 못한 것을 이르고, '패아敗阿'라는 것은 패하고 흐려진다는 것이다. 한마디 말을 마치고는 반드시 로고

爐古로써 맺는 것은 시속의 어체語體이다.

이것은 곧, 연산군이 패도悖道하고 황란荒亂한 것이 많아, 이미 이루어진 대업을 망쳐 실추시키고 자신의 몸도 끝내 보존하지 못하게 남에게 웃음을 산다는 뜻이다.

— 김안로,《희락당고》 권8《용천담적기》 / 허봉,《해동야언》 권3 / 이긍익,《연려실기술》 별집 권15 천문전고 동요

〈삼합로고요〉는 김안로金安老의《용천담적기》에 수록된 이래 조선 후기의 여러 문헌들에 전재될 만큼 잘 알려졌다. 세 구가 모두 '-로고'로 끝나므로, 당시 사람들은 이 노래를 '삼합로구三合爐口'라고 일컬었다고도 한다. 종결어미 '-로고'가 솥의 일종인 '노구[鍋]'와 그 음이 비슷한, 당시 대·중·소 세 개의 노구솥을 한데 포개어 보관하던 것을 '삼합로구'라 불렀던 데에서 전용한 것이다. '-로고'를 표기하는 데 쓴 '盧古'는 한자의 음만 빌려다 쓴 것이다. 가사의 현대어역을 제시하면 다음과 같다.

채록된 가사	본래 가사(추정)	현대어역
見笑矣盧古	웆이로고	웃기로고
仇叱其盧古	굿기로고	궂기로고
敗阿盧古	패오로고	패하로고

이 동요의 한역은 음독자音讀字와 훈독자訓讀字, 훈가자訓假字, 문법적 형태소를 나타내는 글자들을 혼용했다.

'見笑矣(견소의)'에서, '笑'는 '웃다'의 옛말 '웇다'에서 훈을 살려 읽도록 배치한 글자이고, '矣'는 '웇다'의 종결형을 나타내기 위한 음가자이다. 제일 앞의 '見'은 피동형을 표시하는 한문 문장의 문법적 표지이다. 남에게 '웃음을 받다'는 뜻의 '웇이다'(현대어의 '웃기다')라는 피동형을 표시하기 위해 한문에서 피동구문을 만들 때 쓰는 한자 '見'을 앞에 하나 더 붙인 것이다.

둘째 구의 '仇叱(구질)'은 모두 음가자이다. '仇'는 그 본래의 음을 모두 가져다 쓴 것이고, '叱'은 이두에서 사잇소리만을 나타내는 데 쓰는 글자이다. '仇叱'을 합하면 '궂'이 된다. '其'는 '기'의 음으로 읽도록 쓰인 듯하다. '其'의 훈은 당시 '그'와 '뎌' 두 가지이되, 여기서는 음으로 읽혔을 것 같다. 고어와 서울 방언에서 사람이 죽거나 패망하는 것을 '궂기다'라고 한다.

셋째 구의 '敗阿(패아)'는 중세에 많이 쓰이던 '패ᄒ다'를 표기하기 위한 글자로 보인다. '敗'는 음과 훈을 모두 살려 읽는 음독자, '阿'는 동사의 어간 'ᄒ'를 표시하기 위한 음가자인 듯하다.

연산군은 갑자사화 때 많은 사람을 죽이고 해쳤기 때문에 난정亂政을 행한 혼암한 군주라고 지목받고 있다. 이는 광해군이 악평을 받는 것과는 정도가 다르다. 광해군은 명나라에 대한 사대를 어긴 것과 모후 인목대비를 폐위시킨 일 때문에 지탄을 받는데, 명나라와의 사대 문제는 후대에 재평가될 여지가 있다. 연산군은 공신들의 재산을 일부 수용하여 국고를 채우려고 갑자사화를 일으켰다는 얘기도 있다. 하지만 국고가 바닥이 난 것은 바로 연산군 자신의 사치와 낭비 때문이다. 공신을 억압한 것도 개혁의 의도로 해석되지 않는다.

〈삼합로고요〉는 사실 어떤 일을 두고 누가 만들어냈는지 그 맥락을 확인할 수가 없다. 하지만 김안로는 이 동요가 연산군이 독부獨夫로서 패망하리라는 것을 미리 알려준 것이라고 해석했다.

매이역가 수묵묵

: 수묵묵首墨墨요

연산군 때 또 이런 동요가 있었다.

매이역가   每伊數可
매이역가   每伊數可
수묵묵   首墨墨

매이每伊란 것은 세속에서 존장尊長을 부르고서 고告하는 말이다. 역數이란 글자는 중종中宗의 어휘御諱(임금의 이름, 즉 역懌)와 음이 같다. 가可란 글자는 뭇 사람들이 서로 호명한 뒤에 붙이는 어조사이다. 야耶 자와 같다. 불러서 어버이나 윗사람에게 고하는 뜻을 나타낸다. 수首首란 것은 그 모책을 처음으로 세운 사람이 묵사동墨寺洞에 있다는 말이다. 박원종朴元宗과 성희안成希顔의 집이 모두 종남산終南山 밑 묵사동墨寺洞에 있었는데, 수묵묵首墨墨이란 것은 반정할 계책을 처음 세운 자가 모두 묵사동에 있다는 뜻이다. 이것은 아마도 중국 진晉나라 원제元帝가 등극하는 것을 미리 알려 '오마부도강 일마화위룡

五馬浮渡江 一馬化爲龍'이란 노래가 있었던 것과 유사한 것이 아니겠는가.

― 김안로, 《희락당고》 권8 《용천담적기》 / 허봉, 《해동야언》 권3 / 이긍익, 《연려실기술》 별집 권15 천문전고 동요

김안로가 채록한 〈수묵묵요〉는 연산군 말에 묵사동에 사는 박원종과 성희안이 반정을 처음 모의하리라는 것을 미리 알리는 동요였다. 수首는 수괴首魁 혹은 수모자首謀者라는 뜻이니, "매이역가, 매이역가, 수묵묵"은 "어르신이여, 어르신이여, 앞설 분은 묵사동에 사는 두 분이시구려."라는 의미인 듯하다.

연산군은 무오사화를 일으키더니, 중종 반정으로 옥좌를 내려오게 되었다. 무오사화는 유자광이 죽은 김종직에 원한을 품고 있다가, 김일손이 사초에 김종직의 〈조의제문弔義帝文〉을 실은 것을 기화로 삼아, 이는 세조가 왕위를 빼앗은 일을 비유한 것이라고 연산군을 충동질하여 일으킨 사화이다. 무오년에 사초 때문에 일어난 화라고 하여 이 사화를 무오사화戊吾史禍라 한다. 그 뒤 반정이 일어나자, 유자광은 전부터 인연이 있던 성희안·박원종·유순정과 손잡고 반정에 참여하여 정국공신 1등에 무령부원군으로 봉해졌다. 다음 해 유자광은 삼사三司를 공격하는 상소를 올렸으나, 삼사는 유자광이 임사홍과 결탁해서 무오사화를 일으키고도 교활하게 중종반정에 가담하여 공신이 되었다고 비판했다. 이 일로 유자광은 훈작이 취소되고 아들들과 함께 유배형을 받았다. 처음

에는 홍양에 부처되었다가 다시 해평에 유배되었고, 또다시 경상도 변두리로 이배되어 그곳에서 죽었다.

박원종(1467~1510)은 연산군 12년인 1506년에 39세의 나이로 반정을 일으켜, 연산군의 이복 아우 진성대군을 왕으로 추대했다. 그의 조부 박거소朴去疎는 심온沈溫의 사위로, 세종의 동서이자 세조의 이모부였다. 게다가 성종의 형 월산대군의 부인이 곧 그의 누이였으므로 성종의 총애를 받았다. 공신 가문의 출신으로 무과에 장원급제했는데 연산군이 총애하여 그를 경기도관찰사에 임명했다. 하지만 연산군은 도성의 민가를 헐고 사냥터를 넓히는 것에 반대하는 등 박원종이 자신의 뜻을 거스르자, 그를 함경북도 병마절도사에 임명해서 변방으로 내보냈다. 또 홀로된 월산대군 부인 박씨를 연산군이 비빈처럼 대하자 박원종은 통분해 했다. 마침내 1506년 9월에, 성희안·유순정 등과 모의하여 반정을 일으키고, 중종 4년(1509)에는 43세로 영의정이 되었다. 연산군이 거느렸던 창기들을 비첩으로 삼고 거처와 음식이 사치스러웠다고 한다. 연산군에게 징발되었다가 중종의 후궁이 된 경빈 박씨는 박원종의 양녀이다.

박원종과 성희안 등이 살았다는 묵사동은 먹절골이라고도 한다. 본래 묵사라는 절이 있었다고 전한다.

김안로는 〈수묵묵요〉가 중국 진晉나라 때 원제元帝의 등극을 미리 알린 〈오마남도요〉와 유사하다고 했다.

'오마부도강五馬浮渡江 일마화위룡一馬化爲龍'의 노래를 〈오마남도요〉라고 한다. 중국 서진西晉 때에 북방 흉노족의 침략으로 나라가 붕괴되고 황제는 포로가 되었다. 그때 황족 다섯 명이 양자강 남쪽으로 도피했다. 그 황족의 성이 사마씨이므로 다섯 황족이 강남으로 간 것을 오마남도라 했다. 사마씨들은 동진東晉을 건설했다. 그 오마 가운데 원제가 등극했으므로 '한 마리 말이 용으로 화했다.'라고 한 것이다.

과연 〈수묵묵요〉는 중종반정을 일으킬 수모자가 묵사동 사는 두 사람임을 미리 예견한 노래일까, 아니면 중종반정이 일어난 후 그 수모자가 묵사동 사는 두 사람이었음을 추인한 노래일까? 그것은 단언하기 어렵다.

충성이 사모인가
: 사모詐謀요

연산군이 강화도 교동에 유폐될 때, 시중에서 다음과 같은 노래가 유행했다.

충성이 사모詐謀인가	忠誠詐謀乎 충성사모호
거동이 교동인가	擧動喬桐乎 거동교동호
흥청 운평은 어디 두고	興淸運平置之何處 흥청운평치지하처
가시 밑으로 돌아가는가	乃向荊棘底歸乎 내향형극저귀호

연산군 때는 관리들의 사모紗帽에 충성이란 두 글자를 모두들 써 붙이게 했는데, 쓰는 사모紗帽와 속인다는 뜻의 사모詐謀와 음이 같다. 또 연산군이 방탕하고 표홀하여 사방팔방으로 쏘다녔다. 모든 출입하는 것을 거동擧動이라 했다. 팔도의 군현은 모두 기생과 악기를 베풀어놓고 그중에서 으뜸가는 미인을 뽑아 이원梨園으로 올리고 그들의 이름을 운평運平이라 부르며 운평 가운데 왕의 사랑을 받으면 흥청興淸이라 했다.

또 연산군을 교동에 안치할 때 가시덤불로 주위를 둘렀는데, 가시[형극(荊棘)]

란 말이 우리말의 각시[妻]란 말과 비슷하며, 밑[底]이란 뜻은 또 사람의 음기를 말하는 것이다.

— 김안로, 《희락당고》 권8 《용천담적기》

김안로는 《용천담적기》에서 다음 말도 덧붙였다.

이러한 이야기들은 모두 항간에 나도는 조롱과 해학들인데도 그 속에는 세상을 비웃고 풍자하는 뜻이 함축되어 있어 한 시대의 일을 잘 묘사함으로써 실재했던 사실을 여실히 들추어 내고 있는 것이다. 예로부터 세속에 나도는 가요를 채집하여 백성의 여론을 살피는 일은 이와 같이 소홀히 다룰 수 없는 것이다.

과연 〈사모요〉는 연산군의 실정失政과 몰락을 풍자하는 뜻과 함께 연산군 때 표면으로 충성을 다했던 조정 신료들의 허위의식을 조롱하는 뜻을 지닌다. 그러나 혼란기에도 자신의 절조를 잃지 않은 사대부도 상당수 존재했다. 홍언충洪彦忠은 그 한 사람이다.

연산군이 옛날 그 어머니의 폐비 문제를 의논했던 신하를 추죄追罪할 때, 대간이나 시종으로 있던 사람들 중 옥에 갇히지 않은 사람이 드물었다. 혹독한 고문이 어전에서 이루어졌고, 그것도 여러 날 동안 이어졌다. 홍언충도 죄수 속에 있었다. 그가 고문을 당하고 업혀 나와 감옥 담장

밖에서 잠깐 쉬고 있을 때였다. 김안로는 그의 옷이 피로 물들여진 것을 보고 측은하여 말하기를, "참혹하도다!" 했다. 홍언충은 "이것은 홍문관의 물이 든 것이다."라고 말했다. 홍문관이 이 사람을 끌어넣었는데, 홍弘자와 홍紅자는 음이 같으며 핏빛이 홍색이기 때문에 이렇게 말한 것이다.

홍언충이 고문을 받고 배소配所로 다시 갈 때 김안로가 교외까지 가 보았더니, 홍언충은 "평생에 학문한 탓에 초래한 화가 끝내 이 지경에 이르렀네!"라고 하면서 매우 괴로워하는 빛이 있었다. 김안로가 농담으로, "만일 자네로 하여금 지혜를 없애버리고 학식도 없애버려 마치 향기와 악취를 가리지 못하고 콩과 조를 섞어 아무것도 모르는 바보가 되라 한다면 자네 그렇게 하겠는가?"라고 했다.

홍언충은 이렇게 말했다고 한다.

"아닐세. 곤란한 가운데서도 사람이 혹 나를 알아주는 것은 학문 때문이고, 객지에서 곤란하여 주머니가 빌 때 남이 혹 도와주는 것도 학문 때문이네. 또, 섬에 귀양 가 있을 때 정신과 혼백이 울렁거리면 그때 문묵文墨을 제외하고는 즐길 만한 것이 없었으니, 학문의 공은 매우 크오. 내가 선악을 가리고 시비를 말하여 나를 시기하는 사람이 많고 미워하는 사람이 많아서 세상의 화를 입게 된 것도 진실로 이 학문 때문이오. 내가 학문에 힘입은 것이 저렇게 많지만 병이 되고 죄가 쌓여서 고초를 받고 형벌을 당하는 것은 내 학문이 병들게 한 것이어서 내 몸에 큰 흠이 있는 것 이상으로 생각했소. 그러나 만일 나를 어리석게 하고 나의 지각을 빼앗아 내가 어리석고 둔하여 한갓 먹기만 한다면 서럽기가 마치 하늘에서 떨어져 뒷간에 빠진 것과 같을 것이오. 비록 백 번 넘어지더라도 내 어찌 이것을 취하겠는가마는, 예전의 일이란 이따금 뒷간에서 빠져나와 하늘 위의 영화를 누리는 것 같았소. 하늘 위에 있는 자의 위태로움은 뒷간에서 안락한 것만도 못하니, 내 어찌 위태로운 것을 가지고 저 편한 것과 바꾸려 하겠는가! 돌이켜 생각하면, 내가 가지고 있는 것이 내 몸에 있는 큰 보배보다 더 좋구려."

이 말을 마치고 홍언충과 김안로는 한바탕 웃었다고 한다.

김안로는 이 일화를 《용천담적기》에 적으면서, 자신과 홍언충의 절조를 다소 부풀려 기록했을 가능성이 없지 않다. 하지만 그가 이러한 일화를 적은 것은 저 〈사모요〉가 조종한 사모詐謀 의식을 지니지 않은 정인군자正人君子를 기대했기 때문이기도 할 것이다. 그렇기는 하지만 김안로 자신이 정인군자의 길을 갔다고 할 수가 있을까?

이 손이 어떤 손인가
: 만손萬孫요

중종 때 이런 동요가 있었다.

| 이 손이 어떤 손인가 | 其客耶也 기객야야 |
| 만손이로구나 | 萬孫也哉 만손야재 |

백성 중에 만손萬孫이란 자가 스스로 양평군襄平君이라 하면서 조정에 자수했다. 양평군은 연산군의 아들이다. 만손은 "사약을 받을 때 유모가 평민의 아들 가운데 모양이 같은 자로서 대신 죽음을 받게 했는데, 내가 실제 양평군이다."라고 했다. 조정에서 옥에 가두고 심문하여 마침내 속였다는 죄목으로 죽음을 당했다.

— 《중종실록》 중종 7년(임신) 12월 19일(기미) / 김안로, 《용천담적기》 / 허봉, 《해동야언》 권3 / 이긍익, 《연려실기술》 별집 권15 천문전고 동요

사람들은 동요(참요)가 나라의 흥폐를 예시하는 기능을 지닌다고 믿었다. 하지만 때로는 동요가 그러한 순기능을 하지 못하는 경우도 있다. 중종 때 유행했다는 〈만손요〉가 그 한 예이다. 중종 7년(1512) 음력 12월 19일에 평안도관찰사 이계맹李繼孟이 치계馳啓했다.

"17, 8세가량 되는 남자 하나가 왕자라 칭하면서 중 1인과 종 1명을 거느리고 사찰 및 내수사內需司 종들이 있는 곳을 횡행하면서 폐해를 부리기 때문에 잡아 가두고, 그가 정주定州로 보내려 하던 서간을 동봉하여 치계합니다."

중종은 시급히 잡아 오도록 하라고 전교했다. 그런데 이에 앞서 동요에 "그 손님이 만손이라네[其客也萬孫]"라고 했고 이 남자의 이름이 만손이었으니, 동요가 들어맞은 셈이라고 사관은 적었다.

이듬해 (1513) 1월 6일(병자), 의금부도사 연현령延玄齡이 정주에 가두었던 왕자라는 자를 잡아 오자, 중종은 형방승지와 의금부 당상에게 명하여 당직청當直廳에서 국문하도록 했다.

1월 7일(정축)에 중종은 만손의 추안推案을 정원에 내리면서 "자세히 추핵推覈하여 아뢰라."라고 하고, 항쇄項鎖만 채우고 칼[枷]은 채우지 말도록 명했다. 만손은 다음과 같이 공초供招했다.

저는 금년 15세로, 곧 폐조의 이숙의李淑儀 아들 양평군인데, 남학동南學洞에서 생장했습니다. 여섯 살 때 폐조의 난이 일어나자, 가노家奴 보동寶同이 이름을 알 수 없는 비슷한 나이의 아이를 대신 내어 놓고는, 곧 파란 보자기로 나를 덮어서 엎고 수구문水口門 길로 해서 도망쳐 서울 근방 산에 있다가, 산이 서울에 너무 가까워 사세가 거주하기 어려우므로 개골산으로 가서, 보동 등과 함께 대선大禪이라고 불리우는 중에게 의탁했었고, 지리산으로 가서는 상원사上院寺에서 1년을 지내다가 드디어 묘향산으로 가 보현사普賢寺에 이르러 두 해를 머물렀는데, 종 보동이 죽었습니다.

또 안주安州 원통사圓通寺에 이르러 7일을 머물며 그 절의 중 죽청竹淸에게 왕자王子인 뜻을 가만히 말해 주고, 서울 집으로 돌아오려고 하니, 죽청의 말이 "겁성劫成이라는 자는 바로 본궁本宮의 종인데, 지금 황회목黃灰木으로 돈 버는 일 때문에 곽산郭山에 와 있으니, 찾아가서 같이 의논하는 것이 좋겠다."라고 하고 곧 나를 데리고 곽산 고을로 갔었는데, 겁성은 보지 못했고, 죽청의 동생인 곽산에 사는 내수사內需司 종 가구지加仇之의 집으로 가서 쉬는데, 죽청이 왕자인 뜻을 말해 주니, 가구지가 나를 매우 후하게 대접했습니다. 하루를 가구지에게서 머물다가 곧 죽청 등과 함께 정주에 사는 내수사 종 효문孝文의 집에 가서 하루를 머무는데, 효문이, 내가 왕자라는 말을 전파하니, 그 면面의 권농勸農과 색장色掌 등이 나를 황당한 사람이라고 하여 효문의 매부 만복萬福의 집으로 옮겨가 있게 했는데, 효문이 "아기씨가 바로 왕자다"라고 이웃과 마을에 떠들어대고 "만일 서간書簡을 고을 목사牧使에게 통하면, 아기씨를 반드시 선처할 것이다."라고 하고, 이어 이웃 사는 교생校生 홍윤평洪允平에게 청하여 서간을 고을 목사에게 올리도록 하니, 목사가 나를 황당한 사람이라 하며 잡아 가두고 곧 관찰사에게 보고한 것입니다.

만손이 실제로 연산군의 아들 양평군인지는 알 수가 없다. 그러나 그가 진술한 내용은 매우 자세하여, 신빙성이 없지 않다. 그렇기에 《중종실록》을 편수한 사신史臣은 "그가 얻어먹으며 떠돈 곳을 일일이 진술陳述하매, 사람마다 모두 놀라고 이상하게 여기면서, 그가 참으로 왕자인가 의심했다."라고 적었다.

이날, 양평군의 어머니 숙의 이씨와 일가로서 양평군을 보호한 일이 있는 판의금부사 이손李蓀이 조정에 나와, 양평군은 이미 9세 때 사사되었다고 고했다. 그러자 의정부 당상 김응기는 만손은 양평이 아니라고 단언했다. 이손은 이렇게 말했다.

만손이 양평군이라고 자칭하는데, 양평군은 곧 강수 아기[康壽阿只]입니다. 일찍이 신의 집에 피접避接해 있었는데, 반정하던 날, 국가에서 찾아 잡아갈 것으로 생각되었기 때문에 비밀히 가족[家人]들로 하여금 수직守直하게 했습니다. 정오가 되어 그의 유모, 보모들이, 반정했다는 소식을 듣고 곧 강수康壽를 데리고 나가기에, 가족들을 시켜 뒤를 밟아보니 영춘군永春君의 집으로 들어갔습니다. 그 뒤에 수안군遂安郡으로 유배되었다가 이어 사사賜死되었고, 그 뒷일은 신이 알지 못합니다. 그 당시 강수의 나이 9세인데, 큰 진주 귀고리를 달았고 백회百會에 뜸뜬 흔적이 있었으니, 이로써 증거 대어보면 즉각 진위를 분별할 수 있을 것입니다. 이 사람이 비록 양평군이라 하더라도 나라를 속이고 도망가 있었으니 어찌 너그럽게 용서할 수 있겠습니까? 단단히 가두고 추핵하소서. 신이 다소 그 일을 아는 까닭에 병을 무릅쓰고 와서 아룁니다.

당초 양평군의 어머니 숙의 이씨는 바로 이손의 족친이었기 때문에, 양평군이 일찍이 여러 해를 이손의 집에서 자랐다. 이때에 이르러 사람들이 만손을 양평군으로 믿기도 해 의심하므로, 이손이 할 수 없이 병을 무릅쓰고 와서 아뢴 것이다. 실은 두려워서 스스로 현신한 것이다.

의금부 당상 김응기 등은 이렇게 아뢰었다.

이 사람은 결코 양평군이 아닙니다. 양평군의 유모, 보모 및 사정을 아는 여종들에게 보인즉 모두들 "양평군은 얼굴이 희고 코가 얽었으며 귀고리 뗀 구멍이 넓고 크다."라고 하는데, 이 사람은 얼굴이 검고 귀고리 구멍도 없으며 코도 얽지 않았으니, 양평군이 아님이 분명한데, 만손은 유모, 보모 및 종들을 가리키며 "이는 모두 내가 지난날에 보던 사람이다."라고 합니다. 이 사람은 나이 장년이니 법에 의해 단단히 가두고 형추刑推하소서. 그런 뒤에야 실정을 알 수 있을 것입니다.

중종은 미심쩍어 하면서 "만손을 우선 형추하지 말고 자세히 다 캐물은 뒤에 아뢰라."라고 했다.

다음 날 1월 9일(기묘), 대간이 합사合司하여 이렇게 말했다.

만손이 스스로 말하기를, 이숙의의 아들 양평군이라 하는데, 분별하여 밝히기는 어렵지 않으나 그 일이 큽니다. 그 사람이 비록 틀림없는 양평군이라도 국가에서 이미 사사한 사람인데, 그 당초 도망간 자입니다. 반드시 스스로 그런 계책을 하지는 못했을 것이니 교사한 자가 있을 것이요, 만일 간사한 자가 그 이름을 가탁했다면 반드시 그 사정이 있을 것이니 역시 교사한 자가 있을 것입니다. 이 두 가지로 본다면 모두 사체에 있어서 지극히 큰일이어서 옥송獄訟의 사연이 경하지 아니하니, 마땅히 끝까지 추핵推覈해서 뭇사람들이 그 실정을 환히 알게 해야 할 것입니다. 승지 및 위관委官을 보내어 함께 다스리게 하소서.

만손이 양평군인지 추핵하는 일은 쉽게 결판이 나지 않았다. 3월 7일(병자)에 이르러 의금부 당상 김응기가 만손의 일을 아뢰었다.

만손이, 다른 말은 이미 승복했습니다만, 그가 어미라고 말하는 신금申今이란 자가 조이召史라고 자칭하는 것과 만손이 공칭한 의부義父 동생 차신근車愼根도 "전후를 알지 못한다."라고 하니, 이는 다 거짓입니다. 마땅히 먼저 만손을 심문하여 어긋난 말이 일치된 후에 조이를 곤장 쳐서 실토하도록 하여야 되겠습니다만, 만손이 병들어 장하杖下에 죽을까 염려되오니, 먼저 조이 등을 심문하여 어긋난 말을 일치시키는 것이 어떠하오리까?

중종은 아뢴 대로 하라고 했다. 4월 8일(병오), 의금부가 만손의 일을 아뢰었다.

본부에 갇힌 사람 만손의 어미 조이란 자와, 아비 차신근車信近이란 자와, 동생 김선산金善山이란 자가 모두 세 차례의 신장訊杖을 받았는데, 만손의 부모·동생이 아님이 명백하니 석방하시기를 청합니다. 그리고 용천龍川에 사는 신의명申義命이란 자는 미처 추문하지 못했습니다만, 그 사간事

干 김존동金存同의 말이 실로 증험이 있으니, 그가 만손의 아비임에 의심이 없습니다.

중종은 조이 등을 석방하라고 전교했다. 5월 10일(정축), 의금부에서 만손이 왕자라고 사칭한 것을 참부대시斬不待時로 조율하여 아뢰었다. 만손은 과연 연산군의 아들이었을까?

목자는 이미 쇠퇴하고 주초가 천명을 받는다

: 주초수명走肖受命요

남곤 등은 국초에 유행하던 "목자장군검木子將軍劍이요 주초대부필走肖大夫筆이다."라는 도참설圖讖說을 빌어 "목자는 이미 쇠퇴하고[木子已衰] 주초가 천명을 받는다[走肖受命]"라는 등의 말을 나뭇잎에 새겨 마치 벌레가 갉아먹은 것처럼 만들어 궁인으로 하여금 상에게 올리면서 "후원 나뭇잎의 벌레 먹은 무늬가 이상합니다."라고 하게 했다. 상이 이것을 보고 크게 두려워하여 비밀히 경주에게 명하여 남곤·심정 등을 밤중에 신무문神武門 밖에 나오도록 약속했다. 남곤·심정 등이, 조광조 등을 명패命牌로 부르고 사류라고 이름하는 모든 사람들은 철퇴로 쳐 죽이자고 아뢰자, 정광필鄭光弼이 이 소식을 듣고 머리를 조아리며 읍간泣諫하여 쳐 죽이는 것만은 겨우 중지하고 조옥詔獄에 가두었다가 외방에 나누어 유배했는데 이항李沆 등이 마침내 사사賜死하기를 청했다.

— 《중종실록》 중종 39년(갑진) 12월 21일(을유), 성균관 생원 신백령 등의 상소에 대한 사관史官의 사평

중종의 가장 큰 실책은 조광조를 지나치게 신임했다가 또 그를 갑자기 불신한 점이다. 조광조는 중종의 인정을 받아 성대한 치적을 일으킬 수 있다고 생각하고 왕실을 위해 모든 힘을 쏟았다. 그러자 남곤·심정·홍경주 등이 그를 매우 미워하여 백방으로 헐뜯었다. 중종 14년(1519) 10월에 조광조 등은 반정공신 중 작호가 부당하게 부여된 자 76명에 대하여 그 공훈을 삭제하라고 청했다. 중종은 처음에는 반대했으나 결국 2, 3등의 잘못 녹공된 자는 뽑아서 삭제하고 4등은 모두 삭제하게 했다.

당시 지진이 발생하여 소란스러웠는데, 남곤과 심정은 권세 있는 신하가 모반을 일으키려 하므로 지진이 일어났다고 간언했다. 또 남곤 등은 중종의 귀인인 홍경주의 딸을 통하여 비밀리에 아뢰기를, "불순한 생각을 품은 조사朝士들의 마음이 모두 조광조에게 돌아가므로, 하루아침에 황포黃袍를 조광조에게 입히게 될지 모릅니다."라고 했다. 그들은 조선 초기에 유행했던 '목자장군검木子將軍劍 주초대부필朱肖大夫筆'이라는 도참설을 끌어다가 "목자이쇠木子已衰 주초수명走肖受命"이라는 말로 이용하기도 했다. 그들은 이 말을 궁궐의 나뭇잎에 새겨 마치 벌레가 갉아 먹은 것처럼 만들어 귀인으로 하여금 왕에게 올리게 했다. 혹은 '주초위왕走肖爲王'이라는 글씨를 새겼다고도 한다. '走肖'는 조趙 자의 파획破劃이다.

중종은 홍경주에게 명하여 남곤과 심정을 밤중에 신무문 밖에 나오도록 약속했고, 남곤·심정 등은 조광조 등을 명패로 부르고 사류의 사람들을 철퇴로 쳐 죽이려 했다. 정광필이 이 소식을 듣고 읍간泣諫했으므로, 중종은 격살하지 말게 하고 조광조 등을 조옥詔獄에 가두었다가 외방에 나누어 유배했다. 이항 등이 끝내 조광조 등을 사사할 것을 청했다. 이로써 조광조 이하 70여 명이 귀양을 갔다가 모두 사약을 받고 죽었다. 그들을 기묘명현己卯名賢이라 한다.

중종 17년(1522)에 몹시 가물었다. 강령현에서 세 사람이 같이 김을 매다가, 한 사람이 "틀림없이 흉년이 들 것이다. 재상 조광조는 청백하고 간결하여 도·주·군에 절간折簡(호출장)이 일체 없어져 마을에 소리치는 아전들이 없었는데 지금 들으니 그가 귀양을 가서 죽었다 한다. 그 때문에 천재가 일어난 것 같다."라고 했다. 그중 한 사람이 서울에 와서 고해바치자, 관가에서 농부를 잡아다 고문하여 죽이고, 같이 김을 맨 사람은 고해바치지 않았다는 죄를 물었다고 한다. 《수언粹言》에 나오는 일화이다.

중종은 뒷날 후회하여, 재위 33년(1538) 윤인경尹仁鏡이 이조판서가 되어 기묘사화에서 화를 입은 사람들을 서용하자 그것을 허용했다.

한편 〈주초수명요〉는 유희춘의 《미암일기》(선조 원년, 1568년 9월 25일)에 따르면, 고려말 비결의 '木子將軍劍(목자장군검) 走肖大夫鞭(주초대부편)'을 이용한 것이라고 한다. 《중종실록》에 전하는 도참설의 '필筆'이란 글자가 '편鞭'으로 되어 있다. 앞서 말했듯이 木子는 李, 走肖는 趙로, 각각 이성계와 조광조를 뜻한다. 고려 말에 이 비결이 실제로 유포되었는지는 알 수 없다. 조광조의 죽음 이후 명종·선조 연간에 이르러서 〈목자요〉와 〈주초수명요〉가 결합되어 그와 같은 비결이 다시 만들어졌을 가능성이 높다.

슬파곤의 노래
: 슬파곤요

중종 때 슬파곤瑟破鯤의 노래가 있었다. 이 뜻은 알 수가 없다.

— 김안로, 《희락당고》 권8 《용천담적기》

김안로는 《용천담적기》에서 근래에 '슬파곤'의 노래가 있는데, 그 뜻은 알 수가 없다고 했다. 이 〈슬파곤요〉는 중종 때 남곤南袞(1471~1527)의 실각을 미리 점쳐 말한 노래였던 듯하다. 김안로가 "이 뜻은 알 수가 없다."라고 한 것은, 자신이 남곤과의 정권쟁탈에서 밀려나 유배되었으므로 일부러 사실을 말하지 않은 듯하다. 破(파)는 깨다, 鯤(곤)은 袞(곤)과 발음이 같다. 단, 瑟(슬)은 '슬프다'의 '슬'을 음차했을 것이다.

남곤은 본관이 의령으로, 김종직의 문인이다. 1494년 별시문과에 을과로 급제하고 김전金詮·신용개申用溉 등과 함께 사가독서賜暇讀書(조선시대 유능한 인재를 양성하기 위해 젊은 문신들에게 휴가를 주어 학문에 전념하게 한 제도)했으며, 정시庭試에서 1등으로 뽑혔다. 연산군 10년(1504) 갑자사화 때 서변에 유배되었으나 1506년의 중종반정으로 풀려났다. 박경朴耕 등을 반역죄로 무고하여 그 공으로 가선대부가 되었다. 한때 대간의 탄핵을 받고 황해도관찰사로 좌천되었으나 1510년 문한文翰의 일인자로 인정받아 풀려나서 중앙의 요직을 맡았다. 중종 13년(1518)에 종계변무 주청사로 명나라에 다녀왔다.

남곤은 중종 14년(1519)에 심정 등과 함께 기묘사화를 일으켜 조광조 등 신진사림파를 숙청한 뒤 좌의정을 거쳐 영의정이 되었다. 만년에는 죄를 자책하고, 화를 입을 것을 걱정하여 평생 써놓았던 글을 불태웠다. 죽은 뒤 문경文景이라는 시호가 내려졌다. 그러나 사림파의 세력이 강해지자 탄핵을 받아 1558년(명종 13) 관작을 삭탈당했고, 선조 초에 다시 관작을 추삭追削당했다.

《용천담적기》의 저자 김안로(1481~1537)는 본관이 연안으로, 중종 원년(1506) 별시문과에 장원급제하고 전적, 사간원 정언, 홍문관 부교리 등을 역임했다. 중종 6년(1511)에 사가독서를 한 후에는 직제학·부제학·대사간 등을 거쳤다. 1519년의 기묘사화로 조광조 등 신진사류들이 숙청당한 뒤 이조판서에 올랐다. 그 후 아들 김희金禧가 효혜공주와 혼인하여 중종의 부마가 되자 권력을 남용하다가, 남곤과 이항의 탄핵을 받고 경기도 풍덕豊德에 유배되었다.

중종 22년(1527)에 남곤이 죽고 중종 25년(1530)에 심정이 탄핵되자 김안로는 중종 26년(1531)에 풀려났다. 중종 29년(1534)에는 우의정, 이듬해에는 좌의정이 되었다. 김안로는 다시 기용된 이후 동궁東宮(뒤의 인종)을 보호한다는 구실로, 허항·채무택·황사우 등과 함께 실권을 장악하여 뜻에 맞지 않는 자를 축출하는 옥사를 여러 차례 일으켰다. 중종 32년(1537)에 중종의 제 2계비인 문정왕후를 폐위시키려고 꾀하다 발각되어 유배된 뒤 사사되었다. 허항·채무택과 함께 정유삼흉丁酉三凶으로 일컬어진다.

김안로는 정권의 향배와 관련해서 특히 사화나 옥사가 있을 때 민중의 대항언론이나 대항언론을 가장한 동요(참요)가 유포된다는 사실에 주목했다. 그렇다면 그 자신이 옥사를 일으킬 때 어떤 동요(참요)가 있었을까? 그 자신은 대항언론의 조롱을 받지 않는 정인군자正人君子의 길을 나아갔다고 할 수 있을까?

김안로 흉서의 동요

: 김안로 동요

김안로는 성품이 본래 간사하고 교활하고 탐욕이 많고 독살스러워 모양이 여우나 쥐와 같고 마음은 귀역鬼蜮 같은데 글재주까지 갖추어 간특한 술책을 장식하고 있습니다. 그가 젊었을 적에 주계군朱溪君 심원深源은 그의 문장을 보고 소인임을 알았고, 그의 동서 이자李耔도 일찍이 중국의 한착寒浞같이 흉악한 반역자라고 지목했으며, 중국 사신까지도 한번 그의 얼굴을 보자 문득 요망한 풀에 비교했습니다. 그렇다면 김안로가 간사한 것을 누가 알지 못했겠습니까? 알지 못한 이는 홀로 전하뿐이니 어찌 통탄치 않으리까.

지난번 김안로가 풍덕에 있을 때에 한 문사文士에게 기회를 만들어 달라고 지시하고 사주하여, 뱃속에는 칼을 감추고 입으로는 꿀 같은 말을 해서 조정을 속이고 궁중에 결탁해서, 썩은 고기가 움돋기 시작하고 부러졌던 날개가 점점 펴지자, 도리어 다른 계략을 내어 가지고 드디어 본색을 드러냈습니다. 시골에서 서로 친구를 찾아보거나 친족끼리 따르는 것을 사람이라 떠들고, 사욕을 위하는 계교나 남을 모해하는 말을 공론이라 칭탁하여 임금 우롱하기를 어린애가 장난감 다루듯하고, 조정 놀리기를 꼭두각시처럼 하여 상하를 협박하여 쥐고, 안팎을 번갈아 선동하여 상주고 벌주는 대권을 모두 손아귀에 넣어 제 마음대로 하되, 아무도 대항하지 못하니, 세력의 불길이 하늘을 거슬러 도리어 전하보다도 중한 바 있자, 온 나라 사람들이 오직 김안로 있는 줄만 알고 있습니다.

이에 그는 더욱 기탄없이 날로 사치하여, 새로이 큰 집을 지으면서 객청客廳의 제도가 정전을 모방했으며, 또 일찍이 소록小錄을 지어서 참서讖書 속에 끼워두었는데 거기서는 심지어 전하의 나라를 차지하는 동요童謠를 쓰고, 그 아래에 계속하여 쓰기를, '내 상相이 귀하기 이루 말할 수 없다.' 했으니, 지금 장차 비밀스러운 계교를 도모할 것이니 지극히 헤아리기 어렵습니다. 말이 여기에 이르게 되니, 한심하다 하겠습니다. 예로부터 소인의 무례함이 왕망王莽·이임보李林甫보다 심한 자가 없으나, 그들이 속인 임금은 애제哀帝와 평제平帝 그리고 현종玄宗이니, 어찌 김안로가 밝은 임금을 만나서 간사한 술책을 부리는 것처럼 심했겠습니까. 죄악의 행적은 죽이고도 남을 터인데 아직 바다 섬[귀양 간 곳]에 촌각과 같은 생명을 연장하고 있으니, 장차 어찌 하늘과 땅의 뜻에 부응하며 귀신과 사람의 분노를 위로하리까. 신 등이 깊이 생각건대 김안로를 베이지 않고서는 왕법王法을 보일 수가 없습니다.

그러나 김안로가 이 지경에 이르게 된 것은 실상 그의 심복과 수족과 같은 자가 있었기 때문이니, 이런 자들을 신들이 이루 다 쓸 수가 없고 다만 그중에 더욱 심한 자를 들자면 허항과 채무택이 바로 그런 사람입니다. (중략)

— 이긍익,《연려실기술》권9 중종조中宗朝 고사본말故事本末 '삼흉三凶이 일을 꾸미다가 정유년에 패사하다'〈삼흉을 참수하기를 요청한 상소문〉(작자 미상)

중종 32년(1537)인 정유년에 외척 윤원로尹元老 등에 의하여 피살된 김안로와 그 일파 허항許沆, 채무택蔡無擇 세 사람을 삼흉 혹은 정유삼흉이라고 한다. 이들은 김안로를 중심으로 하여 옥사獄事를 함부로 일으키고, 무고한 사림士林을 반역죄로 몰아죽이며 권력을 농단했는데, 중종 32년에 중종의 제 2계비인 문정왕후의 폐위를 모의했다는 혐의로 유배되었다가 사사되었다. 1519년의 기묘사화로 사림이 후퇴한 사이에 심정沈貞·이항李沆·김극진金克賱 등 신묘삼간辛卯三奸(중종 26년인 1531년에 사형된 자들)이 득세하자, 김안로는 그들이 유배 중인 경빈 박씨를 왕비로 책립할 음모를 꾸몄다고 탄핵했다. 이로써 반대파를 제거하고 정권을 잡는 데 성공한 김안로는 허항·채무택과 결탁해 권세를 누리면서 조정을 공포에 떨게 했다.

　김안로 등이 권력을 좌지우지할 때, 그들을 배척하는 글이 종루鐘樓에 붙어 있었는데, 택擇 자는 임금의 이름자[중종의 이름은 역懌]를 쓰고, 항沆 자는 항抗 자를 썼다. 심정이 연좌되어 죽은 지 오래지 않으므로, 어떤 사람들은 심정의 아들 심사순沈思順이 한 짓이라고 여겼다. 심사순은 승지로서 파직당하여 집에 있었는데 의금부에 가두고 그의 집 서적을 수색하여 그 필적을 대조하니, 한 책 겉면에, '남산에 올라 똥을 싼다'라는 시가 있었고, 거기에 이런 구절이 있었다.

| 한 소리 우레와 비가 천지를 뒤흔드니 | 一聲雷雨掀天地 일성뇌우흔천지 |
| 그 향기 장안 백만 집에 가득하도다 | 香滿長安百萬家 향만장안백만가 |

중종은 이것을 보고 노하여 여러 번 고문을 하니, 심사순은 이 때문에 옥중에서 죽었다.

한림 나익羅漢은 종루에 붙어 있던 이 비방서를 역사서에 써두었다. 김안로가 마침 사초史草를 열람하다가 이것을 보고 나익에게, "누가 쓴 것이냐?" 물으니, 나익은 정색하고 말하기를, "사필史筆을 잡은 자라면 누구인들 이렇게 쓰지 못하겠소."라고 했다. 김안로가 노하여 사람을 시켜 탄핵하니 얼마 안 되어 나익이 죽었다.

윤임尹任(1487~1545)은 중종의 장인 파원부원군 윤여필尹汝弼의 아들이며, 장경왕후의 오빠이다. 장경왕후 소생인 인종仁宗이 세자로 있을 때 중종의 계비 문정왕후가 경원대군(훗날의 명종)을 낳자 김안로 등과 함께 세자를 보호해야 한다고 주장하여 문정왕후와 사이가 나쁘게 되었다. 문정왕후의 오빠인 윤원로와 동생 윤원형尹元衡이 세자를 바꿀 것을 꾀하자, 김안로는 문정왕후를 폐할 것을 도모하다가 오히려 반격을 당하여 실각하고 사사되었다.

정유년(1537) 겨울에 중종이 형조판서 윤임에게 묻기를, "경이 중궁을 폐하고자 한다니, 사실인가?" 하니 윤임이 아뢰기를, "이것은 필시 김안로의 계교일 것입니다. 김안로가 자기와 좋지 않은 자를 해치려면 반드시 동궁을 보호한다는 말로써 먼저 옥사를 일으켜 모든 사람을 그 속에 몰아 빠뜨립니다. 김안로가 떠나지 않고서는 이 화가 끝나지 않을 것이니, 급히 제거하소서."라고 했다. 중종은 윤임에게 일을 도모해달라고 했다. 윤임은 대사헌 양연梁淵에게 내지內旨를 보여주고, "공이 그래도 의심한다면 우리가 발계發啓할 날에 정사를 열어 승지를 우윤으로 삼고 집의 채락蔡洛(채무택의 당숙 혹은 계부)을 승지로 삼으면 이것을 증거로 알라."라고 했다.

혹은 《부계기문》에 따르면, 양연과 일을 도모한 사람은 문정왕후의 당숙 윤안인尹安仁이었다고도 한다.

윤안인은 몰래 김안로 내쫓을 것을 도모하여 비밀리 왕비에게 아뢰기를, "김안로가 모의하여 왕비께 해를 끼치려 합니다."라고 했다. 왕비가 크게 두려워하여 중종에게 김안로의 계교를 고했다. 중종은 밀지를 윤안인에게 내려 도모하라고 했다. 이에 윤안인이 대사헌 양연의 집에 가 보니 손님들이 자리에 가득하여 감히 말하지 못하고 돌아왔다가 아침에 가고 저녁에 또 갔다. 양연이 의아해하여 손님들이 돌아간 뒤 그를 침실로 데리고 들어갔다. 윤안인이 밀지를 내 보이자, 양연은 중종의 뜻을 알고, 대사간 황헌黃憲[혹은 김희열金希說이라 함] 등과 더불어 탄핵할 것을 의논했다.

약속이 정해지자 양사兩司가 중학中學에 모였는데 양연이, "큰일을 의논할 것이 있다."라고 말하자 모두들 무슨 일이냐고 물었다. 양연은 "내 마땅히 초안을 만들 것이니 조금만 기다리라."라고 했다. 그날은 김안로의 아들 김지金禔가 장가드는 날이라서 김안로의 집에 손님들이 많이 모였으므로 일이 성사되지 않을까 염려해서 그런 것이었다. 조금 있다가 정사를 하는 명이 내린 것을 듣고 양연은 배가 아프다고 핑계하고 변소에 가서 기다렸다. 이때 서리가 고하기를, "승지 아무개가 우윤에 임명되었다." 하고 또, "집의 아무개는 승지에 임명되었다." 했다. 이에 양연이 크게 안심하고 곧 주머니에서 초안을 내놓으면서, "늙은이가 명령을 받은 데가 있으니 여러분들은 의심치 마시오."라고 했다. 그리고 양연은 김안로를 제거하라고 청하는 상소를 올렸는데, 중종이 즉시 윤허했다.

중종은 선전관에게 명하여 군사를 보내어 김안로를 붙잡아서 귀양을 보냈다.

중종은 김안로를 총애할 때 그의 집에 조그마한 행사만 있어도 반드시 술을 내렸다. 그러나 김안로의 아들 김지가 장가드는 날, 손님들이 집에 가득한데 날이 이미 늦도록 궁중에서 술이 내리지 않으므로 김안로는 괴이하게 여기고 있었다. 조금 있다가 금오랑이 도착하니 손님들 중에 당황해서 담을 넘어 도망가는 자가 많았다. 김안로는 아들에게 말하기를, "오늘이 지나면 누가 우리 집과 혼인을 하겠느냐." 했다고 한다.

10월 27일에 중종은 선정전에 나와 내관內官을 시켜서 윤안인이 쓴 계사啓辭를 가져다가 도승지 임백령林白齡을 시켜 대신들에게 보이면서, 유배가 있는 김안로를 사사하고 조계상·김극성·유여림을 석방하게 했다. 또한 정원政院에 전교 내리기를, "김안로에게 만일 중형을 주지 않으면 뭇사람들의 마음이 쾌치 못하겠기에, 부득이 대신들의 의논을 따라서 사사賜死한다."라고 했다. 29일에 중종은 허항과 채무택을 사사하라고 명했다.

이때 삼정승인 윤은보尹殷輔·유보柳溥·홍언필洪彦弼은 "김안로 등이 사사되어, 종묘사직이 다시 편안해졌다."라고 하여 종묘에 고하고 임금께 하례 드리기를 청했다.

김안로가 젊었을 때 중국 점쟁이에게 운명을 물었더니 글로 써서 주기를, "극히 부하고 극히 귀하나 다만 갈葛에서 죽는다." 했는데, 그 뜻을 알지 못하다가, 진위振威의 갈원에 이르러서 그 예언이 들어맞았다고 한다.

병신년(1536)에 어떤 사람이 갈원의 벽 위에 아래와 같은 글을 썼다.

　　소인들이 조정에 가득하여 태평세월을 기만하니

이 몸은 일찍 돌아가 밭가는 것이 합당하다만
임금을 사랑하여 가벼이 물러나지도 못하니
항아리 속에서 모기들 우는 소리 듣기 싫구나

羣小滿朝訛太平 군소만조무태평
此身端合早歸耕 차신단합조귀경
愛君不敢輕休退 애군불감경휴퇴
苦受蚊虻瓮裏鳴 고수문맹옹리명

삼흉三凶이 권력을 휘두를 때 어떤 사람이 불평을 이와 같이 갈원역에 대서특필했던 것인데, 김안로는 바로 그 갈원역에서 죽었다.

중종 38년(1543)부터는 김안로와 함께 문정왕후와 대립했던 윤임이 대윤의 거두가 되어 윤원형 등의 소윤 일파와 대립했다. 1544년 중종이 승하하고 인종이 즉위하자 윤임은 형조판서를 거쳐 찬성에 올랐다. 그러나 재위 8개월 만에 인종이 승하함으로써 1545년 명종이 어린 나이로 즉위하여 문정왕후의 수렴청정이 시작되었다. 이에 소윤의 윤원형은 정순붕鄭順朋·이기李芑·임백령·허자許磁 등 심복들과 더불어 대윤 일파를 제거할 계책을 꾸몄다. 그리고 윤원형의 첩 난정蘭貞으로 하여금 문정대비와 명종을 선동케 하여 윤임·유인숙柳仁淑·유관柳灌 등 대윤의 주도적 인물들을 반역음모죄로 몰아 유배시켰다. 윤임은 남해로 귀양가다가 충주에 이르러 사사되었다.

서대문 아들의 큰 붓

: 대필요

가정 23년 갑진(1544, 중종 39), 공(이산해)의 나이 6세. 공이 큰 글자를 썼는데, 붓을 잡고 비틀거리면서 휘둘러 써놓은 글자 모양이 씩씩하고 품위가 있어서 마치 용이 서려 있는 듯, 호랑이가 덮치려는 듯한 형상이었다. 쓰기를 마치자 먹을 묻힌 발로 도장을 찍어놓았다. 한때의 명공名公과 거인鉅人이 부르거나 찾아와서 필적을 요구하지 않는 사람이 없었다. 거마車馬가 줄을 잇고 찾아온 손님이 겹겹으로 둘러앉았으며 당판堂板이 여기저기 쌓이게 되니 다 같이 신동이라고 불렀다. 이보다 앞서 장안長安에 "서소문 아들의 큰 붓[西小門子大筆]"이라는 동요가 나돌았는데 이때에 이르러 사람들이 과연 그렇다고 했다.

— 이산해, 《아계유고鵝溪遺稿》〈아계 이상국 연보鵝溪李相國年譜〉

"서소문 아들의 큰 붓"이란 동요 가사는 서소문 근처의 사람들이 이산해李山海(1539~1609)의 신동다운 자질을 보고 칭송한 말이다. 현실의 모순을 비판하거나 정국의 변환을 예견하는 일반적인 동요와는 달리, 개인의 송축사와 비슷하다. 또 그것이 이산해의 연보에 실려 전하는 것을 보면, 이것을 종래에 보아오던 동요와 같은 것이라고 보기는 어렵다. 다만, 근대 이전의 사람들이 동요가 지닌 주력呪力을 신뢰하여, 한 아이의 천재성을 칭송하는 인평으로 동요를 인용했다는 점에 주목하고자 한다.

이산해는 어려서부터 글씨를 잘 써서, 사대부가에 불려다녔다. 그를 불러간 집에서는 기이한 반찬과 진귀한 장난감, 빛나는 붓과 보배스러운 먹을 진열해 놓았지만, 이산해는 일체 거들떠보지도 않고 자세를 단정히 했다고 한다.

당시 윤결尹潔과 안명세安命世는 당대의 내로라하는 선비들이었는데, 이들이 매일같이 찾아오지 않는 날이 없었다. 윤결은 다음 시를 지어 이산해에게 주었다고 한다.

> 예전엔 장욱張旭을 동오의 결정이라 했으니
> 흥이 일어도 반드시 석 잔을 넘기지 않았건만
> 성대한 명성은 강하와 같았으니'
> 천 년이 지나도록 그 이름 남아 있도다
> 이씨의 아이는 어떤 아인가

슬하에 이미 전에 없던 아이란 걸 깨달았으니
여섯 살에 붓을 잡았는데 크기가 빗자루 같아라
종이 위를 비틀거리며 이리저리 다니니
긴 것은 발이 넘고 짧은 것도 자가 넘으며
곧은 것은 난간이 되고 굽은 것은 따비가 되네
기쁠 땐 별일이 없다가 노여울 땐 성난 물결 같으며
웅장하고 굳세며 빼어나고 뛰어난 기개 있으니
집에 모인 손들이 놀라며 감탄하네
칭찬하는 말을 할 겨를도 없이
나는 한 번 보고 나서 감동을 하여
감탄에 감탄을 하고 또 감탄을 하니
정신과 담력을 누가 모았단 말인가
지난 과거에서 찾아보아도 그만한 이 없으니
나에게 특이한 인재를 주신 하느님께 감사하고
앞으로 성스런 시대에 쓰이길 경하하노라
모름지기 명철한 덕을 잘 양성하여서
길이 우리나라 사람으로 하여금 경애로 보호하기를

張旭昔稱東吳精 장욱석칭동오정
逸興未必三杯內 일흥미필삼배내
尙且盛名如江河 상차성명여강하
流來不泯今千載 유래불민금천재
李氏兒何如者 이씨아하여자

膝下已覺無前輩슬하이각무전배
六齡抱筆大如箒육령포필대여추
紙上蹣跚行進退지상반산행진퇴
長過尋丈短過尺장과심장단과척
直爲欄架曲爲耒직위난가곡위뢰
怡能妥帖怒贔屭이능타첩노비희
雄勁俊拔有氣介웅경준발유기개
滿堂賓客驚且吁만당빈객경차우
譽言不暇發其喙예언불가발기훼
我一見之心魄動아일견지심백동
歔欷嗟嘆至三再허희차탄지삼재
精神膽力誰所鍾정신담력수소종
求之前古罕其配구지전고한기배
錫我異材謝天公석아이재사천공
且向他年賀聖代차향타년하성대
會須善養明哲德회수선양명철덕
永使東人保敬愛영사동인보경애

 이산해의 부친은 아들의 명성이 드러나는 것을 염려하여 조용한 곳으로 거처를 옮겼다. 그래도 그 다음 날 새벽이면 찾아온 손님이 또 문에 가득했다고 한다.
 이산해는 선조 초에 최립崔岦·최경창崔慶昌·백광홍白光弘·윤탁연尹卓然·송익필宋翼弼·이이李珥·이순인李純仁과 함께 팔문장가로 일컬어졌다. 또한

10여 년 이상 문형文衡을 잡았고, 1588년에 우의정, 1590년에 영의정에 올랐으며, 종계변무宗系辨誣의 공으로 광국공신에 책록된 바 있다.

이산해의 부친 성암省庵 이지번李之蕃과 숙부 토정土亭 이지함李之菡은 당대의 명사였다. 이산해는 5세 때부터 토정에게 글을 배워 6세 때에는 이미 글을 읽고 대자大字를 쓸 수 있었다. 어린 나이인데도 식음도 잊고 독서에 몰두했으므로 이지함이 그의 건강을 염려하자, 이산해는 다음 시를 지었다고 한다.

밥 먹기 더딘 것도 민망한데 배움이 더딤에랴
배가 주림도 민망한데 마음이 주림에랴
집이 가난해도 오히려 마음 고칠 약 있나니
모쪼록 영대에 달이 뜰 때를 기다리리라

食遲猶悶況學遲 식지유민황학지
腹飢猶悶況心飢 복기유민황심기
家貧尙有療心藥 가빈상유료심약
須待靈臺月出時 수대영대월출시

이산해는 어려서부터 시·서·화에 뛰어났으며 11세 때 과장科場에 나가 장원에 뽑혔다. 젊어서 이산해는 경학의 연찬硏鑽이 깊으면서 제술에도 뛰어났다. 그것은 그가 생원으로서 성균관시의 제술에서 수석하여 전시殿試에 직부直赴된 사실로부터 짐작할 수가 있다.

이산해는 23세 때인 1561년(명종 16) 문과에 급제해서 홍문관 정자正字

를 시작으로 벼슬길에 올랐다.

이산해는 시의 감식력이 뛰어나서, 김시습의 시를 수집하고 정리했으며, 서문을 작성해서 김시습의 시 정신을 명확하게 평가했다. 선조는 재위 15년인 1582년에 김시습의 유고를 운각芸閣, 즉 교서관에서 인쇄하라고 명령했다. 이때 율곡 이이가 김시습의 전기를 다시 썼다. 그 이듬해 이산해가 서문을 쓴 활자본 《매월당집》 23권 11책이 세상에 나왔다. 이산해는 그 서문에서 김시습이 "초연하게 속세를 멀리 벗어나 세상을 흘겨보면서 산수 좋은 곳에서 휘파람 불며 거만부리고, 형체 밖에서 방랑한 데에 이르러서는, 행동거지가 한가하고 쾌적하여 외로운 구름이나 홀로 나는 새와도 같은 것이 있고, 마음속이 환하고 맑아서 얼음이 들어 있는 옥으로 만든 병과 가을밤에 뚜렷하게 떠 있는 달에 뒤지지 않으니, 높은 풍모와 아담한 운치는 붓으로 형용하기 어려울 정도다."라고 했다. 또한 이산해는 김시습의 시가 성정에 뿌리를 두었으므로 단련과 수식을 일삼지 않아도 자연스레 시구를 이루어 장편이든 단편이든 갈수록 더욱 군색하지 않았다고 호평했다.

이산해는 25세 때 홍문관 저작著作으로 있으면서 사가독서를 했고, 31세에는 이조좌랑에 올랐다. 1578년(선조 11)에는 대사간이 되어, 서인 윤두수尹斗壽·윤근수尹根壽 등의 죄를 탄핵하여 파직시켰다. 52세 되던 1590년에 영의정이 되고, 종계변무의 공으로 광국공신光國功臣에 책록되고 아계부원군鵝溪府院君에 봉해졌다. 이듬해 정철이 세자를 정할 것을 촉구하자, 아들 이경전으로 하여금 정철鄭澈을 탄핵하게 해서 유배시켰다.

선조 25년(1592) 임진왜란이 일어나자 유성룡柳成龍과 함께 서수론西狩論을 주장하여 어가를 의주로 몽진蒙塵하게 했다. 이 때문에 개성에서 탄핵을 받아 파직되고 평양에서 다시 양사兩司의 탄핵을 받아 평해에 부처付處되었다. 54세 때였다. 57세 때 사면되어 영돈령부사로서 홍문관·예문관 대제학을 겸임했다. 61세 때인 1600년에 다시 영의정에 올랐으나 탄핵을 받고 이듬해 모든 공직을 사퇴하여 시전촌으로 내려갔다.

이산해는 1600년(선조 33) 겨울, 탄핵을 받아 시전촌에 우거하고 있을 때 달빛을 받으며 도고산의 운주사에 다녀왔다. 이산해는 〈월야방운주사기月夜訪雲住寺記〉에서 "도고산에는 36개의 봉우리가 있었는데, 제1봉이 정확하게 내가 거처하는 집의 문발로 솟아 있고 동쪽과 서쪽의 5, 6개의 봉우리가 좌우로 둘러싸고 있어서, 그 모습이 마치 높은 관을 쓴 장인丈人이 홀연히 높이 앉아 있고 문생과 제자들이 읍례를 하면서 둘러서서 모시고 있는 모습과 같다."라고 묘사했다. 도고산을 사랑하여 그 풍광을 아름답게 묘사한 것이다.

선조가 승하하자 이산해는 70세의 고령임에도 대행대왕大行大王의 지문誌文을 짓고, 국정을 맡아 정권이양을 마무리했다. 광해군 원년인 1609년에 지병이 악화되어 서울 장통방長通坊에서 서거했다.

이산해는 본래 동인이었지만 북인에 속했다가 마지막에는 대북의 영수가 되었다. 온양, 아산, 신창 등지에 전장田莊을 확대했으며 한가리閑暇里를 거점으로 하는 예산 전장도 확보했다.

이산해는 양주 조씨와의 사이에서 4남 4녀를 두었다. 네 아들은 이경백李慶伯, 이경전李慶全, 이경중李慶仲, 이경유李慶愈인데, 막내 이경유는 일찍 죽고, 장자 이경백은 1580년 문과에 급제한 해에 사망하고, 3자 이경중도 진사에 급제한 뒤 단명했다. 이경전은 선조 41년(1608) 영창대군 옹립을 꾀하는 소북小北의 유영경柳永慶을 탄핵하다가 강계江界에 유배되었다. 같은 해 광해군이 즉위한 후 풀려나와 충청도와 전라도관찰사를 지내고 광해군 10년(1618) 좌참찬에 올랐다. 1623년 인조반정이 일어나자 서인의 편을 들고, 주청사로 명나라에 가서 인조의 책봉을 요청했다. 이러한 공을 인정받아 한평부원군韓平府院君에 진봉進封되었다. 이경전은 부인 안동 김씨와의 사이에 아들 다섯 형제와, 조수익趙壽益에게 시집간 딸을 두었다. 서자도 많이 두었다. 그 가운데 차남 이구의 부인 전주 이씨는 1637년에 예산으로 낙향하여 가세를 크게 확장시켰다.

채여 채여! 이李를 고쳐 채라 했구나
: 채채요

정엄鄭淹의 아버지 정만종鄭萬鍾이 일찍이 보우普雨를 칭찬했으니, 보우가 발탁된 것은 실로 여기에 힘입은 셈이다. 정엄의 소시 적에 그의 아버지는 보우에게 수학하도록 했다. 그런 때문에 사람들은 정엄을 도리闍梨라고 했다. 중종 말에 이런 동요가 있었다.

채여 채여! 이李를 고쳐 채라 했는데	蔡蔡改李蔡 채채개이채
정이여 정이여! 정鄭이 채를 부추겼구나	鄭鄭鄭皷蔡 정정정고채
아미타불 장차 부처가 많으리	阿彌陀佛將多佛 아미타불장다불

보우는 본래 이씨인데, 성을 채蔡로 고쳤다. 정가鄭家가 그리 하라고 부추겼다고 한다.

— 《명종실록》 명종 21년(병인) 7월 25일(갑인) 정엄·황정욱·이황 등에게 관직을 제수한 기록에서 정엄에 대한 사평

〈채채요〉는 보우의 참람됨을 조롱하는 동요이다. 보우가 본래는 이씨인데, 정만종이 그의 성을 채씨로 바꾸라고 권했다는 내용이다. 즉, 보우를 두고 본색을 숨긴 자, 소성素性을 알 수 없는 자라고 비난한 것이다.

보우는 명종 때 문정왕후의 정치세력을 배경으로 불교를 중흥시킨 고승이다. 하지만 문정왕후의 수렴청정 시기에 발생한 모든 정치사회적 혼란의 장본인으로 지목된다. 호는 허응虛應, 나암懶庵이고 보우는 법명이다. 15세에 금강산 마하연암에 출가해 참선과 경학 연구에 물두하다가 6년 뒤 하산했다. 그러나 중종 33년(1538) 《동국여지승람》에 기록되어 있지 않은 사찰들이 모두 불타버리는 사건이 일어나자 다시 금강산으로 들어갔다. 4년 뒤 하산해서 정만종 등 유학자들과 사귀었다. 함흥 백운산 국계암에서 3년을 머무른 뒤 호남으로 내려가다가 병을 얻어 경기도 천보산 회암사에 머물렀다.

그 무렵 문정왕후는 불교를 일으키겠다는 발원을 하고 팔도의 감사들에게 고승을 추천하라는 교지를 내렸다. 그때 함경도 감사 정만종이 보우를 추천하는 장계를 올렸다. 이후 보우는 문정왕후의 부름을 받았다.

문정왕후는 보우선사를 인견하여 불교 중흥의 방안을 듣고는 보우선사를 기용하여 선종의 수사찰首寺刹인 봉은사와 교종의 수사찰인 봉선사를 다시 일으켰다. 그리고 승과와 도승첩度僧牒을 부활시키고 승려의 출가를 허용했다. 보우는 300여 사찰을 국가 공인 정찰淨刹로 하고, 도첩제에 따라 2년 동안 4,000여 명의 승려를 뽑았다. 그리고 승과시를 부활시켜 휴정休靜, 유정惟政 등을 발탁했다.

 종단이 안정되자 보우는 판선종사와 봉은사 주지의 직을 사양하고 춘천 청평사로 갔다. 1559년(명종 14) 다시 봉은사 주지가 되었고 후에 도대선사에 올랐다. 그러나 1565년 문정왕후가 죽은 뒤 제주로 귀양을 갔다.

 어떤 기록에 의하면 보우는 화가 미칠까 두려워하여 포마鋪馬를 훔쳐 타고 달아나다가 인제에서 붙들려서 제주로 귀양 갔다고 한다. 제주목사 변협이 다른 일을 빌미로 보우를 참형했다.

 〈채채요〉는 보우의 부정적인 측면만 문제삼았지, 보우가 불교 중흥에 끼친 공적은 거론조차 할 뜻이 없었고, 보우를 발탁한 정만종을 비난하는 뜻이 강하다. 유교 이념의 관점에서 이 동요는 형성되고 또 유포되었던 것이다.

나라 어지럽히는 자는 동인, 나라 망하게 하는 자는 서인
: 망국요

임오년(1582)과 계미년(1583) 사이에 동리의 노래가 있었다.

| 나라 어지럽히는 자는 동인 | 亂國者東人 _{난국자동인} |
| 나라 망하게 하는 자는 서인 | 亡國者西人 _{망국자서인} |

이것은 다만 동이(왜적)와 서융(후금, 청)이 침략하여 외환을 일으키리란 것을 안 따름이다. 최근에 보면 동인은 나라를 위하려다가 나라를 어지럽히고, 서인은 나라를 위하려다가 나라를 욕되게 했으니, 이것을 두고 말한 것이 아니겠는가?

— 조경남, 《속잡록》 2 정묘 인조 5년 / 이긍익, 《연려실기술》 별집 권15 천문전고 동요

〈망국요〉는 선조 때 동인과 서인이 당파 싸움에서 초래한 폐해를 문제 삼은 동요이다.

처음에 심의겸이 외척으로서 권세를 누리자 명류들이 모두 붙좇았다. 이때 전랑 김효원이 그들을 배척했으므로 심의겸의 무리들이 그를 미워하여 동인과 서인이 나뉘게 되었다. 이이는 대신들에게 말하여 둘 다 내쳐서 화단이 생길 빌미를 막아야 한다고 청했다. 이에 따라 김효원은 삼척부사에 제수되고 심의겸도 감사에 제수되었다. 하지만 사사로운 당론이 극성하여 정사正士를 배척했다.

선조 9년(1576), 동인과 서인의 대립이 심해졌다. 선조 12년(1579) 3월에 사헌부가 동서 사류의 시비를 논하자, 이이는 5월에 상소하여 동서 사류의 보합保合을 논했다. 이때 백인걸白仁傑이 동서분당을 규탄하는 등, 당쟁은 더욱 격화했다.

임진왜란이 일어났을 때는 동인이 정권을 잡았으나, 내우외환에 대처하는 방안이 만족스럽지는 못했다. 이러한 미래의 사실까지 모두 예견한 것인지, 이미 선조 연간에 "나라를 어지럽힌 자는 동인"이란 노래가 나왔다고 한다.

한편, 광해군 때 동인 가운데 북인이 정치를 했으나, 인조반정으로 서인이 정권을 잡았다. 서인들은 후금의 침략에 잘 대처하지 못하고 결국 삼전도三田渡(서울 송파구 삼전동에 있던 한강 상류의 나루)의 굴욕을 초래했다. 이러한 미래의 사실까지 모두 예견한 것인지, 이미 선조 연간에 "나라를 망하게 한 자는 서인"이란 노래가 유행했다는 것이다.

목자가 망하고 전읍이 흥한다

: 전읍흥奠邑興요

백여 년 전에 이런 노래가 있었다.

| 목자가 망하고 | 木子亡목자망 |
| 전읍이 흥한다 | 奠邑興전읍흥 |

정여립鄭汝立은 이 여섯 글자를 옥판玉版에 새겨 연승衍僧을 시켜 지리산 석굴 속에 두게 했다. 연승은 도잠·설청 등과 함께 유람 간다는 구실로 그리로 가서 옥판을 가져 와서는 정여립에게 바쳤다. 이때 변승복邊崇福, 박연령朴延齡 등이 합좌하고 있었다. 정여립은 "너희는 이것을 어디서 얻었느냐? 남에게 보여 주어서는 안 되니, 깊이 보관하거라." 했다. 박연령 등은 마침내 정여립이 시운에 응하는 사람이라고 여겨, 해서 지방에서 떠들고 다녔다. 해서 사람들은 더욱 그 말을 믿게 되었다.

— 안방준, 《혼정편록》 권5 기축년(선조 22) 10월

木子(목자)는 李(이) 자의 파자이다. 木子가 망한다는 것은 이씨 왕조가 망한다는 뜻이다. 조선이 개국할 때는 〈목자홍木子興〉이라는 동요가 유행하더니, 이때에 와서는 〈목자망木子亡〉이라는 동요가 유행하게 된 것이다. 정치적 의도에서 이 동요가 만들어졌겠지만, 국가의 오랜 안정이 오히려 국가의 멸망을 말하는 조짐으로 해석되기 시작했음을 알 수 있다. 한편 奠邑(전읍)은 鄭(정) 자의 파자이다. 전읍이 흥한다는 것은 정씨 왕조가 흥기한다는 뜻이다.

　이 〈전읍흥요〉는 이렇게 파자를 이용해서 흥망성쇠를 예시했다. 왕조의 운수가 다해 천명이 타성에게 내려 새 왕조의 출현이 필연적임을 믿는 것이 도참신앙이다. 그런데 위의 이야기처럼 정여립이 이 참요를 조작했다면 그것은 곧 반역으로 간주되지 않을 수 없다. 그의 집에서 압수된 〈제천문祭天文〉이란 글에는 선조대왕의 실덕을 열거하며 조선 왕조의 운수가 다했음을 논하고, 천명이 하루빨리 바뀌기를 흉참한 문구가 있었다고 한다.

　정여립(1546~1589)은 본관이 동래인데, 전라도 전주 출신이다. 기축옥사의 장본인이다. 1567년(명종 22) 진사가 되었고, 1570년(선조 2) 식년문과 을과에 두 번째로 급제한 뒤 이이李珥와 성혼成渾의 각별한 후원과 촉망을 받아 일세의 이목을 끌었다. 1583년 예조좌랑이 되고 이듬해 수찬이 되었다. 본래 서인이었으나 수찬이 된 뒤 당시 집권하고 있던 동인의 영수 이발李潑과 가까이 했다. 마침 자신이 이조전랑의 물망에 올랐을 때 이이가 반대한 일이 있어 이이를 배반하고 박순과 성혼을 비판했다. 선조가 이를 불쾌히 여기자, 벼슬을 버리고 고향으로 돌아갔다. 이후 동인들 사이에서 영향력이 있었으며, 특히 전라도에서 명망이 높았다.

정여립은 진안 죽도에 서실을 지어놓고 대동계를 조직하여 매달 사회射會를 여는 등 세력을 확장해갔다. 선조 20년(1587)에 왜선들이 전라도 손죽도에 침범했을 때는 전주부윤 남언경의 요청에 응하여 대동계를 동원해서 이를 물리치기도 했다. 대동계의 조직은 전국으로 확대되었다. 황해도 안악의 변숭복·박연령, 해주의 지함두池涵斗, 운봉雲峰의 승려 의연義衍 등도 함류했다.

그런데 선조 22년(1589)에 이들은 한강의 결빙기 때 황해도와 호남에서 동시에 입경하여 대장 신립申砬과 병조판서를 살해하고 병권을 장악하기로 했다고 한다. 황해도관찰사 한준韓準, 안악군수 이축李軸, 재령군수 박충간朴忠侃, 신천군수 한응인韓應寅 등의 연명으로 급히 알린 내용이다. 이로써 관련자들이 차례로 체포되었다.

정여립은 전라도 금구金溝의 별장을 떠나 아들 정옥남鄭玉男과 함께 죽도로 피신했다. 그러나 관군의 포위가 좁혀들자 자살했다. 그 결과 그의 역모는 사실로 굳어졌다. 이때 정철鄭澈은 위관委官으로서 사건을 처리하면서 동인의 인사를 제거했다. 이발을 비롯하여 1,000여 명이 해를 입었다고 한다.

그런데 정여립 모반사건은 무옥이라는 설이 있다. 150년 뒤 영조 16년(1740)에 남하정南夏正이 저술한 《동소만록桐巢漫錄》에 따르면 그가 죽도에 가서 놀고 있을 때 선전관 등이 와서 때려 죽여놓고는 그가 자결했다고 보고했다고 한다.

이 모반은 정철이 정여립을 유인하여 암살하려고 지령을 내렸다는 설까지 있다. 또 실질적으로 기축옥사를 조작한 이는 송익필이라는 설도 있다. 송익필은 노비 출신으로 서인의 참모 격으로 활약했는데, 동인이 자신과 가족 70여 인을 환천還賤시키려고 획책하자, 이발·백유양白惟讓 등에게 복수하기 위해 이 사건을 조작했다는 것이다.

정여립이 남긴 글 가운데, 천하는 일정한 주인이 없고 모두의 것이라고 주장한 〈천하공물설天下公物說〉과 누구를 섬기든 임금이 아니겠는가라는 뜻을 개진한 〈하사비군론何事非君論〉이 있다. 《맹자》에서는 유하혜柳下惠가 누구를 섬기든 임금이 아니겠는가 하면서 화평을 위주로 했던 성인이라고 칭송한 말이 있다. 정여립은 그 말을 근거로 하면서 군주에 대한 절대적 충성을 부정하고 신하의 역할을 더 강조했던 것 같다. 신채호는 정여립이 군신강상론君臣綱常論을 타파하려 했던 혁명적 사상가라고 평가했다.

하지만 정여립이 기축옥사의 장본인으로서 동인에게 큰 타격을 주었고, 전라도를 반역향이라고 낙인 찍히게 만든 것은 역사적 사실이다. 그가 실제로 〈전읍홍요〉를 유포시켰는지, 그를 비난하는 정치세력이 그 유포설을 조작했는지, 이 점은 단정할 수가 없다. 다만 붕당의 권력투쟁이나 혁명적 투쟁과 관련해서 참요가 대중 선동을 위한 장치로 활용되었던 것은 분명하다.

뽕나무에서 말갈기 나면
집 주인이 왕이 된다

: 마렵馬鬣요

정여립의 모반 당시에 이런 동요가 있었다.

| 뽕나무에서 말갈기가 나면 | 桑生馬鬣 상생마렵 |
| 집 주인이 왕이 된다 | 家主爲王 가주위왕 |

정여립은 연승과 함께 동산의 뽕나무에서 톱으로 그 껍질을 벗겨내고, 말갈기를 채웠다. 날이 오래되자 껍질이 다시 아물어 합쳤다. 이웃의 무식한 천민 서너 사람을 초청하여 짐짓 그것을 보게 하면서, "절대로 입밖에 내지 말아라!"라고 경계하고는 즉시로 그 거죽을 제거했다. 이에 민간에서는 "금구金溝의 정수찬鄭修撰 댁에서 뽕나무에 갈기가 나는 상서가 있다."라고 성대하게 전했다.

— 안방준, 《혼정편록》 권5 기축년(선조 22) 10월 / 이규경, 《오주연문장전산고》 인사편 기예류 복서 '비위도참변증설'

정여립 모반 사건 때 〈마렵요〉가 유포되었는데, 사람들은 "금구金溝의 정수찬鄭修撰 댁에서 뽕나무에 갈기가 나는 상서가 있다."라고 떠들썩하게 전했다고 한다. '금구의 정수찬'이란 수찬 벼슬을 하고 금구의 별장에 물러나 있던 정여립을 가리킨다.

〈마렵요〉는 민간의 상식으로는 설명할 수 없는 상서로운 조짐을 빙자하여 새 왕이 일어날 것이라고 미리 선전하고 있다. 그런데 마렵馬鬣은 분묘의 모양을 말갈기 모양으로 한 것을 가리키기도 한다. 따라서 뽕나무에서 말갈기가 난다는 말은 뽕나무로 에둘러진 집이 무덤으로 화한다는 뜻을 지닌다. 그렇다면 사람들이 상서롭다고 여긴 조짐은 실은 재액의 조짐이기도 하였다.

당시 혹자는 정여립이 톱으로 뽕나무 껍질을 벗겨내고 말갈기를 채웠다고도 했다. 하지만 이것은 지어낸 말인 듯하다. 명석하고 학문이 깊었던 정여립이 이러한 속뜻을 무시하고 뽕나무의 말갈기를 상서로운 조짐으로만 맹신했을 리가 없기 때문이다. 이규경의 《오주연문장전산고》는 이 동요에 대해 조금 다르게 기록해두었다.

정여립은 아들 정옥남의 어깨에 해와 달 모양의 사마귀가 있고 눈동자가 둘인 중동重瞳인데다가 골상이 비범한 것을 믿고, 늘 모반을 꿈꾸어서 요참妖讖을 지어 계룡산 석벽에다가 써두었다. 또 다음 요참謠讖을 지었다.

뽕나무에서 말갈기가 나면   桑生馬鬣 상생마렵

정팔룡이 왕이 된다 　　鄭八龍爲王 정팔룡위왕

정팔룡은 정여립의 다른 이름이다. 이규경은 이 사실을 몰라서, 정팔룡은 정여립의 아우라고 했다. 정여립의 아우가 왕이 된다고 하면 동요의 뜻이 맞지 않는다.

한편《국조보감》은 선조 22년(1589)에 정여립 모반 사건이 드러난 경위에 관해 다음과 같이 자세하게 기록해두었다.

당초 정여립이 견책을 자주 입고 호남으로 돌아갔다. 조정의 신료들은 그를 청요직의 후보로 올렸으나 선조는 끝내 윤허하지 않았다. 정여립은 본디 발호하려는 뜻이 있었는데 억누름이 심하게 되자 배반하려는 모의를 더욱 펴게 되었다. 정여립은 강학講學을 한다는 구실로 무뢰배를 불러 모았는데, 무사와 승려들도 섞여 있었다. 또 해서에서 임격정의 난이 일어나자, 황해 도사黃海都事가 되고자 했으나 뜻을 이루지 못했다. 이때 안악 사람 변숭복·박연령, 해주 사람 지함두 등과 결속하여 사람들을 꾀자, 수백 명이 응했다.

정여립은 국가에 장차 임진왜란이 일어날 것을 알고 때를 타고 일어나려 했다고도 전한다. 그리하여 고을의 여러 무사, 공사천公私賤 중 씩씩하고 용감한 사람 등과 대동계를 만들어 매월 15일에 모여 활쏘기를 겨루고 주식酒食을 즐겼다는 것이다.

수십 년 전에 천안의 사노私奴 길삼봉이란 자가 용맹이 뛰어나 흉포한 도적이 되었다. 관군이 급습했으나 그때마다 탈주했으므로 이름이 국내에 자자했다. 정여립이 지함두 등을 시켜 지방에 말을 퍼뜨리기를, "길삼봉·삼산 형제가 신병神兵을 거느리고 지리산으로 들어가기도 하고 계룡산으로 들어가기도 한다."라 하고, 또 "정팔룡은 신비하고 용맹한 사람으로 마땅히 왕이 될 것인데 머지않아 군사를 일으킬 것이다."라고 했다. 앞서 말했듯이 팔룡은 정여립이 꾸민 호號였다.

이때 해서에 "호남 전주 지방에 성인이 일어나서 우리 백성을 구제할 것인데, 그러면 국가가 태평하고 무사하게 될 것이다."라는 말이 떠돌았다. 어리석은 백성들이 왁자하게 전파하자, 정여립은 기밀이 누설된 것을 알고 변란을 일으키려고 했다. 그래서 이 해 겨울 말에 서남 지방에서 일시에 군사를 일으켜 곧바로 서울을 침범하기로 했다.

이때 해서 구월산의 중 가운데도 호응하는 자가 있었다. 중 의엄義嚴이 그 정상을 염탐하고 재령 군수 박충간에게 알렸으나 박충간은 망설이며 감히 고변하지 못했다. 안악의 교생 조구趙球가 항상 정여립의 제자라고 하면서 무리를 모아 술을 마셨는데 종적이 평소와 달랐다. 그러자 군수 이축이 급습하여 잡아다가 실상을 물었다. 조구가 마침내 역모의 사실을 털어놓았다. 이축은 서간을 보내 박충간을 초청했다. 이축과 박충간은 신천 군수 한응인을 신뢰할 수 있다고 여겨, 조구를 신천에 보내어 연명하여 감사 한준韓準에게 보고하게 했다. 한준이 장계를 올려 고변하자 정여립은 발각이 난 것을 알고 망명했다.

《국조보감》은 〈마렵요〉의 유포 사실에 대해 언급하지 않았다. 하지만, 사실 여부와 관계 없이, 정여립은 뽕나무를 벗기고 말갈기를 채워 전하여 사람 마음을 움직였다는 이야기가 있었다. 그리고 그 끝에 모반했다가 복주伏誅(형벌을 순순히 받아 죽게 함)되었다고 했다. 정여립을 악역惡逆 가운데서도 요망한 자로 선전한 것이다.

정여립의 갈건삼을 입었구나

: 여립갈건삼汝立葛巾衫 요

정여립의 모반 당시에 이런 동요가 있었다.

자랑스레 정여립의 갈건삼을 입었구나　　　誇着汝立葛巾衫 과착여립갈건삼

이것은 대개 이홍로李弘老를 가리킨다. 남언경南彦經은 비록 유학으로 이름이 난 사람이었는데도 역시 정여립의 명령을 그대로 따르고 정여립을 공경하여 섬겼으니, 그 나머지 사람이야 무슨 말을 하겠는가? 우습기 짝이 없다.

— 민인백, 《태천집》 권2 토역일기, 진안에 부임해 있었을 때 만력萬曆 경인庚寅 정월

선조 22년(1589) 10월 2일 초저녁에 국왕이 편전에 나아가 삼공, 여섯 승지, 입직 도총관 두 사람, 홍문관의 상번과 하번을 불러 좌·우 사관

과 함께 입시하게 하고, 정여립의 고변을 알리는 장계를 내보였다. 대신 이, 금부도사를 나누어 파견하여 정여립 등을 체포하고 고변한 자까지 아울러 잡아오게 할 것을 청했다. 유전柳塤은 토포사를 나누어 파견하여 비상사태에 대비하기를 청했다.

변숭복은 조구가 고변했다는 말을 듣고 안악으로부터 나흘 만에 금구로 가서 정여립에게 알렸다. 정여립은 밤을 이용하여 도망했다. 금부도사 유담柳湛이 이튿날 들이닥쳤으나 정여립을 잡지 못했다.

정여립은 진안의 산골짜기에 숨었는데, 현감 민인백이 밭 가 풀 더미 속에 숨어 있는 정여립을 발견했다. 관군이 포위하자 정여립은 자살을 하고 말았다. 선조는 정여립의 시체를 군기시 앞에서 형벌을 가하게 하고 그 무리들을 모두 사형시켰다. 그리고 역적이 복주伏誅된 일을 종묘에 고하고 사면령을 반포했다. 그 교서는 다음과 같다.

적신 정여립은 길러준 은혜를 생각하지 않고 도적을 불러 모을 계획을 세워, 이에 변사(변숭복)·박문장·박연령·김세겸·이광수·이기·박응봉·방의신·황언륜 등과 어두운 밤에 상종한 지 이미 몇 해가 지났다. 중들과 교결하여 요술을 부리고 옥함玉函을 빌어 대중을 미혹했다. 도하都下에 흉악한 하인을 배포하여 무고武庫를 태울 수 있다고 여겼고, 산중에 술사術士를 보내어 단기檀基를 엿보아 점거하려 했다. 왕지王旨를 사칭詐稱하여 방백方伯을 제거하고 병사兵使를 해치려 하고 부절符節을 나누어 가져 경기 지방을 치고 강창江倉을 취하려 했다. 간계姦計가 더욱 깊어지자 화기禍機가 곧 발로되었다. 병조판서를 죽이려 했으니 그 뜻이 무엇을 하려 한 것이겠으며, 대궐을 범하려고 창을 휘둘렀으니 그 일 또한 헤아릴 수 없었다. 시종신의 자리에 있으면서 도적떼의 우두머리가 되었고 사대부들 사이에 섞여 있으면서 개 같은 마음을 품었다. 난적亂賊이 어느 시대인들 없었으랴만 이보다 더 심한 적은 있지 않았다. 백성들이 모두 원한을 품으니 누구든지 그를 죽일 수 있다.

선조는 정여립 등을 능지처사陵遲處死하고 가산을 적몰하며, 그의 자녀와 연좌된 무리도 아울러 법대로 논죄하고, 국문 중에 있는 남은 죄인들은 승복하는 대로 처결하게 했다. 이렇게 정여립은 모반의 인물로 국법을 받았다.

하지만 생전의 그는 많은 사람들로부터 존경을 받았다. 〈여립갈건삼요〉에 나오는 이홍로는 특히 정여립을 존경했다. 민인백이 《토역일기》에서 언급한 남언경도 정여립을 숭배한 인물 가운데 한 사람이었다. 하지만 선조의 교서에는 이홍로나 남언경이 언급되어 있지 않다.

그런데 선조 22년 12월 14일(정해)에 전라 유생 정암수丁巖壽 등이 이산해·정언신·정인홍·유성룡 등을 배척하는 상소를 올렸는데, 그 글에 정여립을 따른 인사들을 거론하며 비판한 내용이 있다.

역적과의 심계心契가 가장 친밀한 자들로는, 송언신은 역적에게 속내를 숨기지 않았고, 윤기신은 앞장서서 아첨을 부렸으며, 남언경은 선물에 찬양까지 곁들였고, 이언길은 목재를 수송하다가 집을 지어 주었으며, 조대중은 역적을 위해 눈물을 흘렸고, 김홍미는 반드시 이진길의 집에서 유숙했으며, 이홍로는 정여립의 적삼(衫)을 자랑삼아 입었습니다. 이상의 자들은 모두 역적의 집에 드나들면서 사의邪議를 선동한 자들로 시골 사람의 사귐에 비할 바가 아니고, 이순인·유몽정의 무리는 하찮아서 말할 나위도 없습니다.

이 상소에서 전라도 유생들은 생전의 정인홍과 교분이 있던 사대부들을 '권세를 탐내어 흉사兇邪를 일삼는 무리와 이익을 함께하는 붕당'이라고 비판하고, 그들을 물리쳐야 한다고 주장했다.

남언경은 유학자로서 저명하며 특히 조선에서 양명학을 받아들인 초기의 인물이다.

이홍로는 본관이 연안으로, 선조 12년(1579)에 진사가 되고, 선조 16년(1583)의 정시문과에 장원으로 급제했다. 1592년 임진왜란이 일어나자 병조좌랑으로서 왕을 호종하다가 도망하고, 뒤에 함경도의 종사관을 지내면서 또 도망했으며, 다시 선전관이 되었으나 양사의 탄핵으로 유배되었다. 그 뒤 풀려나와 경기도관찰사가 되었다. 선조 41년(1608)에 유영경柳永慶의 일파로 몰려 제주에 유배되었으며, 광해군 4년(1612)에 능지처참된다.

정여립 모반 사건은 동인과 서인의 대립에서 일어난 것으로, 모반의 실제 여부나 정여립의 말로에 관한 이야기는 불확실한 것이 많다. 그 불확실성만큼이나 모반의 과정에서 유포된 〈전읍홍요〉, 〈마렵요〉, 〈여립갈건삼요〉도 생성과정이 수수께끼이다.

막좌리 벌이 강물로 허물어지면

: 막좌리평莫佐理坪요

내[유성룡] 나이 16, 17세 무렵은 가정嘉靖 정사년과 무오년 사이에 해당된다. 선군先君을 따라 의주에 있었는데, 고을 사람 주응방朱應房, 독고행獨孤行 등과 함께 놀았다. 이 두 사람이 매양, 이 고을에는 옛날부터 전해 오는 이런 요어謠語가 있다고 했다.

막좌리평이 모두 강물로 허물어지면
백마 장군이 마이산에서 올 것이다

莫佐里坪盡爲江水所破 막좌리평진위강수소파
當有白馬將軍從馬耳山出來 당유백마장군종마이산[출]래

막좌리평은 고을의 서쪽 성 밖 큰 들판으로, 성안 백성들이 갈고 씨 뿌리는 곳인데, 인산보麟山堡와 접경이다. 그리고 마이산은 통군정統軍亭과 마주 서 있으며 중국과 경계선을 이루고 있는 곳이다.

그 뒤 압록강의 물이 차츰차츰 남쪽으로 파고들어가 큰 들이 거의 없어져가고 말았다. 임진년에 이르러서 의순관義順館의 문 앞은 나루목이 되었고, 명나라 장수 제독提督 이여송이 대군을 거느리고 강을 건너왔다. 그 말대로 들어맞았으니, 그 또한 매우 이상한 일이라 하겠다.

— 유성룡, 《서애선생문집》 권16 잡저 '막좌리평莫佐里坪' / 신경, 《재조번방지再造藩邦志》 2 / 이긍익, 《연려실기술》 별집 권15 천문전고 동요

막좌리 벌은 의주 망화루望華樓 남쪽에 있는 들이다. 그곳을 소재로 하여 선조 때 유포된 〈막좌리평요〉는 임진왜란 때 명나라 제독 이여송이 원군을 이끌고 올 것을 예견한 동요이다. 《재조번방지》에 따르면 이여송이 탄 말이 흰 말이었으므로 그 점도 동요와 일치한다고 했다. 그리고 누가 지었는지 알 수 없는 다음과 같은 시도 전한다고 했다.

장군 한번 나오자 번개 빛이 나는데
흰 말 금 안장에 붉은 비단 옷이네
천자의 명을 받은 장수는 구름 밖에 우뚝 임했고
천자의 군대가 저 멀리 해 뜨는 곳을 가리키네
장군은 흉중에 병법을 지녀 온전한 적이 없고
막하의 웅장한 군사는 호랑이 위엄 갖추었네
압록강 머리에 북소리 진동하니

동쪽 사람들 이마에 손 얹고 깃발을 바라보누나

將軍一出電光飛 장군일출전광비
白馬金鞍赤錦衣 백마금안적금의
玉節高臨雲外逈 옥절고림운외형
天戈遙指日邊歸 천과요지일변귀
胸中韜略無全敵 흉중도략무전적
帳下雄兵藉虎威 장하웅병자호위
鴨綠江頭雷鼓震 압록강두뇌고진
東人加額望旌旗 동인가액망정기

이여송은 요동 철령위鐵嶺衛[지금의 랴오닝 성遼寧省 톄링 현鐵嶺縣] 사람이다. 이성량李成梁의 맏아들이며, 아버지의 음덕으로 도지휘동지都指揮同知가 되었다.

이성량은 본래 조선 사람으로, 아들 이여송·이여남李如楠·이여백李如栢·이여정李如楨·이여장李如樟·이여매李如梅·이여판李如板·이여회李如檜·이여오李如梧 9형제를 두었다. 이여송·이여정·이여장·이여매 등과 일족의 이여재李如梓·이여오李如梧·이여계李如桂·이여남李如楠 등이 모두 무장으로 이름을 떨쳐, 세상에서 그들을 이씨 가문의 아홉 호랑이 장수란 뜻에서 이가구호장李家九虎將이라 불렀다.

이성량의 조부 이영李英은 우리나라 이산理山 땅 독로강禿老江에 살다가 살인을 하고 도망하여 철령위鐵嶺衛로 들어갔다. 이성량의 아비는 변방에서 외적을 막는 공적을 세워 유격遊擊이 되었다. 그 후 이성량은 음직蔭職으로 지휘指揮에 보직되어 오랑캐를 친 공로로 기용되어 험산보險山堡를 지켰다고 한다. 하지만 임진왜란 때 파견되어 온 이여송은 이에 대해서는 한마디도 없었다.

이여송은 1583년에 산서山西의 총병관이 되었으며, 잠시 중앙 관직에 있다가 1587년 선부宣府의 총병관을 역임했다. 1592년 영하寧夏에서 발배족哱拜族이 반란을 일으키자 제독섬서토역군무총병관提督陝西討逆軍務總兵官에 천거되어, 발배족을 토멸하고 그 공적으로 도독으로 승진했다. 이해 일본의 도요토미 히데요시가 조선을 침략하자, 명나라가 조선을 돕게 되어 그도 군사를 이끌고 동정東征에 나섰다. 1593년 평양에서 고니시 유키나가의 군대를 격파했으나, 벽제관碧蹄館에서는 고바야카와 다카카게 군대에 대패하고 간신히 목숨을 건졌다. 그 뒤 화의를 위주로 사태를 수습하고 그 해 말에 귀국했다. 1597년에는 요동 총병관에 임명되었다. 이듬해 토만土蠻이 침범하자 그 본거지를 공격했으나 복병에게 기습당하여 전사했다. 뒤에 아버지의 봉호인 영원백寧遠伯에 봉해졌다.

이익은 《성호사설》에서 이여송의 공적을 다음과 같이 평가했다.

임진년 변란에 대가大駕가 상국으로 들어가려 하다가 압록강에 임하여 건너지 않은 것은 다만 평양의 적이 둔취屯聚하고만 있어 움직이지 않은 때문이고, 적이 움직이지 않은 것은 또 수군이 좌절되어 소식이 없기 때문이었으니, 만일 이 충무공의 한산 대첩이 아니었던들 평양의 적은 반드시 전진했을 것이다. 그렇다면 마땅히 이 충무공으로 으뜸 공을 삼아야 한다. 그러나 만일 이여송의 평양 승첩이 없었다면 생령生靈이 어육으로 됨을 필시 날짜로 꼽았을 것인데, 그 공이 도리어 양호楊鎬의 아래에 있는 것은 무슨 까닭인가? 이여송은 벽제에서 패한 이후로 기운이 저상하여 싸울 생각을 가지지 못하고 사기를 크게 잃었다. 참으로 죄가 있기는 하지만 대세를 잡아 돌이킨 그 은혜는 잊을 수 없다.

조선의 조정은 양호를 위해서는 지사비志思碑를 세워줄 만큼 존대했으나 이여송에 대해서는 그리 높이 평가하지 않았다. 그가 왜와의 화친을 주장한 점을 비난했기 때문이다. 하지만 왜란의 초기에는 명나라 원군을 인솔한 수장으로서 조선의 조정이나 백성들로부터 기대를 받았다. 그렇기에 〈막좌리평요〉도 유포되었던 것이다.

악용운근岳聳雲根 담공월영潭空月影이라
: 악용운근요

국초에 승려 무학無學이 지은 《도참기圖讖記》에 역대 국가의 일을 말했는데, 임진년에 대해서는 이런 말이 있었다.

산악은 우뚝하니 구름의 뿌리요	岳聳雲根악용운근
연못은 비어 있으니 달 그림자 비치네	潭空月影담공월영
있으나 없으나 어느 곳으로 가고	有無何處去유무하처거
없으나 있으나 어느 곳에서 오나	無有何處來무유하처래

이것이 무자년, 기축년부터 세상에 행해지다가 임진년에 이르러서 크게 성행했으나 아무도 그 말을 해석하는 이가 없었다. 그러던 중에 왜구가 갑자기 들이닥치자 조정에서 순변사巡邊使 신립申砬을 보내어 방어하도록 했는데 립이 충주에서 패전하고 전군이 월낙탄月落灘에서 몰사했다. 이른바 '악岳'은 곧 '유악강신維岳降申'이며, '용聳'은 '립立'의 뜻이며, '운근雲根'은 곧 돌[石]이다. 그러므로 '악용운근岳聳雲根'은 '신립'이란 말이 된다. 또 '담공월영潭空月影'은 곧 '달이

여울에 떨어진 것[月落灘]이니 '물에 빠져 죽는다'는 말이다. 그 아래 구절은 도성 안 백성이 피난가고 왜구가 입성入城한다는 말이다.

—《선조실록》 권26 선조 25년(임진) 4월 30일(기미)

'악용운근岳聳雲根'은 무학이 지은 《도참기》에 나오는 글귀이지 본래 동요는 아니다. 하지만 이것이 무자년(1590, 선조 23)과 기축년(1591, 선조 24)에 갑자기 유행했다고 하니, 동요와 같이 뭇사람의 입에서 입으로 전해졌을 것이다. 이 참언은 임진왜란 때 신립이 충주에서 전사한 이후에 그 의미가 분명해졌다고 한다. 신립의 본래 한자는 申砬이다. 하지만 파자에서는 立으로 되어 있다.

임진년(1592) 4월, 신립은 군사를 단월역丹月驛에 주둔시키고 몇 사람만 데리고 조령에 달려가서 형세를 살펴보았다. 김여물은 높은 언덕을 점거하여 역습으로 공격하자고 하였다. 하지만 신립은 "이 지역은 기마병을 활용할 수 없으므로 들판에서 한바탕 싸우는 것이 적합하다."라고 했다. 그러고는 군사를 인솔하여 도로 충주성으로 들어갔다. 신립은 군사를 인솔하여, 충주 읍내에서 5리쯤 떨어진 탄금대에 나가 주둔하여 배수진을 쳤다.

이 달 27일에 적은 이미 조령을 넘어 단월역에 이르렀다. 이튿날 새벽에 적병이 길을 나누어 대진大陣은 곧바로 충주성으로 들어오고, 좌군은 달천達川 강변을 따라 내려오고, 우군은 산을 따라 동쪽으로 가서 상류를 따라 강을 건넜다. 이에 신립의 군사가 크게 패했다. 적이 사면으로 포위하자 사람들은 다투어 물에 빠졌다. 흘러가는 시체가 강을 덮을 정도였다. 신립이 김여물과 함께 말을 달리면서 활을 쏘아 적 수십 명을 죽인 뒤에 모두 물에 뛰어들어 죽었다.

이 달 29일 저녁에 선조는 충주 패전의 보고를 듣고 동상東廂에 나아가 서쪽으로 떠날 계획을 의결하였다.

오희문吳希文(1539~1613)은 임진왜란 전후의 생활을 기록한 《쇄미록》에서, 전쟁이 발발하고 서울에 변고가 전해지는 상황을 다음과 같이 기록했다.

> 19일. 영남에서 변의 보고가 하루에 세 번이나 왔는데, 용맹스러운 장수와 강한 군사가 왜병의 소식만 듣고 먼저 무너지고, 큰 고을과 견고한 성이 하루도 못되어 함락되었다고 한다. 왜병은 세 길로 나누어 곧바로 서울로 향하여 산을 넘고 강을 건너서 마치 사람이 없는 곳을 들어가듯이 한다고 한다. 신립과 이일 두 장수는 조정에서 믿는 바로 견고하게 지킬 줄 알았기에 부월斧鉞을 받고 와서 지켰거늘 중도에서 패배하여 조령의 요새를 지켜내지 못하였다. 적은 중원으로 들어가고 대가大駕는 서쪽으로 파천하여 도성을 지키지 못했다. 아아 슬프다! 우리 생령生靈들이 모두 흉한 칼날 앞에 피를 흘리고 늙은 어머니와 처자가 흩어져 이리저리 떠돌게 되어 생사를 알지 못하니 밤낮으로 통곡할 뿐이다.

선조와 백성들의 기대를 받았던 신립은 탄금대 전투에서 패사하고 만다. 당시의 상황에 대해 《선조실록》은 신립이 충주 달천에 이르렀을 때 김여물과 이일 등의 계책을 뿌리치고 신립이 이를 따르지 않아 패배하였다고 적었다. 도체찰사이자 정승이었던 유성룡은 《징비록》에서 탄금대 전투의 패배를 전적으로 신립의 만용과 전략적 실패에 따른 것으로 보았다.

그런데 전설에서는 신립이 여인의 구애를 물리쳐서 그 여자가 자결하여 원혼이 되어 패전을 유발했다고 했다.

신립에 대한 문헌설화는 《어우야담》과 《대동기문》, 《기문총화》, 《계서야담》, 《청구야담》, 《양은천미》 등의 야담집에 나온다. 구비설화에도 여러 이야기가 전한다. 《한국구비문학대계》에 19편, 《한국민속종합보고서: 충청북도 편》에 3편의 이야기가 실려 있다고 한다. 김정녀 씨의 연구에 의하면 구비전설의 신립 이야기는 대략 다음과 같다.

신립이 여행 중 산중에서 날이 저물어 한 집을 찾아간다. 그 집에는 여자 혼자 있었는데, 여자는 신립에게 이 집은 흉가여서 재워줄 수 없다고 말한다. 괴물이 집안 식구들을 몰살하고 오늘밤은 자신의 차례이니 집에 있으면 화를 당하리라는 것이다. 신립은 여자에게 아무 걱정 말라며 그 집으로 들어가 저녁을 얻어먹는다. 신립은 밤이 되자 불을 환하게 밝히고 괴물을 기다리는데, 괴물이 들어오다가 신립이 있음을 확인하고는 자신의 소원을 풀어달라고 말한다. 신립은 괴물의 소원을 들어주고 기절한 여자를 살린다. 다음 날 아침 여자가 신립의 은혜에 감사하며 소실이든 종으로든 자신을 거두어달라고 요청한다. 이에 신립은 자신은 처자식이 있는 몸이라 그럴 수 없다며 여자의 청을 거절한다. 그러자 여자가 신립에게 길을 가다 한 번만 뒤돌아보고 가라고 요청한다. 신립이 집을 나

2부 조선 전기의 참요 243

오다 뒤를 돌아보니 여자가 지붕 위에 올라가 불을 지르고 타 죽는다. 집으로 돌아온 후 신립은 장인인 권율로부터 크게 잘못한 일이라며 꾸지람을 듣는다. 한편 권율의 또 다른 사위인 오성은 사람들이 꺼리는 천하 추물인 여자와 관계하고 왔다고 하자 권율이 잘한 일이라며 칭찬한다. 임진란 때 신립이 조령에 진을 쳤는데, 여자 귀신이 나타나 탄금대로 진을 옮기라고 한다. 탄금대로 진을 옮긴 신립은 배수진을 치고 싸우다가 패사한다.

구비문학은 신립이 원귀 때문에 탄금대 전투에서 패하게 되었다고 말한다. 원혼만 유발하지 않았더라도 신립은 전쟁에서 패하지 않았으리라고 본 것이니, 그만큼 신립에게 거는 백성들의 기대와 신뢰가 컸던 셈이다.

경기감사 우장직령

: 우장직령雨裝直領요

임진년 이전의 민간에 이런 동요가 있었다.

경기감사 우장직령　　京畿監司雨裝直領
사월대월말　　　　　　四月大月末

임진년에 이르러 임금이 서쪽으로 파천할 때 창황하게 비를 무릅쓰고 떠났기 때문에 우비雨備를 갖출 겨를이 없었다. 사현沙峴을 넘었을 때는 비가 더욱 심했는데, 경기감사 권징權徵이 따라와 우비와 직령을 올려서 임금이 비로소 입고 행차했다. 동요가 이때 이르러서 과연 징험했다고 한다.

— 《선조실록》 권26 선조 25년(임진) 4월 30일(기미) / 최신, 《학암집》 권3 〈화양문견록〉 어록 '경기감사우장직령화[대]월말' / 신경, 《재조번방지》 1 / 이긍익, 《연려실기술》 별집 권15 천문전고 동요 / 《문헌비고》 상위고

〈우장직령요〉는 다음 세 가지 형태로도 전한다.

① 四月大月末^{사월대월말} 京畿監司雨裝直領^{경기감사우장직령}
② 京畿監司雨裝直領^{경기감사우장직령} 大月末^{대월말}
③ 京畿監司雨裝直領^{경기감사우장직령} 大月乙麻其^{큰달마기}

①에서는 '사월대월말'이라 했고 ②에서는 '대월말'이라 했으며 ③에서는 '큰달마기'라 했다. 이것들은 모두 '사월 그믐'을 가리킨다. ③에서 '큰달마기'란 '큰달 끝(大月末)'이란 뜻이다. 선조는 4월 그믐에 파천했는데, 그 달은 큰달이었다.

〈우장직령요〉는 국왕이 4월 그믐에 파천하던 그날, 마침 큰비가 내려 경기감사가 우장雨裝과 직령直領(무관이 입던 웃옷)을 입고 어가를 뒤따르게 된다는 뜻이다.

최신崔愼에 따르면 임진왜란 직전의 서울에 "경기감사 우장직령雨裝直領 대월말大月末"이라는 동요가 유포되었다. 사람들은 그 뜻을 알 수 없었다. 그러다가 임진년 4월 13일에 왜구가 이르러 와서 동래가 함락되고 송상현이 순절하자 민심이 크게 꺾였다. 다시 신립이 탄금대에서 패했다는 소식이 이르러 왔으니, 곧 사월 그믐날이었다. 선조는 그날로 창망하게 서쪽으로 행차했으므로, 근시近侍들도 미처 알지 못할 정도였다. 그날 비가 왔다. 선조 일행이 신문新門 밖을 나가자 경기감사가 자신이 입었던 우장雨裝을 벗어서 바쳤다. 그 달은 큰 달이고 또 말일이므로, 지난

날의 동요가 부험처럼 들어맞았다고 했다.

선조는 용만(의주)에서 중국에 내부內附(한 나라가 다른 나라 안으로 들어가 붙음)하려는 뜻이 있어서, "내가 황조皇朝에 들어가면 이부상서의 직은 잃지 않는다고 해도 나라를 회복할 가망은 다시 없을 것이다. 황조의 망극한 은혜에 힘 입어 천하의 병력을 다 쏟아 부어 옛 사물을 광복光復할 수 있다면 풀 하나 나무 하나라도 우로雨露의 은택에 젖지 않겠는가!"라고 했다.

선조가 용만에서 중국에 내부하려고 했던 일에 대해서는 성혼이 유홍俞泓을 위해 지은 〈유홍행장俞泓行狀〉에 자세하다.

임진년 4월, 왜구가 대거 쳐들어와 노략질을 하면서 멀리서부터 기세를 몰아 경사(서울)를 향해 와서 상이 장차 서쪽 지방으로 피신하려는 계책을 세우자, 백성들이 분산하고 도읍이 거의 텅 비었다. 공(유홍)이 상소하여 이렇게 말했다. "미투리는 궁금宮禁(궁궐)에서 쓸 물건이 아니요, 백금白金은 적을 막을 수 있는 물건이 못 됩니다. 지금 왕사王師가 거듭 패하고 있는 날에 문득 이런 물건들을 사들이라고 명령을 내리시니, 도하都下 사람들이 흉흉하여, 모두 옛날에 고공단보古公亶父가 빈邠 땅을 떠났듯 전하께서 서울을 떠나실지 모른다고 여기고 있습니다. 전하는 지난 역사를 두루 열람하시고, 전철을 명확히 보시다면, 이것이 어찌 망국의 거사가 아니겠습니까? 종묘가 여기에 있고, 창름倉廩이 여기에 있으며, 인민이 여기에 있거늘, 이것을 버리고 어디로 간단 말입니까? 우리는 비록 능히 갈 수 있을지라도 적도 역시 갈 수 있으니, 분찬奔竄할 때 변고가 장차 중간에서 일어난다면 어찌 방어하겠습니까? 경사(서울)의 백성은 모두 궤산潰散

할 생각을 품고 있어 굳건하게 지킬 뜻이 없습니다. 왜적이 승승장구하여 깊이 들어온다면, 국가는 필시 망하고 말아 보존되지 못할 것입니다. 전하께서 홀로 어느 곳으로 가시겠습니까? 지금을 위하는 계책은 군신과 상하가 함께 사직을 위해 죽을 결심을 하여, 대의大義로 불러 외쳐 사졸의 기세를 절로 장성하게 하고, 백성들에게 이반의 뜻이 없게 만들어, 요해지를 굳건하게 지켜 의지하며 적을 기다리고 노인들까지도 군사로 삼아 성을 등지고 차일借一(결사항전을 함)한다면 어찌 이기지 못할 리가 있겠습니까? 하물며 장강長江은 하늘이 준 참호이니, 적이 능히 날아 건너올 수 있겠습니까? 부디 전하께서는 하루빨리 애통哀痛의 뜻을 표하는 책기소責己疏를 내려 중외 인민들에게 효유曉諭하셔서 목숨을 바쳐서 사직을 지키고 떠나지 않겠다는 뜻을 보이신다면, 종묘사직이 매우 다행이겠습니다."

선조가 공을 불러 위유慰諭하기를, "그대의 말은 지극하다. 나는 마땅히 사직을 위해 목숨을 바치겠다."라고 했다.

얼마 안 있어 신립이 패했다는 보고가 들어오자 29일 밤의 5고五鼓 때 상이 왕세자와 육궁六宮을 인솔하고, 돈의문을 나와 서쪽으로 행차했다. 공은 집을 버리고 따라가 필마로 어가를 호종하여 평양에 이르렀다. 이때 상이 요동으로 건너가려고 하자, 공이 또 상소하여 그 실失을 들어 간諫했다. 5월에 의정부 우의정에 배수되었다.

임진왜란이 발발한 초기에는 조선의 관군이 적에게 거듭 패하여 앞날을 점칠 수 없었다. 국왕 선조도 무능해서 목숨을 부지할 생각만 했지 전황을 바꿀 계책을 세우지 못했다. 그 창황하고 암담한 실상이 〈우장직령요〉에 반영되어 있다.

이팔자 저팔자 타팔자

: 차팔자此八字요

동요가 있어 임진년 정월부터 도성 안에 퍼지기 시작하더니 4월에는 크게 유행했다.

이팔자 저팔자 타팔자　　此八字彼八字打八字 차팔자피팔자타팔자
자리 봉사 고리 첩정　　　自利奉事高利僉正 자리봉사고리첩정

— 《선조실록》 권26 선조 25년(임진) 4월 30일(기미)

《선조실록》에 위의 〈차팔자요〉가 전한다. 혹 '이팔자'와 '자리 봉사'는 별도의 동요인지 모른다. 임진왜란 뒤의 해석에 따르면 이렇다.

　타팔자打八字는 중국 사람이 남녀의 간음을 두고 하는 말이다. 이것은 중국 군대가 우리나라의 여인을 간음한다는 말이다. 자리고리自利高利

는 우리나라의 방언으로 '냄새나고 더럽다'는 뜻이다. 이것은 임진년 난리 뒤에 납속을 하고 군공軍功을 얻는 일을 두고 한 말이다. 봉사奉事와 첨정僉正은 모두 다 낮고 미천함을 의미한다.

임진왜란 때 침략한 왜의 장수는 34명이고 군사는 25만 명이었는데 말로는 50만 명이라고 일컬었다. 부산에서 평양에 이르기까지 30리마다 진을 구축하고 험한 곳에 웅거하여 나뉘어 8도를 함몰시키고, 산과 숲을 수색하여 남자와 여자를 죽이고 마구 약탈을 했다. 이것은 천지개벽 이래로 처음 당하는 화禍였다. 조선 조정이 명나라에 원군을 요청하자, 명나라 조정에서는 전후에 걸쳐 군사 21만 명과 내탕고內帑庫의 은 수백만 냥, 산동의 양곡 20만 석을 내어서 구원했다. 하지만 명나라 병사들 또한 조선에 들어와 약탈을 자행했고 조선의 여인들을 능욕하기까지 했다.

《지봉유설》에서 이수광은 임진왜란의 참상을 다음과 같이 전했다.

사변이 나던 초기에 어떤 사람이 《초씨역림焦氏易林》으로 점을 쳐서 송괘訟卦를 얻었다. 일설에는 '명나라 점쟁이가 우리나라의 점을 쳤다'고 한다. 점의 풀이는 이러했다. "문물은 번드르르하고 풍속은 퇴폐하니 장차 질박한 데로 돌아갈 것이다. 쓰러진 송장은 삼대 같고 유혈이 낭자하여 방패가 피 속에 떠다닐 것이다. 이 난리는 사람이 그 어머니는 알아도 그 아버지는 알지 못하게 된 뒤에라야 그칠 것이다." 그때 남정네들은 거의 다 죽었으므로, 아이가 자라서 아버지의 얼굴을 모르는 자도 있고, 혹은 여자가 명나라 병사에게 몸을 더럽혀 자식을 낳아서 아버지 성을 모르는 자도 있었다.

또한 이수광은 《지봉유설》에서 당시 만연한 매관의 풍조를 비판했다.

> 전쟁이 일어난 지 1년 만에 나라의 비용이 모두 없어졌으므로 하는 수 없이 매관賣官하는 것을 허락했는데, 곡식 백 석이면 3품 벼슬이 되고, 30석이면 5품 벼슬이 되었다. 계사년, 갑오년에 와서는 1, 20석이면 가선嘉善과 당상에까지 오를 수 있었으나 원하는 사람이 없었다.

임진왜란의 참상은 문헌으로 전해지는 것보다 더 심했을 듯하다. 더구나 사대부들은 사대부들대로 예기치 못한 고초를 겪었지만 백성들도 전례 없는 고통을 겪었다. 그러는 가운데 매관을 통해 신분을 상승하려는 자도 있었다. 그 상황을 조롱한 동요가 〈차팔자요〉였다.

부슬비 내리는 서울 거리
: 세우천가細雨天街요

선조 25년 임진의 해, 12월에 용만의 행재에 동요가 유행했다. 시로 표현하면 다음과 같다.

부슬비 서울 거리에 버들 빛 푸르고	細雨天街柳色靑 세우천가류색청
봄바람이 불어 들매 말발굽이 가볍네	東風吹入馬蹄輕 동풍취입마제경
전일 대관들 환도하는 날에	舊時名宦還朝日 구시명환환조일
개선의 환성이 한양성에 가득하리라	奏凱歡聲滿洛城 주개환성만낙성

어떤 사람은 강토를 회복할 조짐이라고 했다.

― 조경남,《난중잡록》권2 임진 하 선조 25년(임진) /《일월록》/ 이긍익,《연려실기술》권17 선조조 고사본말 난중시사총록

〈세우천가요〉를 두고, 《일월록日月錄》에서는 참요라 하고 《난중잡록》에서는 동요라 했다. 참요나 동요나 같은 뜻이다. 둘째 구는 '東風吹送馬蹄輕(동풍취송마제경)', 셋째 구는 '太平名宦還朝日(태평명환환조일)'로 되어 있는 텍스트도 있다. 이 〈세우천가요〉는 국토를 회복할 조짐을 예견한 것으로 읽을 수도 있지만 이루어질 수 없는 희망의 뜻을 담은 것으로 읽을 수도 있다. 그렇다면 이 노래는 긍정적인 진술 속에 부정과 냉소의 뜻을 담은 것이 된다. 용만(의주)에 있으면서 선조는 다음과 같은 시를 지을 정도로 당시 사정은 참담했다.

국사가 창황한 날에	國事蒼黃日 국사창황일
누가 곽, 이의 충성을 능히 하랴	誰能郭李忠 수능곽이충
빈 땅을 떠남은 큰 계책을 위함이요	去邠存大計 거빈존대계
회복은 제공을 믿네	恢復仗諸公 회복장제공
관산의 달에 통곡이요	慟哭關山月 통곡관산월
압록강 바람에 상심일세	傷心鴨水風 상심압수풍
조신들아 금일 후에도	朝臣今日後 조신금일후
오히려 다시 서인이니 동인이니 하려나	尙可更西東 상가갱서동

왜적이 평양으로 육박해오자 용만에 있던 선조는 유홍兪泓에게 육궁을 호위해서 영북으로 피신하도록 명했다. 그러나 강원도의 왜적이 철령을 넘으려 한다는 보고를 듣고는 다시 용만의 행재로 돌아오게 했다.

또 선조는 동궁에게 종묘사직의 신주를 받들어 강계로 가게 했다. 그 사이에 육궁 일행과 동궁 일행이 겪은 고난에 대해 성혼은 〈유홍행장愈泓行狀〉에서 다음과 같이 자세히 적었다.

적병이 점점 평양으로 육박해오자, 선조는 유홍에게 명하여 육궁을 호위해서 영북嶺北으로 피신하도록 했다가, 얼마 뒤에 강원도의 적이 철령鐵嶺을 넘으려는 계략이 있다는 말을 듣고 명을 내려 행재行在로 돌아오게 했다. 중산에 적병이 삼등강三登江을 넘자, 중전과 육궁은 적들의 핍박을 받게 되지나 않을까 두려워한 나머지 산속으로 들어가 피신하고 싶어 했고, 호종하던 신하들도 차차 도망했다. 이에 유홍은 행재로 길을 떠나려 했으나 중관中官(환관)이 내지內旨(중궁의 뜻)가 받아들이지 않는다고 했다. 유홍은 장막 앞으로 나아가 계청啓請하니 중전은 "주상은 말을 타고 내달려 요동으로 건너갈 수 있지만, 우리들은 여자들이니 장차 어떻게 앞으로 나아갈 수 있겠소?"라고 했다. 유홍이 큰소리로 대답하길, "상께서 이미 명하셨으니, 죽든 살든 가야 하지, 어찌 어길 수가 있겠습니까?"라고 했다. 중전과 육궁이 작은 목소리로 말을 하다가 한참 만에 "대신의 말을 어찌 따르지 않겠소."라고 하고는 길을 재촉하여 가서, 수레를 내달려 행재소에 이르렀다.

선조는 동궁에게 명하여 종묘사직의 신주를 받들고 강계江界에 들어가서 군사를 다독이고 국사를 감독하여 국가의 부흥을 꾀하도록 했다. 그리고 대소 신료들 약간 명을 데리고 의론을 정하여 요동을 건너려고 했다. 유홍은, 금일의 의리는 마땅히 사직을 위해 순국하여야 한다고 여겨 본국에 남아 중흥을 보좌하기를 청했다. 선조가 허락했다. 강계는 멀리 외따로 떨어진 지역이고 생호生胡가 경계에 접해 있어서 국운을 회복할 땅이 아니었다. 유홍은 동궁을 받들어, 광성령廣城嶺을 넘어 장차 동북쪽으로 가려고 사방에 격문을 보내어 여러 성들에게 호령하여 불러 모아, 남북의 군사들을 끌어들여 요해지를 근거로 삼아 지키려는 계책을 세웠다. 그러나 얼마 안 있어 철령鐵嶺을 방어하지 못하고 적에게 빼앗겨, 적병이 이미 영북嶺北에 들어오는 바람에 부득이 관서로 어가御駕를 돌려야 했다. 중론이 종묘사직의 신주는 가는 길에 받들어 지닐 수가 없으므로 임시로 땅에 파묻자고 했다. 유홍은 "주상은 종묘사직의 주인으로서 이 신주들을 저하게 부탁하셨거늘, 지금 버리고 묻어버리려고 한다면, 주상은 저하를 어떻다 말씀하시겠습니까?"라고 말하고, 또 "만일 묻고 싶으시다면, 원컨대 종묘사직의 신주를 받들어 이 땅에 함께 묻히고 싶습니다."라고 했다. 뭇 사람의 의론이 마침내 중지되었다. 동궁 일행은 풍찬노숙風餐露宿을 하면서 가까스로 강원도 이천伊川에 머무르게 되었다. 유홍은 각 도에 급히 글을 보내 토적討賊의 대의大義를 가지고 유시諭示했다.

유홍은 동궁을 모시고 강화도로 들어가려 했으나, 다른 신하들은 반대했다. 동궁은 유홍을 도체찰사에 임명해 장수들을 총독總督하게 했으나, 대간은 유홍이 연로하다고 따졌으므로, 체직되었다.

임진왜란 때 선조나 동궁이나 극심한 불안감에 사로잡혀 전세를 뒤바꿀만한 계책을 수립하지 못했다. 그럴 때 용만에 머물던 조정 신료들 사이에 〈세우천가요〉가 유행했다고 하니, 그 노래는 희망적이고 긍정적인 미래를 점친 것이 아니라 비관적이고 부정적인 미래를 예견했던 것인 듯하다. '부슬비 내리는 서울 거리'의 이미지는 너무도 처량한 듯하다.

네놈이 왜장 청정이 아니냐

: 왜장요倭將謠

네놈이 왜장倭將 청정淸正이 아니냐

네놈이 안동安東 삼십리三十里 안에

들어만 오면

들어만 오면

내 칼에 맞아 죽으리라

— 김소운, 《조선구전민요집》 2248 ; 임동권, 《한국민요집》, 동국문화사, 1961

임진왜란 무렵 안동지방에서 불러진 노래라 전한다. 임동권 님은, 사실史實로 보아 참요로서의 요소는 희박하지만 왜장 가토 기요마사加藤淸正에 대한 적개심이 잘 드러나 있다고 논평했다.

   가토 기요마사는 일본의 무장으로, 도요토미 히데요시와는 6촌간으로, 많은 전투에서 전공을 세웠다. 도요토미 히데요시가 전국을 통일한 이후 규슈九州의 히고肥後 남부에서 25만 석의 다이묘大名로 임명되었다. 임진왜란 때 함경도로 침략하여 임해군과 순화군을 포로로 잡았으나 울산 싸움에서 패배했다. 1598년 히데요시가 죽고, 섭정을 맡았던 도쿠가와 이에야스德川家康와 이시다 미쓰나리石田三成가 세키가하라 전투를 벌이자, 동군東軍인 이에야스 측에 참전하여 고니시 유키나가의 우토성宇土城을 함락시켰다. 이후 구마모토熊本의 세습영주가 되었다.

가토 기요마사는 왜장으로서 조선에 큰 피해를 주었다. 그에 대한 조선 백성들의 적개심은 이루 형언하기 어려울 정도이다. 또한 가토 기요마사와 관련해서는 숱한 설화가 남아 있다.

신광수申光洙(1712~1775)의 〈검승전劍僧傳〉은 가토 기요마사의 휘하 병사로 조선에 왔다가 귀국하지 않고 오대산 산사의 승려가 된 인물의 이야기를 서술했다. 참고로 그 이야기를 번역하여 제시하면 다음과 같다.

임진왜란이 지난 지 50여 년에 한 객이 오대산에서 책을 읽었는데, 한 승려가 야위었으나 기운이 날래고 사나운 팔십이 된 사람이 있었다. 그와 이야기를 해보니 아주 영리했는데, 그 승려는 항상 곁에서 글 읽는 소리 듣는 것을 좋아했으므로, 마침내 객과 친하게 되었다. 승려가 하루는 말하길, "제가 오늘밤은 돌아가신 스승님의 제사를 드려야 하기 때문에 곁에 있지 못할 것 같습니다."라고 했다. 밤은 깊었는데 매우 슬프게 우는 소리가 들리고 새벽에는 더욱 애절했다. 객이 아침에 승려를 보니 얼굴에 눈물 자국이 있었다. 객이 묻기를, "제가 들으니 불교의 법도에서는 제사를 지낼 때 울지 않는다고 했는데 스님께서 심히 곡소리를 내어 우신 것이 마치 지극한 애통이 있는 듯했으니, 무슨 까닭입니까?" 했다.

노승은 한숨을 쉬다가 일어서면서 말했다. "저는 조선 사람이 아닙니다. 가토 기요마사가 북쪽으로 침입할 때 왜에서 검을 잘 사용하는 스무 살 미만의 자들을 선발했지요. 5만 명 중에서 3만 명을 추리고 3만 명 중에서 1만 명을 추리고 그 1만 명 중에서 3천 명을 뽑아서 별동대로 군에 두니 다른 군사들보다 백보를 앞서 갈 수 있었고 날아서 사람을 공격하고 하늘의 새를 칠 수 있었는데, 저 역시 그중 한 사람이었습니다. 해안의 아홉 군을 함락하고 북쪽으로 철령을 넘어서 관남關南을 유린하고는 육진 깊숙이 들어갔으나 대적할 만한 사람을 볼 수 없었고 해안에 바위가 백여 심尋 길이로 우뚝 서 있었을 뿐이었습니다. 이윽고 한 사람이 삿갓을 쓰고 그 바위 위에 앉아 있는 것이 보였습니다. 별동대는 소란스럽게 떠들면서 조총을 발사했는데 그 사람이 칼을 휘두르자 탄환이 곧바로 비처럼 어지럽게 떨어졌습니다. 이에 왜군은 더욱 성을 내어서 포위를 하고 떠나지 않았습니다. 얼마 후에 그 사람은 훌쩍 뛰어서 새처럼 날아 내려오면서 칼을 휘두르자 사람들의 어깨가 풀처럼 베어졌습니다. 이에 왜의 검객 3천 중에서 죽지 않은 자는 저와 어떤 사람뿐이었습니다.

그 사람은 마침내 칼을 칼집에 넣으면서 소리치기를, "너희 무리 3천 중에서 죽지 않은 자는 너희 둘뿐이다. 너희가 비록 왜적이고 원수이지만 나 역시 사람인지라 내가 차마 다 죽이지 못하겠으니, 너희가 능히 나를 따르겠느냐?" 했습니다. 우리는 "죽고 사는 것을 오직 명에 따르겠습니다."라고 대답했습니다. 우리 두 사람은 마침내 그 분을 따라서 산속으로 들어가 몇 년 동안 그 검술을 다 익혔습니다. 스승과 제자 세 사람은 팔도의 이름 있는 산을 두루 돌아다니다가 매번 한 산에 이르면 초가를 엮고 살았는데 1년 혹은 반년이 되면 곧바로 버리고 떠났습니다. 가을이 깊어가고 달빛이 휘영청 밝으면 혹 산꼭대기에 올라가서 검무를 추었는데 검에 기氣가 충만하여 잠시 후에 바위를 치면 끊어지고 커다란 소나무가 성난 듯 흔들려 소리를 내다가 그쳤습니다. 그러나 그 이름은 끝내 말하지 않았습니다.

 십 년 후에 출타를 하려고 그 분이 고개를 숙이고 짚신 끈을 매고 있을 때 다른 왜가 갑자기 기회를 엿보아 뒤에서 칼을 빼들어 그 머리를 베고는 저를 돌아보며 말하길, "이놈은 우리의 원수이다! 오늘에야 원수를 갚았으니 우리 두 사람이 어찌 몰래 일본으로 돌아가지 않겠는가?"라고 했습니다. 저는 눈으로 스승님께서 해를 당하신 것을 보고 강퍅하여 칼을 빼서 역시 그 자리에서 왜인의 머리를 베었습니다. 아아! 저와 그 왜는 모두 왜인일 뿐인데, 함께 스승을 수십 년 모셨으나 아침저녁으로 마음속에 음험한 도적의 마음을 품은 것을 알지 못했습니다. 이미 스승의 원수를 갚았으나, 생각해보니 우리 세 사람은 부자형제 같았거늘 하루아침에 스승을 잃었고, 왜의 검객으로 동쪽에서 왔던 삼천의 무리 가운데 우리 두 왜가 남았을 뿐이었는데 제가 한 왜를 죽였으니 돌아보건대 천하에 오직 이 한 몸뿐이니, 해 뜨는 곳(일본)은 창해(남해)를 사이하여 만 리에 있고 이국땅에 거처하면서 또한 두려운 일이 많거늘 나 혼자 살아 무엇 하겠습니까? 마침내 크게 통곡하고 자살을 하고자 했지요.

 그러다가 또 생각하길, 나는 일본인이므로 동쪽 바다에 몸을 던져 죽어야겠다고 하여 동쪽으로 가서 바다에 몸을 던졌습니다만, 바다에서 큰 고기들이 싸워서 파도에 휘말리어 해안 언덕으로 밀려와서는 다시 투신할 수가 없었습니다. 그리하여 오대산에 들어와 중이 되고는 솔잎을 먹으며 사십 년 동안 산을 내려가지 않았습니다. 그리고 매년 스승께서 돌아가신 날이면 목소리가 나오지 않을 때까지 울지 않은 적이 없었습니다. 올해로 제가 팔십인지라 조만간 죽기라도 하면 내년 오늘에 다시 곡을 하고 싶어도 그 일이 쉽겠습니까? 이 때문에 심하게 곡을 한 것이니, 어찌 불교의 법이 있음을 알겠습니까? 아이! 제가 이곳에서 늙어가면서, 같이 묵는 절의 승려들에게 제가 외국인인 것을 알지 못하게 하겠다고 맹세했으나, 오늘 선비님 때문에 저의 신분이 탄로가 났으니 팔십 된 승려인 제가 어찌 왜倭란 말을 휘諱하겠습니까?" 그러면서 편안하게 웃었다. 다음 날 그가 어디로 갔는지 알 수 없게 되었다.

이 이야기 뒤에 신광수는 '외사씨外史氏'의 말로 논평문을 덧붙였다.

검객 스승은 협객이면서 은자이다. 임진의 난리를 당하여 초야의 용기 있는 홍계남洪季男과 김응서金應瑞 등의 무리들은 모두 용감하게 일어나서 왜적을 막고 뛰어난 공로를 세웠으나, 검객 스승은 숨어서 세상에 나오지 않아서, 공명으로 자신을 드러내려고 하지 않았으니, 어째서인가? 그는 아마 이술異術이 있어서, 임진왜란이 하늘의 운수라서 구구한 지력으로는 전쟁을 막아서 세상을 편안하게 할 수 없음을 정말로 알았을 것이다. 예로부터 지혜와 용기와 기이한 능력을 갖춘 선비들은 화를 면치 못한 경우가 많았으니, 소국일수록 더욱 심했다. 우리나라를 두고 말하더라도 남이南怡와 김덕령金德齡이 모두 그러했다.

그러므로 검객 스승은 차라리 깊은 바윗골에서 늙어 죽더라도 후회하지 않았으니, 어찌 세상에 전하는 두 사람이 만난 백두은자白頭隱者와 초의객草衣客의 무리가 아니겠는가? 성명을 말하지 않은 데 이르러서는 더욱 기이하다! 그러나 검객 스승이 두 명의 왜인과 거처하기를 십수 년 동안 심술心術을 알 수 있었을 것이니, 한 사람은 적이 되고 한 사람은 아들(진정한 제자)이 되어, 뜻밖의 환란이 '팔꿈치나 겨드랑이'처럼 가까운 신변에서 발생하여, 끝내 그 정당한 도를 지켜서 적을 받아들여 스스로 해를 입게 되었으니, 자기 몸을 보존하는 데는 밝았지만 남을 아는 데는 어두웠다. 아마도 《장자》에 나오는 노나라 사람 선표單豹는 암곡에 살면서 내면을 잘 길러 칠십이 되어도 어린애 같은 모습이었으나 불행히 바깥에 있는 굶은 호랑이가 그를 잡아먹은 것과 같은 경우라고 할 것이다. 그러므로 맹자는 방몽逄蒙이 예羿에게 활 쏘는 법을 배워 예의 재주를 다 배우자 천하에는 오직 예의 솜씨가 저보다 낫다고 생각하고 드디어 예를 죽인 일을 두고, "예에게도 또한 잘못이 있다."라고 했던 것이다. 오대산의 노승은 오랑캐이지만 기이한 사내로다!

가토 기요마사가 북쪽으로 침입할 때 왜에서 검을 잘 사용하는 스무 살 미만의 자들 3천 명을 뽑아 별동대로 삼았다는 이야기는 아마도 가토 기요마사가 북진하는 속도가 하도 빨라서 만들어진 설화인 듯하다.

한편 〈왜장요〉는 왜적에 대한 적개심을 담고 있다는 점에서 구전 민요 〈할미성요〉와 유사하다. 〈할미성요〉는 임진왜란을 예언하는 노래로, 노고산老姑山 축성 때 불리었을 것으로 추정된다.

할미성 꼭대기 진陣을 치고
왜병정倭兵丁 오기만 기다린다
— 임동권, 《한국민요사》, 120~121쪽

온 성이 궁궐이로다
: 만성궁궐요

을묘 4월 초6일(임오).

선수청繕修廳이 아뢰었다.

"궐내의 건축하는 일은 공사가 대단히 크고 체면도 중한데, 각사를 호령하고 공장을 불러모으는 일은 진실로 선수청의 두서너 직질이 낮은 관원이 감당할 수 없습니다. 묘당(조정)으로 하여금 별도로 의논하여 처리하게 하소서."

전교하였다.

"윤허한다. 헤아려 조처하는 일은 해조에 문의하라. 삼조 판서를 예겸제조例兼提調로 삼아 부지런하고 성실한 제조·낭청·감역관은 묘당과 자세히 의논하여 알맞은 인원을 헤아려 선정해서 환경전歡慶殿·문정전文政殿·명정전明政殿과 경운궁慶運宮을 수리하라."

【이것이 토목의 시초이다. 왕이 궁궐을 크게 지으려고 우선 옛 궁전을 수리한다는 명목으로 인경궁仁慶宮과 경덕궁慶德宮을 창립하였는데, 공역이 9년이 되어도 아직 끝나지 않았다. 인가를 헐어버린 것이 거의 천여 채에 이르렀고 벌목하는 조도관調度官이 사방으로 나뉘어 나갔다. 이 때문에 팔도가 분주하였

고 민력은 탕진되었다. 또 경복궁을 중건하고 경복궁으로부터 각도閣道를 만들어 인경궁에 연결하고자 하였는데, 미처 시작하기 전에 반정反正의 거사가 있었다. 이때 다음의 참언이 있었다.

온 성이 궁궐이고	滿城宮闕만성궁궐
온 조정이 재상이니	滿朝宰相만조재상
시사가 필시 바뀌리	時事必變시사필변

대체로 역적을 토벌하였다는 위훈僞勳으로 재상의 반열班列에 오른 사람이 헤아릴 수 없이 많아져 결국에는 그 참언과 부합되었다고 하였다.】

— 태백산사고본《광해군일기》권89, 광해군 7년(1615, 을묘), 4월 6일(임오) '선수청이 궐내의 건축하는 공사에 대한 일로 묘당에서 처리할 것을 아뢰니 윤허하다'

〈만성궁궐요〉는 도성에 토목공사가 많고 조정 인사가 공정하지 못하여 반정이 있으리라 예언한 참요이다.

광해군(1575~1641)은 조선 제15대 왕이다. 선조의 둘째 아들로, 어머니는 공빈 김씨, 비는 판윤 유자신柳自新의 따님이다. 1592년 임진왜란이 일어나자 피난지 평양에서 세자에 책봉되고 권섭국사權攝國事로서 분조分朝를 맡았다. 1597년에 정유재란이 끝난 뒤 선조는 영창대군을 세자로 책봉하고자 했으나 뜻을 이루지 못했다. 1608년에 정인홍 등 대북파의 지지로 왕위에 오른 광해군은 즉위 5년째인 1613년에 영창대군을 서인으로 강등하고 강화에 안치시켰다가 이듬해 살해했다. 1618년에는 이이첨 등의 폐모론에 따라 인목대비를 서궁에 유폐시켰다.

하지만 광해군은 정치와 문화의 면에서 볼 만한 업적을 많이 남겼다. 즉위한 1608년에는 곧바로 선혜청을 두어 경기도에서 대동법을 시험했고, 재위 3년(1613)에는 양전量田을 실시했다. 그리고 만주에서 여진족이 후금을 건국하자, 이에 대비하여 성과 병기를 수리하고 군사를 양성했다. 일본과 외교를 재개해서 오윤겸吳允謙을 일본에 파견하여 포로로 끌려갔던 조선인들을 쇄환했다. 이렇게 많은 업적을 이루고도 광해군은 서인 정파의 선비들을 억압했기 때문에 정치를 제대로 못했다고 비난을 받아야 했다. 특히 모후 인목대비를 폐위시켰으므로 패륜을 범했다고 비난을 받았고, 후금과 명나라가 싸울 때 명나라를 위한 지원군을 파견하면서 강홍립에게 형세를 관망하라는 지시를 내려 사대의 의리를 어겼다고 지탄을 받았다. 결국 1623년에 일어난 인조반정으로 폐위되어 강화도에 유배되었다가 제주도로 옮겨졌다.

광해군이 창덕궁을 중건하고 경덕궁(지금의 경희궁)과 인경궁을 준공한 것은 임진왜란으로 실추된 국세를 회복하려는 한 가지 방편이었을 것이다. 하지만 〈만성궁궐요〉는 광해군이 긴요하지 않은 토목공사를 일으켰다고 비난했다. 또한 광해군의 조정에 위훈僞勳으로 재상에 오른 사람이 가득하다고 비난했다. 후자의 비난은 정인홍鄭仁弘과 이이첨李爾瞻으로 이어지는 대북파의 전횡을 겨냥한 듯하다.

은이냐 돌이냐

: 은야석야銀耶石耶요

광해군 10년에 궐궁의 부역이 겹쳐 혹심했고, 궁궐 짓는 데 세금으로 목木(무명베)과 결結(결복)을 베로 거두어들이는 일이 거듭 겹쳐서 이루어졌으므로 백성은 가난해지고 재물은 탕진되어 원망과 고통의 소리가 동시에 일어나니, 부득이 백성을 위협하여 관직을 팔았다. 은·명주·소금·철을 내고 숙석熟石(인공으로 다듬은 돌)으로 집을 만들어 납부하여 후한 때 최열같이 벼슬을 산 자가 많았다. 그래서 금 띠를 허리에 두르고 옥관자를 머리에 단 자가 도로에 연이었다. 시정에 이런 노래가 있었다.

금을 찬 자 옥을 찬 자 은이냐 돌이냐   金者玉者銀耶石耶 금자옥자은야석야
비단옷 명주옷 입은 자 명주냐 무명이냐   錦衣紬衣土耶木耶 금의주의토야목야

진신사대부搢紳士大夫들이 수치로 여겼다.

— 조경남,《속잡록》1, 정사 광해군 10년

중국 후한 영제靈帝 때 최열崔烈이란 자는 돈으로 사도司徒의 벼슬을 샀는데 사람들이 그에게서 구리 냄새가 난다고 했다. 그래서 최열의 구리라는 뜻에서 최열동崔烈銅이라는 말이 있고, 동전銅錢에서 나는 악취를 풍기는 자라는 뜻에서 동취인銅臭人이라는 말이 있다. 모두 매관買官하는 자를 조롱하는 말이다.

광해군 때 유행한 〈은야석야요〉는 당시의 매관매직 풍조를 소롱한 민중의 노래이다. 《광해군일기》를 보면 광해군 9년(1617, 정사) 2월 12일(정미)의 조항에, 한옥韓玉을 헌납으로, 윤수민尹壽民을 예조참판으로, 이안눌李安訥을 예조참의로 삼았다는 기록이 있고, 또 광해군이 "영평 현령 허임許任을 양주 목사에 제수하라."라고 전교했다는 기사가 실려 있다. 그런데 이 기사의 아래에 사관은 다음과 같은 사평을 덧붙였다.

이때에 뇌물이 공공연히 행해져 궁궐 문이 시장바닥 같았으며, 내외의 관직에 빈자리가 있으면 반드시 뇌물의 다소를 보아서 벼슬을 올리고 낮추고 했다. 이에 이문빈李文賓은 서얼로서 음직蔭職을 받아 안주 목사에 제수되었으며, 허임許任은 천출賤出로서 양주 목사에 제수되었다. 섬지어는 값의 경중을 다투어, 의망한 지 한 해가 지나도록 내리지 않는 경우까지 있었는 바, 동취銅臭의 기롱이야 말할 것도 못 되었다.

이미 임진왜란 때도 관직을 돈으로 사는 일이 있어서, 민간에 〈차팔자요〉가 있었다. 다만 그것은 전쟁 때의 일이지, 외침 없는 평화로운 때의 일은 아니었다. 따라서 광해군 때 매관이 횡행했다는 것은 매우 이례적인 일이었다.

동취가 나는 것은 아니더라도, 근대 이전에는 국왕이 특정인의 공적을 높이 사서 관직의 제수에 직접 간여할 경우 지식인들은 정사의 체모가 무너짐을 개탄했다. 광해군 정권을 무너뜨리고 등극한 인조는 재위 5년 (1627) 7월에 "풍찬노숙하며 호종한 무사들에게 상을 주라."는 전교를 내렸다. 그러자 음관蔭官들까지 고관의 반열에 오르고 참하參下의 관리들도 6품에 올랐다. 7월 7일(신미)에는 대사간 김덕함이 승전承傳에 의한 관직 제수를 비판하면서 파직을 청했다는 기사가 있다.

곡식을 바치고 관직에 제수되는 것은 진秦나라 때 비롯되어 한漢나라에 와서 극에 달했는데 최열崔烈이 사도司徒가 되어서는 사람들이 돈 냄새가 난다고 혐오했습니다. 임진년 이후로 곡식을 바치고서 관직에 제수된 자가 얼마인지 알 수 없지만 전혀 이들만으로 제수하지는 않았습니다. 그런데 이번 정사에는 곡식을 모으고 곡식을 바치고 군사를 모집한 무리들을 모두 파격적으로 제수했기 때문에 신이 언관의 자리에 있으므로 단지 정사의 체모가 구차함을 논했던 것뿐입니다. 만약 일을 말한 자로 하여금 다시 알아내어 제거하게 한다면 사체를 손상함이 말할 수 없습니다. 신이 망령되이 한 말로 인하여 이런 뜻밖의 전교를 내리시게 했으니 파척을 명하소서.

인조는 김덕함에게 사직하지 말라고 말렸다. 그러면서 자신의 인사 조처에 대해, 자신은 친하다고 해서 관직을 임명한 것이 아니라 어린 인재이기 때문에 임명한 것이므로 분경奔競(유력자에게 빌붙는 일)하는 자들만 등용하는 것보다 훨씬 정당하다고 변명했다.

매관매직은 승진에 균등한 기회를 주지 않아 결국 관료조직을 와해시킨다. 광해군의 정치와 외교에 대해서는 재평가할 부분이 있다. 하지만 당시 〈은야석야요〉가 유행했던 것을 보면 관료조직이 공정성을 잃어, 많은 지식인들이 현실에 불만을 품지 않을 수 없었으리란 사실을 잘 알 수가 있다.

달아나는 것만 못하다

: 성불여월城不如越요

광해군 11년 가을 7월, 허균許筠이 몰래 도당을 시켜 밤마다 남산에 올라가서, "서적西賊이 이미 압록강을 건넜고, 유구琉球의 군대는 해도海島에 와서 숨었는데, 성안 사람들은 어찌 피하여 나가지 않는가?"라고 외치게 했다. 또 이런 동요를 퍼뜨렸다.

성은 들보다 못하고	城不如野 성불여야
들은 달아나는 것만 못하다	野不如越 야불여월

혹은 허균이 퍼뜨린 동요는 다음과 같았다.

성안이 성 밖보다 못하고	城內不如城外 성내불여성외
성 밖이 삼강보다 못하며	城外不如三江 성외불여삼강
삼강이 강을 건넘보다 못하다	三江不如渡江 삼강불여도강

성안 사람들은 흉흉하게 두려워하여 밤낮으로 달아나고 흩어져 시정이 바야흐로 텅 빌 정도였다.

— 민인백, 《태천집》 권5 기문 [시배욕진도류희분박승종종량가] / 《속잡록》 1 무오 광해군 11년 7월

허균이 만들어서 불렀다는 동요는 《속잡록》에는 "성은 들보다 못하고, 들은 달아나는 것만 못하다."라고 기록되어 있다. 그러나 민인백의 기록에는 "성안이 성 밖보다 못하고, 성 밖이 삼강보다 못하며, 삼강이 강을 건넘보다 못하다."로 기록되어 있다. 이 동요와 관련해서 민인백은 견문의 사실을 자세히 적어두었다.

병진년 즉 광해군 8년(1616) 봄, 허균 등 시류배는 유희분柳希奮과 박승종朴承宗 두 집안을 도륙하려고, 먼저 사람을 시켜 남산에서 관솔불을 들게 하여 마치 성안 사람과 성 밖 사람이 서로 호응하는 듯이 보이게 했다. 그리고 사람을 시켜 화왕산火旺山(인왕산)에서 크게 소리치게 하기를, "머지않아 큰 도적이 장차 올 터인데, 너희 성안 사람들은 어째서 괴로이 여기에 있어 어육魚肉이 되는 참화를 한데 입으려 하느냐?"라고 했다. 또 동요를 지어 시가와 동리에 퍼뜨렸다. 그것이 곧, 〈성불여월요〉였다. 허균은 이 사실을 비밀리에 왕에게 알렸다. 광해군은 크게 우려하여 도감군都監軍을 발동해서 궁궐의 사면 담을 에워싸게 하고, 바깥 성문은 해가 뜨면 열고 해가 지면 닫게 했다.

다시 시류배는 선전관 유세증俞世曾을 시켜 황해도 봉수와 관련된 비리를 적발했다고 하고는 해주로 달려가게 했다. 유세증은 그의 재종인 유이증俞爾曾을 방문하여 함께 고변하자고 약조했으나, 유이증은 난색을 표했다. 유세증은 위태로운 재앙이 닥치리라 겁을 주거나 혹은 훈공을 받을 수 있다고 꾀었지만, 유이증은 끝내 듣지 않았다. 이때 황해 감사 윤조원尹調元은 해주 사는 박이빈朴以彬이 지참한 흉서에 그의 이름과 해주 목사 최기崔沂 부자와 유희분, 박승종 두 집안 및 박건朴楗, 정창연鄭昌衍 등 시류배의 이름이 기록되어 있다는 사실을 알았다. 윤조원은 은자 40량과 관목官木(관포) 9동同을 꼭꼭 싸서, 평소 친한 군관을 시켜 한밤에 실어 보내게 하고는 송도에까지 쫓아가서 유세증에게 뇌물로 주고, 이런 이야기를 서울에는 퍼뜨리지 말라고 당부했다. 유세증은 그 뇌물을 받아들고 서울로 와서는 부연하고 부풀려서, 큰 적이 구월산을 근거로 똬리를 틀고 있다고 떠들어 댔다. 박이빈은 본래 해주의 무뢰한이었는데, 시류배가 화복의 설로 꾀어, 유희분, 박승종 두 집안 및 다른 재상과 조정인사, 해주 거주인 및 해주 감사의 친족의 이름들을 차례로 적어서, 그들을 고변자로 삼은 것이다.

3월에 박이빈이 사는 마을 사람들이 연명으로 박이빈의 흉패한 죄상을 고발했다. 해주 목사가 그를 붙잡아다가 죄를 가하려고 하자, 박이빈은 앞서 작성해두었던 그 명부를 올리면서 고변을 하겠다고 했다. 해주 목사는 그 명부에 감사와 그 부자의 성명이 모두 들어 있는 것을 보고 그것을 박이빈에게 돌려주고는, 박이빈의 친족을 불러서 박이빈을 좋게 선처하라고 했다. 박이빈의 친족들은 멸문의 화가 일어날까 봐 두려워하여 박이빈을 묶어서 강에 던졌다.

대간臺諫은 유세증의 말을 듣고는 윤조원尹調元을 파면하고 최기를 체포하라고 아뢰었다. 최기는 공술에서 박이빈이 기록한 재상의 이름을 대었으나 아무 증거가 없었다. 하지만 중전은 이 전후 이야기를 전해 듣고 비녀와 귀거리를 빼고 옷을 갈아입은 후 조촐한 방에서 대죄했다. 광해군은 자신의 처남인 유희분과 사돈 관계인 박승종 두 집안을 도륙할 뜻이 없었다. 시류배는 자신들의 모략이 뜻대로 되지 않을 것을 알고는, 최기가 스스로 모반했다고 말을 만들고, 박이빈의 명부 속에 들어 있는 훈척 없는 대신을 모반의 당사자로 지목하고 자신들의 화를 피하려고 꾀했다.

양사兩司가 다시 아뢰자, 시류배는 해주의 선비와 백성 및 최기의 친척, 못난 남자들을 잇달아 체포해서 엄한 형벌로 신문하게 했다. 그래도 단서가 없자, 최기가 역모를 꾀했다고 억지로 지목했다. 또 감사 백대형白大珩, 목사 정영국鄭榮國으로 하여금 김몽호金夢虎의 모친과 정충남鄭忠男을 사주하여 최기가 실제로 역모를 꾀했다고 고변하도록 시켰다. 김몽호는 일찍이 최기에게 죄를 입어 곤장을 맞다가 죽었고, 정충남도 최기에게 죄를 입어 당시 해주 감옥에서 수형 생활을 하고 있었다. 양사는 최기에게 추형追刑을 가하고, 법률에 따라 그의 집을 부수고 연못을 만들며 연좌하여 가산을 적몰하라고 청했다.

해주 사람들을 추국할 때 박이빈의 종제 박이문朴以文이 공술하기를, 박이빈은 문자를 알지 못하고 겨우 군도목軍都目이나 알아볼 뿐 문자를 알지 못하는 데다 또 아주 어리석어서 서울의 재상 이름들을 알지도 못한다고 변론하고, 이 서찰을 준 사람이 가까이 있다고 운운 했다. 하지만 심문관은 더 따지지 않았다. 유이증은 공술하기를, 유세증과는 하루

밤을 같이 지냈으므로 만약 유세증과 면질한다면 그가 역모한 것을 자세히 말하겠다고 했다. 심문관은 이것도 허락하지 않았다.

박이빈의 옥사를 서술한 민인백은, 최기의 사위 유찬柳燦에게 보낸 두 통의 서찰이 있으므로 그 서찰들을 보면 허균이 날조한 사실을 분명히 알 수가 있다고 했다. 유찬이 친국을 받을 때 허균의 서찰을 바쳤는데, 광해군은 처음 그것을 보고는 얼굴빛이 변하기까지 했으나, 끝내 따지지 않았다는 것이다.

그 후 광해군 11년(1619) 8월에 참찬 허균이 반역을 꾀했다는 이유로 복주伏誅되었다. 허균은 흉악하고 참혹한 참기讖記 수천 마디를 지어 세상에 비전祕傳했다고 한다. 또 과거의 고시관이 되어 공정하게 처리하지 않았고, 남산에서 밤마다 외치기도 했다고 한다. 심지어는 광해군을 권하여 서강의 용선龍船에 임하게 하여 왕을 죽이려고 꾀했다가 발각되었다고 했다.

8월 24일에 광해군은 '반역의 괴수' 허균 및 그의 당인 하인준·김개·김윤황·우경방·현응민을, 26일에는 황정필 등을 모두 능지처참하고, 가산을 적몰한 후 집을 헐어 연못을 만들었다. 그리고 9월 6일, 광해군은 중외의 신민에게 교서를 내려, '난적亂賊 허균'을 형벌로 죽인 사실을 선포했다.

허균이 과연 광해군의 교서에서 열거한 어마어마한 죄들을 저질렀는지는 알 수가 없다. 허균은 유희분과 박승종이 외척으로서 권세를 부리는 것을 제어하려다가 거꾸로 모반죄를 입었을 가능성이 있다. 그가 반역의 괴수로 참수당한 것은 이이첨의 농간이었을지 모른다. 다만 〈성불여월요〉에 대해서는 광해군의 교서도 그것이 허균의 자작극이라고 지적했다.

금수레야 금수레야
: 금거金車요

지난 날 이런 동요가 있었다.

| 금수레야 금수레야 | 金車金車 ^{금거금거} |
| 물밑으로 돌아가자 | 水底歸歟 ^{수저귀여} |

당시 재상으로 김륜金輪이란 사람이 있는데, 수원 사람이었다. 금수레는 김륜을 가리키고 물밑水底이란 수원을 가리킨다. 돌아가자歸歟는 돌아가는 것이 좋겠다는 뜻이다. 김륜은 깨닫지를 못하여, 마침내 화를 입었다.

— 이수광, 《지봉유설》 권17 잡사부 징응徵應

〈금거요〉는 같은 음의 글자로 특정인을 지목하여 그 앞날을 예시한 동요이다. 하지만 김륜이란 분은 역사 문헌에서 찾을 수가 없다. 이수광의 착각인지 알 수가 없다. 고려 때 좌정승을 지낸 김윤金倫은 본관이 언양인 데다가 권근의 《동현사략》에 입전될 만큼 명인이므로, 해당하지 않는다.

이 노래는 혼란한 정국에서 처신을 잘못하여 결국 화를 입은 관료를 애처러워하는 뜻을 담고 있다. 구체적 인물을 가리킨다기보다는 관료 일반의 불안한 심리를 반영하고 민중이 오히려 관료에게 처신의 중요성을 깨우치는 뜻을 담고 있다.

금수레의 金은 성씨로는 김씨에 해당하는데, 김씨 성을 지닌 재상을 지목하면서 실은 관료 일반을 가리킨다고 보아야 할 것이다. 수레는 輪이란 이름을 지칭할 수도 있으나 인생의 수레바퀴를 밀고 있다고 해야 할 인간 존재를 일반적으로 가리킨다고 해석할 수 있다.

옛사람들은 출처행장出處行藏에서 '시중時中'을 행하라고 했다. 시중이란 시기와 상황에 따라 중도中道를 행하는 것을 말한다. 《논어》〈태백〉 편에서 공자는, "위태로운 나라에는 들어가지 않고 어지러운 나라에는 살지 않는다. 천하에 도가 있으면 나가고 도가 없으면 숨어야 한다."라고 했다. 지식인의 현실 대응 자세에 대해 가르침을 드리운 것이다. 〈술이〉 편에서 공자는 "용지즉행用之則行 사지즉장舍之則藏"이라 했다. "나를 써주면 나가서 실천하고, 나를 버리면 은둔해서 재주를 감춘다."라는 뜻이다. 곧 세상에 나가 이상을 실천하든 숨어살며 덕을 수양하든 어느 경우라도 모두 자유자재自由自在하다고 말한 것이다.

단, 공자가 가르친 현실 대응의 자세는 기회주의자가 되라고 한 것이 아니다. 공자는 무엇보다 독신호학篤信好學과 수사선도守死善道를 통해 자주성을 지닌 인간이 되라고 했다. 독신호학은 올바른 이념을 믿고 배우기를 좋아함이요, 수사선도는 죽음을 각오하고 이념을 실천함이다. 이 둘은 자주성을 지닌 인간이라면 일생 수행해야 할 과업이다.

그런데 군자라면 사회적, 정치적 활동을 할 때에 무모한 해악을 당하지 않도록 상황을 파악해서 할 필요가 있다. 그래서 그 나라가 위태로운지 어지러운지, 천하에 도가 있는지 도가 없는지를 살펴서 늘 의리에 합당하게 숨거나 나아가거나 하는 결단을 내려야 한다. 그래야 시중을 얻었다고 할 수가 있다.

〈금거요〉는 바로 시중을 얻지 못하고 패가망신하는 관료들에게 따끔한 일침이 될 것이다.

춘삼월 보름달이 돌아오네

: 도라오내요

광해군 계해년(1623) 정월 보름날, 달밤에 도하都下(서울)에 동요(거리의 동요)가 유행하여, 아동이 춤추면서 노래 부르지 않는 날이 없었다. 노래는 이러하다.

도라오닉 도라오닉
춘삼월 보롬날이 도라오닉
옥류동 귀경가세
양구良久의 졈심 그릇 괄세ᄒᆞ라
싹싹로 쏘 노라보세
유두 명길의 셔봉암瑞逢菴 귀경갈졔
창의문彰義門 싹 다라셔
중로中路의 축언긔도ᄒᆞ며
어셔오라 영후홀졔
흥망너희(를) 엇지 알니

인조반정 때 정사공신靖社功臣들이 날을 정하니, 곧 3월 15일이었으나, 기밀이 누설되었으므로 12일 밤으로 바꾸었다. 동요의 노래는 3월 초에 비로소 저절로 소멸되었다.

— 광해계해정월망월야도하동요아동무일불무창가光海癸亥正月望月夜都下洞謠兒童無日不舞唱歌,《동사초》편자 미상, 한국학중앙연구원 소장

〈도라오내요〉는 인조반정의 공신들 이름을 우리말과 한자어 속에 교묘하게 끼워 맞춘 노래이다. 각 글자가 가리키는 인물들을 살펴보면 다음과 같다.

옥류玉流-김류金瑬	귀-이귀李貴	경-신경진申景禛
양구良久-구굉具宏과 구인후具仁垕		졈-김자점金自點
심, 그릇(기器)-심기원沈器遠	괄-이괄李适	셰-심명세沈命世
싸-이시백李時白	싸-이시방李時昉	유-장유張維
두-원두표元斗杓	명길-최명길崔鳴吉	서봉암瑞逢菴-홍서봉洪瑞鳳
즁노-이중로李重老	축-이기축李起築	언- 이언영李彦永
긔도-홍진도洪振道	어셔-이서李曙	영迎-송영구宋英耉
후候-이후원李厚源	홍-이홍립李興立	망-송영망宋英望
니하-이해우李澥右		

광해군은 이원익·이항복·이덕형 등 명망 높은 인사를 요직에 앉혀 당쟁을 완화시키려고 하고, 명나라와 후금 사이에서 실리를 취하는 중립 외교 정책을 폈다. 그러나 이이첨·정인홍 등 대북파의 무고로 친형 임해군을 죽였다. 재위 5년인 1613년에는 계축옥사를 일으켜 이모제 영창대군을 죽였을 뿐 아니라, 계모 소성왕대비(인목왕후 김씨)도 유폐하고 말았다. 이로써 위기의식을 느낀 사대부들이 반정의 계획을 세우기 시작했다. 곧, 광해군 12년(1620)에 이서와 신경진이 처음으로 반정을 모의하기 시작했고, 이귀·김류·김자점·최명길과 최명길의 형 최내길 등이 이에 동조했다. 마침내 1623년 음력 3월 12일 밤, 능양군(후일의 인조)을 주축으로 서인 세력이 반정을 일으켰다. 이이반이 도중에 밀고했으나, 거사는 예정대로 실행에 옮겨졌다. 능양군과 이서·신경진·이귀·이괄·김류·김자점·심기원·구굉·구인후·최명길·최내길 등은 군사를 이끌고 창의문으로 진격했다. 창덕궁에서는 훈련대장 이흥립의 내응으로 훈련도감의 군사가 궁문을 열어주었다.

《광해군일기》에서 반정 당일인 3월 12일(임인) 기록을 보면, 광해군은 대신·금부당상·포도대장을 부르게 하고, 또 도승지 이덕형, 병조판서 권진을 입직하게 했다고 한다. 이때 이이반은 반정군이 창의문 밖에 주둔해 있다고 알렸다. 그러자 광해군은 이흥립으로 하여금 군사를 거느리고 궁성을 호위하게 하고 천총 이확을 보내어 창의문 밖을 수색하게 했다. 이흥립은 박승종의 사돈으로서 그의 추천으로 직임을 제수 받았으므로, 은밀히 반정군과 합세했다. 당시 능양군은 연서역延曙驛 마을에 거처했는데, 대장 김류, 부장 이귀 등은 최명길·김자점·심기원 등과 홍제원터에서 모였다. 장단방어사 이서는 부하 병사를 거느리고 왔고, 이괄·김경징·신경인·이중로·이시백·이시방·장유·원두표·이해·신경유·장신·심기성·송영망·박유명·이항·최내길·한교·원유남·이의배·신경식·홍서봉·유백증·박정·조흡 등이 와서 모였다. 문무 장사 2백여 명, 군사 1천여 명이 밤 3경에 창의문으로 들어가 창덕궁 문 밖에 도착했을 때, 이흥립이 의장을 버리고 와서 맞이했고 이확은 군사를 이끌고 후퇴했다. 대신 및 재신들은 군대의 함성소리를 듣고 흩어져 도망갔다. 광해군은 대궐 뒷문으로 달아나 의관 안국신의 집에 숨었으나 곧 체포되었다.

3월 13일에 반정군은 인목대비를 복위시킨 다음, 선조 대왕의 손자이며 정원군의 아들인 능양군(이종李倧)을 새로운 임금으로 옹립하고, 대비의 명으로 그를 경운궁에서 즉위시켰다.

광해군은 군君으로 강등하고 강화도로 유배했다가, 처형했다. 이이첨·정인홍 등 광해군 때의 권세가들은 대역죄로 참형했다. 반정 모의에 참여했으나 밀고했던 이이반도 반역죄로 주살했다. 한편 반정에 공을 세워 집권한 이귀·김류 등 33명은 3등으로 나누어 정사공신靖社功臣의 훈호勳號를 주었다.

김만중金萬重은 《서포만필西浦漫筆》에서 인조반정 직전의 한 일화를 전해주었다.

1623년 3월 12일의 반정이 있기 서너 날 전, 어떤 종이 말을 끌고 점쟁이 김우정金禹鼎의 문에 와서 말했다. "모 생원댁에서 판사를 청해서 점을 쳤으면 합니다."

김우정이 말을 타고 그 집에 이르러 안으로 들어갔다. 김우정은 본래 거기가 누구 집인지 몰랐는데, 좌중에 사람들이 매우 많다는 것을 알았다. 김우정이 여러 사람들에게 하고자 하는 일이 무엇인지 물으니, 한 사람이 말했다. "어떤 일인지 물을 필요는 없고, 단지 우리들이 도모하는 게 성공할지만 보아주게."

김우정이 점치기를 마치고 일어나 하례하며 말했다. "이것은 건괘乾卦의 구오九五효입니다. 효사에 '나는 용이 하늘에 있으니 대인大人을 보는 것이 이롭다.'라고 했습니다. 아주 좋은 대길의 점입니다. 다만 도모하는 것이 작다면 감당해내지 못할 것입니다."

여러 사람들이 매우 기뻐하며 김우정을 머무르게 하고 집안에 가두고는 며칠이 지난 후에 내보냈다. 그때서야 인조가 새로 즉위했고, 앞서 자기에게 점을 물은 사람들이 정사공신들이었음을 알았다고 한다.

《서포만필》에서 이런 비사를 밝히고 김만중은 다음과 같이 덧붙였다.

> 제왕이 흥기할 때는 실로 천명이 있으므로, 점이 밝게 감응하는 것이 이치상 괴이할 것은 없다. 그러나 인간사로 말한다면 계해년 3월은 장공근張公謹이 거북을 내던졌을 때이니, 만약 점이 좋지 못했다면 그만 두었겠는가? 모임에 있는 사람들이 거사에 임하여 두려워한 자가 없지 않았기 때문에, 미리 점치는 자와 짜고 신도神道를 빌려 사람의 마음을 잡았을 뿐이다.

장공근은 당나라 태종 정관 원년(627)에 대주 도독代州都督이 되어 정치의 득실을 논했다. 이정李靖을 도와 무공을 세워 담국공에 봉해졌다. 양주 도독으로 있으면서 은혜로운 정치를 펴다가, 39세로 임소에서 죽었다. 그보다 앞서 이세민 즉 태종이 현무문에서 자신의 형이자 황태자인 이건성을 죽이려고 할 때 점쟁이에게 거북점을 치게 했다. 그런데 장공근이 마침 밖에서 들어오다가 보고는 거북을 땅바닥에 내던지면서 "점치는 목적은 의심스러운 일을 해결하고 망설이는 일을 결정하기 위해서인데, 지금은 더 의심할 것도 없게 되었으니 점을 칠 것이 뭐가 있겠는가!"라고 했다. 태종은 그 말을 옳게 여겼다고 한다.

인조반정에 가담한 사람들은 일의 성패를 몰라 두려워했을 것이다. 더구나 반정군을 지휘하기로 했던 김자점이 약조보다 뒤늦게 와서 더욱 불안했으리라.

하지만 반정이 성공한 뒤 그들은 〈도라오내요〉가 말하듯, "춘삼월 보름달이 도라오늬"라고 새로운 시대를 환호하여 반기는 기분이었을 것이다. 〈도라오내요〉는 인조반정 후의 새 시대를 맞는 기쁨을 노래하고, 반정 공신들의 득의한 심경을 추찰한 것이다.

밭 있으면 세금이 없고
세금 있으면 밭이 없구나

: 유세무전有稅無田요

왕명을 받든 사람이 염근廉謹(청렴과 근신)을 소홀히 하여 잔폐殘弊의 고을에 대해 미봉책을 쓰는 실책을 저질러서, 여탈與奪이 공정하지 못하고 징세가 근거가 없었기에, 이에 '밭이 있으면 세금이 없고 세금이 있으면 밭이 없다有田無稅 有稅無田'라는 노래謠가 있게 되었습니다. 아아, 이것이 어찌 선왕의 성헌成憲으로서 영구히 실행할 수 있는 법이란 말입니까?

— 정영방,《석문선생문집石門先生文集》권4 〈용궁 사민이 혼조(광해조) 때 부가된 하중의 세를 감면하여 달라고 청하는 소龍宮士民請蠲減昏朝所加下中之稅疏〉, 한국문집총간 속19, 한국고전번역원

인조 때 정영방鄭榮邦은 경상도 용궁龍宮, 즉 예천의 양반 및 백성들을 대신하여 양전量田의 잘못을 시정하여 줄 것을 청하는 상소문을 작성했

다. 그 상소문 중에, "밭 있으면 세금이 없고 세금 있으면 밭이 없음을 한탄하노라."라는 〈유세무전有稅無田요〉가 유포되어 있다고 언급했다.

  신등臣等은 피폐한 고을의 무지렁이 백성으로서 목숨이 개미나 땅강아지나 다름없습니다만, 마음속에 지극한 원통을 품고 있기에 한바탕 울며 외치고 싶습니다. 하지만 천문天門의 구중궁궐에 이를 계단이 없기에 발을 구부리고 주저주저한 것이 오래되었습니다. 지금 엎드려 보건대, 성산星山의 도회관都會官이 금년의 전세田稅 수를 분정分定했는데, 전답의 하중下中이 거의 10분의 9이거늘, 해조該曹의 관關에서는 갑술년의 조목에 따라 마련했으므로 부득불 이와 같지 않을 수 없습니다. 하지만 신등은 가만히 괴이하게 여깁니다. 이는 필시 행회行會(정부의 지시와 명령을 각 관사의 장이 그 부하에게 전달하고 실행 방법을 토의하기 위한 모임)의 사이에, 혹 심찰審察하지 않아서 이렇게 된 것이지 조종의 본뜻이 아닐 것이라고 여깁니다. 어떻게 아는가 하면, 신등은 전하께서 양전量田(경작 상황을 알기 위하여 토지의 넓이를 측량하던 일)할 때에 혹 결부結負(논밭의 면적. 논밭의 곡물 생산량에 따라 면적을 정하는 방식. 곡식 이삭 한 줌이 생산되는 땅을 1파把로 하여, 10파가 1속束, 10속이 1부負, 100부가 1결結임)가 과중할까 우려하여 평량平量을 하게 힘쓰라 하셨고, 양전한 후에 또 잡세를 견감蠲減하게 하셨으며, 그밖에 백성의 큰 고통을 우려하는 뜻을 거듭 경연의 자리에서 드러내셨다는 것을 잘 알고 있기에, 손하익상損下益上(아래를 덜어서 위로 보태줌)을 급무로 삼지 않으셨다는 것이 분명합니다. 성명聖明께서 이와 같으셨거늘, 폐조廢朝(광해조) 때 한때 옛 관례를 답습하여 구차하게 시행했던 정치를 다시 경화更化의 날에 시행할 수가 있겠습니까. 신등은 근본을 추급하여 말씀드리고자 합니다.

　무릇 1등에서부터 6등에 이르기까지 나누는 것은 전답이 비옥한지 척박한지를 나누어 결부를 정하는 것입니다. 하중下中과 하하下下는 수확이 풍년인지 흉년인지를 보고 그 세금을 위로 하든가 아래로 하든가 하는 것입니다. 하중下中은 1결에 6두를 세금으로 내고, 하하下下는 1결에 4두를 세금으로 냅니다. 풍년이 들면 하중下中으로 세금을 내고, 흉년이 들면 하하下下로 세금을 냅니다. 하중下中은 수시로 있다가 없다가 하지만 하하下下는 상례의 세금으로 합니다. 이것이 조종조 이래로의 옛 법입니다. 그러나 상도上道의 척박한 땅의 경우는 비록 풍년이라 해도 하중下中의 세금이 없고, 하도下道의 비옥한 땅의 경우는 세금이 있습니다. 아래로 혼조(광해조)에 내려와서는 국내에 일이 많아서, 경비가 점차 넓어졌으므로, 일을 담당하는 사람은 마침내 지출을 헤아려서 수입을 정했으므로, 경상적이지 않고 근거도 없는 법을 창안하여, 금년에 자각自覺을 가하고 내년에 바로 늑정勒定을 가했습니다. 자각이라는 것은 은루隱漏되어 있는 것을 발각함을 뜻합니다. 늑정이라는 것은 억눌러서 근거로 삼아 정한다는 뜻입니다. 모두 횡렴橫斂하여 충족시키는 것이므로, 토지가 비옥하고 결부가 축소된 고을에 시행한다면 그나마 가합니다.

　용궁龍宮은 신등이 거처하는 고을입니다만, 토지가 척박하고 백성들은 가난하여 잔폐함이 아주 심하거늘, 전후에 헛된 결부를 얻은 것이 이웃 고을에 비해 유독 많습니다. 게다가 하중下中이 10분의 9를 차지하여, 누적 된 것이 수십 여 년이므로, 백성들이 왕명을 감당할 수 없습니다. 그러다가 곧 양전을 하라는 명령이 내려왔다고 듣고는 모두가 환희하여 고무되어, "조종조의 옛 법을 오늘 다시 보게 될 것이다. 늑정勒定하고 허세

虛稅는 역시 장차 견감蠲减을 구하지 않아도 절로 없을 것이다."라고 하면서, 조마조마하게 그 일이 쉽게 마무리되지 못할까 봐 두려워했습니다. 밤낮으로 발뒤축을 들고 기다렸으나, 오늘에 이르러서 다시 갑술년의 조목으로 반하하셨기에, 신등은 저도 모르게 낙담을 했습니다. 열읍을 모두 하중下中으로 하면, 양전하여 새 결부가 이미 중한데다가 금년에 아주 아무것도 없으므로, 이는 지나치게 높아져서 할 수가 없습니다. 어쩔 수가 없습니다. 폐조에서 늑정한 옛 규정을 그대로 따르고 변화를 하지 않으면, 각 읍이 혹은 하하下下가 되기도 하고 하중下中이 되기도 하는데, 이는 균평하지 않아서 할 수가 없습니다. 거듭해서 추론하여 강구하여도 올바른 설을 얻을 수가 없습니다. 하지만 소인의 뱃속으로 헤아려보면, 왕명을 받아 교화를 선포할 때에 우연히 조감照勘을 잘못하여서 해마다의 수조收租를 반행頒行할 때 옛 문자에 의거해서 그래도 따라 이와 같이 된 것이지, 부과를 더하려고 하여 그렇게 된 것이 아닙니다. 그러므로 '조정의 본의가 아니다.'라고 한 것입니다. 하지만 위에서의 명령이 이미 이러하므로, 각 고을 관아에서는 마음을 다해 받들어 행하는 것이 직분입니다. 이에 탕척해주심을 입지 않으면 이 폐단을 어느 때에 제거하여 남은 백성들이 무엇을 의지하여 온전히 살아날 수 있겠습니까?

　게다가 다른 고을보다 깊은 원한과 지극한 고통이 남다르기에 신등은 자세하게 말씀드리고자 합니다. 무릇 양전의 역役은 진실로 균일하게 하기 어렵습니다. 하지만 평상시의 원장元帳보다 크게 가감이 없다면 원통하고 억울할 것이 없습니다. 그런데 듣자니 하삼도下三道 열읍의 양전한 것은 원장보다 미치지 못하는 것이 과반이고 원장과 같은 것이 역시 많으며 원장보다 넘는 것은 아주 조금 있어서 거의 없을 정도라고 합니다. 그렇거늘 신등의 고을은 평상시의 원장이 모두 3천 24결인데, 지금 양전한 것은 그보다 남는 것이 3백 십여 결입니다. 국토는 해변에 이르기까지 모두 국왕의 신하의 땅이 아닌 것이 없거늘, 저쪽은 가볍게 해주고 이쪽은 무겁게 해주니 어찌 억울함이 심하지 않겠습니까? 이 지경이 된 것은 역시 조정이 알지 못할 것입니다. 본 고을의 도감都監이 광겁恇㥘하고 무지無知하여, 국가가 필시 결부를 많이 얻고자 한다고 여겨서 그 수를 부풀려서 양전사量田使에게 보고했는데, 양전사 신 신득연申得衍도 역시 과중하다고 우려했는데, 도감이 행대行臺에 불려가서 그 연유를 힐문받으면, 중량重量(양전을 무겁게 함)했다는 이유로 죄를 입을까 두려워하여, 마침내 '계묘년 전안田案에 속전續田이 5, 6백 결이나 되므로 원전元田으로 입량入量하기를 지난날처럼 했습니다.'라고 말하기를 이와 같이 한 것일 따름입니다. 양전사도 또 일을 마치는 데 급급하여, 미처 사고査考(조사함)하여 실상을 파악하지 못한 것입니다. 만약 사고査考한다면, 당시의 전안田案이 여전히 있으므로, 속전續田이 얼마나 많은지 그 허실을 판별할 수 있을 것입니다. 대개 본 고을은 태산太山의 발치와 삼강三江이 만나는 곳에 궁벽하게 위치하여, 그 높은 곳은 토지가 척박하여 벼가 한 줌도 자라지 않고, 낮은 곳은 물이 잔뜩 들어차서 곡식이 모두 썩어 문드러지므로, 그 재해를 입은 곳이 얼마나 될지 알지 못할 정도입니다. 그렇기에 물이 들어도 역시 풍작을 이루지 못하고 가뭄이 들어도 역시 풍작을 이루지 못하는 것이니, 이것은 다른 고을에 비할 바가 아닙니다. 지난날 결부가 적어도 오히려 감당하지 못했거늘, 오늘 그보다 과한 것을 어찌 감당할 수 있겠습니까?

전 순찰사 신 이기조李基祚가 본 고을에 순찰하러 왔다가 실상을 알고, 역시 개연히 여겼으나, 체직할 때 임하여서 장계狀啓를 올리지 못했다고 합니다. 지금 하문하신다면 아시게 될 것입니다. 생각건대 천지의 어짊은 어느 물품도 길러주지 않는 것이 없고, 부모의 인자함은 어느 아이도 품어 기르지 않는 자가 없다고 합니다. 특별히 긍휼히 여기고 불쌍히 여기는 정을 드리워서, 변통의 길을 조금 열어주셔서, 경계經界를 바르게 하여 인정仁政이 유통하게 하신다면, 시신이 되어 뼈만 남은 몸에 다시 살이 붙고 죽은 풀에서 꽃이 피어나서, 팔방이 모두 봄기운을 같이 하여 어찌 완수하지 않을 품물이 있겠으며 사해가 한 몸이 되어 다시는 한쪽만 편벽되게 말라죽을 걱정이 없게 될 것입니다. 그 하중下中의 세금으로 말하면, 행회行會할 때에 잘못한 것은 아닙니다만, 역시 일시의 견면蠲免을 내려주신다면, 신등은 지극한 은택 속에서 느긋하게 푹 젖어 있으면서, 굽어 길러주시는 상감을 위로 섬기게 되어 다시 더 여한이 없게 될 것입니다. 부디 천지부모께서는 애련히 여기시어 판정하여 주시면 다행이겠습니다. 신등은 지극히 황공함을 이기지 못하나이다.

양전量田은 전국의 전결수田結數를 파악하고 양안量案(토지대장)에 누락된 토지를 적발하는 일을 말한다. 조선시대에는 탈세를 방지하고 토지 경작 상황의 변동을 조사하여 전세田稅의 징수를 충실하게 하려고 20년마다 양전을 실시했다. 그러나 인력과 경비가 막대하게 소요되므로, 정기적으로 실시하지 못했다. 양전을 할 때는 균전사均田使를 파견하여 이를 감독하고, 수령과 실무자의 위법사례를 적발해서 처리하도록 했다. 특히 《경국대전》에 따르면 모든 토지는 다음 6등급으로 나누었다.

정전正田: 항상 경작하는 토지.

속전續田: 땅이 메말라 계속 농사짓기 어려워 경작할 때만 과세하는 토지.

강등전降等田: 토질이 떨어져 전품田品을 유지하지 못해 세율을 감해야 하는 토지.

강속전降續田: 강등하고도 농사짓지 못하여 경작한 때만 과세하는 토지.

가경전加耕田: 새로 개간하여 세율도 새로 정하여야 하는 토지.

화전火田: 나무를 태워 경작하는 토지. 경작지에 포함시키지 않는 토지.

양전할 때 토지 형태가 뚜렷하지 못한 곳은 정사각형 또는 직사각형으로 만들며, 경사진 곳은 별도로 토지의 형태를 만들어서 측량했다. 양전에 사용하는 척도인 양전척量田尺도 토지의 등급에 따라 달랐다. 고려 때는 지指(뼘)였으나, 조선에서는 세종 때부터 주척周尺을 써서 일등전척一等田尺부터 6등전척까지 있었다.

또한 《속대전續大典》에, "모든 전지는 해마다 9월 보름 전에 수령이 살펴서 연분年分의 등급을 정하고(고을 안과 4면에 각각 등급을 분간한다) 관찰사가 다시 살펴서 계문啓聞하면, 의정부와 육조에서 함께 논의하고 다시 아뢰어 세稅를 징수한다." 했다.

그런데 정약용은, 한 해의 풍년 흉년을 아홉으로 분간할 수는 없다고 했다. 크게 풍년인 해라도 10분의 1도 먹지 못할 수가 있고, 크게 흉년인 해라도 10분을 모두 먹을 수도 있다. 한 도道의 전총田總을 통계하면 등급을 분간할 수 있겠으나 여러 고을을 자세하게 살피면 들쭉날쭉함이 있고, 한 고을 전총을 통계하면 등급을 분간할 수 있으나 여러 고을을 자세하게 살피면 들쭉날쭉함이 있으며, 한 마을 전총을 통계하면 등급을 분간할 수 있으나 여러 전지를 자세히 살피면 들쭉날쭉함이 있다. 만일 한 도를 모두 대략 계산해서 그 세액을 올리고 내린다면, 특별히 풍작된 전지는 요행하게 이웃의 전지의 덕을 입고, 특별히 흉작된 전지는 뜻밖에 이웃 전지 때문에 해를 당하게 된다. 그래서 정약용은 "예부터 전분田分에 9등은 있었거니와, 연분年分에 9등이라는 것은 듣지 못했다."라고 결론지었다.

정약용은 6등 전세는 공법貢法의 유類인데, 공법을 쓰면서도 연분을 살피는 것은 법제가 될 수 없다고 우려했다. 전등田等으로 하면 1등이 1결結, 2등은 85로, 3등은 70으로 해서 이미 철석같이 문안文案이 정해졌고, 연분으로 말하면 9등에 4두, 8등에 6두, 7등에 8두로 하여 또 철석같이 한계가 그어져 있다. 두 가지 법이 서로 합치하지 않음은 모순과 예조枘鑿 같아서, 함께 시행해서 어그러질 수밖에 없다는 것이다. 그렇지만 고을의 서리胥吏들은 연분을 전등田等으로 알았다.

당초 양전量田할 때에는 1등은 1결, 2등은 85, 3등은 70, 4등은 55, 5등은 40, 6등은 25로 했는데, 이렇게 등급을 갈라놓고도 조세를 거둘 때가 되면 또 3등으로 갈라서 하등은 4두, 중등은 6두, 상등은 8두로 배정했다. 결結을 만들 때에 1결로 한 것은 세액을 모두 같게 한다는 명목이었는데, 결을 만든 후에는 또 3등으로 갈라서 그 세액을 올리고 내리니 결을 만든 그 근본 취지가 무색하게 되었다. 그러므로 아전이 그것을 이용해 이른바 하지중·하지하 등급에 공통으로 6두를 징수하여 남몰래 그 남는 것을 훔쳤다.

하지만 정약용도 지적했듯이, 조선 후기의 연분법은 헛자리를 만들도록 간사한 짓을 꾸미는 구멍을 열어두었다. 실무를 시행할 때가 되어서는 별도로 초실稍實·지차之次·우심尤甚·최우심最尤甚의 4등급을 만들고, 그 안에서 등급을 자잘하게 갈라서 '초실한 읍邑의 우심한 면面, 우심한 면面의 초실한 이里' 등 자질구레한 명목이 잡다했다. 이렇기 때문에 양전은 결국 거친 계산으로 돌아갈 뿐이었다.

그런데 조선 후기의 농민들은 법전에 정해져 있는 세금 이외에 잡다한 세금들을 더 내야 했다. 법전을 상고하면 '매결에 세미 4두, 삼수미 1두 2승, 대동미 12두, 균역전均役錢 5전'뿐이지만 실제는 자잘한 세금을 백성들에게 부가했다. 정약용은 강진康津 전결과 잡역에 대해 법으로 정한 세금과 불법의 세금을 다음과 같이 열거했다.

① 매 1결結 당 세금:

세미稅米 6두. 삼수미 1두 2승. 대동정미大同正米 12두. 본현本縣에 쓰는 꿩·닭·시탄柴炭 값으로 쌀이 4두. 결전結錢 5돈五錢〔균역청에 납부하는 것〕. 이전耳錢 1푼. 규장각 책 종이값 3푼. 대동미 감축미 7승. 서원 고급조書員考給租 4두〔찧지 않은 벼를 조租라 한다〕. 방주인坊主人 근수조勤受租 2두. 고마조雇馬租 20두이거나, 혹은 23~24두. 고마전雇馬錢 10닢, 혹은 30닢, 40닢을, 1년에 드물면 서너 차례, 잦으면 대여섯 차례를 거두는데, 관령官令이 한번 내리면 백성이 곧 바친다. 불미不米 9승〔불미란 꿩·닭·시탄을 달마다 배정하는 데 부족한 쌀〕.

② 매 1석石 당 세금:

가승미加升米 3승. 곡상미斛上米 3승. 창역 가미倉役價米 6승. 하선 입창 가미下船入倉價米 7홉 5작〔이상은 법전에 있다〕. 부가미浮價米 1두. 부가 가

급미浮價加給米 8승. 간색미看色米 1승. 낙정미落庭米 4승. 타석미打石米 1승. 원인정미原人情米 2승〔이상은 전세조田稅條이다〕. 대동 부가미大同浮價米 1두. 부가 가급미浮價加給米 8승. 대동 간색미大同看色米 1승. 낙정미 4승. 타석미 1승. 꿩·닭·시탄 색락미色落米 1승 6홉.

③ 전결田結에 거두는 세금:

창작지미倉作紙米 2석. 호조戶曹 작지미 5석. 공인역가미貢人役價米 5석〔이상은 법전에 있다〕. 기선감리 양미騎船監吏糧米 20석. 대동기선감리 양미 20석.

④ 전결에 거두는 부가세:

경주인京主人 역가미 60석. 영주인營主人 역가미 90석. 진상첨가미進上添價米 90석〔매결에 본디 쌀 서 되를 거두었는데, 훗날은 흉·풍년에 상관없이 아흔 섬으로 정했다〕. 병영주인兵營主人 역가미 14석. 호방청戶房廳 부족미 132석〔전관색專關色이 매달 아홉 섬, 승발색承發色이 매달 두 섬〕.

⑤ 환곡還穀을 전결로써 갈라주되, 남방의 환곡은 명색은 환곡이나 실상은 백납白納이다. 1년 동안 백납하는 수량도 두어 섬보다 적지 않다.

⑥ 특별세:

신구관이 교대할 때 신구관 쇄마刷馬 값을 모두 저치미儲置米 또는 결전結錢에서 회감會減하되 전결에도 징수한다. 신관 태가전駄價錢은 300여 냥, 구관 태가전은 600여 냥. 신관아수리잡비전新官衙修理雜費錢 100여 냥.

정영방은 농촌의 현실을 상세하게 전하지는 않았지만, 양전量田의 문제점을 분명하게 드러내었다.

정영방은 조선 중기에 안동 지역에 거주한 유생이다. 본관은 동래東萊, 호는 석문石門이며, 할아버지는 정원충鄭元忠, 친아버지는 정식鄭湜, 양아버지는 정조鄭澡이다. 안동시의 《향토문화백과》에 따르면, 정영방은 현재의 경북 예천군 지보면 익장리에서 태어났다. 다섯 살 때 아버지를 여읜 후 아버지의 사촌형제였던 정조의 양자가 되어 안동 송천으로 이사했다. 상주의 우복산에서 제자들을 가르치고 있었던 정경세鄭經世를 찾아가 그 문하에서 수학했다. 선조 38년(1605)의 진사시에 합격했으나 산림처사로 살았다.

광해군 원년(1609), 현재의 경북 예천군 지보면 도장리에 가옥을 짓고, 광해군 때 벼슬에 나가지 않았다. 인조 14년(1636)에 병자호란이 일어나 이듬해 정월에 인조가 성하에서 강화를 맺는 굴욕을 당하자, 정영방은 예천 용궁의 가산을 맏아들 정혼에게 맡기고 영양의 입암으로 이주하여 서석지瑞石池, 경정敬亭, 주일재主一齋, 운서헌雲棲軒, 유종정遺種亭 등을 짓고 영양 인근에 사는 이시명李時明, 조전趙佺, 조임趙任과 교류했다. 1650년 안동 송천으로 돌아와 읍취정挹翠亭을 지었다.

3부

조선 후기의 참요

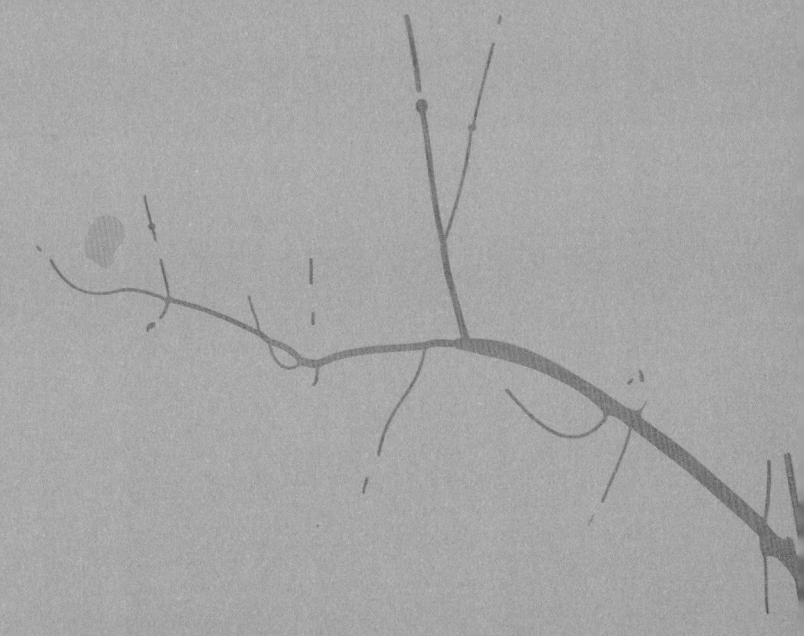

탁탁귀가 있다

: 탁탁귀啄啄鬼요

병자호란 후 하룻밤에 도성 사람들이 놀라 말을 전하기를, "탁탁귀啄啄鬼가 있다."라고 했다. 남녀가 서로 모여 부르짖으며 혹은 총을 쏘고 혹은 쇠그릇을 쳐서 온 도성이 이리 쏠리고 저리 쏠렸다. 사람들은 혹 사변이 있는가 염려하고 재신들은 모두 융복戎服을 갖추고 대궐로 나아갔다. 그때 최후량崔後亮이 의관을 정제하고 촛불을 밝히고 단정히 앉아 있는데 이한李憪[이시백李時白]의 아들이 전복戰服을 입고 칼을 차고 갑자기 이르렀다. 최후량이 말하기를, "어찌하여 이런 재주를 부렸는가?" 하니, 이한이 말하기를, "나라에 변란이 있는데 우리가 어찌 그대로 무익하게 죽을 수 있겠는가!"라고 했다. 최후량이 웃으며 말하기를, "이것은 반드시 큰 난리를 치른 뒤에 백성들의 마음이 견고하지 못한 탓이지 무슨 변란이 있겠는가. 급히 경거망동하지 말라."라고 했는데, 이윽고 과연 아무 일도 없었다.

— 이긍익, 《연려실기술》 권26 인조조 고사 본말 '최원릉崔元陵의 행장' 인용

〈탁탁귀요〉는 병자호란 후 도성의 불안감을 반영한 동요이다. 혹은 동요로 노래되지는 않은 요언(유언비어)일 수 있다.

1637년에 삼전도의 굴욕이 있은 후, 11월에 누루하치 한汗은 국왕을 봉한다는 명목으로 용골대龍骨大를 보내 왔다. 조선에서는 그를 천사天使라 칭하고 그 국서를 제制라든가 칙유勅諭라 칭해야 했다. 후금은 조선의 고위 관료와 사대부의 집으로 하여금 후금 족속과 혼인하게 하고, 또 시녀들을 들여보내게 했다. 이 때문에 조선 조정은 12명의 여성을 정하고 심양에 보고했으나, 누루하치가 중지시켰다. 시녀로 보낼 기녀 10여 명도 정했으나, 역시 누루하치가 중지시켰다.

조선에 들어온 용골대는 난동을 부리고 뇌물을 챙겼다. 심지어는 방기房妓를 억지로 들이게 했다. 원접사 이경증李景曾이 여러 차례 막고 또 인조에게 아뢰었다. 하지만 용골대의 강포함을 이기지 못해 조선 조정은 부득이 허락했다. 이후 각 읍에서는 기생을 날마다 그의 방에 들여보내야 했다. 서울에 들어온 용골대는 의녀와 무녀까지 요구했다. 그리고 사대부를 노예 다루듯이 치고 때렸다.

국내에서는 주화파와 청류파의 대립으로 정치가 어지러웠다. 민심은 더욱 흉흉했다. 비변사에서는 원혼이 여귀厲鬼가 되지 않도록 제문을 지어 위로해야 한다고 아뢰었다. 여귀란 제사를 받지 못하는 귀신이다.

사람이 죽으면 하늘로 돌아가는 것이 정상적인 이치이지만, 혹 원통한 기운이 뭉쳐 흩어지지 못한 채 형상과 소리에 의지하여 세간에 요사한 일을 일으키기도 합니다. 선유先儒가, 백유伯有가 여귀厲鬼로 되었다고 말한 것이 그 예압니다. 선왕 때 감옥과 전장에 요귀가 있어 문종께서 친히 제문을 짓고, 그 후에 또 정사룡이 제문을 지은 일도 있습니다. 그리고 감옥의 요귀가 거듭 나타나자 조종께서 원통한 혼령을 불쌍히 여겨 은전을 지극히 내려 돌보았습니다. 올해의 변란에 싸우다 죽은 자를 어찌 헤아릴 수 있겠습니까마는 마희천麻戱川과 쌍령雙嶺 두 곳이 더욱 많아서 해골을 덮어주지 못하고 향사饗祀를 미쳐 베풀지 못했으니, 충성스러운 혼과 원통한 넋이 의탁할 곳이 없으므로 참으로 불쌍합니다. 술과 음식을 넉넉히 갖추고 제문을 지어 근신近臣을 차임해 보내 특별히 제사를 내려 국사에 죽은 귀신을 위로하소서.

인조는 비변사의 계청에 따라, 불쌍한 원혼을 달랠 방도를 마련하게 했다고 《문헌비고》에 전한다.

이보다 앞서 문종 때는 황해도 극성의 옛 전장에 원혼이 떠돌고 전염병이 유행하여 문종이 친히 제문을 짓고 벽사약을 내린 일도 있다. 극성은 고려 말에 홍건적과의 싸움에서 우리 군사가 전몰한 곳이다. 감옥에 요귀가 있었다는 것은 아마도 태종 때의 민무구의 옥사를 가리키는 듯하다.

병자호란의 사실을 소설로 만든 예로 《강도몽유록江都夢遊錄》이 있다. 이 몽유록은 강화도에서 희생된 여인들의 넋두리를 통해 강도 수비 책임자들을 비판하고 원혼을 달래주는 것을 주된 내용으로 삼았다.

《강도몽유록》에는 꿈 속에 한 지방을 여행하는 인물이 나온다. 그것을 몽유자夢遊者라고 한다. 《강도몽유록》의 몽유자 청허선사는 강도의 요충지 연미정 부근을 찾게 된다. 연미정은 불과 십 년 전 정묘호란 때 인조가 행차하여 병사를 격려했던 곳이다. 청허선사는 그곳에서 원혼들을 만나 그들의 넋두리를 하나하나 귀 기울여 듣는다. 그 원혼들은 모두 강도성 함락 때 자결하거나 죽임을 당한 여인들이었다. 당시 자결한 부인으로는 김류·이성구·김경징·정백창·여이징·김반·이소한·한홍일·홍명일·이일상·이상규·정선흥의 아내와 한준겸의 첩 모자와 이호민·정효성의 첩 등이다. 이밖에도 절개를 지켜 죽은 부인이 매우 많았다. 김진표는 자기 아내를 독촉하여 자결하게 했고, 김류의 부인과 김경징의 아내는 며느리가 죽는 것을 보고 따라서 자결했다. 원혼들은 호란 때 강도의 참화를 초래한 자신의 남편이나 자식을 질책한다. 원혼 가운데 아홉 번째 부인은 호란의 참화가 강도 방어의 책임자들에게만 있었던 것이 아니라, 적이 압록강을 넘어 도성까지 이르도록 그 진로를 차단하지 못한 도원수 김자점, 의주부윤 임경업, 유도대장 심기원에게 있다고 꾸짖었다. 열한 번째 여인은 마니산(마리산) 암혈에서 백골이 된 자신의 신세는 슬플 것이 없으나, 남편이 뜻을 펴보지도 못하고 더없는 불효를 저지르게 되었기에 원통하다고 했다.

《강도몽유록》은 원혼들의 넋두리를 통해 병자호란의 원인을 반추하고 참상의 상흔을 치유해보려고 했다.

병자호란 이후의 〈탁탁귀요〉는 민간의 원혼들을 진정시키지 못하여 원혼들이 나돌아다니는 것을 우려한 동요이거나 유언비어이다. 어느 시대나 전란을 겪은 뒤에 위정자들은 외형적인 전흔만을 쇄신할 것이 아니라, 민중들의 내면적 상처를 치유해주어야 한다. 〈탁탁귀요〉는 바로 전란 이후 위정자들의 무능을 질책하는 목소리를 담고 있다.

오라비 상투가 왜 그래요

: 병자란丙子亂요

오라비 상투가 왜 그래요
병자란丙子亂 지내고 안 그런가

- 구전口傳

〈병자란요〉는 문답법으로 되어 있다. 즉 누이가 오라비에게 오라비 상투의 모양을 묻고, 오라비가 누이에게 답변을 하는 형식이다. 이 노래에 대해 박연희 씨는 〈풍자민요의 현실반영과 그 해석〉이란 논문에서 다음과 같이 해설했다.

이것은 인조 14년 병자란을 계기로 항간에 불리던 노래로, 병자란 이후 양반귀족은 상투를 쪼고 갓을 씀으로써 위엄과 체통을 자랑했었으나, 병자란 이후 청은 사대주의를 강요, 삼포고두三抛叩頭를 강요했다. 이토록 비참한 수모를 겪는 것을 보고 민중이 지어 부른 노래로 예견된다.

이 해설은 양반사대부가 병자란 이후 외형은 예전 그대로의 모습을 갖고 있지만 내면적으로는 절개도 잃고 자존심도 지키지 못하는 행태를 비판한 것이 〈병자란요〉라고 본 것이다.

구한말의 사실이기는 하지만, 1906년 봄, 쓰시마對馬島 이즈하라嚴原 위수영衛戍營에 수감되어 있던 최익현崔益鉉은, 함께 잡혀 온 문생들에게 상투를 싸맬 크기의 검은 베 조각을 구해 치포관緇布冠을 만들어 쓰라고 권하였다. 상투는 염발질을 하여 머리를 정돈해야 하는 불편함이 있지만 그것은 문화지식인으로서의 상징이었다. 병자란 직후에 민중들은 당시의 사대부 지식층이 외관상으로는 문화지식인의 형모를 갖추고 있지만 그 내면은 금수보다 못하다고 비난하고 있었던 것 같다. 이 〈병자란요〉에는 그러한 불만이 담겨 있다.

전근대 시기의 선비들은 '염치廉恥'를 매우 중시했다. 염廉은 굽음이 없이 정직한 '염직廉直'과 사욕이 없이 마음이 맑은 '청렴淸廉'을 뜻한다. 본래 염廉이란 글자는 《설문해자》에 "측仄이다"라고 되어 있어, 기울어진 상태를 나타내었다. 거기서부터 구석이라는 뜻이 되고, 그 구석을 견고하게 지킨다는 뜻에서부터 염직廉直의 의미로 되었다. 청렴은 실은 렴濂으로 가차假借해서 쓰는 용법이라고 한다.

치恥는 耳와 心의 조합으로, 마음에 부끄러워하는 바가 있으면 귀가 먼저 빨갛게 되는 데서 이런 글자로 부끄러워한다는 뜻을 나타내게 되었다고 한다. 속자 耻는 心의 자형을 止로 잘못 인식한 결과이다.

'염치'라는 복합어는 《시경》〈소아·육월六月〉의 소서小序, 《순자》〈수신修身〉, 《관자》〈권수權修〉, 《회남자》〈태주훈泰族訓〉 등 한나라 문헌에 나온다. 《관자》의 〈목민〉 편에서는 예禮·의義·염廉·치恥가 국가를 지탱하게 하는 사유四維라고 했다. 이미 조선 전기에 우환의식을 지닌 지식인들 가운데 관자의 사유론四維論에 주목한 사람이 없지 않았다. 그러다가 조선 후기에 이르러 염치는 더욱 중시되기에 이르렀다. 이익李瀷은, 예가 끊어지면 기울어지고 의가 끊어지면 위태하며 염이 끊어지면 엎어지고 치가 끊어지면 멸망하게 된다고 보고, 기울어짐은 바로잡을 수 있고 위태로움도 편하게 만들 수 있고 엎어진 것도 일으킬 수 있지만 멸망한 것은 회복시킬 수 없다고 하였다. 하지만 언제부턴가 염치는 중국의 지식인 사회에서도 매우 중시하는 정의적情意的 태도를 가리키는 말로 사용되었다. 남을 욕하는 말에 왕빠[王八]라는 것이 있는데, 이것은 흔히 효·제·충·신·예·의·염·치孝弟忠信禮義廉恥를 잊은 사람이라는 뜻으로 왕빠[忘八]라고도 한다고 한다.

예·의·염·치를 병렬시켜 사유四維로 헤아리는 《관자》의 논법이 있기는 하지만, 고전 문헌에서 염치라는 복합어는 병렬적인 어법이라기보다는 恥라는 심적 지향을 더 중시해온 듯하다. 《맹자》에서 누누이 언급했듯이, 수치를 알지 못하고는 사람이 결백하지 않게 되며 사회 관습을 위반하거나 도덕률을 뒤흔드는 것도 수치스러워하는 마음이 없어서 생긴다고 보았기 때문이다.

《맹자》〈진심盡心·상〉에서는 '사람이 수치가 없으면 안 된다. 수치스런 마음이 없음을 수치스럽게 여기면 수치스런 행위가 없어진다.'라 하고, 또 '수치는 사람에게 아주 중요하다. 교묘하게 임기응변하는 자는 수치스럽게 여길 줄을 모른다.'라고 했다. 이를 보면 수양을 바탕으로 불의와 불선을 미워하는 태도가 치恥이며, 그것을 일상의 복합어로 사용할 때 염치라 한다는 점을 짐작할 수가 있다. 다시 말해 구체적 사안에서 양심이 발로하고 성기成己의 공부를 하려고 마음을 다잡는 정의적 판단을 치恥, 곧 염치라고 볼 수 있을 듯하다.

곧, 〈병자란요〉는 사대부 지식인들의 염치 없음을 풍자한 동요였다.

한편 신용하 님은 《새로 쓰는 한국문화》에서 이 〈병자란요〉와 앞서 언급했던 〈할미성요〉가 모두 아리랑의 기원이라고 했다. 그것은 구전에 따라서는 두 노래에 모두 아리랑의 후렴구가 있기 때문이다. 즉 〈할미성요〉는

할미성 꼭대기 진을 치고
왜병장 오기만 기다린다
아리랑 아리랑 아라리요
아리랑고개로 날 넘겨주게

와 같은 형식으로 가창되고, 〈병자란요〉는

오라비 상투가 왜 그런고
병자년 지내고 안 그런가
(아리랑 후렴)

와 같은 형식으로 가창되었다는 것이다.

304 참요

신용하 님은 이 두 노래에 이어 흥선대원군 집정 무렵에 유행한 〈경복궁요〉에 아리랑 후렴이 들어가는 방식으로 이어졌다고 보았다.

조선팔도 좋다는 나무는
경복궁 짓느라 다 들어간다.
(아리랑 후렴)

정혈을 버리고 사혈을 취하다니

: 사혈蛇穴요

인조가 재위 26년에 서거하는 대상大喪이 있자, 수궁壽宮을 파주坡州로 정했다. 이때 상역相役을 맡은 승군僧軍 사이에 다음 노래가 유행했다.

정혈正穴을 버리고 사혈蛇穴을 취하다니!　　　捨正穴而用蛇穴 사정혈이용사혈

판축을 다지고 흙을 절구질하면서 노래하고 주고받되, 길가며 이야기하듯 했으므로, 사람들이 모두 심상으로 듣고 흘려보냈지, 마음에 담지 않았다.
영조 신해년(영조 7, 1731)에 이르러, 인조의 능인 장릉長陵에 뱀이 떼 지어 구물구물 하는 변고가 있었다. 대신과 예관이 봉심한 이후에 능 자리를 다시 접쳐서 교하交河로 정했다. 좌의정 이집李㙫은 옛날의 승요僧謠라고 진달했다. 사람들이 모두 놀라고 기이하게 여겼다.

— 《영조실록》 영조 7년(신해) 3월16일(기묘) / 《문헌비고》

장릉은 인조의 능이다. 세간에서는 장릉을 처음 개광開壙할 때 뱀의 변고가 있었으나 총호사 김자점이 숨기고 그대로 능을 봉했다고 한다. 그런데 영조 초에 능침 사이에 뱀이 똬리를 틀고 있는 변고가 다시 일어났다.

영조 7년(1731) 3월에 좌의정 이집은 장릉의 변고를 말하고, 천릉을 주장했다. 그리고 감여설(풍수지리설)을 아는 윤강 판서가 "우두혈牛頭穴에 장생파長生破"라는 말을 그의 아들 윤지선에게 말했고, 윤지선이 또 그의 사위인 판부사 민진원에게 말했으며, 민진원이 또 자신에게 말해주었다고 했다. 예조판서 신사철은 다음 이야기를 거론했다.

> 그때 한 중이 있어 광중壙中을 다지면서 소리치기를, "정혈正穴을 버리고 사혈蛇穴을 쓰는구나!"라고 하더니 갑자기 보이지 않았다고 전합니다.

우의정 조문명, 좌참찬 서명균, 호조판서 김동필, 병조판서 김재로, 이조판서 송인명은 모두, 풍수설은 황당하지만 뱀의 변고는 듣기에 놀라우니 이장하는 것이 좋겠다고 동의했다. 영조는 그 의논을 받아들여, 대신과 예관으로 하여금 봉심하게 하고, 또 밖에 있는 대신에게도 물어 중의衆議를 널리 채납하게 했다.

인조의 대상 때 승군들 사이에 "정혈正穴을 버리고 사혈蛇穴을 취하다니!"라는 노래가 유행한 것은 삼릉 조성이 풍수설을 위배했음을 지적한 것만은 아닌 듯하다. 당시 김자점이 뱀의 변고를 보고도 묵과했다는 전설이 있듯이, 이것은 산릉 조성을 총괄하는 총호사의 역할이 미흡했다고 비판한 듯하다.

곧, 〈사혈요〉는 총호사 김자점이 능역을 멋대로 처리하는 것을 보고 그가 이후에 왕권을 위협하는 존재가 되리란 것을 미리 알려준 듯하다. 승군이 지적한 사혈은 다름 아닌 김자점이었다고 할 수 있다. 더 나아가 승요의 비난은 김자점을 신뢰한 인조를 향하고 있다.

김자점은 인조의 후궁 조趙씨와 짜고, 인조와 사이가 틀어져 있던 소현세자를 죽게 만들고, 소현세자의 빈궁 강씨도 왕의 수라상에 독이 든 전복구이를 올렸다는 혐의를 씌워 죽게 했다. 또 세자의 처남 강문성을 귀양을 보내게 하고, 세자의 어린 세 아들까지 제주도로 유배보내게 했다. 인조의 원손인 소현세자의 장남은 12살, 차남은 8살 때 제주에서 의문의 죽음을 당했고, 4살짜리 막내는 목숨만 부지하여 효종 때 남해로 옮겨졌다. 김자점은 인조의 후궁 조씨의 딸 효명옹주와 자기의 손자 김세룡을 혼인시켜 왕실과 척족을 맺기까지 했다. 그렇다면 김자점의 전횡은 인조의 묵인 하에 이루어졌다고 할 수 있다.

인조의 능에 뱀이 똬리를 튼 것은 결코 우연이 아니었을지 모른다.

자점이 점점

: 자점점점 自點點點 요

권신으로서 동요에 오르내린 자들은 패망하지 않은 경우가 별로 없다. 김자점金自點이 권세를 부릴 때 이런 동요가 있었다.

자점이 점점　　　　　自點點點 자점점점

결국 김자점은 멸문지화滅門之禍를 당했다.

— 성대중, 《청성잡기》 권3 성언醒言 '동요에 오른 권신들'

성대중의 《청성잡기》는 수필집이다. 그 속에는 '성언醒言'이란 제목이 붙은 부분이 있다. 성언이란 사람을 깨우치는 말이란 뜻이다. 인물평, 일화, 사론, 필기, 한문 단편 등 다양한 이야기들을 수록했다. 성대중은 '동요에 오른 권신들'이란 항목에서 권신으로서 동요에 이름이 오르내린 자들은 패망하지 않은 경우가 별로 없다고 지적하고 김자점·허적·김일경·정후겸·홍국영의 예를 제시했다.

김자점은 인조반정의 공신이다. 하지만 효종 즉위년인 1649년에 죄를 지어 영의정의 직을 파면당했다. 당시 양사兩司가 합동으로 아뢰어 그의 죄를 다음과 같이 논했다.

> 영의정 김자점으로 말하면, 재물을 한도 끝도 없이 탐하기는 원재元載와 같고, 저택이 사치스럽기는 양기梁冀와 유사하며, 안팎으로 결탁하고 있기는 한탁주韓侂冑와 비슷하고, 나라를 저버리고 사욕만 채우기는 가사도賈似道와 같습니다. 바라건대 그를 멀리 귀양 보내소서.

원재는 당나라 사람으로, 이보국에게 아부하여 대종 때 벼슬이 중서시랑에 이르렀는데, 세도와 사치가 심해서 귀중한 물품들을 산더미처럼 모았다. 이보국이 죽은 뒤에 사사되었다. 양기는 후한 순제 때 양태후의 오라비로, 아버지 양상梁商을 대신하여 대장군이 되고 권력을 남용하여 축재했다. 질제를 옹립했으나 자신의 권력 남용을 비판했다는 이유로 독살하고 환제를 다시 옹립했다. 그 후 중상시 선초單超 등에 의해 실각하여 구속되자 자결했다.

한탁주는 송나라 영종 때의 간신이다. 헌성황후의 총애를 받아 벼슬이 태사에 오르고 평원군왕에 봉해졌는데 국사를 제멋대로 하고 갖은 악행을 다하다가 결국 복주伏誅되었다. 가사도는 송나라 도종 때의 간신이다. 이종理宗의 귀비貴妃인 누이 덕으로 좌승상이 되고, 뒤에 위국공에 봉해졌다. 날마다 비첩들과 유희만을 즐기다가 원나라의 공격에 맞섰으나 패배한 후 결국 귀양을 가서 피살되었다.

효종은 양사의 청이 있었지만 김자점이 선왕조의 원훈元勳이라 하여 그 청을 따르지 않고 재상의 직만 면직시켰다. 하지만 이후 김자점은 광양으로 유배되었고, 또 아들의 역모 사건에 연좌되어 목이 잘리고 만다.

김자점은 본관이 안동으로, 할아버지는 강원도관찰사 김억령金億齡, 외할아버지는 선조 때 좌의정 유홍兪泓이었다. 그는 일찍 세상을 뜬 아우가 인조반정의 주모자 이귀의 사위였으므로 일찍부터 반정에 가담해서 공을 세웠다. 사실은 실세였던 김상궁에게 상당한 뇌물을 주어 공적이 과장되었다고도 한다. 이귀의 딸과 김자점의 동생이 혼인을 했다가 김자점의 동생이 병으로 일찍 죽자 이귀의 딸 이예순은 궁중의 무수리가 되었고, 이예순이 김상궁의 눈에 들자 연줄을 대었다는 것이다.

1623년 3월 13일 김류·이귀·최명길·신경진·이서·구굉 등은 창덕궁을 공격해서 광해군을 폐위시키고, 광해군의 조카 능양군(인조)을 새로운 군주로 추대하기로 했다. 반정군을 지휘하기로 했던 김자점이 제때 도착하지 못했지만, 이괄이 김자점을 대신하여 반정을 성사시켰다.

김자점은 인조 5년(1627)의 정묘호란 때 왕실을 호종한 공로로 도원수가 되었고 서북쪽을 방어하는 책임자가 되었다. 하지만 1636년의 병자호란 때 임진강 이북에서 청군을 저지하지 못했다. 병자호란이 끝난 뒤 군율로 처형해야 한다고 간관들은 요청했으나, 강화도에 위리안치되는 데 그쳤으며, 그것도 1년 만에 풀려났다. 인조 18년(1640) 1월 강화유수로 제수되고 2월에는 호위대장으로 재기용되었다. 이어 김류 등 반정공신들의 도움으로 병조판서에 오르고, 판의금부사를 거쳐 우의정에 올라, 어영청의 수장인 정1품 도제조를 겸했다. 인조 22년(1644)에는 정적이던 심기원을 모반의 죄로 다스려 죽이고, 권력을 굳혔다. 그 후 낙흥부원군에 봉해져 청나라에 사신으로 갔다 온 후 좌의정에 올랐다. 인조 23년(1645)에 소현세자가 의문의 죽음을 당하고 부인 강빈이 역모의 죄로 몰리게 되었는데, 김자점은 강빈을 처형할 것을 주장했다. 그리고 자신의 손자인 김세룡을 인조와 후궁 조씨의 사이에서 태어난 효명옹주와 결혼시킴으로써 인조 및 왕실과의 밀착을 더욱 굳건하게 했다. 인조 24년(1646) 4월에는 59세로 영의정에 올랐다.

이 무렵 인조를 옹립했던 반정공신들 가운데 이른바 청류淸流의 인사들은 청나라와의 갈등 때문에 권력에서 멀어져 갔다. 김자점은 청나라 세력을 업고 권력을 키웠다. 청나라에 포로가 되었다가 풀려 나온 임경업을 심기원 모반 사건에 얽어 죽이기도 했다. 그러나 인조가 승하하고 효종이 등극하자 김자점은 정치세력을 잃게 되었다. 효종은 인조 때 밀려났던 김집·송시열·김상헌 등을 대거 기용했다. 김자점은 대사간 김여경 등 대간의 극렬한 탄핵을 받아 강원도 홍천으로 유배되었다. 북벌론이 대두되자, 김자점은 청나라 앞잡이인 역관 정명수와 이형장을 통해 그 계획을 청나라에 누설했다. 청나라는 사신을 보내 조사했는데, 이경석·이시백·원두표 등이 힘써 막아 모면했다.

그 직후 김자점의 손자며느리 효명옹주가 인조의 계비 장열왕후를 저주한 사건이 발각되었다. 또 김자점의 아들 김익이 수어청 군사를 일으켜 숭선군을 추대하려 했다는 역모도 드러났다. 마침내 효종 2년(1651) 12월, 김자점은 64세의 나이로 참수되었다. 맏아들 김련은 곤장을 맞다가 숨이 끊어졌다. 김련의 아들 김세창, 김자점의 차남 김익과 그 아들로 인조의 사위였던 김세룡도 함께 처형되었다. 김자점과 사돈을 맺었던 인조의 후궁 조씨도 사약을 받고 죽었다.

김자점은 1등 반정 공신으로서 정세 변화 때 권력을 유지하려고 외세를 이용하다가 '점점' 파멸의 나락으로 빠져들었다. 〈자점점점요〉는 그 사실을 날카롭게 지적하고 김자점의 참월을 조롱한 노래였던 듯하다.

김자점이 사형될 때 백관들이 참석했는데, 김자점은 함릉군 이해를 바라보고, "공은 반드시 나의 억울함을 알 것이다."라고 했다. 이해는 기개가 있는 인물이었지만 그 말을 듣고 두려워하면서 목을 움츠렸다고 한다.

김자점의 손녀는 제천역으로 귀양 가서 노비가 되어 처녀로 일생을 마쳤다. 그녀는 중국인에게 상술相術을 배워 사대부 집안을 드나들었는데, 점괘를 말하면 대부분 적중했다. 그리고 간혹 자기 집안의 억울한 일을 말할 때면 번번이 분개하면서 눈물을 흘렸다. 김자점의 역모는 중국과 내통한 데서 말미암았고, 그 내통은 이형장이 길잡이가 되었다. 그러나 이형장의 옥사 역시 드러난 증거가 적었기 때문에 김자점은 스스로 원통하다고 말한 것이라고 한다.

김자점은 독립 운동가 김구 선생의 방조傍祖(직계가 아닌 방계의 조상)였다. 김구는 김자점 때문에 자신의 집안이 대접을 받지 못했다고 자서전에서 솔직하게 밝힌 바 있다.

형장亨長을 형장刑杖하면
면冕이 면免할소냐
: 형장요

효종 때 신면申冕은 매부 홍명하洪命夏와 사이가 좋지 않았다. 신면은 효종 2년 김자점이 옥에 있을 때 그 옥에 연좌되었는데, 홍명하가 지의금부사로 있었다. 그때 신면의 사주로 이형장李亨長이 청나라에 드나들며 양국 사이에 허언을 퍼뜨려 화단禍端을 이루자 효종은 이형장을 처치하려고 했다. 홍명하는 이시백李時白과 논의해서 이형장만 형장刑杖하고 신면은 방면하는 것이 좋다고 왕에게 진언했다. 그러나 둘 다 사형을 면치 못했다.
이때 다음 동요가 있었다.

형장亨長을 형장刑杖하면 면冕이 면免할소냐

亨長[乙] 刑杖[爲面] 冕[伊] 免[爲乙所隱也]

— 정재륜, 《동계만록東溪漫錄》

314 참요

병자호란 때 삼전도의 굴욕을 당한 조선은 후금과 조약을 맺어 성지城
地를 만들거나 수리하지 않고, 병장기도 정비하지 않기로 했다. 하지만
조선 조정은 후금의 재침략에 대비하기 위해 성지를 수축하고 병장기를
정비했다.

효종 원년(1650)에 김자점은, 조선이 강화조건을 어기고 성지를 수축
하고 병장기를 정비해서 북쪽을 치려 한다고 청에 고발했다. 또한 송시
열이 인조비의 능을 위해 쓴 지문誌文에 청나라 연호를 쓰지 않았다는
것도 청에 알렸다. 이에 청나라는 조선 조정을 힐문했다. 3월에 이경석은
역관 정명수를 통하여 청나라 사신에게 자신이 모든 책임을 지겠다는
뜻을 말하여, 그 결과 의주 백마성에 갇혔다. 6개월 뒤 효종은 이경여를
시켜 이경석이 죄 없음을 청에 알리게 했다. 이로써 효종 2년(1651) 2월에
이경석은 백마성에서 풀려나 서울로 돌아왔다. 그리고 그해 12월에 김자
점은 아들 김익과 함께 처형되었다.

정명수는 평안도 은산에서 태어난 천인 출신으로 광해군 11년(1619)
강홍립의 군대를 따라 청나라에 갔다가 포로가 되었다. 그곳에 살면서
청국어를 배워 우리나라 사정을 자세히 밀고하여 청나라 황제의 신임을
얻었다. 인조 14년(1636) 병자호란 때 청나라 장수 용골대와 마부대의
통역으로 입국하여 조선 조정에 압력을 가해 영중추부사에까지 올랐다.
인조 17년(1639) 처족인 정주의 관노 봉영운을 정주 군수로 임명하도록
강요하고, 병조의 관리들을 구타하는 등 갖은 행패를 부리다가 청나라
로 건너가 살았다. 그곳에서도 왕을 모독하고 갖은 행패를 부렸으며 청

나라로 보내는 세폐를 노략질했다. 효종 4년(1653)에 심양에서 강효원·이사용·정뇌경 등이 그를 살해했다.

이형장은 본래 군관이었다고도 하고 상인이었다고도 한다. 그는 정명수를 섬겨서 종횡으로 거리낌이 없었으므로 거족들도 대부분 그를 섬겼다. 인조 7년(1629)에 역관으로 발탁되어 청나라에 국서를 전달했고 인조 19년(1641)에 통정대부에 올랐다. 그리고 청나라의 위세를 믿고 조선 조정에 압력을 가하여 벼슬을 요구했다. 효종 원년(1650)에 김자점이 송시열·김상헌 등에 의해 영의정 자리에서 쫓겨나 강원도 홍천에 유배되어 있으면서 이형장을 부추겨 청나라에 조선의 북벌 계획을 알리게 했다. 뒤에 이형장은 반역의 죄목이 드러나 처형되었다.

신면은 본관이 평산이다. 인조 2년(1624)에 생원이 되고 인조 15년(1637) 정시문과에 급제했다. 인조 20년(1642)에 이조좌랑·부제학을 거쳐 대사간에 이르렀다. 효종 2년(1651) 송준길의 탄핵을 받고 아산에 유배되었다가 이듬해 풀려나와 동부승지에 복관했다. 하지만 이 해 김자점의 옥사가 일어나자 그 일당으로 몰려 국문을 받았다.

《동계만록》에는 신면이 사형을 면치 못했다고 했다. 하지만 다른 기록에 의하면 신면은 국문을 받다가 자결을 했다고 한다.

신면의 매부 홍명하는 본관이 남양으로, 병조참의 홍서익의 아들이다. 생원으로서 별시문과에 을과로 급제하고 문과중시에 병과로 급제했다. 인조 말인 1649년에 이조좌랑으로 암행어사가 되어 부정한 관리를 적발하여 당대에 이름을 떨쳤다. 효종 원년(1650) 이조정랑을 거쳐 효종 3년(1652) 동부승지에 승진했고, 이듬해 한성부우윤이 되었다. 1659년 효종이 서거하자 삭직되었으나 다시 등용되어, 예조와 병조의 판서를 거쳐 현종 4년(1663) 우의정이 되었다. 현종 6년(1665)에 좌의정을 거쳐 영의정이 되었다.

옛 역사이야기에는 언제나 많은 사람이 얽혀 있다. 이 〈형장요〉도 마찬가지이다. 주역은 신면이고 사건은 신면이 국문을 받아 죽는 이야기이되, 신면의 사건은 김자점의 옥사와 관련이 있다. 또 신면의 매부 홍명하도 등장한다. 홍명하는 김자점의 옥사에 연루된 신면을 방면해주려고 했지만 결국 신면은 이형장을 사주한 죄 때문에 형장을 면치 못했다고 했다. 권력에 눈이 멀어 처신을 잘못한 사람을 경계하는 것이 〈형장요〉의 주제이다.

섭제에 일어나리라

: 섭제攝提요

기해년에 효종이 승하하고 현종이 즉위했을 때 이런 동요가 있었다.

세歲는 섭제攝提에 일어나서   歲起攝提 세기섭제
덕德의 일부를 베어내어 왕이 되리라   以割德王 이할덕왕

당시 이 동요의 뜻을 알 수가 없었다. 그러다가 갑인년(1674) 가을에 현종이 돌아가시고 지금 상(숙종)께서 사복嗣服(왕위를 이어받음)하셨는데, 당시 상의 춘추는 14세였다. 대개 섭제는 인寅의 해를 말하고, 덕德을 글자에서 두 인人변과 아래의 심心 자를 베어내면 곧 십사十四이니, 과연 섭제에 덕의 글자를 베어내면 왕이 된다는 동요가 들어맞았다.

— 김간,《후재선생별집》 권2 잡저 수록

〈섭제요〉는 고갑자古甲子인 '섭제'를 이용해서 그해에 대사건이 일어나리라고 예언한 참요이다. 십간 십이지에 대해서는 중국에서 오래 전에 사용하던 고갑자의 명칭이 있다.

십간十干: 갑甲-알봉閼逢 을乙-전몽旃蒙 병丙-유조柔兆 정丁-강어强圉 무戊-저옹著雍 기己-도유屠維 경庚-상장上章 신辛-중광重光 임壬-현익玄黓 계癸-소양昭陽

십이지十二支: 자子-곤돈困敦 축丑-적분약赤奮若 인寅-섭제격攝提格 묘卯-단알單閼 진辰-집서執徐 사巳-대황락大荒落 오午-돈장敦牂 미未-협흡協洽 신申-군탄涒灘 유酉-작악作噩 술戌-엄무閹茂 해亥-대연헌大淵獻

십간 십이지의 이름과 뜻에 대해서는 종래 많은 연구가 있었다.

십간을 다섯 그룹씩 나누면 갑(귀갑)과 을(짐승 뼈)이 대대對待의 관념을 지닌다. 또 십간은 십일十日 전설을 배경으로 하여, 열 사람의 신무神巫가 하루씩 맡아보았다고도 추측된다.

십이지는 열두 짐승의 이름을 붙이게 되었지만, 그렇게 된 것은 중국 전국시대 말기 이후의 일이다. 십이지 본래의 글자가 무슨 뜻인지는 아직 알 수가 없다. 서수序數로서도 의미의 연관을 생각할 수가 없다. 시라카와 시즈카白川靜 선생은 티베트 미얀마어계로부터 전래했을 것이라고 보았다. 그런데 십간 십이지에 의하여 역보曆譜를 구성할 수 있게 되어, 갑골문이 만들어졌을 때는 이미 간지로 날짜를 기록했다. 그리고 태세太歲

즉 목성이 12년마다 한 바퀴 돈다는 지식이 전해져서, 섭제격攝提格·대황격大荒格 등 고갑자의 이름이 있게 되었다. 이 이름들은 고대 바빌로니아어를 음역한 것이다.

〈섭제요〉에서 "세歲는 섭제攝提에 일어난다."는 말은 태세(목성)가 섭제격을 가리킨다는 말이니, 곧 인寅의 해를 뜻한다. 그리고 그것은 가까운 인의 해 가운데 갑인년을 가리킨다고 간주된 것이다.

"섭제에 일어나리라."라는 동요는 현종이 즉위할 때 이미 현종의 아들이 14년 뒤에 후사 왕이 되리란 것을 예견한 셈이다. 이는 곧 현종이 14년 뒤에 승하하리라는 것을 예견한 것이기도 하다.

현종은 효종의 맏아들로 인선왕후의 소생이다. 휘는 연棩이다. 인조 19년(1641)에 심양에서 태어나 인조 22년(1644)에 귀국했다. 인조 27년(1649)에 왕세손이 되고, 효종 2년(1651)에 세자에 책봉되었다. 1659년 5월에 창덕궁에서 즉위하고, 1674년 8월 18일(기유)에 창덕궁 재전齋殿 양심각에서 승하했다. 향년 34세였다. 능은 숭릉崇陵으로, 양주의 건원릉 서남쪽 다른 산등에 있다. 1남 3녀를 두어, 후사 왕이 곧 숙종이다. 1녀 명선공주와 2녀 명혜공주는 일찍 죽고, 3녀 명안공주明安公主는 오태주에게 하가했다.

〈섭제요〉는 국왕의 승하와 새 국왕의 즉위를 예언한 것이어서, 당시의 관념으로 볼 때는 매우 불경스런 동요였다. 그것이 유포된 데는 어떤 정치적 의도가 있었던 것인지 알 수가 없다.

허허 우습다

: 허허우소다 許許又所多 요

숙종 원년 6월 23일에 허목許穆을 우의정으로 삼았다. 허목은 노인을 우대하여 임명하는 첨지僉知의 직에 있으면서 겨우 반년을 지나는 동안에 벼슬을 다섯 번이나 옮겨서 삼공三公에 이르렀으니, 이는 전고에 없던 일이다. 이보다 앞서 이런 동요가 있었다.

허허 우습다　　　　　　許許又所多 허허우소다

우리말에 웃음[笑]을 '우습다[又所多]'라고 하므로, 사람들은 두 허씨가 나란히 정승이 된다는 보응이 이에 이르러 과연 징험했다고 했다.

— 《숙종실록》 숙종 1년(을묘) 6월 23일(경진), 허목을 우의정으로 삼은 기록

〈허허우소다요〉는 숙종 때 허적許積과 허목許穆이 정승으로 있으리란 사실을 예견한 동요라고 한다. 《숙종실록》의 기록을 보면 허목이 우의정이 될 때 같은 족친인 허적은 영의정으로 있었다. 허목은 우의정이 될 당시 나이 팔십이었다. 《숙종실록》의 사평에 따르면, 그는 관직에 욕심이 동하여 급급해 했다고 한다. 물론 이 기록은 숙종의 시기 후 노론 측에 의해 정리된 것이라고 생각된다. 허적(1610~1680)도 허목과 마찬가지로 본관이 양천으로, 남인의 거두로서 영의정에 올랐다. 이후 서자 허견許堅이 복선군福善君·복창군福昌君·복평군福平君과 함께 역모를 꾀한다고 고변당하고 처형된 이른바 삼복사건三福事件에 연루되어 주살된다.

실록의 기록에 따르면, 허목이 전날 저녁에 복상卜相의 명命이 내렸고 자신이 후보에 오른 것을 알았으나 그래도 염려되어 급히 전서篆書로 〈고요모皐陶謨〉를 써서 새벽에 임금께 올림으로써 자기의 기예를 과시했다고 한다. 그 글씨에는 "하늘이 죄 있는 이를 치고 하늘은 예禮 있는 이에게 관질官秩을 준다."라는 말이 있었다. 허목은 죄를 치고 예를 밝힌 것을 자기의 공으로 여겼기 때문에 임금이 이를 보고 정승으로 삼아주기를 바란 것이라고 한다. 허목은 10여 년 전에 건저建儲의 소를 올린 바 있었는데, 당시 사람들은 이것이 숙종의 등극을 있게 하는 데 큰 공功이 되었다고 여겼다.

이때 영의정 허적은 명패로 불러도 조정에 나오지 않았다. 우의정 권대운權大運이 대궐에 나가면서 허적에게 묻고는 민희와 허목을 새로 복상卜相하여 들였다.

허적은 동족의 허목이 정승의 직에 오르는 데 자신이 간여했다는 말을 듣기 싫어 조정에는 나가지 않았던 것이다. 과연 당시의 사람들은 허적이 영의정인데 허목이 우의정으로 입상入相하는 것을 못마땅하게 여겼다.

'허허우소다許許又所多'라는 말은 허적이 영의정에, 허목이 우의정이라니 "허許에 또 허許라니 우습구나!"라는 뜻이다.

허목은 산림으로서 정계에 진출한 인물이다.

허목은 30대에 동학의 재임으로 있었다. 이때 서인의 박지계가 당시 국왕의 생부 계운궁을 추숭하려는 의론을 일으키자, '임금에게 아첨하여 예를 문란하게 만든 자'라고 비판하고 그의 이름을 유학자의 명부에서 삭제했다. 이것이 문제가 되어 과거 볼 자격을 박탈당했다. 56세 되던 효종 원년에 비로소 정릉참봉에 제수되고, 64세에는 지평이 되었으며 65세에는 장령에 임명되었다. 효종의 초상에 대한 모후의 복상기간을 정하는 문제로 논란이 일었을 때, 서인계 학자들이 기년설을 주장하여 관철시키자 허목은 남인들의 선두에 서서 삼년설을 주장하고 서인들이 왕위 계승의 정통성을 훼손시켰다고 공격했다. 이 때문에 삼척부사로 좌천되었다. 현종 원년부터는 경연에 참가했다. 80세 되던 현종 말년에, 건저建儲(세자를 세우는 것)에 관해 상소를 하여 숙종이 왕위를 이을 수 있도록 하는 데 공을 세웠다.

81세 되던 숙종 원년에 남인이 집권하자, 이조판서를 거쳐 우의정에 제수되었다. 8월 13일에 숙종이 대신·육경과 삼사의 장관, 비국 당상을 인견했을 때, 이조판서 윤휴는 글로 아뢰길, "어머니는 삼종의 예법이 있으니, 대왕대비께서는 효종을 위해 마땅히 참최斬衰(거친 베로 지은 상복)를 입어야 합니다."라고 했다. 허목은 이 설에 반대하여 영의정 허적을 통해 글로 자신의 뜻을 밝혔다. 좌의정 권대운도 허목의 설을 지지했다. 12월 22일에는 궤장을 하사받았다.

 84세 때인 숙종 4년(1678)에는 연천으로 내려가 은거했다. 거처를 은거당恩居堂이라 했다. 그 뒤 숙종 6년(1680)의 경신대출척으로 남인들은 정치적으로 몰락하게 된다. 허목은 관직을 삭탈당하고, 두 해 뒤 세상을 떴다.

의호청밀宜乎淸密이라

: 의호청밀요

숙종 8년(1682) 10월 21일(갑오)에 전 병사 김환金煥, 무과 출신 이회, 기패관 한수만韓壽萬은 허새許璽 등이 역적 모의를 한다고 상변上變했다. 국청에서 허새는 "조정에서 노계신을 꾀어 상변하게 하니 앞으로 남인은 씨도 남지 않을 것이다."라고 우려하여, 이회와 한수만을 꾀어 주상을 제거하고 새로 군주를 즉위시키려고 모의했다고 자복했다. 결안結案에서 허새는 이렇게 공술했다.

"이회와 더불어 한수만의 집에 모여 흉모를 주고받았으니, 이것은 역모를 꾸민 시발이며, 또 이회와 함께 한수만의 집에 모여 자신이 도목都目 석 장을 쓰고 회맹會盟이라 일컬으며 삼공·이조판서·병조판서·양국의 대장을 나열해 쓰고, 각 사람의 성명을 그 아래에 기록하여 각각 한 장씩 가졌으며, 또 한수만이 꾼 은자 2백 냥으로써 힘센 장사 30명과 흰옷·삼릉장三稜杖·화약 1백 50근, 나졸의 의건衣巾 4벌, 화전火箭 20개를 구하고 그 일 역시 몸소 글로 써서 각각 몸에 지니고 있었습니다. 또 이회와 함께 권환의 집에 가서 계획을 세우기로 약속하고, 복평군福平君 이연李㮒을 추대하기로 정했습니다. 병정에는 모두 흰옷에 머리에는 흰 면수건을 쓰고, 무사를 시켜 역사를 거느리고 가서 훈련대장과 어영대장을 제거한 뒤 아무개 아무개로서 대신하도록 하고, 수원·장단·양주·광주 4진의 시임자에게는 가짜 금오랑을 보내어 중도에서 제거한 후 아무개 아무개로서 대신하도록 하는 것 등의 계획을 세우고 분담을 정한 것이 다 모주謀主 이덕주의 손에서 나왔습니다."

허새와 허영은 모두 법에 따라 사형시키고 가산을 적몰했으며, 연좌된 사람도 법대로 처벌했다. 이덕주는 심문 때 형신 일곱 차례와 압슬형 한 차례를 받았으나 자복하지 않고 형장에 맞아 죽었다.

한편, 허새 등이 구금된 지 사흘째 되는 날, 그 일당인 출신 김중하金重夏가 또 남인의 거두 민암閔黯이 역모를 꾀했다고 상변했다. "민암이 말하기를, '나는 권환權瑍·낙서령洛西令 이수윤李秀胤, 윤유중尹惟中과 더불어 사생계死生契를 조직했으니, 이름은 부운浮雲이라 하는데 그대도 참여하지 않을 수 없다.'라고 하고, 또 말하기를, '의호청밀宜乎淸密을 제거하면 대사를 이룰 수 있다.'라고 했습니다. 의호청밀이란 의풍宜豊[남두북南斗北]·청성淸城[김석주金錫冑]·밀림密林[박빈朴斌]을 가리킵니다."

국청에서 김중하를 대질 심문했는데, 그의 말은 사실이 아닌 것이 많았다. 처음에는 민암과 도봉道峯에서 만났다고 하다가, 다시 말할 때는 남대문 안에서 만났다고 했으며, 당초 의호청밀을 민암이 지어낸 것이라 하더니, 다시 뒤집어 요즈음의 동요童謠라고 했다.

― 《숙종실록》 숙종 8년(임술) 10월 21일(갑오)

숙종 8년(1682)에 일어난 허새의 옥사는 숙종 6년(1680)의 경신대출척 이후 세력을 잃은 남인의 잔당을 제거하려고 서인의 인사가 일으킨 무옥誣獄일 가능성이 높다. 허새의 옥사는 서인 소장파의 반감을 샀다. 이 때문에 훈척과 서인 노장이 노론으로, 서인 소장은 소론으로 갈렸다.

허새는 본관이 양천으로, 무옥에 희생당한 허대許垈의 아들이다. 경신대출척으로 남인이 쫓겨나자, 서인의 김석주金錫胄·김익훈金益勳 등은 전 병사 김환, 무과 출신 이회, 기패관 한수만 등을 시켜 허새 등이 복령군을 추대하고 반역을 꾀한다고 무고하게 했다. 그 무고에 따르면, 허새는 주상이 무도하고 조정이 문란하므로 300명의 병사로 궁궐을 침범하여 복평군을 추대하고 대왕대비를 수렴청정하게 하려고 모의했다는 것이다. 허새는 이 무옥의 주동자로 몰려 처형당했다. 숙종 15년(1689)의 기사환국 이후에 신원된다.

허새의 옥사를 일으킨 장본인 김석주(1634~1684)는 본관이 청풍으로, 할아버지는 영의정 김육, 아버지는 병조판서 김좌명이다. 진사시에 합격하고 증광문과에 장원하여, 전적이 된 후 1674년에 겸보덕兼輔德에 이어 좌부승지가 되었다. 당시 서인 중의 한당漢黨에 가담하여 집권당이던 산당山黨에 중용되지 못했다. 그해 자의대비의 복상문제로 제2차 예송이 일어나자, 남인 허적 등과 결탁하여 송시열·김수항 등 산당을 숙청했다. 그러나 남인 정권이 강화되자 다시 서인들과 제휴했다. 숙종 6년(1680)에 허적이 국왕의 장막을 사사로이 사용한 유악帷幄 사건으로 실각한 후 이조판서가 되었다. 그리고 허견許堅이 모역한다고 고변하게 하여 남인 세력을 박멸했다. 이 공으로 보사공신保社功臣 1등으로 청성부원군에 봉해졌다. 숙종 8년(1682) 우의정으로 호위대장을 겸했다. 그리고 김익훈과 함께 전익대 등을 사주하여, 허새가 모역한다고 고변하게 한 것이다. 숙종 15년(1689) 기사환국으로 공신호를 박탈당했다가 후에 복구되었다.

김석주와 같은 세력을 형성했던 김익훈(1619~1689)은 본관이 광산으로, 할아버지는 김장생이다. 조카 김만기의 딸이 숙종비어서, 숙종이 즉위한 뒤 어영대장 등을 지냈다. 숙종 6년에 김석주와 함께 경신대출척을 일으켜, 그 공으로 보사공신 2등 광남군에 봉해졌다. 그리고 숙종 8년 허새의 모역 사건을 날조했다. 숙종 15년(1689) 어영대장에 재직할 때 기사환국으로 공신호를 빼앗기고 강계에 유배되었으며, 무고한 사람들을 많이 죽였다는 죄명으로 고문을 받고 투옥되었다가 죽었다.

숙종 8년(1682)에 김중하는 남인의 거두 민암이 역모를 꾀했다고 하면서, 민암이 "의호청밀宜乎清密을 제거하면 대사를 이룰 수 있다."라고 했다고 하더니, 뒤에는 '의호청밀'이 동요라고 했다.

'의호청밀'은 '청밀함이 마땅하다.'라는 뜻을 지니면서 의, 청, 밀의 세 글자가 각각 사람을 가리킨다.

  의 = 의풍宜豐 남두북南斗北
  청 = 청성清城 김석주金錫冑
  밀 = 밀림密林 박빈朴斌

남두북·김석주·박빈 세 사람은 숙종 6년(1680) 5월, 복선군福善君과 허견許堅의 역모를 평정하고, 5월 18일에 보사공신에 녹훈되었던 사람들이다. 곧, 보사공신은 청성부원군 김석주, 홍양군 이입신, 의풍군 남두북, 동원군 정원로, 밀산군 박빈 등 다섯 사람이다.

이 가운데 남두북은 남이공南以恭의 아들로, 충장장을 역임하던 중에 보사공신 3등으로 녹훈되고, 의풍군에 봉해졌다. 같은 해 윤8월에 부평 부사로 임명되었고, 숙종 7년(1681) 9월에는 김포 군수로 임명되었다. 숙종 8년(1682) 10월에 백성을 학대했다는 혐의로 사간원의 탄핵을 받아 파직되었다. 박빈도 충장장으로서 보사공신이 되어 밀림군에 봉해졌다.

만일 〈의호청밀요〉가 정말로 동요였다면, 세간 사람들이 보사공신들을 얼마나 비난했는지 짐작이 간다.

숙종 15년(1689) 7월에 김덕원은 경신역옥庚申逆獄을 뒤집을 것을 청했고 권기는 소를 올려 무옥誣獄이라고 했다. 민암·이수징·이현기 등도 계속 아뢰어 경신옥사로 죽은 사람들의 관작을 모두 회복하게 했다. 허남許枏과 허견에 대하여는 다만 요악妖惡하다고만 논했다. 이로써 김석주는 훈봉을 삭탈당하고 이입신은 고문을 받다가 죽었으며, 남두북은 옥중에서 병으로 죽고 밀림군 박빈은 사형을 받았다. 또한 숙종은 보사공신의 훈호를 삭탈했는데, 그 교문教文은 민암이 지었다. 이것을 기사환국이라고 한다.

그 후 숙종 20년(1694)의 갑술환국으로 재집권한 서인은 기사환국 때 파훈罷勳된 5명의 공신을 복훈復勳하고 '이십공신회맹축'을 제작했다.

역사는 돌고돈다고 한다. 어느 붕당도 정의의 이념을 견지하지 못할 때, 붕당의 정쟁은 세력 여하에 따라 판세가 급변하기 마련이다. 〈의호청밀요〉는 남인들의 관점에서 서인과 국변인國邊人(왕실과 가까운 사람)을 비난한 동요이다. 서인들의 관점에서 별도의 동요가 유포되었을 것이다.

허적이 산적 된다

: 허적산적許積散炙요

권신으로서 동요에 오르내린 자들은 패망하지 않은 경우가 별로 없다. 허적許積이 권력을 잡았을 때 이런 동요가 있었다.

허적이 산적散炙 된다　　許積爲散炙 허적위산적

결국 허적은 멸망했다.

— 성대중, 《청성잡기》 권3 성언醒言 '동요에 오른 권신들'/ 이긍익, 《연려실기술》 별집 권15 천문전고 동요 / 황윤석, 《이재난고》 경인 3월 27일(갑신)

허적은 남인의 거두로 영의정에 올랐다. 하지만 서자 허견許堅이 복선군·복창군·복평군과 함께 역모를 꾀한다고 고변당하고 처형된 이른바 삼복사건三福事件에 연루되어 그도 처형되었다. "허적이 산적散炙 된다."라는 동요는 그의 몰락을 예견한 것인데, 실제 노래는 문헌에 따라 조금씩 다르게 기록되어 전한다.

① 《청성잡기》
허적이 산적 된다　　　　　許積爲散炙

② 《연려실기술》
허적은 산적 되고 허목은 도로목 되고
오시수는 먹이수 민희는 슬허라
許積爲散炙 허적위산적　許穆爲回目 허목위회목
吳始壽食是壽 오시수식시수　閔熙瑟熙 민희슬희

③ 《이재난고》
이괄은 괄괄 허적은 산적　　李适括括 許積散炙

황윤석은 《이재난고》에서, "이괄괄李适括括 허적산적許積散炙"이란 동요를 소개하고, 이 둘은 갑자년과 경신년에 징험되었다고 했다. 괄괄括括이란 말은 우리말로 찢어서 조각조각내는 것을 뜻하고, 산적散炙이란 말은 태워 멸망시키는 것을 뜻한다. 이괄은 갑자년인 인조 2년(1624)에 난을 일으켰다가 패하여 분쇄되고 허적은 경신년인 숙종 6년(1680)에 아들의 역모죄에 연루되어 파멸되었다. 황윤석은, 그 사실을 보면 〈허적산적요〉가 들어맞았다고 논평했다.

허적은 효종 10년(1659)에 형조판서가 되었는데, 이 해 효종이 서거하
자 자의대비의 복상 문제로 남인으로서 삼년설을 주장했으나 채택되지
않았다. 그 뒤 현종 5년(1664) 우의정이 되고, 현종 9년(1668) 좌의정이
되었으며, 현종 11년(1671)에 영의정에 올랐다. 이듬해 송시열의 배척으로
영중추부사로 전임했다. 현종 14년(1674)에 인선대비가 죽어 자의대비의
제2차 복상문제가 일어났는데, 서인의 대공설을 반대하고 기년설을 주
장하여 채택되었다. 이로써 영의정에 복직했다. 그리고 송시열의 처벌과
관련해서 온건론을 펴서 탁남濁南의 영수가 되었다. 숙종 2년(1676) 사은
사 겸 진주변무사로 청나라에 다녀와서 오도도체찰사가 되었다. 숙종 4
년(1678) 궤장을 하사받고 기로소에 들어갔다. 그런데 숙종 6년(1680)에
조부 허잠이 시호를 받게 된 축하연에서 유악帷幄을 사용한 사건과 아
들 허견의 역모 사건에 연좌되어 사사賜死되었다. 1689년의 기사환국으
로 신원되었다.

심노숭沈魯崇의 〈자저실기自著實紀·견문외편聞見外篇〉에는 허적과 허견 부
자의 이야기가 실려 있다.

허적이 젊은 날 과거에 합격하여 사헌부에서 첫 벼슬을 시작했는데, 그
때 천인의 비단 사용을 금하는 법령이 매우 심했다. 이때 위항의 규수로
막 시집간 자가 이를 어겨 헌부에 잡혀와 신문을 받고 있었는데, 문밖에
서 허적의 이름을 불러대며 몹시 욕을 해대는 소리가 들렸다. 이제 겨우
약관의 나이인, 그 여자의 새신랑이었다. 이에 그 자도 잡아다 놓고는 두
사람 모두에게 곤장을 심하게 가해 결국 목숨을 끊어지게 하고 말았다.
그날 밤 꿈에 붉은 옷을 입은 관리가 그를 불러 말하기를, "비록 법을 어

졌다 하지만 꼭 죽이기까지 할 것은 없었거늘 그 연약한 남녀를 곤장으로 둘다 죽였으니 이는 사사로운 노여움에서 그런 것이다. 상제께서 미워하셔서 너에게 아들 하나를 보게 해 너의 집안을 멸문케 하라고 하셨다." 라고 했다.

얼마 뒤 역전 허견이 태어났다. 허적은 그 어미에게 낳지 못하도록 했으나 어미는 숨기고 키웠다. 허견이 장성하자 자질이 뛰어났고 손재주도 아주 빼어났다. 허적은 말린 전복을 매우 좋아했는데 늙어 이가 다 빠져 씹을 수 없게 되자 전복이 생각나서 괴로웠다. 이에 허견은 전복 모양으로 판각을 한 뒤 말린 전복을 곱게 가루 내어 거기에 찍어 바쳤다. 허적이 첩에게 말하기를, "마음만 심란하게 전복은 못하러 상에 올렸누?"라 하니 첩은 "글쎄 드셔보십시오."라고 했다. 씹었더니 과연 부드러운 전복이었다. 허적이 놀라고 기뻐 어떻게 한 것인지 묻자 첩은 비로소 사실대로 대답했다. 허적은 그를 들이도록 명하고는, "꿈이란 것은 꼭 믿을 수는 없다. 그 재주가 너무 아깝다."라고 생각했다. 이후 허견이 마음을 다해 섬기자 허적은 점점 빠져들어 그를 총애하다가 끝내 화에 이른 것이다.

이인의 간절한 충고, 상제가 보낸 관리의 통고도 애욕에 빼앗긴 바 되니 어찌하리오? 숙종 경신년에 허견은 대역죄를 지어 복주되고 처자는 종이 되고 가산은 몰수되었다. 허적도 연좌되어야 했으나 임금께서 이전 영의정으로 많은 노고를 했던 것을 생각하여 그에게 사형을 내리라는 양사의 합계를 윤허하지 않았다. 허적은 가산을 몰수당하고 동쪽 교외 시골에서 참새 떼나 쫓는 일을 하면서 얻어먹고 지내다가 한 해 뒤 결국 사사되었다.

심노숭은 허적의 꿈이 비록 꿈이긴 했지만 그의 앞길을 제대로 예시했다고 보았다. 심노숭은 허적이 젊었을 때 무리하게 형벌을 집행해서 사람을 죽였으므로 그 자신이 거꾸로 상제의 형벌을 받았다고 말하고자 한 것이다. 〈허적산적요〉는 권력의 남용, 무자비한 보복, 편당의 사욕 등이 결국 자기 자신을 파멸시킨다는 사실을 경계하는 동요라고 볼 수 있다.

미나리가 좋으랴 장다리가 좋구나
: 근호야芹好耶요

세상에 이런 말이 전한다. 숙종 기사년(1689) 이전에 이런 동요가 있었다.

미나리가 좋으랴 　　　芹好耶근호야
장다리가 좋구나 　　　蘿葍好矣나복호의

얼마 있다가 인현왕후 민씨가 중궁의 자리에서 쫓겨나고 장희빈이 중궁으로 올라갔다. 대개 근芹은 우리말로 미나리民阿里라 부르므로 민閔 자와 소리가 가깝다. 나복근蘿葍根은 겨울을 지나도록 땅 속에 있다가 봄이 되면 또 이삭穗을 펴서 꽃을 피운다. 그것을 우리말로 장다리長多里라고 부르는데, 장張 자와 소리가 가깝다. '좋은가好耶'라는 것은 아마도 '좋지 않다不好'는 말이고, '좋구나好矣'라는 것은 결단코 '반드시 좋다必好'는 말이다.

— 황윤석,《이재난고》경인 3월 27일(갑신)

〈근호야요〉는 흔히 〈미나리요〉라고도 한다. 숙종 때 인현왕후와 희빈 장씨(1659~1701)의 갈등을 배경으로 민간에 유포된 동요이다.

희빈 장씨는 본관이 인동이고, 본명은 장옥정張玉貞이다. 숙종의 빈嬪으로 있으면서 왕자 윤昀(훗날의 경종)을 낳아 왕자가 세자에 봉해지자 희빈에 올랐다. 이후 인현왕후가 폐출된 후 왕비가 되었으나, 숙종이 다시 인현왕후를 복위시키자 희빈으로 강등되었다. 훗날에는 장희빈으로 불려졌다.

장희빈의 삼촌 장현은 역관이었으며 무역으로 재산을 모았다. 장희빈은 조사석과 동평군 이항李杭의 주선으로 궁에 들어가 자의대비전의 나인이 되었다. 젊은 숙종의 마음을 사로잡았지만 그 사실이 드러나 궁에서 쫓겨났다가, 명성왕후가 죽자 다시 입궐하여 후궁이 되었다. 이때부터 인현왕후 민씨와 갈등하게 되었다. 장옥정은 남인 세력, 인현왕후는 서인 세력을 대표했다.

숙종은 장씨와의 사이에서 왕자 윤을 낳자 숙종 15년(1689) 1월 윤을 원자로 봉하고 소의 장씨를 희빈으로 승격시켰다. 이때 서인의 송시열은 원자를 봉하는 것이 성급하다고 상소했다가 유배되어 사사되고, 남인의 권대운이 정권을 잡았다. 이것이 기사환국이다. 이 해 5월에 숙종은 인현왕후를 폐출하고 희빈 장씨를 왕비로 올렸다. 서인 박태보 등 80여 명은 반대 상소를 올렸다가 형벌을 받았다.

"미나리가 좋으랴 장다리가 좋구나."라는 동요는 이렇게 장희빈과 남인들이 득세하는 것을 예견한 노래였다. 이 동요는 "미나리는 사철, 장다리는 한철"이란 동요와 짝을 이룬다.

미나리는 사철, 장다리는 한철
: 미나리요

얼마 있다가 인현왕후 민씨가 중궁의 자리에서 쫓겨나고 장희빈이 중궁으로 올라가자, 다시 이런 동요가 있었다.

미나리는 사철	芹則四節 근즉사절
장다리는 한철	蘿葍則一節 나복즉일절

기사년(1689) 이후 6년 있다가 인현왕후가 복위하고 장희빈은 도리어 폐위되었다. 사절四節이란 것은 사시四時에 모두 먹을 수 있다는 뜻이니, 종당에 견디다가 존위에 있게 될 것이라는 말이다. 일절一節이란 것은 일시一時일 따름이라는 뜻이니, 오래지 않아서 도리어 폐위될 것이라는 말이다.

— 황윤석, 《이재난고》 경인 3월 27(갑신)

숙종 20년(1694)에 서인의 김춘택 등이 남인들을 역모로 고발하고 정권을 잡았다. 이것을 갑술환국이라고 한다. 숙종은 인현왕후를 복위시키고 장씨를 다시 희빈으로 강등시켰다. "미나리는 사철, 장다리는 한철."이라는 동요는 이렇게 인현왕후가 복위될 것임을 예견한 노래였다.
 이 노래는 다음과 같은 형태로도 구전되어 왔다.

   미나리는 사철이요
   장다리는 한철이요
   메꽃 같은 우리 딸이
   시집 삼년 살더니
   미나리 꽃이 다 피었네

   ― 구전口傳 ; 임동권, 《한국민요집》, 동국문화사, 1961

 이 구전민요는 수년 전 TV사극 〈동이〉에도 등장했다.
 앞서의 〈근호야요〉에서처럼 '미나리'는 인현왕후 민씨를 뜻하고 '장다리'는 장희빈을 뜻한다. 노래는 장희빈이 한때 득세하지만 3년이 지나면 인현왕후가 복귀하야 사시사철 푸른 미나리 같으리라고 말한 것이다.
 조선 19대왕 숙종의 첫째 부인 인경왕후 김씨는 일찍이 세상을 떠났고 둘째 부인 인현왕후 민씨는 자식을 낳지 못했다. 숙종은 장희빈을 맞아들여 경종을 낳고, 숙빈 최씨에게서 영조를 낳았다.

인현왕후는 서인(노론, 소론)의 사대부들에게 덕망이 높았으며, 장희빈은 남인 사대부들의 지지를 받았다. 장희빈이 득남한 이후 인현왕후는 생가로 내쫓기고 말았다. 사람들은 인현왕후 민씨를 동정하여, 이러한 노래를 유포시켰던 듯하다.

숙종은 혈통을 이을 자식이 없자 계비 인현왕후의 양해로 궁녀 장씨를 후궁으로 맞았다. 그런데 장씨가 1686년에 숙의淑儀로 되자 남인들은 장숙의의 오라비 장희재張希載와 결탁했다. 한편 장숙의의 어머니는 일찍이 조사석趙師錫의 비첩婢妾이었는데, 조사석이 우의정이 된 후 영의정 김수항金壽恒은 파직되고 말았다.

숙종 14년(1688) 장희빈이 아들 윤昀(훗날의 경종)을 낳자, 이듬해(1689, 기사) 남인들은 세자로 책봉할 것을 주장하면서, 이를 반대하는 서인의 송시열·김수항 등을 국본國本을 방해한다고 모함하여 사사賜死하게 했다. 이후 인현왕후는 폐위되어 사가로 쫓겨났다.

인현왕후의 사가는 곧, 현재의 서울시 종로구 안국동 36번지에 해당한다. 여양부원군驪陽府院君 민유중閔維重의 저택인데, 인현왕후는 그 감고당感古堂에 거처했다. 감고당은 현재는 서울시 도봉구 쌍문동에 이전되어 있다.

장희재는 인현왕후가 사가에 쫓겨나 있을 때, 편지를 장희빈에게 보냈는데 중궁에 관련된 말이 있었다. 그래서 장희재는 국문을 받게 되었다. 숙종이 글로써 대신에게 말하기를, "희재의 죄는 죽어야 마땅하다." 했다. 이때 세자는 겨우 7세였다. 남구만은 장희재를 죽이게 되면 사건이 장씨에게 관련되고, 장씨가 위태롭게 되면 세자의 지위가 불안할까 두려워하여, 법을 굽혀서 장희재를 살리기를 청하니 숙종이 받아들였다. 여러 사람들이 떠들썩하게 남구만을 공격했다.

인현왕후는 1694년의 갑술옥사甲戌獄事로 복위했다.

숙종 27년(1701)에 인현왕후가 서거하자, 희빈 장씨가 자신의 거처인 취선당就善堂 서쪽에 신당神堂을 차려 놓고 인현왕후를 저주했기 때문이라고 지목되었다. 이 일로 장희빈은 사사되고 오빠 장희재는 처형되었다. 이후 숙종은 빈을 후비로 승격하는 일이 없도록 법을 만들었다.

때	사건	내용	비고
1680년	장옥정, 승은을 받다.		
숙종 14년 (1688) 10월	장희빈, 원자를 생산하다.	원자 윤(昀)이 장희빈의 몸에서 태어났다.	원자 윤은 훗날 조선의 제20대 국왕인 경종이 된다.
숙종 15년 (1689)	윤을 원자로 봉하고 소의 장씨를 희빈으로 승격시키다.	정월에, 윤을 원자로 봉하고 소의 장씨를 희빈으로 승격시켰다.	
		이 해 5월에 인현왕후를 폐출하고 희빈 장씨를 왕비로 올렸다.	허적 등이 정권을 잡고, 원자 책봉이 성급하다고 상소한 송시열을 유배, 사사하게 했다. 남인의 권대운이 정권을 잡았다. 기사환국이라 한다. 서인 박태보 등 80여 명은 반대 상소를 올렸다가 형벌을 받았다.
숙종 20년 (1694)	인현왕후가 복위되고 장씨가 다시 희빈으로 강등되다.	숙종은 인현왕후를 복위시키고 장씨를 다시 희빈으로 강등시켰다.	서인의 김춘택 등이 남인들을 역모로 고발하고 정권을 잡았다. 갑술환국이라 한다.
1701년	인현왕후가 죽고 장희빈은 숙종의 미움을 받다.	인현왕후가 죽자, 김춘택은 궁녀들을 이용해 궁궐 여러 곳에 이상한 물건들을 땅에 묻어 장희빈이 저주의 굿판을 벌였다고 주장했다.	
	장희빈이 사사되다.	오빠 장희재도 처형되었다.	

그런데 구전민요에서 "메꽃 같은 우리 딸이 / 시집 삼년 살더니 / 미나리 꽃이 다 피었네" 부분은 〈시집살이요〉를 연상케 한다. 메꽃 같다는 말은 곱고 아름답다는 뜻이다. 〈시집살이요〉에도 '메꽃 같은 며느리'라는 표현이 나온다.

 싀어마님 며느라기 낫바 벽바흘 구루지 마오
 빗에 바든 며느린가, 갑세 쳐 온 며느린가. 밤나모 서근 등걸에 휘초리나 ᄀᆞ치 알살픠선 싀아바님, 볏 뵌 쇳동ᄀᆞ치 되죵고신 싀어마님, 삼년 겨론 망태에 새 송곳 부리ᄀᆞ치 샢족ᄒᆞ신 싀누의님, 당피 가론 밧틔 돌피 나니ᄀᆞ치 싀노란 윗곳 ᄀᆞ튼 피쭝 누는 아들 ᄒᆞ나 두고
 건 밧틔 메곳 ᄀᆞ튼 며느리를 어듸를 낫바 ᄒᆞ시는고

현대어로 풀이하면 대개 다음과 같다.

 시어머님 며늘아기 나쁘다고 부엌 바닥을 두드리면서 구박을 하지 마오
 빚에 받아온 며느린가, 값을 주고 사온 며느린가. 밤나무 썩은 등걸에 회초리 난 것같이 매서운 시아버님, 햇볕 쬔 쇠똥같이 말라빠진 시어머님, 삼 년 엮은 망태기에 새 송곳부리같이 뾰족한 시누님, 당피 같은 밭에 돌피 난 것같이 샛노란 오이꽃 같은 피똥 누는 아들 하나 두고
 기름진 밭에 메꽃 같은 며느리를 어디를 나쁘다 하십니까

어사화냐 금은화냐

: 어사화御賜花요

숙종 26년(1700)의 과거 시험에서 별도로 피봉皮封(겉봉)을 만들어 몰래, 입격入格한 다른 사람의 시권과 합하게 하고 이름을 바꾸어 함부로 합격을 차지하는 일이 발각되었다. 이성휘는 옛날 명재상 이선李選의 아들이고, 박필위는 선정신先正臣 박세채朴世采의 손자이며, 기타 다른 사람들도 대가大家의 자제가 아닌 자가 없었는데도 차마 이같이 했으니, 송성 같은 거간꾼(駔儈)의 무리야 어찌 말할 것이 있겠는가? 출방하던 처음에 이런 동요가 있었다.

어사화냐? 금은화냐?　　御賜花耶 金銀花耶 어사화야 금은화야

이때에 이르러 백금白金의 말이 여러 공초供招에 어지럽게 있었으니 그 말이 과연 맞게 되었다. 또 사람들이 시를 지어 이렇게 말했다.

백지로 낸 시험지에 홍패지紅牌紙 나오니
머리에 어사화 꽂고 길에서 쳐다보는 이에게 으스대네

도적의 소굴에서 밤중에 휘파람 소리 들리니
이 무리들 또한 청렴하다 말할까?

이 시는 한때에 전송傳誦되었다.

―《숙종실록》숙종 26년(경진) 1월 20일(갑인) 과거 부정을 실토한 정순억·이도징·김시흥의 공초

조선의 과거에서는 대과나 소과를 치를 때 시험지 폭 첫 면에 거자擧子(과거 응시자)의 성명·나이·거주지·향관鄕貫·사조四祖를 쓰고 접어서 풀로 봉하고 밖에 근봉謹封이라 쓰게 했다. 사조는 부·조부·증조·외조의 이름을 말한다. 숙종 때 이르러서는 고사관考査官이 몰래 뜯어서 사사로이 고칠까 염려하여 피봉皮封을 분할해두는 규정을 두었다. 또 등록관謄錄官·봉미관封彌官 등의 관원을 시켜서 자호字號를 써 넣고, 따로 맡아서 지키게 했다가, 출방할 때 개탁開坼한 이름을 가져와 합쳐 보게 했다. 고사관은 거자의 성적을 붉은 글씨로 평가한 초본草本인 주초朱草를 작성했다. 고사관을 고시관이라고도 했다.

과거의 부정을 막으려는 제도가 이렇게 엄밀했지만, 조선 후기에는 별도로 피봉을 만들어 몰래 입격入格한 시권과 합하게 하고 이름을 바꾸어 함부로 합격을 차지하는 사례가 많았다. 이를테면 감시監試와 회시會試 때는 감찰監察과 봉미관이 모의하여 피봉을 바꾸어 다른 사람들을 참방

參榜하게 하기도 했다. 심지어 시권試券을 역서易書(딴 글씨로 바꾸어 씀)할 때 다른 사람에게 부탁하여 부정한 짓을 하게 하기도 했다. 이것을 차서借書라고 했다.

숙종 25년(1699) 10월 21일(을유)에 단종을 위해 호를 회복시킨 경사로 증광시의 전시殿試를 실시하여 문과에서 한세량 등 34인을 뽑았다. 명관命官에 좌의정 최석정, 상시관上試官에 민진장, 대제학에 오도일, 부시관에 엄집·유집일·조대수·윤홍리·정한수, 양사兩司에 이세석·이탄, 수권관收券官에 김전·김시욱, 차비관差備官에 오석하, 봉미관封彌官에 홍수우, 사동관査同官에 조정선·박세화·안절이었다.

하지만 출방出榜(방방)한 뒤에, "학문에 어두운 사람이 요행히 참여했고, 또 표表를 지어 올렸는데 부賦로 합격된 경우가 있었으니, 방외方外의 사람에게 차술借述했거나 남의 글을 도점盜占한 것인가 의심스럽다."라는 말이 떠돌았다. 또 "차비관이 피봉을 바꾸고 성명을 속인 폐단이 있었다."라는 말도 있었다.

숙종 25년(1699) 11월 1일(을미)에 문과 복시에 감시관을 맡았던 정언 이탄李坦은 문과 복시의 시권을 거두어 부정 여부를 조사할 것을 청했다. 차술借述의 폐단은 사실 여부를 따지기 어렵지만 성명을 속인 일은 복시의 시권을 거두어 엄중히 조사한다면 허실을 분변할 수 있으리라고 했다. 우승지 김경金澋이 여러 시관들과 빈청賓廳에 나가서 하나하나 대조하여 보고 본문과 초본을 모두 금부에 내려보내 등록관謄錄官과 지사관枝査官에게 대조해 물어서, 두루 그들이 쓴 필적의 진위를 살폈다.

이후 이듬해 2월 초까지 여러 부정한 사실들이 발각되었다. 심지어 복시의 시관試官 오도일이 참시관參試官 윤홍리의 반대를 무릅쓰고 유세기의 글을 무리하게 뽑아 주었다는 사실도 밝혀졌다. 권세가들은 시원試院의 하인과 군사, 수권관·봉미관·등록관·지동관枝同官·사동관查同官, 응판관 서리應辦官書吏 등을 매수하여, 자신의 종을 군사로 위장하여 세우거나, 과거시험장에서 다른 사람에게 대술代述하게 하거나, 방방放榜 직전에 봉미궤를 뜯고 시권을 바꿔치기해서 합격자와 불합격자를 뒤바뀌게 했다. 그래서 대사간 윤세기는 오도일을 파직하라고 청하고, 간관들은 파방罷榜을 주장했다. 결국 이때의 문과는 파방하고 말았다.

조선 중종 38년(1543)에 《대전속록》을 편찬한 후 숙종 24년에 이르기까지 1백 55년 동안 수교受敎(임금의 명령)를 선별하여 수록한 법전인 《수교집록》에서는 과장의 부정을 엄벌하는 법령이 마련되어 있었다. 즉, 과장科場에서 차술借述한 자와 대술代述한 자, 그리고 수종隨從을 거느리고 들어간 자, 녹명錄名을 하지 않고 함부로 들어간 자, 부동 역서符同易書하고 간교를 부린 자, 먼저 창도倡道하여 난동을 일으키고 과장을 파하게 한 자가 있으면, 조관朝官과 생원·진사는 변방에 충군하여 영원히 과거의 응시를 중지시켰다. 그리고 유학幼學은 강등시켜 수군에 충정充定하고 마찬가지로 영원히 문과와 무과를 정지하게 했다. 이렇게 법령이 엄했지만, 과장의 부정은 끝내 막지 못했다. 〈어사화요〉는 과장의 부정이 17, 8세기에도 만연해 있었음을 알려주는 동요이다.

참고로 조선시대 과거 제도에 대해 개괄하면 다음과 같다.

● 소과小科는 문과의 예비시험이다. 사마시司馬試, 생진과生進科라고도 한다. 생원시生員試와 진사시進士試 중 하나에 응시하여 초시初試·복시覆試에 모두 합격하면 성균관에 입학할 수 있는 자격을 주었다. 소과는 국

왕이 친히 참석하는 전시殿試가 없었다.

《경국대전》에 따르면, 생원·진사 각각 한성시에서 200명, 향시에서 500명을 뽑았다(향시 500명은 경기 60명, 충청·전라 각 90명, 경상 100명, 강원·평안 각 45명, 황해·함경 각 35명을 뽑았다]. 이렇게 총 1,400명을 선발하여 예조에서 실시하는 복시에서 생원·진사 각 100명씩을 합격시켰다.

[표 1] 소과 초시, 복시

초시 ▷ 한성시[한성부 실시] ▷ 향시[8도 실시]	진사시	부(賦) 1편 시(詩), 명(銘), 잠(箴) 中 1편	명과 잠은 거의 출제하지 않음. 후기에는 부(賦)와 시(詩)에서 택일.
	생원시	사서의(四書疑) 1편 오경의(五經義) 1편	정조 때는 《춘추》를 빼고 4경만 시험보았음.
복시 ▷ [예조에서 실시. 회시(會試)]	진사시	시험 과목 초시와 동일. 100명 선발	
	생원시	시험 과목 초시와 동일. 100명 선발	

● 문과文科는 대과大科, 동당시東堂試라고도 한다. 생원·진사가 응시하게 되어 있으나 실제로는 유학幼學도 수험 자격이 있었다. 정기적으로 시행되는 식년시式年試와 비정기 시험인 증광시增廣試를 비롯한 특별시험인 각종 별시別試로 구분된다.

식년시는 3년에 한번 실시하는데 자子·오午·묘卯·유酉년을 식년이라 한다. 식년의 전해인 상식년上式年의 가을에 초시를 보고 식년에 복시를 보았다. 식년시에는 문과와 무과, 생원진사시, 잡과를 함께 실시했다.

문과 초시에서는 관시 50명, 한성시 40명, 향시 150명을 뽑았다. 향시 150명은 경기 20명, 충청·전라 각 25명, 경상 30명, 강원·평안 각 15명,

황해·함경 각 10명을 배정했다. 복시에서는 33명을 뽑았고, 전시에서는 갑과甲科 3명, 을과乙科 7명, 병과丙科 23명 식으로 33명의 등급을 정했다.

증광시는 국왕 즉위, 세자 탄생, 왕비와 왕세자 책봉 등 왕실의 경사를 기념하기 위해 실시했다. 왕실의 경사가 겹치는 경우를 대증광大增廣이라고 한다. 증광시는 식년시와 마찬가지로 문과 이외에 무과, 생원진사시, 잡과를 동시에 실시했다.

[표 2] **문과 초시, 복시, 전시**

초시 ▷ 관시[성균관 초시. 원점(圓點) 300점 이상자] ▷ 한성시 ▷ 향시	초장	사서의(四書疑)·오경의(五經義)·논(論) 중 2편	뒤에는 사서의·오경의 1편, 논 1편.
	중장	부(賦)·송(頌)·명(銘)·잠(箴)·기(記) 중 1편	뒤에는 부 1편, 표·전 중 1편.
	종장	책(策) 1편	
복시	초장	강경시(講經試)	사서삼경의 각 1대문(大文), 즉 전체 7대문을 배송(背誦) 강경.
	중장	초시와 동일	초시와 복시의 초·중·종장은 하루 간격으로 시행.
	종장	초시와 동일	
전시 (초·중·종장 구별없이 등급만 정함)		《경국대전》에 의해 대책(對策)·표(表)·전(箋)·잠(箴)·송(頌)·제(制)·조(詔) 중 1편	
		《속대전》에 의해 논(論)·부(賦)·명(銘)을 보태 10과목 중 1편	주로 대책(對策)을 출제.

증광시 이외의 별시로는 별시別試, 외방별시外方別試, 알성시謁聖試, 정시庭試, 춘당대시春塘臺試, 중시重試, 발영시拔英試[세조 12년(1466) 중신重臣과 문무백관에게 임시로 실시한 과거], 등준시登俊試[세조 때 현직 관리·종실·부마 등을 대상으로 한 과거], 도과道科 등이 있었다. 각종 별시의 선발 인원은 사정에 따라 달랐다.

[표 3] 문과의 각종 별시

	실시 시기	고시 방법	고시 과목	비고
증광문과 (增廣文科)	즉위경(卽位慶), 30년 등극경(登極慶) 등 국가 경사가 있을 때	식년문과와 동일	초시·전시는 식년문과와 동일, 복시 초장은 부 1편, 표(表)·전(箋) 중 1편, 종장에서는 책(策) 1편	식년문과 복시 초장에서 시행되던 강경시험이 없어짐.
별시문과 (別試文科)	즉위 이외의 경사가 있을 때와 10년에 한 번 당하관을 고시하는 중시(重試)가 있을 때	초시와 전시의 2단계 시험. 초시는 초장과 종장으로만 나뉨	초시 초장은 논 2편, 표(表)·전(箋) 중 2편, 부(賦) 1편 중에서 2문제를 돌아가면서 정함, 종장은 책(策) 1편. 전시에서는 10과 중 1편	일정한 시행규칙이 없다가 영조 때에 와서 초시·전시로 규정화.
외방별시 (外方別試)	국왕이 몽진을 갈 때나 능침, 온천을 갈 때 행재소에서 실시	단일시(單一試) [초시·복시·전시의 구별이 없이 한 번의 시험을 통해 급락 결정]	서도과(西道科), 북도과(北道科) 경우 부·표·전 중 1편, 시재(試才)[제주·강화·수원 등지의 특별시험]의 경우 시·부·표·책 중 1편	합격자에게 급제를 주거나 문과 전시에 곧바로 나갈 수 있는 특권을 부여.
알성문과 (謁聖文科)	국왕이 문묘에 참배하고 나서 성균관에서 실시	단일시, 촉각시(燭刻試)[즉일방방(卽日放榜)]	10과 중 1편	국왕이 친림하는 친림과이므로 상피제가 없음.
정시문과 (庭試文科)	국가의 경사 또는 중대사가 있을 때 실시	단일시, 촉각시 [즉일방방]	10과 중 1편	성균관 유생에게 전시에 곧바로 나갈 수 있는 특권을 부여하기 위해 실시. 선조 때 정식 과거로 승격. 국왕이 친림할 경우 상피제가 없음.

| 춘당대시문과 (春塘臺試文科) | 국가에 경사가 있거나 창경궁 춘당대에서 무인을 시험하는 관무재(觀武才)가 있을 때 대거(對擧)로서 실시 | 단일시, 촉각시 [즉일방방] | 10과 중 1편 | 친림과로서 상피제가 적용되지 않음. |

● 시험 절차와 합격자 발표

❶ 녹명

문과 시험은 예조와 성균관이 주관했다. 응시자는 시험 10일 전에 녹명소錄名所에서 이름을 등록해야 했다. 뒤에는 과장科場 입문할 때 녹명하는 일이 많았다. 응시생들은 녹명소에 성명, 본관, 거주지와 부·조·증조·외조의 관직과 이름, 본관을 기록한 사조단자四祖單子를 제출했다. 16세기 후반부터는 사조단자 이외에 6품 이상의 조관朝官이 서압署押한 신원보증서인 보단자保單子를 제출했다. 4조 안에 현관顯官(종9품 이상 관원)이 없는 경우 지방 응시자는 경재소 관원 3인, 서울의 응시자는 해당 부의 관원 3명의 추천을 받아 제출했다.

❷ 시지試紙 구입

응시자들은 각자 시지를 구입하여 그 끝에 본인의 관직, 이름, 본관, 거주지와 부·조·증조의 관직과 이름, 외조의 관직과 이름, 본관 등을 다섯줄로 쓰고 그 위에 종이로 붙였다. 이렇게 이름 가리는 것을 봉미封彌라고 한다.

❸ 과장 입장

입문관은 시험 당일 새벽에 문을 열고 기다리고 있다가 녹명책을 보고 호명하여 응시자를 들여보냈다. 수협관搜挾官은 문밖에서 응시자들의 옷과 소지품을 검색하는데, 만약 책을 가지고 들어가다가 발각되면 금란관禁亂官에게 넘겼다. 입장이 끝나면 입문관은 수험생들을 6자 간격으로 떼어 앉혔다.

❹ 시험

문과는 삼장연권법三場連券法 또는 동당삼장東堂三場이라 하여, 초장初場이 끝난 하루 뒤 중장中場, 중장이 끝난 하루 뒤 종장終場을 보았다. 초장에는 경학經學, 중장에는 시詩·부賦·표表, 종장에는 시무책時務策을 시험했다. 초장의 경학은 구술시험인 강경講經과 필답시험인 제술製述의 두 가지 가운데 하나를 시행했다. 강경에는 책을 보지 않고 물음에 답하는 배강背講과 책을 보고 답하는 임문고강臨文考講이 있었다.

❺ 채점

응시자는 답안 작성이 끝나면 수권소收券所에 시권試券을 제출했다. 시권은 100장씩 묶어 봉미관封彌官, 등록관謄錄官, 사동관査同官, 교동관校同官의 손을 거쳐 시관試官에게 넘겼다. 시관은 채점을 하여 과차科次를 정한다. 채점은 통通·약略·조粗·불不의 4등급으로 나누어 통은 2분, 약은 1분, 조는 0.5분으로 계산한다. 초시와 복시는 모두 각각 3장의 성적을 통산하여 합격 여부를 결정했다. 과차는 상上·중中·하下, 이상二上·이중二中·이하二下, 삼상三上·삼중三中·삼하三下의 9등으로 나누고 삼하三下를 일분一分으로 정했다. 복시에 합격한 33인은 다시 전시를 보아, 등급을 매겼다.

❻ 출방과 은영연

과거 합격자를 발표하는 출방出榜 때에는 창방의唱榜儀를 거행했다. 급제자들에게 정부가 축하연을 베풀어주는 것을 은영연恩榮宴이라 한다. 은영연이 끝난 다음 날 급제자들은 문과 장원의 집에 모여 함께 예궐詣闕하여 국왕에게 사은례謝恩禮를 드린다. 그 다음 날에는 무과 장원의 집에 모여 문묘에 가서 알성례謁聖禮를 올린다. 그 후 친척과 친지를 불러 잔치를 하거나 선배의 집을 찾아다니며 인사를 하거나 시관을 초대하여 은문연恩門宴을 열었다.

화로장사 禍老張死

: 화로요

숙종 35년(1709) 10월에, 인신印信을 위조한 일로 계복覆(재심사)한 죄인 이식李鉽이 고변하여 이렇게 말했다.

갑신년(1704, 숙종 30) 6월에 회현방會賢坊 동네에 세들어 살고 있을 때 창동倉洞에 사는 강재승姜宰承이 찾아와, '병조판서 윤세기尹世紀가 나와 한집안 사람인데, 병조판서의 양자養子가 눈병이 있으므로 글 아는 사람을 구득하여 파적破寂(심심풀이)하게 하려고 한다.'라고 하면서 함께 가자고 했습니다. 이때는 한미한 선비의 처지임을 들어 나아가지 않았습니다. 그 뒤에 무인 최흡崔洽이 윤세기의 말이라며 가자고 청하기에 함께 갔습니다. 8월에 다시 그의 집에 갔는데, 병조판서가 총각 노복에게 쪽지를 보내 강재승을 불러 오게 하여 함께 안쪽 방으로 들어갔습니다. 조금 있다가 강재승이 나와서 '이백진인상위왈오속가거의李白秦人相謂曰, 吾屬可去矣'라는 구절을 간편簡片에 썼는데, 진秦 자는 진眞 자로 쓰고 거의去矣 두 자는 거의擧義로 써서 손을 기울여 보이면서, 글이 뜻가를 '이 뜻을 알겠는가, 모르겠는가?' 하며 여러 차례 머리를 끄덕이다가, 강재승이 이 종이를 입으로 씹어 뜰 가운데 던져 버렸습니다. 이에 다가앉으며 귀에 대고 이렇게 말했습니다. "병조판서가 윤취상尹就商이 하는 말을 들었기 때문에 형을 여기에 오게 만든 것이다. 형이 형의 외조[고부사 이영발李英發]의 술업術業을 배워서 식견이 고명高明하다 하기 때문에, 매양 일을 계획하려고 하면서도 지연하고 실현하지 못했던 것이다. 이제 들으니 형이 병조판서와 신 정승이 서로 이야기하는 말을 들었다고 하면 이제부터는 서로 숨길 일이 없게 되었다. 동궁이 왕위를 얻게 되면 우리들은 장차 모두 죽게 될 것이다. 바로 지금의 '화로장사禍老張死'라는 동요는 진실로 몹시 두렵기만 하고 31글자로 된 천참天讖도 진실로 우연한 일이 아니다. 형의 의견에는 과연 어떻게 생각하는가?"

저는 문자로 답하기를, "겨레여 망령된 소리 말라. 이런 짓을 차마 한다면 무슨 짓인들 차마 못할 것이 있겠는가?[族矣無妄言, 是可忍, 孰不可忍也]"라고 했습니다.

— 《숙종실록》 숙종 35년(기축) 10월 9일(병오) 인신印信을 위조한 일로 계복啓覆한 죄인 이식의 고변

이식은 의원醫員인데, 인장[印信]을 위조한 일로 사형의 죄를 받았으나 재심사를 받기 위해 옥에 갇혀 있었다. 이때 이식은 자신의 죄를 탕감 받을까 해서 당시 병조판서 윤세기尹世紀를 역모죄로 무함하여 옥사를 일으켰다. 즉, 이식은 옥중에서 쪽지 글을 만들어 한 여아를 시켜 어두워진 후 어영대장 김석연金錫衍의 집에 던져 넣었다. 김석연이 보고서 숙종

에게 올리자, 숙종은 대신, 의금부 당상, 양사의 장관을 명초命招하여 내 병조內兵曹에 국청을 설치하게 했다. 이식은 국청에 잡혀 와서는 먼저 문서 봉투 하나를 바치고, 이어 공술을 하여, 강재승과 정시벽이 연루되어 있다고 했다.

윤세기(1647~1712)는 해평부원군 윤두수의 고손이며, 호조판서 윤계의 아들이다. 사마시에 합격하고 같은 해 증광문과에 병과로 급제한 후 벼슬길에 올랐다. 숙종 15년(1689) 장열왕후 조씨가 죽자 고부사로 청나라에 다녀왔다. 같은 해 기사환국으로 아버지와 함께 파직되어 유배를 갔다. 숙종 20년(1694) 갑술옥사가 일어나자 유배에서 풀려 병조판서를 제수받았다. 윤세기는 노론의 인물이었다.

이식의 공초에서 강재승이 이식에게 거론했다고 한 '화로장사禍老張死' 동요는 당시 항간의 아이들이 어떤 짓을 하다가 되지 않으면 그때마다 '화로장사火爐匠士'라고 한 말에서 따온 것이었다고 한다.

〈화로요〉는 갑술옥사 이후 남인이 몰락했을 때 유포된 동요이다. 이 동요는 장희빈 소생의 동궁이 정권을 잡을 것을 우려하여 저주한 노래라고 생각된다. 화로禍老는 화액을 배태하는 자란 뜻이고, 장張은 장희빈이거나 장희빈 소생의 동궁을 가리키는 말인 듯하기 때문이다. 동궁은 숙종 14년(1688)에 탄생했으므로 당시 11세였다.

갑술옥사는 숙종 20년(1694)에 숙종의 폐비 민씨 복위운동을 둘러싸고 서인이 남인을 몰락시킨 사건이다. 당시 노론계의 김춘택金春澤과 소론계의 한중혁韓重爀 등은 폐비 민씨를 복위시키려고 했다. 남인의 민암閔黯과 이의징李義徵 등은 숙종 15년의 기사환국을 통해 권력을 장악한 후 3월에 김춘택 등 수십 명을 체포해서 국문을 했다. 그런데 숙종은 폐비 민씨를 두둔하고 남인의 행동을 미워하여 국문을 주관한 민암과 판의금부사 유명현 등을 귀양 보냈다. 당시 노론과 소론의 서인들은 기사환국 이래 왕의 총애를 받고 있던 숙빈 최씨와 연락하고 있었다. 이 사건을 계기로 숙종은 남구만을 영의정, 박세채를 좌의정, 윤지완을 우의정에 기용하여 소론 정권을 성립시키고, 기사환국 때 화를 당했던 노론계 인사들에게 작위를 주었다. 그리고 장씨를 다시 희빈으로 삼고 인현왕후 민씨를 6년 만에 복위시켜 궁중으로 들어오도록 했다.

갑술옥사로 남인의 민암·이의징은 사약을 받고 권대운·목내선·김덕원 등은 유배를 갔다. 하지만 소론이나 노론의 인사들은 동궁이 성장하여 청정聽政을 하게 될 경우 자신들에게 피해가 오지 않을까 두려워했을 것이다. 그러한 두려움이 저 〈화로요〉를 낳게 된 것이 아닐까 생각된다.

그렇다면 당시 항간의 아이들이 어떤 일을 하다가 제대로 되지 않으면 그때마다 '화로장사火爐匠士'라고 한 말은 무슨 뜻일까? 그해 겨울에 날이 따스하여 화로가 팔리지 않아 그런 것인지 알 수가 없다.

권설權屑이 소설騷屑
: 권설소설요

숙종 37년(1711) 7월, 연은문(영은문)에 괘서掛書한 죄인을 기포譏捕하지 못하자 포도대장 윤취상尹就商과 그 종사관을 나문했다. 윤취상이 옥중에서 대신에게 글을 적어 알려 왔는데, 그 내용은 이러했다.

전 현감 이진해李振海가 일전에 호위군관 서중선徐重選의 소개로 포도군관 백수해白壽海를 맞이하여, "그대가 기포의 임무를 맡았다고 하는데 어떤 사람에 의심을 두고 어느 곳을 뒤따라 찾았는가? 괘서한 일은 바로 권설權屑과 남휘南徽의 짓이다.'라고 했습니다. 백수해가 '어떻게 알았는가?'라고 물었는데, 이진해가 "권설은 배운 것이 없고 남휘는 문사에 능하므로, 남휘가 짓고 권설이 걸은 것이오."라고 했습니다. (중략) 이진해의 공사供辭에 이런 말이 있다. "근일의 동요에 '남휘南徽가 지휘하고, 권설이 소설騷屑한다'는 말이 있으니, 바로 죽음 속에서 삶을 구하는 자의 짓이 아니겠느냐' 하자, 홍순연이 '붙잡을 수 있겠느냐?' 하였습니다."

— 《숙종실록》 숙종 37년(신묘) 7월 9일(병신)

권설과 남휘는 모두 음관蔭官이며, 남휘는 곧 권설의 매부이다. 이들은 숙종 37년(1711)에 발생한 연은문 괘서 사건의 주모자로 지목되어 국문을 받았다. 연은문(영은문)은 중국 명나라 사신을 맞이하는 모화관 앞에 세웠던 문으로, 서울시 서대문구 현저동에 있었다.

권설은 민간인을 약탈하는 도적을 잡는 데 공을 세웠다. 그런데 그의 공을 시기한 자들은 권설이 불필요하게 소란을 피운다고 하여 말을 만들어냈다. 그 가운데는 이런 동요도 있었다.

| 남휘의 지휘에 | 南徽指揮 |
| 권설의 소설騷屑 | 權卨騷屑 |

남휘의 휘와 지휘의 휘가 같은 음이고, 권설의 설과 소설의 설이 같은 음이다. 소설은 소란을 피운다는 뜻이다.

당시 권설은 도적들이 전라도 섬을 근거지로 삼아 전라도 일대에 출몰한다는 사실을 탐지하여 대신에게 알렸다. 그러자 전라도 유생들은 권설이 사실무근의 말을 지어내어 전라도의 명예를 실추시키고, 자신들이 추진하던 효종 추숭의 안을 방해하고 말았다고 하여 위와 같은 동요를 퍼뜨린 것이다.

숙종 37년(1711, 신묘) 7월 26일(계축)에, 금부禁府는 권설을 잡아 가두었는데, 권설의 공사供辭는 대략 이러했다.

권설은 숙종 21년(1695)에 태릉 참봉으로 있으면서 능침에 든 도적을 칼로 공격하여 제기를 지켜, 그 공으로 천전遷轉했다. 숙종 25년(1699)에 장수 현감에 제수되어 전라도 감사 김시걸과 상의하여 적괴 이기풍 등 70여 인을 체포했다. 그 후 민진원이 전라도 감사로 왔을 때는 군관 정도적과 함께 거창의 적괴 신감동 등을 체포했다. 또 최 거사라는 자를 체포하여 감영으로 압송하여 갈 때 적당이 겁탈하여 달아났다. 민진원은 당시 영고營庫의 은화를 잃어버렸는데, 민진후가 탑전에서 숙종에게 그 사실을 진달했다. 권설은 옥과 현감에 제배되었다. 이후 전라도 감사 권상유와 상의하여 적괴 강경의 등을 체포하고 아울러 영고의 은화까지 찾아냈다.

숙종 36년(1710) 봄, 권설은 안성에 있을 때 진천으로 이인엽을 찾아갔는데, 이인엽이 "적당賊黨이 섬에 떼 지어 있다고 하니, 정탐하여 체포해야 할 것이다."라고 했다. 이인엽이 죽은 뒤 거간居間(첩자)이 적의 사정을 탐지해서 언문으로 작성한 고목告目 두 장이 이르렀다. 그 하나는, "무장의 도영장都領將은 염탐했다는 이유로 대낮에 마구 찢어서 죽였고, 영광의 강민저姜敏著의 종 청산은 고발했다는 이유로 대낮에 머리를 베어 거리에 매달았더니 관리가 감히 뒤쫓아 체포하지 못했다."라고 했다. 또 하나는, "적괴 거사 최대성·최대봉·박복산의 아비와 그의 아우 등이 해빙 뒤에 영광의 법성포에서 서로 모이기로 약속하고는 섬 속으로 들어가려고 약탈을 자행했는데, 이 뒤에 체포하려고 했으나 끝내 잡을 수 없었고 도리어 음화陰禍만을 입어 근신하며 피했을 뿐이다."라고 했다.

권설은 숙종 29년(1703)에 장수長水에 있을 때 김부차金夫差라는 자를 중간中間(이중첩자)으로 이용했다. 김부차는 본시 괴산 사람인데 합천으로 이주하다가 추풍령에서 적도에게 부모와 처자를 모두 잃어 복수하려는 뜻을 지니고 있었으므로 권설을 위해 일했다. 김부차는 적중에 투입되어 적의 실상을 몰래 정탐하여, 회문체回文體 모양의 서찰로 권설에게 전했다. 숙종 36년 8월의 고목도 이 회문체를 사용했다. 김부차는 탄로 나면 일족이 모두 살해될까 봐 자취를 숨기고 1, 2년에 두세 차례 만나고는 해왔다. 권설은 적의 현황을 탐지할 일이 있으면 김부차의 조카 김부업이라는 자를 시켜 통보했다. 그런데 숙종 36년 8월에 김부업이 고목을 가지고 와서 전한 뒤로는 다시 소식이 없었다.

권설은 그해 9월 초에 평안감사 이제李濟를 만나서 고목을 보여주었다. 그런데 청나라에서 온 자문咨文이 도래하는 날에 대신이 권설의 이름을 숙종에게 알렸고, 또 최 거사에 관한 말이 있었다. 그러자 권설을 모해하는 무리가 말을 만들어서, "권설이 장차 병사兵使·수사水使가 된다."라고 하거나 "동병動兵하는 기일을 정탐했다."라고 하는가 하면, "해랑海浪의 허랑虛浪, 권설權卨의 소설騷屑"이란 말을 지어내어 전파했다. 해랑은 바다의 섬을 거점으로 출몰하는 도적을 말한다.

숙종은 권설이 김부차의 간 곳을 알지 못할 이치가 만무한 데도 사실대로 말하지 않으며, 고목을 찢어버렸다고 일컫고 바치지 않는 것이 지극히 통악痛惡하므로 엄중하게 추문推問하라고 명했다. 그러자 권설은 말을 번복하여, 언문의 고목은 결코 상감께서 보실 물건이 아니라서 찢어 없애버렸다고 자백했으나, 이제 찾아내어 현물을 바친다고 했다. 그리고 친족과 노예로 하여금 김부차를 찾아내게 해달라고 청했다. 권설은 북청에 유배되었다. 의금부에서 재차 잡아다가 다시 추문했으나 긴밀한 단서가 없어서 의옥疑獄으로 돌아갔다. 하지만 그를 중죄로 다스려야 한다는 주장이 계속되었다.

영조 4년(1728)에 이르러 권설은 나주 괘서 사건에 연루되어 절도絶島에 유배되었다.

권설의 연은문 괘서 사건의 발단은 그의 공적을 시기하는 자들이 모함하여 빚어낸 것이다. 그러나 이 사건은 사실 여부가 확인되지 않은 채, 효종을 추숭하고 현종을 세실世室로 모실 것을 주장하는 측과 청나라의 간섭을 우려하여 그것을 저지하려는 측의 갈등 속에서 크게 확대되고 말았다.

숭례문 밖 남지의 요참
: 남지요

서울에는 옛날 남소문南小門과 북소문北小門이 있었다.
상고하건대, 옛날 수도를 세우던 때에 설치한 문으로, 남쪽에 남소문이 있어 이 문으로 한강 방면을 통했고, 북쪽에는 숙정문肅靖門이 있었다. 그런데 예종 원년(기축)에 명을 내려 남소문을 막아버렸으니, 이는 손방巽方에 문이 트여 있어서는 안 된다는 음양가의 설을 따른 것이다. 숙정문은 곧 양주의 북한산으로 통하는 곳인데, 그 문 역시 지금은 폐치되어 있다. 이 문이 어느 때에 폐치되었는지는 모르겠으나 전하는 말에 의하면, 이 문을 개통하던 당시, 성안 마을에 남녀 간의 음란한 풍조가 자꾸 일어나므로 폐치했다고 한다.
숭례문 밖에는 못[池]이 있는데, 여기에는 이속俚俗의 요참謠讖이 많이 전한다. 《여지승람》에 이르기를, "숭례문 밖에 남지南池라는 못이 있는데, 이를 연지蓮池라고도 한다. 또 이 못은 날이 가물 적에 비를 빌면 응험이 있다."라고 했다.
상고하건대, 성종 13년(계묘)에 한명회가 아뢰기를, "신은 듣건대, 국도의 주산이 화산火山이었기 때문에 처음 도읍을 정할 적에 모화관과 숭례문 밖에 모두 못을 파서 화재의 위험을 진압해 왔으나, 병오년(1426) 이후로 화재가 끊이지 않으므로, 이전에는 그 마을 사람들로 하여금 딱따기[鐸]를 두드리며 길을 순회하면서 서로 화재에 대한 주의심을 일깨우도록 했으니, 이 법령을 다시 시행하시기 바랍니다." 하므로, 그대로 따랐다. 그런데 어느 때에 그 못을 폐기하여 말려 버렸는지는 모르겠으나, 지금은 그 터만 남아서 항상 습지로 되어 있을 뿐이다.

순조 23년(계미) 늦봄에 숭례문 밖에 사는 백성들이 돈과 곡물을 서로 거두어 이 말라붙은 못을 다시 파내고 물을 채워 한결같이 예전 모습대로 만들어 놓았다. 그러자 갑자기 풍설이 나돌기를 "미수眉叟 허목許穆이 대각臺閣에 들어갈 때에 이 못을 팠고 지금 또 이 못을 파는데, 이 못을 파던 날에 정승 채제공蔡濟恭이 복작復爵되었다."라고 했으니, 이 못이 남방에 위치해 있기 때문에 남인에게 응험이 있는 것이고 남인 가운데 문과 급제자가 넷이나 난 것도 우연한 일은 아니다.

— 이규경, 〈이문里門에 대한 변증설〉, 《분류 오주연문장전산고》 경사편 5 논사류 1 논사論史 ; 고전간행회본 권6 ; 한국고전번역원 역

서울 숭례문 밖의 남지는 현재 남대문로 5가 상공회의소 건물 앞 동편 길과 봉래동 1가 우남宇南 빌딩 사이에 있었던 못이다. 그 부근에는 서울의 저자거리인 팔패八牌가 있었다. 이규경은 남지에 관해 참요가 많이 전했다고 했으나, 구체적으로 어떤 노래였는지는 적지 않았다.

숭례문 밖 남쪽의 남지, 서대문 밖 모화관 근방의 서지西池 즉 반송지

盤松池, 홍인문 밖 연동蓮洞의 동지東池는 모두 장원서掌苑署에 소속되었으며, 여기서 생산되는 연밥은 궁중에서 사용했다. 이 세 못 가운데 서지가 제일 크고 넓어서 연꽃이 무성했다. 그런데 남지는 남인의 득세와 관련이 있고 서지는 노론의 득세와 관련이 있는 것으로 알려져 있다. 조선 후기에 남인들은 남지에서 유상遊賞하고 노론은 서지에서 유상하는 일이 많았다. 단, 남인이 반드시 남지의 승경만 사랑한 것은 아니었다. 이를테면 정약용과 정범조丁範祖는 서지에서 노닐고 시를 남긴 것이 많다.

남지는 경복궁의 오른팔이 산세가 낮고 미약한 것을 비보裨補하려는 뜻에서 판 것으로, 일명 연지蓮池라고도 했다. 인조 9년(1631)에 지중추부사 이인기李麟奇, 연릉부원군 이호민李好閔, 연평부원군 이귀李貴 등의 기로연을 이 남지에서 연 것을 그린 〈남지기로회도南池耆老會圖〉가 전한다.

이규경은 남지는 본래 남인의 영수 허목이 준설했으며, 순조 연간에 남지가 메말라 터만 남게 되었으나 순조 23년(1823) 늦은 봄과 초여름 사이에 남대문 밖 사람들이 추렴하여 옛 모습대로 복구하자 남인 출신 네 사람이 과거에 급제했다고 했다.

또 이규경은 "개국 당시 삼봉 정도전이 한도漢都를 창건했는데, 정도전은 곧 서류庶流이니, 앞으로 서류들이 크게 현달할 것이다."라는 요참이 나돌았다고 하면서, 순조 때 육도六道의 유생들이 글을 올려, 벼슬길에 나가지 못하는 서류들의 억울함을 호소함으로써 윤허를 받아 벼슬길이 트이게 되었다고 덧붙였다. 그러나 정도전을 서류라 하는 것은 정도전이 제1차 왕자의 난에 패한 이후 정도전을 모함하는 측에서 퍼뜨린 낭설인 듯하다.

일경은 파경
: 일경파경요

권신으로서 동요에 오르내린 자들은 패망하지 않은 경우가 별로 없다. 김일경金一鏡이 성할 때 이런 동요가 있었다.

일경은 파경　　　　一鏡破鏡

결국 김일경은 삼족이 멸하고 말았다.

— 성대중,《청성잡기》권3 성언醒言 '동요에 오른 권신들'

김일경(1662~1724)은 경종 때 왕세제(영조)의 대리청정을 반대하고 노론을 모함해서 신임사화를 일으켜 노론 4대신을 죽인 장본인이다. 신임사화로 이조판서에 올랐지만, 영조가 즉위한 후 참형되었다. 본관은 광산이다.

동요에서 파경破鏡은 아비를 잡아먹는다는 흉악한 짐승이다. 鏡은 獍으로도 적는다. 파경은 몸통이 추貙(이리의 종류) 같고 눈은 호랑이의 눈이라고 한다. 어미를 잡아먹는 올빼미를 효梟라고 하는데, 효와 경을 합하여 효경梟獍이라고 하면 흉악하고 은혜를 저버리는 사람을 비유한다.

경종은 후사가 없고 병이 많았으므로 빨리 후계자를 정하여 국본國本을 튼튼히 해야 했다. 이때 노론의 영의정 김창집, 좌의정 이건명, 전 좌의정 이이명, 전 우의정 조태채 등은 경종의 아우 연잉군延礽君(뒷날의 영조)을 왕세제로 책봉하고 정무를 대행하게 해야 한다고 주장했다. 연잉군을 저사儲嗣로 삼고 위호位號를 왕세제라고 정한 것은 이건명이었다. 〈연잉군승저시위호의延礽君陞儲時位號議〉라는 글이 그의 문집에 실려 있다.

역대 제왕은 이을 후사가 아직 없으면 친아우를 저사로 세우고 곧 태제太弟로 봉한 것은 여기저기서 살필 수가 있으며, 우리 왕조의 정종대왕이 등극한 뒤에 태종대왕이 세자를 책봉했는데 그 책문冊文이 《열성지장列聖誌狀》 속에 실려 있습니다. 삼가 상상하건대, 태종대왕이 정도전의 역란을 토벌해서 평정한 뒤에 태조대왕이 봉하여 세자로 삼았는데, 태종대왕은 겸양의 덕으로 정종대왕에게 세자의 위를 미루었으므로, 정종대왕이 비록 등극하기는 했으나 태종대왕의 왕세자라는 호는 옛 그대로 고치지 않았던 듯합니다. 하물며 태조대왕은 바야흐로 상왕의 위에 계셨으니, 세자의 호가 없더라도 그리 장애가 되지 않습니다. 금일의 형세는 정종대왕 때와는 차이가 있으되, 선정신 이언적이 인종대왕께서 병환 중이던 때에 명종대왕이 바야흐로 대군이었는데 대군을 봉하여 세제로 삼아서 국본의 의론을 결정했습니다. 선현의 정론이 이미 이와 같으므로, 지금 연잉군의 위호도 마땅히 왕세제로 정해야 합니다. 삼가 상께서 결정하소서.

결국 이들의 주장은 관철되었다. 하지만 8월 23일에 소론 강경파(준소)인 사직 유봉휘柳鳳輝가 왕세제의 책봉이 사리에 합당하지 않음을 아뢰는 상소를 했다. 경종은 얼마 후 노론의 건의를 받아들여 세제의 대리청정을 승인했다. 그러나 소론의 이광좌李光佐가 세제의 대리청정이 부당하다고 극간極諫했으므로, 경종이 친정親政을 행했다.

12월 6일에는 사직 김일경을 소두疏頭로 하여, 박필몽·이명의·이진유·윤성시·정해·서종하 등이 상소[신축소辛丑疏]로 "노론들이 세제인 연잉군이 대리청정해야 한다고 요구한 것은 왕권 교체를 기도한 역모로서, 적신 조성복趙聖復과 사흉(노론 4대신) 등 수악首惡을 일체 삼척(국법)으로 처단하여 조금도 용서하지 말아야 합니다."라고 공격했다. 경종은 김창집·이이명·조태채는 유배 보내고, 이듬해에 사행에서 돌아오는 이건명도 유배 보냈다.

경종 2년(1722) 3월 27일에 승지 김일경의 사주를 받은 목호룡이 나서서, 노론이 역모를 꾀한다고 고변했다. 즉 목호룡은 "성상을 시해하려는 자가 있어 혹은 칼로써 혹은 독약으로 한다고 하며, 또 폐출을 모의한다."라고 하는 이른바 삼급수 고변三急手告變을 했다. 유배 중인 노론 4대신 가운데 세 사람은 사사당하고, 이건명은 처참의 벌을 받았다. 연잉군(영조)도 임인옥안壬寅獄案에 수괴로 올려 있어 살해될 뻔했으나, 경종이 살려주었다. 이로써 유봉휘·이광좌·조태구·최석항 등 소론 4대신과 김일경·목호룡 등이 집권하게 되었다. 이것이 신임사화이다. 그 뒤 김일경 등은 노론을 혹독하게 탄압했다.

경종 4년(1724) 4월 24일에는 경주의 진사 이덕표李德標를 소두로 4,473명이 연명하여 장희빈 등이 사사된 신사년(1701)의 역옥逆獄을 뒤엎어 장희빈을 모욕한 노론의 임창 등을 처벌하고 장희빈을 추숭하자는 상소를 했다. 이에는 경상도 유생 3,611명이 참여하고, 충청도에서는 유학 이몽인 등 605명, 서울에서는 생원 이기중 등 105명, 경기에서는 유학 권서봉과 이문저 등 152명이 참여했다. 그 후 소두 이덕표와 유학 권서봉 등 8명은 영조 원년(1725) 3월에 각지로 유배되었다. 이들 4,473명은 4년 후 무신 사태를 일으킨다.

영조는 1724년 8월에 즉위하고, 10월에 이광좌를 영의정, 유봉휘를 좌의정, 조태억을 우의정, 심수현을 병조판서, 이삼을 형조참판에 임명하는 등 완소緩少(온건한 소론)를 등용하고, 인현왕후의 동생으로서 노론에 속한 공조판서 민진원을 특별 방면했다.

〈일경파경요〉는 경종 때 왕세제의 책봉과 영조 때 준소의 몰락을 배경으로 하여 민간에 유포된 동요였던 것이다.

광삼의 천지다
: 광삼건곤光森乾坤요

영조 3년(1727, 정미) 12월, 장석張湙이 조지빈趙趾彬과 혐의가 있고, 윤순尹淳이 대사간 박사수朴師洙와 틈이 있었는데, 영의정 이광좌李光佐와 훈련대장 이삼李森이 또한 비밀리에 서로 결탁해서, 세간 사람들이 흉흉해 하고 두려워했다. 도하에 동요가 전파되어, 심지어 '광삼건곤光森乾坤'이라 일컫기까지 했다. 온 사람이 이구동성이었지, 장석만 홀로 그런 것이 아니었다. 하지만 장석이 역시 개연하여 그 동요를 언급했는데, 남이 그 말을 몰래 들었다. 조지빈은 박사수를 사주하여, "지금의 이 제목除目은 공정하지 못한 것이 아주 심하오. 하물며 장석은 본시 노론인데, 동요를 전파하여 장상將相을 지척하길 어린아이 부르듯이 하는 것이 옳단 말이오?"라고 말했다. 박사수는 윤순이 천거한 사람을 삼망에 두어, 다섯 고을의 수령직을 모두 파하게 만들었다. 장석도 역시 거기에 미쳤다.

— 황윤석,《이재난고》병신 정월 5일 '조선국 고 가선대부 동지중추부사 낙와 장공 행장朝鮮國故嘉善大夫同知中樞府事樂窩張公行狀' /《이재난고》권34 신축 11월

30일(무진), '조선국 가선대부 동지충부사 장공 묘갈명 병서朝鮮國嘉善大夫同知中樞府事張公墓碣銘并序'/《이재유고》 권17 '가선대부 동지중추부사 낙와 장공 행장 嘉善大夫同知中樞府事樂窩張公行狀'

〈광삼건곤요〉는 영조 초에 영의정 이광좌李光佐와 훈련대장 이삼李森이 정권을 잡은 것을 풍자한 동요이다. 황윤석은 그 동요가 도하에 자연스레 발생했거늘 조지빈은 그 동요를 장석이 만들었다고 하고 박사수로 하여금 윤순의 도정都政에 간여하게 해서 장석에게 수령직을 주지 않게 획책했다고 비난했다. 동요 때문에 인사에서 불이익을 당한 예이다. 장석이 이 동요를 처음 지어낸 것인지는 알 수 없다. 하지만 노론의 관점에서 소론 정권을 비판한 것임에 분명하다.

조지빈(1691~1730)은 조태억趙泰億의 아들로, 경종이 승하하고 영조가 즉위했을 때 부교리·교리로서 활동했다. 영조 원년(1725)에는 정언으로 있다가 처벌되기도 했다. 이어 영조 3년(1727)에는 이조좌랑·교서관교리, 승지·대사간 등을 역임했다. 이듬해(1728)에는 병조참의를 역임했고, 양서안무사로 파견, 근무하면서 역적 이사성李思晟의 군제를 혁파할 것을 주장했다. 같은 해 대사간에 임명되고 대사성을 역임했다.

한편 이삼(1677~1735)은 장한상張漢相(1656~1724)의 사위로 소론계의 장수이다. 이인좌의 난 때 공을 세우고 병조판서를 지내게 된다. 조지빈이나 이삼은 모두 인망이 있었지만 노론의 관점에서는 부정적으로 평가할 수밖에 없었다.

동요 때문에 인사조처에서 부당한 대우를 받은 장석(1687~1764)은 본관이 전라도 흥덕현이다. 고조와 증조는 무인이었으나 조부는 성균관 진사였고, 부친 장우익은 학생으로 그쳤다. 흥덕 주포방周浦坊 효촌曉邨에서 태어났다. 통제사統制使 이석관李碩寬에게 병학兵學과 궁마弓馬를 수업하고, 28세 되던 숙종 40년(1714)에 무과에 합격했다. 숙종 43년(1717)에 병조판서 이건명李健命이 선전관으로 추천했다. 숙종 46년(1720)에 압록강 상류의 벌등신伐登鎭 병마만호兵馬萬戶로 나갔다. 경종 2년(1722)에 관례에 따라 훈련원에 들어가 주부, 판관, 첨정의 벼슬을 거치고 도총부로 옮겨서 도사와 경력의 직을 거쳤다. 경종 4년(1724) 봄에 완도 가리진加里鎭의 수군첨절제사가 되었다. 영조 3년(1727) 7월에 소론이 다시 득세하고, 9월에 정사효鄭思孝가 전라도관찰사가 장석을 비장으로 삼자, 열흘도 안 되어 귀근을 핑계하여 떠났다. 10월에 이광덕이 암행어사로 와서 함께 염찰을 하자고 하여, 우도를 관할했다. 11월에 일을 마치고 서울로 돌아갔다. 12월에 훈련도감이 파총으로 삼았다. 영조 4년(1728) 2월의 이인좌 난 때 궁성을 호위한 공으로 분무원공공신奮武原從功臣 2등에 책훈되었다.

겨울에 산음山陰 현감에 제수되었다. 산음현은 본래 음과蔭窠였는데, 역적 정희량이 이 땅에서 나온 이래로 민심이 안정되지 않았다. 조정에서는 무인을 택하여 이 지역을 안정시키려고 했다. 당시 이조판서 윤순尹淳이 장석이 문무 두 재능을 갖추고 있고 또 노모 봉양에도 편한 것을 알아 특별히 장석을 수의首擬로 천거했다. 왕은 장석이 '책상물림[册床退]'이 아닌 것을 알고 장석을 낙점하려고 했다. 하지만 장석은 조지빈과 혐의가 있었고, 윤순은 대사간 박사수와 틈이 있었다. 이때 영의정 이광좌와 훈련대장 이삼이 비밀리에 결탁해서 도하에 '광삼건곤光森乾坤'이란 동요가 유행했는데, 조지빈은 이것이 장석이 만들어낸 것이라고 하여 윤순의 도정(인사권 발동)에 참견해서 다섯 고을의 임명을 모두 파했다. 장석도 거기에 끼어, 수령의 직을 얻지 못했다.

영조 5년(1729)에 다시 네 고을에 천망되었으나 끝내 배수되지 못했다. 장석은 일흔 넘은 모친을 봉양하기 위해 과감하게 고향으로 내려갔다. 10월에 윤순이 수어사가 되고 정찬술이 포도대장이 되어 연이어 계차啓差하여 군문에 오게 하려 했으나, 정석은 두 번 모두 노친의 병환을 이유로 거절했다. 이때 정석은 국문가사 〈감군은사感君恩辭〉 5편을 지었다. 황윤석이 그 가사를 한역해서 장석의 행장에 기록해두었다.

영조 6년(1730) 5월에 송내성의 옥사가 발생했을 때 송내성의 무고로 문화현(황해남도 삼천군·신천군 서부와 안악군 남부 일대에 있었던 옛 고을)에 유배되었다가 영조 8년(1732) 5월에 풀려났다. 영조 12년(1736)에 함원부원군 어유귀가 훈련도감에 있으면서 초관哨官으로 계초啓抄했으나, 부임하지 않았다. 영조 15년(1739)에는 모친상을 당했다. 장석은 독낙와獨樂窩를 짓고 시와 술로 소일했다.

이후 영조 32년(1756)의 인원왕후 칠순경축일에 통정대부 절충장군으로 가자加資되고 첨지중추부사로 임명되었다. 영조 39년(1763)에는 가선대부 동지중추부사에 제수되었다. 영조 40년(1764) 10월 25일에 78세로 별세했다.

상相을 보면 느린데
성性은 어찌 급한가

: 완급緩急요

영조 4년 6월 29일(무신)에 춘천 사람 심성연沈成衍이 상변하자, 영조는 국청鞠廳을 설치했다. 심성연의 공초供招는 대략 다음과 같았다.

오촌五寸인 심상관沈尙觀이 5월 2일에 "반역을 꾀하는 일에 완수緩手·급수急手가 있는데, 급수는 이사성李思晟이고 완수는 우리들이다. 당黨이 굳고 뿌리가 깊으니 머뭇거리지 말고 곧 돈을 내라."라고 했으나, 내어 주지 않았습니다. 6월 5일에 심상관이 또 말하기를, "여흥군 해垓를 추대하여, 급당急黨·완당緩黨이 각각 대오를 만들었다. 완당은 10여 년 동안 경영할 생각이다. 여흥군은 그 아내가 모의를 알고 그 오라비에게 누설할까 염려되어 국수에 독을 넣어 죽였다."라고 했습니다. 그들이 스스로 동요를 지어 "그 상相을 보면 느린데 성性은 어찌 급한가?" 했는데 상相은 심상관을 가리키고 성性은 이사성을 가리킵니다. 또 동요를 지어 "한유韓柳의 자리에 한 그루 송松"이라 했는데, 한은 한유韓游이고 유는 유내柳徠이고 송은 청송 심가입니다. 심상관 등이 큰 배를 많이 샀습니다. 그 종과 무리를 시켜 선부船夫가 되게 하고 이어서 머리를 깎게 하고 바다에 출몰하며 세곡稅穀을 훔치기도 하고 동전을 주조하기도 하고 군기軍器를 만들기도 하고, 삼강[한강·용산강·서강]의 배를 죄다 사서 그 무리의 물건으로 만들려 했습니다. 또 장상將相의 집에 자객을 두어 5, 6인을 죽여서 소요하고 어지럽게 할 생각을 했습니다. 배를 살 때 "강아지씨혼사간선江阿只氏婚事看選"이라고 암호를 지었고 공모한 사람은 다 시골의 미천한 선비로서 전곡錢穀이 조금 있는 자들입니다. 심상관 등이 함께 모의한 자는 음죽 목가陰竹睦哥인데 전곡을 많이 모았고, 여흥군의 집에 대대로 전하는 쓰지 못하도록 봉하여 둔 은자銀子가 있는데 이번 역모에 죄다 흩어 내어 주었다 합니다.

— 《영조실록》 권18 영조 4년(무신) 6월 29일(무신) 심성연 공초

심성연(1704~1728)은 본관은 청송이다. 경종 원년(1721)의 증광시에서 생원 3등 4위로 합격했다. 그는 영조 4년(1728) 6월 29일에 궁궐에 직접 찾아가 오촌 당숙 심상관沈尙觀의 변란에 대해 고변했다. 그러나 다음 날 심성연을 친국한 결과 그 고변이 무고로 밝혀졌다.

심성연은 승지 심중량의 손자였는데, 집이 부호하여 대단히 교만했다. 대간 권부權扶가 논핵하여, 그는 지방으로 귀양을 갔다. 그런데 당숙 심상관이 평소 권부와 친분이 두터웠다. 심성연은 심상관이 자기 행실을 권부에게 밀고해서 벌을 받게 된 것으로 여겼고, 앙심을 품고 심상관을 무고한 것이었다. 심성연은 이 해 7월 10일에 처형되었다. 아우 심익연도 처형되었다.

심성연의 공초를 보면, 심상관의 무리가 역모를 꾀했을 때 유포시켰다는 동요는 자신들이 역모에서 이른바 완당과 급당이 대오를 이룬 것을 스스로 확인한 것이었다.

| 그 상을 보면 느리거늘 | 觀其相則緩 관기상즉완 |
| 성은 어찌 급한가 | 而性則何急也 이성즉하급야 |

상相은 심상관을 가리키고 성性은 이사성李思晟을 가리킨다고 했다. 이것은 한자의 동음과 중의법을 이용해서 이름을 복자伏字로 사용한 동요이다.

그런데 심성연과 심익연의 아우인 심정연沈鼎衍은 영조 31년(1755)에 김일경의 잔당으로 지목되어 처형된다. 즉, 조정에서 그해 2월에 나주 벽서사건(괘서사건)을 수습하고서 5월에 춘당대에서 토역정시討逆庭試를 개최했을 때, 심정연은 답안지에 변서變書를 써내었다가 붙잡혔다. 이 사건으로 심정연과 교류했던 윤혜·강몽협·유명두·김도성·김인제·신치운·박사집 등이 모두 처형된다.

한유韓柳의 자리에 한 그루 송松
: 석상송요

영조 4년 6월 29일에 춘천 사람 심성연沈成衍은 오촌인 심상관沈尙觀이 여흥군 해垓를 추대하고 급당急黨·완당緩黨의 대오를 만들었다는 사실을 고변했다. 심성연에 따르면 심상관 등은 스스로 동요를 지어 '그 상相을 보면 느린데 성性은 어찌 급한가?' 했는데 상相은 심상관을 가리키고 성性은 이사성을 가리킨다고 한다. 또 동요를 지어 '한유韓柳의 자리에 한 그루 송松'이라 했는데, 한은 한유韓游이고 유는 유내柳徠이고 송은 청송 심가를 가리킨다고 했다.

— 《영조실록》 권18 영조 4년(무신) 6월 29일(무신) 심성연 공초

앞서 보았듯이 심성연의 고변은 무고로 판정되었다. 그런데 심성연의 공초에서, 심상관의 무리가 역모를 꾀했을 때 유포시켰다는 두 번째 동요는 자신들의 당이 한유韓游와 유내柳徠, 그리고 심상관을 중심으로 한다

는 사실을 은연 중에 밝힌 내용이다.

한유韓柳의 자리에 한 그루 송松　　韓柳席上一株松 한유석상일주송

이것 역시 한자의 동음과 중의법을 이용해서 이름을 복자伏字로 사용했다.

한유의 본관은 청주로, 경기도 부천에 거주했다. 할아버지는 한숙韓塾, 아버지는 한덕흠韓德欽이다. 지금의 경기도 부천시 소사구 계수동에 정착한 한명진韓明溍의 후손이다. 영조 원년(1725)의 정시庭試에 병과 3위로 합격하고 홍문관 정자 등을 역임했다. 영조 3년(1727) 분관分館된 후 회자回刺(밤에 선배들을 찾아다니며 동료로 인정받던 일)하지 않아 귀양 갔다 풀려났다. 이듬해 심상관의 옥에 연루되어 생애가 순탄하지 못했다.

유내는 본관이 진주로, 할아버지는 유경柳熲, 아버지는 유명현柳命賢이다. 숙종 37년(1711)의 식년시에서 진사 2등 5위를 하고, 영조 3년(1727)의 증광시에서 병과 20위를 했으며, 같은 해 중시重試에서 병과 2위를 했다. 다음 해에 안무사 종사관과 안동판관을 겸임했으나, 심상관의 옥에 연루되어 죽었다. 영조 30년(1754)에 이르러 신원되었다.

유내는 자가 자산子山으로, 성호 이익과 왕래했다. 이익이 지은 시에 〈유자산柳子山이 노론魯論 및 중용, 대학 세 책을 부쳐주면서 보낸 시에 차운한 3수〉가 있다.

조송의 천지
: 조송건곤趙宋乾坤 요

영조 9년(1733) 11월 16일(계사), 사직司直 송성명宋成明이 진소陳疏하여 사면辭免을 청하니, 임금이 다시는 시애撕捱(승강이)하지 말라고 답했다.

애초에 병조판서 윤유尹游가 '조송건곤趙宋乾坤'이란 얘기를 많은 사람들이 앉아 있는 공적인 모임에서 말하니, 대개 조씨와 송씨의 양가 족당이 매우 번성하여 재직하고 있는 사람이 많았기에 당시 요언謠言이 있었던 것이다. 윤유가 정목政目을 보고 장난삼아 이런 말을 했는데, 후에 헌신憲臣 박규문朴奎文이 상소에서 이 일을 언급하면서 윤유의 패언悖言한 죄를 청했다. 그 의도는 양가를 기울게 하려고 한 것이지 곧장 윤유를 미워해서 그랬던 것은 아니었으므로, 사람들은 모두 그를 위하여 대신 두려워했다. 총애를 탐내고 영화로움을 사모하는 무리들은 초탈超脫할 수가 없었는데, 유독 송성명은 강교江郊로 물러나 거처하여 여러 번 불렀으나 나오지 않으니, 당시 의논이 칭찬했다.

— 《영조실록》 권36 영조 9년(계축) 11월 16일(계사)

영조는 재위 5년(1729) 8월에 노론 4대신의 죄에 대해 분등설을 기초로 이른바 기유처분을 내렸다. 이때 우의정 조문명은 홍치중·이태좌 등과 함께 탕평정국을 궤도에 올렸다. 하지만 재위 8년(1732)에 조문명이 죽고, 재위 11년(1735)에 노론이 이이명·김창집의 신원을 요구하자, 영조는 한밤중에 하교해야 했다. 영조는 김재로와 송인명을 재상으로 삼아 탕평책을 강력히 추진하려고, 외식에 있던 조현명을 이조판서로 임명했다. 하지만 영조 15년(1739) 3월 22일(무진), 우의정 송인명은 같은 계열인 박사수를 전조銓曹에 끌어들이려고, 조현명을 체직할 것을 아뢰었다. 영조는 그 청을 받아들여야 했다.

영조 9년(1733)에 병조판서 윤유는 '조송건곤'의 요언謠言을 외워서 들려주었다. 이 요언은 바로 조문명·조현명의 풍양 조씨와 송인명의 여산 송씨가 득세하고 있던 정국을 당시 사람들이 풍자한 말이다. 앞서 본 〈광삼건곤光森乾坤요〉와 같은 형식이다.

조문명(1690~1752)은 조현명·송인명과 함께 영조 전반기의 노소 탕평을 주도한 인물이다. 그는 경종 원년(1721)에 연잉군이 왕세제로 책봉되고 노론과 소론이 대립하여 신임사화가 일어났을 때 겸설서兼說書로서 송인명과 함께 왕세제를 보호했다. 영조 즉위 후 용강 현령·지평 등을 지냈으며 이때 탕평을 주장하는 만언소萬言疏를 올렸다. 영조 4년(1728) 이인좌의 난 때 도순무사 오명항의 종사관으로 공을 세워 분무공신奮武功臣 3등이 되고 풍원군豊原君에 봉해졌다. 영조 12년(1736) 이조판서에 오르고 이어 예조판서에 전임했다. 이듬해 형정刑政의 불공평함을 상소하고 다시 파직 당했다. 영조 14년(1738) 이조판서로 복직되고 병조판서를 지냈으며 영조 16년(1740) 우의정이 되고 좌의정이 되었다. 영조 26년(1750) 영의정에 올라 균역법의 재정을 총괄하고 이듬해(1751) 좌의정으로 전임했다. 이때 균역청 당상으로서 박문수와 함께 절목節目을 결정했다. 시호는 충효忠孝이다.

송인명(1689~1746)은 숙종 45년(1719) 증광문과에 급제했으며, 세자시강원설서로 있으면서 당시 세자였던 영조의 총애를 받았다. 1724년 영조가 즉위하자 충청도관찰사에 등용되었다. 영조 7년(1731)에 이조판서에 임명되어 영조의 탕평책에 입각해서 노론·소론의 온건한 인물을 두루 등용했다. 영조 12년(1736) 우의정으로 있을 때 권세 있는 집안에서 대동법의 취지를 어기고 공물貢物을 매득하는 것을 방지하기 위해 선혜청에서 철저히 감독할 것을 주장했다. 영조 16년(1740) 좌의정으로 있으면서 왕명으로 박사수와 함께 이인좌·정희량의 난에 대한 전말을 기록한 《감란록勘亂錄》을 지었다. 영의정에 추증되었으며, 시호는 충헌忠憲이다.

영조는 재위 16년(1740)에 신축·임인의 옥사를 무옥誣獄으로 판정하는 처분(경신처분)을 단행했다. 이 때문에 정국이 경색되었다. 영조는 탕평책을 실시했으나, 효과적으로 수행하지는 못했다. 〈조송건곤요〉는 조현명과 송인명이 주도하는 탕평책을 조롱하는 뜻을 지닌다.

청루의 남은 꿈이 용문에 올랐다
: 청루여몽青樓餘夢 요

사간원[정언 홍계유洪啓裕]에서 아뢰었다. "우부승지 조진희趙鎭禧는 몸가짐이 비루하고 패려하여 사대부의 규모가 없습니다. 때를 따라 부앙俯仰하며 이러저러 몸을 변화시켜 공의公議에 버림을 받은 지 오래인데, 이 직임을 제수하자 여론이 시끄럽습니다. 조진희를 개정하소서." 윤허하지 않았다.

사신은 말한다. 조진희는 젊을 때부터 언행이 비루하고 패려했으며 청루에 출입했으므로, 과거에 급제한 초기에 '청루青樓의 남은 꿈이 용문龍門에 올랐다[青樓餘夢登龍門]'는 요謠가 있었다. 언론을 변환하며 동서로 분주했다. 노론이 당국當局했을 때는 홍계적洪啓迪과 교분을 맺었고 군흉이 용사할 때는 김일경·박필몽의 무리에 들러붙어 그들의 응견鷹犬이 되었다. 을사년(영조 원년) 이후에는 다시 노론에게 정성을 바치다가도 무신년(영조 4년)부터는 조문명趙文命의 무리에게 이[蝨]처럼 들러붙어 만윤灣尹(의주부윤)에 발탁되기까지 했다. 이때 대계臺啓가 한번 나오자 사람들이 모두 통쾌하게 여겼다.

— 《영조실록》 권38 영조 10년 4월 9일(갑인)

380 참요

영조 10년(1734)에 대간의 탄핵을 받은 조진희(1678~1747)는 젊어서 청루에 출입하고도 과거에 합격해서 세간에 〈청루여몽요〉를 남겼다. 그는 숙종, 경종, 영조의 시대에 남인, 소론, 노론을 오가면서 교분을 맺어 세인들의 비난을 샀다.

조진희는 본관이 한양이다. 숙종 39년(1712)에 생원으로서 정시문과에 병과로 급제하고, 숙종 44년(1717) 주서가 되어 숙종이 노론 좌의정 이이명李頤命과 독대한 정유독대丁酉獨對의 내용을 밝힐 것을 상소했다. 1720년 경종이 즉위한 뒤 정언·지평 등을 지냈다. 이때 홍계적은 경종 원년(1721) 대사헌에 올라 노론의 선봉으로 세제의 대리청정을 주장해 소론과 대립했는데, 조진희는 홍계적과 교류했다.

본래 홍계적은 숙종 28년(1702) 진사가 되고 이듬해 성균관 유생 180인과 함께 박세당을 성토하는 소疏를 올렸고, 6월에는 태학생으로서 박세당의 《사변록思辨錄》과 이경석의 비문을 태워 없애도록 상소해서 관철시켰다. 경종 원년(1721) 대사헌에 올라 세제의 대리청정을 주장해 소론에 대립하고, 부제학이 되어서는 이정신李正臣의 소를 물리치고 올리지 않았다. 이것이 임금의 뜻을 거스르는 처사라고 지탄을 받아, 흑산도에 안치되었다. 경종 2년(1722)에 노론 4대신의 당인이라는 죄목으로 서울로 압송되어 심문과 형벌을 받고 투옥되고 옥중에서 죽었다. 영조 즉위 후 정호鄭澔의 주청으로 신원되고, 이조판서에 추증되었다.

그런데 조진희는 신임사화 때는 노론을 배척하는 데 가담하여, 김일경의 무리로서 홍계적을 죽이는 데 앞장섰다. 영조 원년(1725)에 노론이 집권하자 삭직 당했으나 다시 노론과 교통을 했다. 영조 3년(1727) 정미환국으로 부수찬에 복직되어 검토관을 겸했고, 사은진주사의 서장관으로 청나라에 가서 이듬해 돌아왔다. 영조 4년(1728)부터는 조문명을 가까이 하여 의주부윤에 발탁되었다.

영조 5년(1729) 12월, 집의 벼슬로 있던 조진희는 응교 이종성이 소론의 이진유李眞儒를 구하려고 하자 앞질러서 이종성을 탄핵했다. 12월 11일(신해)에 교리 김상성金尙星이 차자를 올려, "조진희는 행실이 사대부의 모양과 같지 않아, 그 오장과 뱃속에 비티고 있는 것이라고는 오직 냄새를 쫓아다니며 먹을 것을 탐하는 것뿐입니다."라고 비판했다.

신축년(경종 원년)과 임인년(경종 2) 무렵의 일로 말하더라도 김일경·박필몽과 친압하여 사생동거의 친구가 되었고 박필기·박필현과 결탁하느라 인친姻親이 되어, 참혹하고 심각한 의논을 빚어내는 모든 일이 모두 이 사람의 수단에서 나왔습니다. 박징빈을 사주한 사람이 누구이고 이기성을 모함한 사람이 누구이었습니까? 역적 김일경의 집 자리 하나가 조진희 때문에 다 망가지게 되었다는 것이 이 어찌 그 당시 항간에 떠도는 상담常談이 아니었습니까? 오늘날 김일경의 당을 준엄하게 다스리는 참에 있어서 어찌 그만 유독 면하게 될 수 있겠습니까? 가령 오늘날에 과연 일분一分이라도 청의淸議가 있게 된다면, 이와 같은 사류에 끼이지 못할 사람은 감히 다시는 의관을 갖춘 진신사대부의 열에 들지 못하게 되어야 할 것입니다. 그런데 이번에 팔뚝을 걷어붙이며 기운을 뽐내어 자기 스스로 곁에 있는 공중公衆의 눈이 두려움을 알아차리지 못했으니, 그는 역시 애처로운 사람입니다.

조진희는 영조 10년(1734)에 우부승지로 있을 때도 체신이 없다는 이유로 대간의 배척을 당했다. 영조 12년(1736)에는 승지를 지냈는데, 《영조실록》의 사신史臣은 조진희를 비난하는 '요'가 있었다고 언급했다.

청루의 남은 꿈이 용문에 올랐다   靑樓餘夢登龍門 청루여몽등용문

청루는 창기의 거처이다. 등용문은 여기서는 과거에 급제한 것을 말한다. 이 동요는 개인의 품행을 풍자하고 있지만, 실은 당시 사대부의 근실치 못한 품행을 비꼬는 뜻을 담고 있다. 조진희는 경종과 영조 초의 정국에서 노론과 소론의 당을 왔다갔다 했는데, 이러한 행태는 그만의 문제는 아니었을 것이다.

영조 5년(1729)에 교리 김상성이 조진희를 겨누어 비난한 다음 말은 오늘날의 정치인들에게도 해당되는 것이 아니겠는가.

한미한 선비 때부터 요로와 권문에 몸을 바치었고 사적仕籍에 들게 되면서는 이두利竇와 욕해慾海에 골몰했으며, 입조한 지 십 년이 되지 않았는데 몇 번이나 개두환면改頭換面하게 될지 알 수 없습니다. 저들에게 들어가서는 저들의 수족이 되었고 이들에게 들어와서는 이들의 수족이 되었으니, 모든 사람들이 다 같이 손가락질하게 되고 오만 사람들의 눈을 가릴 수 없게 되었습니다.

수통과부 水桶寡婦

: 수통과부요

영조 13년(1737) 9월 20일(을사), 장령 이우하李宇夏가 상소했다.
예조판서 김취로金取魯의 추잡하고 패악한 성품과 탐욕하고 음란한 실상은 온 세상이 모두 놀라고 분하게 여기지 않음이 없습니다. 젊은 날에는 관서에서 아비의 정사를 더럽혀 악취를 풍겼고, 중년에는 홍문관에서 공의公議를 거스르다가 저지를 당했습니다. 연줄을 타고 요행한 기회로 외람되게 숭반崇班에 올라 양전兩銓(이조와 병조)의 장長을 지내면서 호사스러움을 점차 멋대로 하고 탐욕스러움이 끝이 없었습니다. 이웃집들을 모조리 차지했고, 그의 사나운 종을 시켜서 뇌물 받는 문호의 관건으로 삼았으며, 심지어는 선혜청의 이례吏隸가 30민緡의 돈을 거두어 그의 사나운 종 사봉四奉의 집에 주는 것이 매월의 상례가 되었습니다. 그렇게 하지 않으면 까닭 없이 일을 만들어 죄제罪除가 서로 잇달았으며, 여러 소관의 이례吏隸 역시 모두 이를 본받아 예채例債라 이름했습니다. 곤수(병사와 수사) 이하에 대하여 심지어 그의 자字를 부르고 뇌물이 공공연히 행하여지니, 도로에 소문이 파다했습니다. 여염의 과부가 술을 팔아 부자가 되었는데 김취로는 재물이 많음을 이롭게 여겨 간통했으며, 그의 양자를 뽑아 장교로 삼았고, 역적 벼슬아치의 호숫가 정자를 억지로 사들이게 했으며, 고양의 옥토 15석의 세를 백급白給(무상 지급)해서 '수통과부水桶寡婦'라는 이름이 이미 동요가 되었습니다.

― 《영조실록》 권45 영조 13년 9월 20일(을사) 패악한 예판 김취로의 삭적·병출을 청하는 장령 이우하의 상소

김취로는 본관이 청풍이다. 박세채와 송시열의 문인으로 이조참판 겸 양관의 대제학을 지낸 김유金楺의 아들이다. 예조판서를 지냈다. 그의 아우 김약로金若魯는 좌의정까지 지냈고, 그 아래의 김상로金尙魯는 우의정을 지냈으며, 사촌 아우 김재로金在魯는 영의정을 지냈다.

당시 예조판서 김취로의 추잡하고 패악한 성품을 풍자하는 동요로 '수통과부'라는 노래가 있었음을 《영조실록》을 통해 알 수가 있다. 사관史官은 이우하의 탄핵에 대해 다음과 같이 논평했다.

사신은 말한다. 이우하는 나이 70세가 된 늙은 대신臺臣으로서, 당로에 있는 김취로를 논박한 것이 어찌 구하는 바가 있어서 그러했겠는가? 그 소에서 논박한 바가 반드시 말마다 모두 사실이라고 볼 수는 없으나, 세상에 전파된 원망과 비방 같은 것은 저 대신과 중신들도 역시 익히 들었을 것이다. 그런데도 임금 앞에서 혹은 사랑하고 아끼어 두둔하고, 혹은 두려워하여 모호하게 말했으니, 이것이 어찌 임금을 섬기는 충성된

도리이겠는가? 다만 '아비의 정사政事에 악취를 풍겼다'는 말은 독후篤厚함이 부족했고 '수통과부水桶寡婦'라는 지칭은 번거롭고 설만褻慢하다. 어찌 이렇게까지 할 필요가 있었겠는가.

김취로는 망언을 많이 한 듯하다. 아우 김약로는 그 점을 근심하여 말을 참다가 마음의 병이 생겼다고 한다. 성대중의 《청성잡기》에 이런 말이 있다.

지나치게 말을 조심하고 참기만 하는 자는 반드시 마음의 병을 부른다. 정승 김약로가 좋은 예이다. 김약로는 그의 형 김취로가 망언을 많이 하는 것을 근심하여 말을 참기만 하다가 끝내 마음의 병이 생겼다. 대개 사람이 한평생 쓰는 것은 배운 힘이 아니면 마음의 힘이다. 마음의 힘이 넉넉하면 참으로 좋다. 그러나 그렇지 못하다면 반드시 배운 힘에 도움을 받아야 한다. 배움이 마음을 수양하기에 부족한데 마음을 지나치게 쓰면 반드시 병이 되니, 말도 한결같이 참기만 해서는 안 된다. 마음속에 있는 것은 반드시 밖으로 드러나게 되니 어찌 참는다고 되겠는가.

김취로를 비난하는 동요에서 '수통과부'라고 한 것은 어째서일까? 김취로가 여염의 술 파는 과부와 '간통'을 하고는, 그의 양자를 장교로 삼고 역적 벼슬아치의 정자를 억지로 사들이게 하고 고양의 옥토 15석의 세를 무상 지급한 사실을 비아냥거리는 말투인 듯하다. 하지만 어째서 '물통[水桶]' 운운한 것인지는 확실하지 않다.

증천 박색이 맹렬하게 들어온다
: 박색요

영조 14년 7월 3일(계축), 임금이 인정문에 나아가 신명직愼命稷을 친국했는데, 신명직은 다음과 같이 공술했다.

양시박楊始博은 과연 신의 종매부입니다. 나이 18세에 매부의 집에 가서 있었을 적에 양민익이 와서 말하기를, "이인좌의 일은 명정언순名正言順한 것이었다."라고 하자, 양민후가 화를 내어 쫓아내려고 하는 실상을 보았습니다. 양취도 부자가 흰옷을 만들어 적쉬賊倅[정중일鄭重一]와 교통했는데, 그때 "증천曾川 박색縛色이 맹렬하게 들어온다."라고 하는 말이 문득 동요를 이루었습니다. '박색'이란 우리 동방 풍속이 천연두 자국을 가리켜 얽었다고 하기 때문입니다.

— 《영조실록》 권47 영조 14년(무오) 7월 3일(계축) 양시박의 고변 사건으로 신명직을 친국하자 신명직이 공술한 내용

영조 14년(1738), 청안淸安 증천리曾川里에 사는 양시박楊始博이 그의 6촌 대부 양취도楊就道가 역모를 꾀한다는 사실을 장문狀文에 적어 관아에 고발하려고 했다. 양시박은 무신년의 이인좌 난 때 군공을 세운 양민후楊敏垕의 아들이었다. 7월 1일(신해)에 영조는 인정문에 나아가 양시박을 친국했다.

양시박의 아우 양시유가 7촌 숙부 진사 양민익의 계후자가 되었으므로 밤낮으로 그 집에 있었는데, 하루는 양민익이 그의 아비 양취도와 그의 아우 양민관, 그의 서삼촌 양취형과 함께 앉아 김일경이 지은 교문敎文을 외며 직필直筆(올곧은 글)이라고 칭찬했다고 한다. 양취도는 이인좌의 난 때 그 편당이었던 수령 정중일鄭重一을 만나보았으며, 흰옷 네 벌을 만들어 반역의 행동을 했다. 이후로도 국가를 원망하는 말을 많이 하여, "만일 호란胡亂이 일어나면 노론·소론·남인이 반나절에 모두 망할 것이다."라고 했고, 양민후의 녹권錄券을 보고는 "그 속에 악종惡種이 있다."라고 했다고 한다.

양취도는 양시박을 미쳤다고 하며 청안 고을에 입지立旨를 바쳤다. 그러자 양시박은 관아에 갇히게 될까 염려하여 고발하지 못하고 상경했다. 도중에 종매제인 신명직의 집을 지날 때 신명직이 함께 고발하자고 했으나, 양시박은 병이 나서 뒤에 처졌다고 했다.

신명직은 공초하기를, 이인좌 난 때 "증천 박색이 맹렬하게 들어온다曾川縛色猛入."라는 동요가 있었다고 했다. 박색은 양취도가 정중일에게 붙어 반란의 행태를 하는 것을 두고, 그가 천연두로 얼굴이 얽었기 때문에 그렇게 노래한 것인 듯하다.

이인좌가 관군에게 쫓겨 죽산으로 피신했을 때 그를 붙잡은 사람은 죽산의 농민 신길만이었다. 신길만은 죽산의 농민인데, 마을 사람 24인과 함께 이인좌를 사로잡아 바쳐, 동지중추부사의 직을 받았다. 혹은 그곳의 승려가 이인좌를 붙잡았는데 신길만이 대신 바치고 수상을 했다고도 한다. 경기도 죽산면 칠장리의 칠장사 인근에 가선대부 행동지중추부사 신공지묘嘉善大夫行同知中樞府事申公之墓가 있다. 하지만 신길만에 대한 포상은 이것이 마지막이었다.

사실 내란이 일어났을 때 가장 많은 피해를 본 사람은 민중들이었다. 역적으로 지목된 사람들이나 역적을 토벌한다는 관군들의 공출과 약탈을 견뎌내야 했고, 일시적으로 어쩔 수 없이 역적의 편에 가담했다가 돌이킬 수 없는 나락으로 떨어지기도 했다. 이인좌 난과 관련해서는 죽산의 한 마을이 쑥대밭이 된 이야기가 전한다. 성대중의 《청성잡기》에 '실패한 선과 성공한 악의 교훈'이란 이야기로 실려 있다.

죽산의 탄현炭峴에 살던 이씨들은 무신난 때 역도들이 서울로 북상하기 위해 탄현을 지날 것을 알고 피난을 가기로 약속했다. 그런데 몇몇 젊은이가 분개하며 말했다. "우리 집안에는 장정이 10여 명이고 그중에 반은 활도 잘 쏩니다. 여기다가 여러 집안의 노복들까지 모은다면 충분히 적군 한 부대를 막아낼 수 있습니다. 깃발을 세워 군사들을 모집하면 향리에서도 반드시 응하는 자가 있을 것이요, 만일 따르지 않는 자가 있을 경우 몇 사람만 처형하면 병사들은 반드시 모여들 것입니다." 그들은 겹소매를 잘라 버린 흰 무명옷을 입고 화살을 차고 활을 멘 뒤, 떼 지어 원수의 진영 뒤편으로 달려갔다. 그런데 그 모습이 마치 정탐하는 자들 같았으므로, 척후병이 이들을 붙잡았다. 당시 역도들이 자칭 의병이라 했고 옷도 이들과 같은 백색이었으므로, 관군은 마침내 이들을 적으로 오인하고 모두 베어 죽였다.

이씨는 의리에 분발했는데도 망하고 말았다. 일시적으로 반란군에 투탁한 '박색'도 심한 고역을 일생 치러야 하지 않았던가?

억수로 귀하다

: 억귀億貴요

영조 때 거리의 아동들이 말을 했다 하면 '억귀億貴' 두 글자를 붙여 노랫말을 흥얼거렸다. 그 노래를 〈억귀요〉라고 했는데, 사람들은 그 뜻이 무엇인지 몰랐다.

그런데 영조 20년에 전염병이 크게 돌아, 서울과 지방에서 무수한 사람들이 죽어나갔다. 당시 조정에서는 양민에게 군포 두 필을 부과하는 것이 너무 무겁다고 해서 한 필로 줄였는데, 그러자 군대에서 소용되는 비용에 50만 필의 결손이 생겼다. 그래서 조현명·이성중·김상적 등이 계청하여 대책을 마련하기 시작해서, 홍계희洪啓禧가 최종적으로 《균역사목》을 정하여, 당시 대리청정하고 있던 사도세자에게 올렸다. 그 내용은 평안도와 황해도를 제외한 전국의 전답에 1결당 쌀 2두(혹은 돈 2전)를 징수하고, 그간 왕실에 속해 있던 어염세나 선세 등 잡세를 균역청으로 귀속시키는 것을 골자로 했다. 그러자 어염魚鹽(생선과 소금)이 아주 귀해져서 농민들이 거꾸로 곤란을 겪었으며 곳곳의 관아마다 재고가 없게 되었다.

이 때문에 부득이 그 핑계로 새로운 명목을 만들어내어 백성들에게서 취했다.

그러자 물가가 앙등하게 되었다. 이래서 사람들은 〈억귀요〉가 들어맞았다고 수군거렸다고 한다.

— 황윤석, 《이재난고》 경인 3월 27일(갑신)

조선시대 군역軍役은 천인을 제외한 양인 모두가 부담해야 했지만, 16세기 이후 양반은 부담하지 않게 되었다. 또 17세기에 훈련도감·어영청·수어청·금위영·총융청 등 여러 군영이 창설되었는데, 군역 부담은 각 군영에 따라 군역의 부담이 달랐다. 그러자 조정에서는 균역법을 실시하여 군역 부담액을 1명당 1년 1필로 통일시키고, 균역법을 시행하면서 부족하게 된 재정은 어염세魚鹽稅·선세船稅·선무군관포選武軍官布를 징수하고 토지대장에서 빠진 은루결隱漏結에 세금을 부과해서 보충하게 했다.

서울 지하철 3, 4호선 충무로역 5번 출구 극동빌딩 앞 화단 내에 '균역청 터'의 표석이 있다. 균역청은 균역법을 시행하면서 관련 업무를 담당하던 관청으로 균청均廳으로 약칭하기도 했다. 영조 27년(1751) 균역법을 시행할 때 설치했다가 영조 29년(1753)에 재정 절약을 위해 선혜청에 합쳤다. 〈억귀요〉는 균역법 시행으로 민간에서 폐단이 일어나자 민중들이 그 사실을 비방하는 뜻을 담은 동요이다.

균역법의 골간은 홍계희가 주축이 되어 제정한 《균역사목均役事目》에 실려 있다. 홍계희(1703~1771)는 이재李縡의 문인이되 이재의 문인들로부터는 배척당한 인물이다. 젊어서 유형원의 《반계수록》에 영향을 받아 경세치용의 방안을 모색했다. 영조 13년(1737) 별시문과에 장원급제해 정언이 되고, 우의정 조현명의 천거로 교리로 특진했다. 그 후 좌의정 송인명의 추천으로 공조참의가 되고, 영의정 김재로의 청으로 비변사당상을 겸했다. 영조 25년(1749) 충청도관찰사 때 과거 제도, 대간 제도, 군영 제도, 양역 제도 등의 시폐를 개혁하기 위한 방안을 제안했다. 다음 해(1750) 병조판서로 발탁되어, 영의정 조현명과 함께 균역법 제정을 주관해서 《균역사목》을 작성했다. 하지만 균역법이 문제가 많다는 중신들의 비난을 받고 지중추부사로 물러났다가 광주유수로 전출되었다. 영조 30년(1754) 이조판서로 재기용된 이후, 형조·병조·호조의 판서 및 예문관대제학을 역임했다. 영조 38년(1762) 경기도관찰사로 있으면서 사도세자의 잘못을 고변케 함으로써 세자를 죽게 만들었다. 그 뒤 이조·예조의 판서를 거쳐, 판중추부사로서 봉조하게 되었다.

홍계희는 과거에 급제하지 못한 양반에게 군포를 내게 하자는 유포론遊布論을 제기했다. 하지만 사림의 맹렬한 비난을 받아 이 개혁안은 취소되고, 전결田結에 대해 군포를 부과하는 결포론結布論으로 변질되었다. 그러나 지주 관료층은 결포론에도 반대했다 결국 토지 1결에 2두斗의 결미結米 내지 결전結錢을 부과하는 법안이 제정되었다.

홍계희는 조현명·송인명·김재로 등 탕평파와 가까웠으나, 조현명 등과 불화하면서 그들과 멀어졌다. 그 대신 영의정 김상로, 형조판서 윤급, 참판 이기경 등과 결탁하고, 영조 계비의 아버지 김한구와 통했다. 이 때문에 사림들은 그를 소인 혹은 간신이라 지목했다. 그가 죽은 후 두 손자가 정조를 시해하려 했던 사건에 연루되어 그의 두 아들과 일가가 처형당할 때, 그의 관작도 추탈되고 그의 이름은 역안逆案에 올랐다.

황윤석은 지주 관료층의 관점에서 홍계희의 신법을 비판했다. 그렇기에 〈억귀요〉를 홍계희 비판의 근거로 이용하고 논평을 덧붙였다.

대개 아무런 폐단이 없는 법이란 고금에 없다. 처음에는 창업하고 개국하는 사람이 백성의 편리와 불편을 모두 갖춰 파악하여 기강을 세우고 잘 펴서 마치 백세 영원토록 준용하여 실행할 듯이 하지만, 후세에 이 법을 사용하는 사람은 원래의 그 사람이 아니므로, 이에 폐단이 있어서 법을 혁신해야 한다고 말하게 되니, 그 실상을 따져보면 어찌 법의 죄일 뿐이겠는가. 한 번 사용하면 한 번 개혁하는 것은 본시 통의通義이니, 혁신하길 제대로 잘 하지 못한다면 과실이 적은 옛 법을 그대로 따라 나가는 것만 못하다. 속담에 "옛 법을 고치지도 말고, 새 법을 만들지도 말라無改舊法 無創新法."라고 하니, 이 말은 역시 이치가 있도다.

역대의 토지제도 개혁안이나 세제 개혁안은 반대에 부딪히지 않은 예가 없다. 그 개혁안이 실제로 효과를 보기 전까지는 많은 폐단이 발생하기 마련이다. 홍계희가 《균역사목》을 제정하여 그것이 실행되자 어염의 물가가 앙등한 것은 그 한 예이다. 그렇다고 "옛 법을 고치지도 말고, 새 법을 만들지도 말라."라는 것은 지나치다. 조선 말에 이르기까지 양역은 개선되지 못했다. 그리고 그것은 백성들의 짐으로 남았다.

목탁탁 고양아

: 목탁탁 木啄啄 요

영조 31년(1755) 무렵에 호남에 이런 동요가 있었다.

나무 딱딱 고양아	木啄啄高伊陽啊 목탁탁고이양아
전라감사 조가야	全羅監司趙哥啊 전라감사조가아
어디 양반이 죽느냐	何處兩班死耶 하처양반사야
나주 양반이 죽는다	羅州兩班死矣 나주양반사의

이 말이 성하게 전하여, 거리의 여항에서는 대여섯 살의 어린아이도 외지 않는 자가 없었다. 을해년에 역적 윤지尹志가 나주羅州에 유배되어 있으면서 불측한 일을 모의하여, 먼저 흉서를 금성錦城(나주) 객관의 큰 기둥에 걸어서 인심을 시험하고자 했다. 대개 이때의 조정에서 균역법의 신법을 시행하자 서너 해만에 중의衆議가 불편해 했으므로 이것으로 난리를 선동하려고 한 것이다.

— 황윤석, 《이재난고》 경인 3월 27칠일(갑신)

영조 31년(1755)에 소론 일파가 역모를 꾀한 사건을 을해옥사 또는 윤지尹志의 난이라고 한다. 윤지는 숙종 때 과거에 올랐으나, 영조가 즉위한 1724년에 발생한 김일경의 옥사에 관계되어 아버지 윤취상은 고문 끝에 숨지고, 자신은 제주도를 거쳐 나주에 귀양 갔다. 20여 년의 귀양살이 중에 윤지는 아들 윤광철, 나주 목사 이하징 및 이효식 등과 모의한 뒤 푸닥거리를 구실로 뜻을 같이하는 사람들을 끌어모았다. 그리고 민심을 동요시킬 목적으로 1755년 1월에 나라를 비방하는 글을 써서 나주 객사의 망화루望華樓 동변 두 번째 기둥에 걸었다. 글의 자획은 필적을 숨기기 위해 마치 인쇄한 것 같은 글자체를 활용했다. 전라감사 조운규趙雲逵는 그 변고를 급히 조정에 알렸다. 영조는 좌포장과 우포장 그리고 본도 감사에게 명하여 일정한 기일 안에 기찰을 하여 적을 체포하라고 명했다. 조운규는 윤지 등을 붙잡아 서울로 압송했다. 2월에 윤지와 박찬신·김윤·조동정·조동하 등이 함께 사형을 당했다.

이하징은 신임辛壬 역적 이명의와 이명언의 조카인데, 김일경 등 일곱 역적의 상소에 대해 "신하로서의 절개가 있었다."라고 쓴 글이 발견되었다. 조정 신하들이 일제히 토벌하기를 청하여, 법전대로 처자식까지 주륙하도록 했다. 또 조태구와 유봉휘 등을 역적의 뿌리라 하여 아울러 추율을 시행하도록 청하니, 영조는 그대로 따랐다. 이에 조태구·유봉휘·이사상·윤취상 및 김일경의 상소에 나온 여러 역적들에게 역률을 추급하여 실시하고, 이광좌·최석항·조태억 등의 관작을 추급하여 빼앗았다.

당시 전라도 지방에 유행했다는 〈목탁탁요〉에서

나무 딱딱　　　木啄啄
　　　고양아　　　　高伊陽啊

라는 구절은 무엇을 뜻하는지 분명치 않다. 혹은 윤지 일당을 체포하러 파견된 좌포장과 우포장을 가리키는지 알 수 없다.

　　　전라감사 조가야　　　　全羅監司趙哥啊

이것은 전라감사 조운규를 호명한 것이다.

　　　어디 양반이 죽느냐　　何處兩班死耶 하처양반사야
　　　나주 양반이 죽는다　　羅州兩班死矣 나주양반사의

이것은 나주에 유배되어 있으면서 난을 일으킨 윤지를 가리킨다.

영조가 즉위한 직후 1728년에 이인좌는 난을 일으켜 노론과 노론의 후원을 받았던 영조에게 대항했다. 하지만 이 난이 진압된 후 소론은 정치적 입지를 잃고 말았다. 또한 나주 괘서 사건이 발각됨으로써 소론은 완전히 탄압을 받게 된다.

이 해 5월에 토역경과討逆慶科의 정시庭試가 있었는데, 윤지의 일파인 심정연이 조정을 비난하는 글을 써서 체포되었다. 이어 춘천에서 군사를 일으키려 했다는 역모 사건이 발각되었다. 심정연은 주모자 윤혜·김도성·신치운, 공모자 김인제·이전·이준 등과 함께 사형을 당했다. 당시 소론의 조정 관료 이종성李宗城·이보李輔 등도 문초를 받았으나, 영조는 불

3부 조선 후기의 참요　397

문에 붙였다.

　나주 괘서 사건과 춘천 역모 사건 이후 소론의 명문은 대부분 몰락했다. 이후 이들 변란의 시말을 기록한 《천의소감闡義昭鑑》이 왕명으로 편찬되었다.

안국동이 망국동, 마상에 봉한식이라

: 망국동亡國洞요

영조 46년(1770), 성균관의 유생으로 수학하고 있던 청주의 한유韓鍮가 도끼를 들고 와 대궐 앞에 엎드려 간신 홍봉한洪鳳漢을 참하라는 상소를 했다.

3월 22일(기해), 금오랑(의금부도사)이 한유를 체포하러 왔다. 영조가 "네가 올린 것은 무슨 상소인가?"라고 하자, 한유는 "영신侫臣을 탄핵한 상소입니다."라고 했다. 영조가 승지에게 그 상소를 읽으라고 명했는데, 첫째로 나라를 위하여 목숨을 바칠 것을 팔뚝에 새기고 도끼를 짊어지고서 죽음을 맹세했음을 말했다. 이어 홍봉한의 부자 형제가 차례로 과시科試를 차지하여 모두 요로를 점거했으며, 권력을 탐하여 마음대로 휘둘러 나라를 그르친 죄를 극언하고, 그 아들 홍낙인洪樂仁은 교활하고 광패狂悖하며, 그 아우 홍인한洪麟漢은 호번湖藩(전라도)에서 탐학하여 사람들이 그 고기를 먹으려 한다고 했다. 또 말하기를, "망국동亡國洞의 망정승亡政丞은 이미 동요를 이루었습니다."라고 했는데, 대개 홍봉한이 안국동에 거주하기 때문이었다.

또 말했다. "산림의 선비가 죄를 입고, 언관이 토죄討罪를 청하며, 앞뒤에 상소한 유생을 찬배竄配하고 과거를 정지시킨 것은 모두 홍봉한으로 말미암았습니다."

영조는 유생의 이름을 유적儒籍에서 삭제하고 흑산도로 정배定配하되 사흘 길을 하루에 걸어 압송하고, 그 상소는 불태우라 명했다.

— 《영조실록》 권114 영조 46년(경인) 3월 22일(기해) / 《정조실록》 권1 정조 즉위년(병신) 3월 28일(기해) 민창렬의 상소 / 황윤석, 《이재난고》 경인 3월 24일

한유韓鍮가 흑산도에 유배당한 이후, 한유와 친하던 유생들 가운데 심상현·심의지··심급·김용갑 등이 모두 처벌을 받아 본향으로 쫓겨났다. 그리고 이 사건으로 인하여 홍봉한은 영의정의 자리에서 물러났다.

영조의 국문에서 나왔듯이 당시 사람들은 안국동에 거주하는 홍봉한을 빗대어 '망국동亡國洞의 망정승亡政丞'이라 했다. 이 동요는 문헌에 따라 조금씩 다르게 기록되어 전한다.

① 망국동亡國洞의 망정승亡政丞 : 《영조실록》 권114 영조 46년 경인(1770) 3월 22일(기해)

② 망국동亡國洞 망상亡相 : 《정조실록》 권1 정조 즉위년 병신(1776, 건륭 41) 3월 28일(기해), 민창렬의 상소

③ 안국동망국동安國洞亡國洞, 마상봉한식馬上逢寒食 : 《이재난고》 3월 24일(경인)

③의 기록은 '안국동망국동安國洞亡國洞'과 '마상봉한식馬上逢寒食'의 두 동요를 한꺼번에 제시한 것 같다. '마상봉한식'은 당나라 시인 송지문宋之問의 〈도중한식途中寒食〉 시의 첫 구절을 패러디하여, '이제 곧 찬밥 신세가 될 것이다.'라는 뜻을 담은 내용인 듯하다.

황윤석은 《이재난고》에서 한유의 상소에 대해 다음과 같이 자세히 서술했다.

한유가 도성에 들어가기에 앞서 소문이 이미 자자했는데, 한유의 상소는 영조가 팔순에 만든 《유곤록裕昆錄》를 비판하고 박세채의 문묘종사를 비난하며 정과政科 복설을 비방하는 것이라고 했다. 그 상소문이 궁궐 안의 액정掖庭에까지 전파되자, 영조도 역시 국왕을 비방하는 것이라고 의심을 했다. 그러다가 국청을 설치해서 승지 구상具庠에게 소본疏本을 다시 읽게 하고는 들어보니, 한유의 상소는 홍봉한의 전권專權과 그 아들의 광포狂暴를 고발하면서 '안국동安國洞 망국동亡國洞'이라든가 '마상봉한식馬上逢寒食'이라든가 하는 동요가 있다고 했을 뿐이었다. 《유곤록》 등의 문제는 빼버린 듯했다. 영조는 노여움을 덜어 특별히 죽이지 말도록 하고, 관례에 따라 가볍게 신문했다. 그리고 지난밤에 한유를 체포하는 데 지체했던 의금부의 나장羅將 무리만 죄를 주었다. 이 때문에 한유는 나장들에게 구타를 당하기까지 했다. 영조는 한유의 상소를 다 듣고 나서는, "권權이란 한 글자는 어찌 그렇지 않다고 할 수 있겠는가. 오늘 홍봉한 등을 왕명에 따라 입시하게 하라."라고 하고, 서둘러 몇 가지만 물어보고 파했다.

이 일로 홍봉한은 성남城南의 임당林塘으로 나아가 머물렀다. 그러자 왕손과 대신 등 여러 사람이 달려가 위로했다. 영조는 홍봉한에게 치사

致仕하라는 명을 내렸으나 그 교명을 글로 지을 사람을 쉽게 얻을 수가 없었다고 한다.

한유의 국문이 있은 다음 날인 3월 23일(경자), 영조는 홍봉한을 봉조하로 삼았다. 이를 기록한 《영조실록》의 사신史臣은, 10년 동안 수상의 직에 있었던 사람을 초야 선비의 상소 하나로 그만두게 만든 것은 부당하다고 논평했다.

홍봉한은 재혜才慧가 조금 있었고, 휴척休戚을 함께하는 처지로서 오랜 동안 수상의 자리에 있었으며 가장 신임을 받았다. 조정의 주요 기무를 거머쥐고 소지小智를 많이 구사했으며, 조정 신료들을 진퇴進退시키는 권한을 쥐고 적임이 아닌 자를 끌어들이기도 했다. 하지만 산림의 상소와 대간臺諫의 장계狀啓는 그 명의名義가 지극히 소중함을 모르는 바 아닐 터이거늘, 국왕을 겁주어서 대정大庭에서 죄를 묻도록 청한 것은 실로 무궁한 폐단을 만들고 사류의 마음을 많이 잃었다.

이어서 사신은, 한유의 상소에 대해 다음과 같이 논평했다.

한유는 초야에 있는 사람으로서 도끼를 들고 대궐 문 앞에 엎드려 한 자 남짓한 소장疏章으로 궐문에서 부르짖었는데, 말은 대부분 절실하고 곧았으므로, 하기 어려운 일을 했다고 할 수는 있다. 그러나 그 마음이 오로지 나라를 위한 데에서 나왔다면 화평한 마음으로 도리를 설명하여 그 죄를 분명히 말하는 것이 옳거늘, 팔뚝을 지져 글자를 새겼으니 얼마나 고집스러웠으며, 도끼를 들고 죽음을 맹세했으니 무슨 용기에서 그런 것인가? 심지어는 동요를 끌어대어 임금의 마음을 움직여 반드시 홍봉한을 죽이고야 그만두려 했으니, 또한 너무 심한 것이 아닌가! (중략) 처음에 한유가 도내에 글을 보내어 고 상신 박세채를 문묘에서 내쫓고《유곤록》에서 제거하도록 상소하겠다고 떠들어 많은 재물을 모았으나, 서울에 들어와서 소장을 올릴 때는 발문發文한 가운데 몇 가지는 애초에 들어가지도 않았으니, 사람들이 모두 괴이쩍게 여겼다. 그 상소의 원본은 전좌殿座에서 불태워졌으므로, 당시의 사첩史牒에 빠져 전하지 않는다.

영조 46년(1770)에서 정조 2년(1778) 사이에 정순왕후의 친정 경주 김씨와 전 세자빈의 친정 풍산 홍씨의 정권 다툼으로 홍봉한과 그 아들이 화를 당했다. 그 발단이 된 것이 한유의 상소였다. 영풍부원군 홍봉한의 딸로 정조의 생모인 혜경궁 홍씨는 정조 19년(1795)에 친정 조카 홍수영洪守榮의 청으로《한중록閑中錄》이라는 제목의 회고록을 작성하면서, 한유의 상소가 무고였다고 주장했다.

이보다 앞서 영조 38년(1762) 5월 나경언의 고변과 영빈의 종용으로 영조는 세자를 뒤주에 가두고 9일 만에 목숨이 끊어지게 했다. 이 임오화변 이후, 노소당파는 그 찬반을 놓고 시파와 벽파로 갈라져서 세자에 동정하는 시파들이 홍봉한을 공격하여 뒤주의 착상을 제공했다고 주장하여 왔다. 혜경궁은 양쪽 의론을 모두 반박하고, 영조가 세자를 처분한 것은 부득이한 일이었고, 뒤주의 착상은 영조 자신이 한 것이지 홍봉한이 한 것이 아니라고 부친을 변호했다.

정후겸 행상도
: 행상도요

권신으로서 동요에 오르내린 자들은 패망하지 않은 경우가 별로 없다.
근세에 정후겸鄭厚謙에게는 행상도行喪圖가 있었다.
오래지 않아 패망하고 말았다.

— 성대중, 《청성잡기》 권3 성언醒言 '동요에 오른 권신들'

정후겸의 일을 예시한 〈행상도요〉는 아마도 정후겸이 죽어 상여에 실려 가는 모습을 그린 그림인 듯하다. 또한 당시에는 동요도 함께 노래되었을 것이다.

정후겸(1749~1776)의 본관은 연일延日이다. 본래 인천에서 어업에 종사하던 서민 출신이었으나 영조의 서녀 화완옹주와 그 남편 일성위日城尉 정치달鄭致達의 양자가 되면서부터 궁중에 자유롭게 출입하게 되었다. 영조 51년(1775년) 세손 정조가 대리청정하게 되자 화완옹주, 홍인한 등과 함께 이를 극력 반대하고, 세손을 보호하는 홍국영을 탄핵하는 등 세손을 모해하는 데 광분했다. 이듬해 정조가 즉위하면서 경원에 위리안치되었다가 사사되었다.

홍인한은 탐욕스럽고 포악하며 지식이 없었으나, 세손의 외당外黨으로서 바라는 바가 적지 않았다. 그러나 세손은 항상 그를 비루하게 여겨 얼굴빛을 좋게 하여 대한 적이 없었다. 이 때문에 홍인한은 불만을 품고 세손을 원망했다. 그런데 정후겸이 화완옹주와 더불어 영조의 기색을 살펴 위복威福을 부리는 것을 보고, 홍인한은 정후겸 모자에게 위세를 부렸다. 그러고는 세손이 등극하면 훗날 죄가 불측한 지경에 이르게 될까 두려워 홍지해·윤양후 등과 더불어 사당死黨을 맺고 유언비어를 만들어 내어 세자의 지위를 위태롭게 하려 했다.

또한 김귀주金龜柱와 김용주는 영조의 계비인 정순왕후 김씨의 오라비들인데, 영조 38년(1762)에 김상로·홍계희 등과 함께 왕세자(사도세자)를 죽게 했고, 뒤에 정후겸과 함께 왕세손(뒤의 정조)의 외척을 공격하여 왕세손의 지위를 위협했다. 이로써 노론은 시파와 벽파의 당파로 갈리게 되었는데, 김귀주는 벽파의 영수가 되었다.

이러한 때에 홍국영은 세자시강원 설서가 되어 세손 정조를 도왔다.

정조는 즉위년(1776) 7월에 홍인한과 정후겸을 사사했다. 화완옹주도 사사했다. 그들의 죄악이 드러나 대신大臣과 삼사가 번갈아가며 극률을 청하자, 정조는 "공법公法은 굽힐 수 없고 여론은 막을 수 없다."라고 했다. 정조는 김치인 등에게 명하여, 세손 시절 대리청정을 저지한 홍인한과 정후겸 등을 주토誅討한 사실을 밝히고 홍국영과 정민시, 서명선이 전력을 기울여 자신을 옹위한 충절을 선양하기 위해, 사건의 시말을 《명의록明義錄》으로 엮게 했다.

정후겸에 대해서는 여러 일화가 전한다. 성대중은 《청성잡기》에서 '음식 사치가 부르는 앙화'에 대해 논하면서, 정후겸이 부드러운 음식들을 찾다 못해 갓 부화한 병아리를 먹더니 패망하고 말았다고 했다.

음식 사치를 극도로 부리는 자는 패망을 자초하지 않는 경우가 드무니, 평민은 굶어서 죽고 귀족은 몰락하여 멸망한다. 허의許宜란 자는 부잣집에서 자라면서 입맛을 극도로 사치스럽게 하여 천하의 산해진미도 그의 입에 싫증나지 않은 것이 없었는데, 병이 나자 먹을 만한 것이 없어 드디어 굶어 죽고 말았다. 그리하여 당시 사람들의 비웃음거리가 되었다. 김자점은 패망하려 할 적에 온갖 부드러운 음식들이 모두 단단하다 하여 갓 부화한 병아리를 먹었고, 정후겸 역시 이렇게 했는데, 모두 얼마 안 있어 처형되었다. 근래에 한 세도가에서 떡국을 만들면서 사람의 오관과 사지를 모두 구비한 어린아이 모양으로 만들어 먹었는데, 얼마 되지 않아 멸망했다 한다.

이셔고만 감즉고만 옴즉고만

: 삼개고만三个高曼요

영조 52년(1776), 반인泮人(성균관 부근 거주민)이 전하는 말을 들으니 시정의 소민들이 일제히 송덕상宋德相이 벼슬을 내놓고 떠나거나 그대로 머물거나 하는 것의 지절을 기롱하여, 이렇게 말한다고 한다.

노론이 말하길 이셔고만	老論謂以在高曼 노론위이재고만[이셔고만]
소론이 말하길 감즉고만	少論謂以去高曼 소론위이거고만[감즉고만]
수원 사람이 말하길 옴즉고만	水原人謂以來高曼 수원인위이래고만[옴즉고만]

이른바 '삼 개 고만三个高曼'이다. 송덕상은 수원 동북면 만의촌萬義村에 거주한다.

또 근년에 이런 동요가 있었다.

이미 두 번 본 수원 손님이시더냐   旣再見之水原客乎 기재견지수원객호 지금 다시 오게 되면 역시 동요가 징험이 있는 것이다.

— 황윤석, 《이재난고》 영조 52년(병신) 4월 1일(을묘)

〈삼개고만三介高曼요〉는 겉으로 말하는 것과 속으로 말하는 것이 나름을 노래한 것이다. 겉으로 말하듯이 노론은 송덕상이 조정을 떠나길 바라고 소론은 그가 조정에 머무르길 바라며 수원 사람은 그가 서울로 가길 바란다는 뜻이 아니다. 노론이든 소론이든, 또 수원 사람이든, 송덕상이 가든 말든 오든 말든 상관하지 않는다는 뜻이다. 또 다른 동요 "이미 두 번 본 수원 손님이시더냐"도 송덕상이 오든 말든 괘념하지 않는다는 뜻이다. 송덕상은 누구이며, 어째서 이런 비아냥의 동요가 있게 되었는가?

송덕상(1710~1783)은 노론 벽파의 인물이다. 본관은 은진으로 송시열의 현손이다. 영조 29년(1753) 좌의정 이천보의 천거로 세자익위사 세마(선마)에 임명되었으며, 영조 43년(1767)에 지평이 되었다. 정조가 즉위한 후 홍국영의 뒷받침으로 동부승지·이조참의·예조참의·한성부좌윤·좨주 등을 지내고 정조 3년(1779)에는 이조판서에 임명되었다. 그러나 그해 홍국영이 실각하자, 송덕상도 삼수부三水府에 안치되었다.

그 뒤 홍국영의 누이동생 홍빈洪嬪이 죽자, 송덕상은 왕위계승에 대하여 〈청광저사소請廣儲嗣疏〉를 올렸다. 그런데 이 상소에 흉역의 뜻이 있다 하여 옥에 갇히고 유생들의 공격을 받았다. 대학자의 후예로서 한때 세도세력에 힘입었으나 결국 몰락했으며, 노론 벽파로 몰려 죽었다. 시호는 문간文簡이다.

정조 3년(1779, 기해)에 홍국영의 누이 홍빈이 서거하자, 시호를 원빈元嬪이라고 했다. 채제공이 〈애책문哀冊文〉을 지었는데, "원빈 홍씨가 양심각에서 서거했다."라고 적었다. 그러자 서명선徐命善은 "경연에서 상감께 품문했다."라고 하고는 서逝를 훙薨으로 고쳤다. 채제공은 소를 올려 은미한 것을 밝힐 것을 청했다. 하지만 그 상소는 승정원에서 막혀 정조에게 올라가지 못했다. 그런데 이 해에 송덕상이 저 〈청광저사소〉를 올려 그 첫머리에서 "원빈이 훙서하시니 종사가 의탁할 곳이 없다元嬪薨逝 宗社靡託."라고 했다. 채제공은 그 초본을 읽어보고는 천장을 보며 혼잣말로 "원빈이 훙서하면 왜 종사가 의탁할 곳이 없는가? 또 어째서 원빈을 훙이라고 말하는가? 이상하다."라고 했고, '모양도리某樣道理'의 네 글자에 이르러서는 더 이상 아무 말도 하지 않았다. 홍국영은 채제공의 그 말을 전해 듣고는 유감을 품어 해를 끼치려고 했다.

송덕상은 이렇게 홍국영의 누이 원빈의 죽음에 대해 제왕이나 왕비의 죽음을 표기할 때 사용하는 훙薨이란 단어를 사용해서 애도했고, 더구나 원빈의 죽음으로 종사가 의탁할 곳이 없어졌다고 망언을 했다. '모양도리'는 '어떤 양상의 도리'란 말로, 이것은 국왕의 대계大計를 저지시킨 뒤 다른 일을 획책하는 방식을 가리킨다. 단, 이 말은 송덕상이 원래 쓴 것이 아니고 홍국영이 개찬하여 써넣은 말이라고도 한다.

그런데 홍국영은 이 해에 권고사직을 당했다. 원빈의 〈애책문〉에 '훙' 자를 써야 한다고 주장했던 서명선도, 정조 5년(1781, 신축) 4월 28일(신미)에는 홍국영의 역모를 도운 송덕상의 죄를 논해야 한다고 요청했다. 정조 6년(1782) 5월에 공조참의 이택징은 상소를 올려 송덕상을 비호하다가 친국을 당했다. 그 후 7월에 공산公山의 업유業儒인 권홍진이 상소를 올렸다가 친국을 받자, 이택징과 호응했다고 자백했다. 또한 이택징의 인척이며 송덕상의 제자인 문인방이 이인異人 이경래와 함께 귀양 간 송덕상을 위해 역모를 꾸미다가 발각되었다. 정약용은 〈번옹유사樊翁遺事〉에서 채제공의 이런 일화를 밝혔다.

채제공이 한성판윤으로 있으면서 정조를 성정각에서 모실 때, 정조는 이렇게 물었다. "경은 사실私室에서 송덕상의 상소를 보고 그 기구起句 8자를 의논한 적이 있는가?" 채제공은 한참 뒤 사실대로 말하여, 자신은 한숨을 지으며 다시는 말을 하지 않았다고 했다. 정조는 "그렇구나. 이런 일이 있었구나. 그때 홍국영이 소인들로부터 경의 말을 전해 듣고는 유감을 품어 화를 끼치려고 했는데, 나는 더욱 경의 충직을 알게 되었다."라고 했다.

정약용이 〈번옹유사〉를 적어 채제공을 옹호한 것은, 채제공이 죽은 후 순조 초에 이르러 전일에 채제공이 송덕상의 〈청광저사소〉를 보고도 역적 토벌을 늦추었다는 비난이 일어났기 때문이었다. 순조 10년(1810, 경오) 2월에 채홍원은 부친 채제공을 신원해줄 것을 호소하게 된다.

정조는 송덕상이 홍국영에게 아부한 죄를 잊지 못했다. 그래서 〈화양서원華陽書院 치제문〉에서 송시열의 덕을 현양하되, 그 아들 송덕상은 '덕적德賊'이라고 비난했다. 덕적이란 정의의 관념이 없는 향원鄕原이란 말이다.

덕적이 선대의 음덕을 빙자하여, 집안 명성을 더럽혀 욕을 끼쳤으니

그릇되게 현인을 부르는 기를 더함에, 도리어 도적에게 병기를 주는 격이었네

권간과 표리가 되어 사주를 받고 투서를 자행하여

나의 내치를 방해하고, 나의 대계를 저해하더니

도리어 네 글자의 흉언을 지어내어 사람들을 속이고 선동하여

머리 맞대고 모의하여 통문을 발하니 이 서원을 더럽히기에 이르렀네

흉적의 괴수를 죽이고 추종한 무리를 용서했으나, 혹 감격하고 두려워하지 않아서

이택징·권홍징이 흉계를 드러내고, 문인방·이경래가 난을 도모했네

천 갈래 만 갈래로 동일한 자취였으니

공이 세상에 살아 있었다면, 손수 먼저 처단하셨으리라

정조는 송시열을 존중하고 숭상하는 마음은 변함이 없다고 했지만, 이 제문은 송덕상을 견책하고 아울러 그 아비를 비난하는 뜻을 담고 있다.

홍도화는 한철
: 홍도화요

정유년(정조 원년)과 무술년(정조 2) 무렵, 경성의 큰길과 작은 길에서 동요로 현실을 곡절 있게 언급한 것이 아주 많아서, 일일이 다 기록할 수 없을 정도이다. 그 가운데 다음과 같은 것들이 있다.

홍도화는 한철	紅桃花一節 홍도화일절
짐(朕) 반찬은 사철	朕佐飯四節 짐좌반사절
대명전大明殿 대들보 위에,	大明殿大栿上 대명전대복상
붉은 실그물이 높이 걸리매,	紅絲網高掛 홍사망고괘
어린 처자는 다 빠지고,	幼處子盡漏 유처자진루
늙은 처자가 걸리나니,	老處子掛取 노처자괘취
용동 처녀가 나오는구나	龍洞處子出來 용동처자출래
도령님의 복이로다	都領主之福兮 도령주지복혜

'홍도화는 한철'은 홍국영의 권세가 오래가지 않은 것에서 들어맞았다. '집 반찬朕佐飯'이란 것은 해채(김)를 말한다. 집朕과 김金은 우리말에서 발음이 서로 가깝다. 이것은 국구 김시묵 집안의 일에서 들어맞았다. '대명전大明殿 대들보 위' 운운은 홍빈洪嬪이 죽은 후 처녀를 다시 간택하여 나이를 19세 이하로 제한했는데, 윤빈尹嬪의 집이 용동에 있었고, 선발되어 궁에 들어오게 된 일에서 들어맞았다. '도령님의 복이로다' 이 구절만은 아직 들어맞지 않았다.

이때에 홍국영의 권세가 바야흐로 하늘을 찌를 기세였고, 얼마 되지 않아 그 누이가 또 궁에 들어가 귀빈이 되었으니, 누가 그가 패하고 그 누이가 요절할 것인지 알았겠는가? 또 누가 윤빈(1780년 화빈, 1781년 몰)이 노처녀로 간택되어 들어갈 줄 알았겠는가? 또 누가 김국구(효의왕후 김씨 친정, 김시묵)의 집안이 거의 홍국영에 의해 기울었다가 끝내 아무 탈이 없게 될 줄 알았겠는가?

— 황윤석, 《이재난고》 권43 윤5월 24일(기유)

홍국영이 패망하리라는 동요로는 〈완경구翫景謳〉가 있었다고 한다. 가사는 전하지 않는다. 아마도 홍국영의 이름에 빗대어 '구경하세' 정도의 언어유희 형태의 동요였던 듯하다. 성대중의 《청성잡기》에 '동요에 오른 권신들'이란 조항이 있고, 거기에 〈자점점점요〉, 〈허적산적요〉, 〈일경파경요〉, 〈행상도요〉와 함께 소개되어 있다.

홍[국영] ⇒ 구경 — 구경하자 ⇒ 완경翫景

홍국영(1748~1781)은 영조 47년(1771)의 정시문과에 급제해서 승문원 부정자를 거쳐 세자시강원 설서, 이어서 세자시강원 사서가 되었다. 영조 51년(1775)에 세손(정조)이 대리청정하게 되자, 화완옹주의 양자 정후겸은 홍인한과 결탁하여 대리청정을 극력 반대했다. 홍인한은 부사직 심상운을 사주하여 반대 상소를 올리기도 했고, 경연에서 영조의 말을 가로막아 세손에게 대리청정을 하지 못하게 했다. 이때 서명선은 홍인한과 정후겸을 논박하는 상소를 올림으로써, 그들을 축출하고 왕세손의 섭정이 이루어지게 되었다.

영조는 세손의 손을 들어주어 대리청정을 시켰다. 얼마 뒤 영조는 세손에게 병권과 순감군권, 부표를 넘겨주었다. 영조는 사도세자의 죽음을 애통해하며 금등 문서를 세손에게 공개했는데, 금등 문서에 의하면 홍계희·김상로·김한구·김귀주·홍인한·홍봉한 등이 사도세자를 공격했다고 했다.

홍국영은 영조 52년(1776)에, 노론 청명당 계열의 김종수金鍾秀와 연계하여 세손의 승명대리承命代理를 반대하던 정후겸·홍인한·김귀주 등을 탄핵하여 실각시키고, 홍상간·윤양로 등을 처형시켰다. 1776년 음력 3월 5일 영조가 경희궁 집경당에서 83세로 승하하매, 정조는 그 음력 3월 10일 숭정문에서 25살의 나이로 즉위했다.

정조가 즉위하자 홍국영은 동부승지로 숙위대장을 겸임했고 곧 도승지에 올랐으며, 금위대장·훈련대장 등을 거쳐 오영도총숙위五營都摠宿衛가 되어 군사권을 장악했다. 그는 모든 소계疏啓·장첩狀牒·차제差除를 총람했다.

정조 2년(1778)에 홍국영은 누이를 빈嬪으로 삼게 하여 정권을 굳게

다졌다. 홍빈의 궁호는 숙창궁叔昌宮이었다. 그러나 홍빈이 이듬해 정조 3년(1779) 5월 7일(경인)에 죽자, 홍국영은 김시묵의 딸인 효의왕후를 의심하여 핍박함으로써 왕실의 미움을 샀다. 홍국영은 은언군의 아들 이담李湛을 홍빈의 양자로 삼아 완풍군에 봉하고 세자로 책봉시키려 했으나, 여의치 않자 모반죄로 몰아 제거했다.

홍국영은 처음에는 송시열의 후손인 송덕상, 민우수의 문인 김종후 등의 지원을 받아 노론 청류를 중심으로 정국을 주도했다. 하지만 스스로 외척이 되어 독주를 했다. 이 때문에 정조의 준론 탕평책에 장애가 되었다. 재위 3년(1779) 9월 28일(기유), 정조는 인정전에서 홍국영에게 퇴직을 허락하는 교서를 내렸다. 그 글은 규장각 제학 서명응이 지었다. 글의 앞부분은 홍국영의 공적을 칭송했지만, 후반부는 초야로 돌아가 분수를 지키기 바란다고 했다.

정조가 인견引見하자, 홍국영은 이날이 상감을 뵙는 마지막이 될 것이라고 말하고 시사時事에 관련된 서너 조항을 상언했다. 홍국영은 실권 없는 봉조하奉朝賀로 물러났다. 정조 4년(1780) 2월에 홍국영은 왕후 독살의 기도에 연루되었다 하여 탄핵을 받아 가산을 몰수당하고 강릉으로 추방되었다. 그리고 실의에 잠겨 지내다가 34세로 병사했다.

홍국영이 권세를 잡았을 때는 〈완경구〉라는 동요(참요)가 유행하고, '홍도화는 한철'이란 노래도 유행했다. 홍도화는 홍국영을 빗댄 말이다. 이에 비해 '김 반찬은 사철'이란 노래는 김시묵 집안이 오래도록 권세를 누리리라고 예견한 동요이다.

남인의 흥기를 예언한 동요

참판 이세석李世奭은 순후하고 근엄하여 시비是非를 올리는 일이 없었다. 언젠가 남쪽에 거처하는 한공韓公[한광전韓光傳, 경선景善]을 급히 불러 청했다. 한공이 오자 귀에 대고, "우리 당이 크게 나아갈 것 같소."라고 했다. 한공이, "무슨 말입니까?"라고 하자, 다시 "동요童謠에 이러이러한 말이 있소."라고 했다. 한공이 "그렇다면 어찌합니까? 사람이 없지를 않습니까?"라고 했다. 이공은 "영상領相에는 그분이 있지 않소?"[채제공蔡濟恭공을 가리킨다]라고 했다. 한공이 "좌상은 누구입니까?"라고 하니, 이공은 "정 아무개[정약용의 부친 정재원丁載遠] 같은 이는 오늘 급제하면, 내일은 광주부윤이 될 것이고 또 그 다음 날은 개성유수가 될 것이니, 얼마 안 가서 좌상이 될 것이오."라고 했다.

이공은 대개 충담沖澹하여 옛사람 같은 인물이다. 그렇다면 부친께서 중망을 지고 있음은 여기에서도 알 수 있다.

— 정약용, 《여유당전서》 제1집 제17권 〈선친유사〉

이세석(1716~?)은 본관이 연안으로, 영조 44년(1768)의 식년시에 병과 14위로 급제했다. 정조 즉위년(1776)에는 형조참의로 있었고 이듬해 정조 원년에는 승지가 되었으며, 정조 7년(1783)에는 공조참판이 되었다. 그가 남인이 일어나리라고 예언한 동요를 한광전韓光傳에게 들려준 시기는 정조 7년 이후이다.

이세석이 언급한 동요는 어떤 것인지 알 수가 없다. 대개 남인의 약진을 예시한 것이었을 듯하다. 동요나 이세석의 예견과는 달리 정약용의 부친 정재원丁載遠(1730~1792)은 좌의정에 이르지 못하고 벼슬이 진주 목사에 그쳤다. 채제공이 기록한 〈진주목사 정공 묘갈명〉을 보면, 정재원은 인품이 훌륭했고 학문도 높았으며, 5개 고을의 현감·군수·부사·목사를 거치면서 목민관으로서의 업적을 이루었다. 그럼에도 불구하고 부친 정재원이 재상의 직에까지 오르지 못한 것과 남인이 일어나지 못한 것은, 정약용의 관점에서는 인재 등용이 불합리했기 때문이었다.

정조는 즉위 초에, 의리를 내세우는 노론 청류와 남인 청류의 두 준론을 조제하여 탕평을 실시하면서, 사대부의 공론을 회복시키려고 했다.

하지만 정약용의 관점에서 보면 정조의 탕평책은 실효를 거두지 못했다. 대책對策의 글인 〈인재책人才策〉에서 정약용은, 조정 관료의 임명이 공정하게 이루어지려면 당론이 개입되어서는 안 되고 공론이 살아 있어야 한다고 주장했다. 그리고 당시의 붕당은 어느 당도 공론을 형성하지 못하므로 편당에 불과하다고 규정했다. 즉, 당시의 당파들은 자신만이 정의롭다 여기고 상대 당파를 비판하지만, 어느 당파도 오로지 작위와 녹봉을 독점하려고 할 뿐이라고 고발했다.

정약용은 편당이 고질화된 이후에는 종래의 임용 절차나 감찰 방식이 유용하지 않다고 비판했다. 즉 〈용인이재설用人理財說〉에서 정약용은, 당시는 재상이 주요 관직의 관리 임용권을 독점하고, 홍문관·예문관·규장각에서 관각館閣 문인을 선임했으며, 벼슬길에 나아가려는 사람이 대간臺諫의 탄핵을 받으면 의리를 내세워 다시 벼슬에 나가지 않는 것이 관습화되었다고 지적했다. 정약용은 그 관습 자체는 훌륭하지만 공론이 존재하지 않는 시대에는 그 관습이 순기능을 할 수 없다고 보았다.

정약용은 〈직관론·1〉에서도, 당시의 관각이나 대간은 패자 노릇 하는 자의 관직이라고 비난했다. 군주가 관각의 신하를 둔 이후로는 이 관직을 갖지 못한 신료는 비록 문학적 재능이 탁월해도 감히 국가의 공식 문건을 기초하는 일에 참여하지 못하게 되었고, 군주가 대간의 신하를 둔 이후로는 이 관직을 갖지 못한 신료는 비록 우국의 정성이 맺혀 있더라도 감히 국가의 일을 의논하지 못하게 되었다는 것이다. 그래서 정약용은 관각과 대간을 없애야만 온 천하가 잘 다스려지고 백성들이 편안해지며 임금의 덕이 바르게 되고 백관이 직무를 제대로 수행하게 되며 나라의 기강이 서게 되고 풍속이 돈후하게 되리라고 강경하게 논했다.

또 〈직관론·2〉에서 정약용은, 당시 사대부계층이 세자시강원, 홍문관, 대간 등의 벼슬을 청직淸職이라 하여 지나치게 존중하기 때문에 육조의 관직이나 수령의 직책을 하찮게 여기게 되었다고 비판했다.

정약용은 젊은 시절에 벼슬을 살 때는 그나마 탕평책이 발휘되고 공론이 정치사회의 이념으로 자리잡을 것을 기대했다. 하지만 정조 사후 정국이 경색되고 오랜 유배생활을 하게 되면서, 미래를 예측할 수 없게 된 듯하다. 그래서 당론을 편당의 사론이라고 비판하게 되었다. 그렇다면 저 이세석이 언급한 동요는 끝내 징험이 없었던 것이 아니겠는가.

홍충도 감사의 탐학을 비판하는 동요
: 홍충도요

홍충도洪忠道 안핵어사按覈御史 김이희金履禧의 서계書啓에 이러한 내용이 있었다. "홍충도 감사 이병정이 소 도살 금지령을 범한 자에게 속전贖錢을 추징한 일은, 30개 읍에 징수한 것이 도합 1876냥으로, 재작년에 금령을 범하고 도살했는데 작년 겨울에 속전을 받은 것도 있고, 부임하기 전에 금령을 범했는데 가을과 겨울 사이에 속전을 추징한 것도 있었습니다. 그런데 부임한 지 8개월 동안 감영의 곳간에 들어온 속전을 모두 사적으로 썼습니다. 생일날 물건物件에 관한 일은, 작년 10월에 공산公山 등 16개 읍과 1개 역참驛站에 행회行會하여 관청 술을 실어 오게 하자, 열읍列邑에서 술만 보낸 자도 있고 술과 안주를 함께 보낸 자도 있었는데, 전 지역에 웃음거리로 퍼져 거의 동요童謠처럼 되었습니다. 전답과 집터를 넓게 차지한 일은, 감영에 도착한 뒤에 사들인 전답이 7석石 13두락斗落이니, 역전驛田과 바꾼 27두락을 합치면 도합 9석락石落이 됩니다. 금송을 베어서 운반한 일은, 들보와 기둥감 재목 162루와 판재板材 70닢立이 과연 안면도의 소나무였는데, 집을 짓고 남은 재목은 최인강이 판板을 만들어 쌓아두고 장노庄奴가 배를 만들었습니다. 사적으로 정부丁夫

를 부린 일은, 홍산鴻山 등 4개 읍에 분정分定한 수효가 도합 1600명인데, 따로 품삯을 준 일이 없었습니다. 부민富民의 기름진 땅을 막비幕裨의 첩帖으로써 꾀어 차지한 일은, 땅을 팔려고 하지 않은 천광주 등에게 비장裨將이란 이름을 붙여주면서 영하營下로 불러들여 윽박지르며 매입하기를 청하는 바람에 천광주가 눈물을 흘렸다는 말까지 있었습니다. 그렇다면 싼값으로 강제로 사들였다는 원망이 반드시 있게 될 형세이니, 사들인 전답을 도로 물러주어 원한을 풀어주어야 합니다.

전前 이인利仁 찰방察訪 홍창원洪昌源이 위협과 공갈에 겁을 먹고 공전公田을 바꿔준 것과 수사水使 유진열柳鎭說이 공법公法을 두려워하지 않고 금송을 베도록 허락한 죄에 대해서는 모두 엄하게 감처하지 않을 수 없습니다. 남포 현감 이상현李尚顯은 백성들을 성가시게 하는 정사에 대해 한결같이 모두 순순히 받들어 명령하는 대로 따랐으니, 또한 죄가 없을 수 없습니다."

— 《일성록》 정조 4년(1780) 7월 19일(을미) 〈좌의정 서명선이 홍충도 안핵어사 김이희의 서계를 근거로 복계覆啓했다〉

이병정李秉鼎(1742~1804)은 정조 3년(1779) 7월 20일(임인)에 충청도관찰사가 되었는데, 이후 안핵어사 김이희에게 탐학하다는 탄핵을 받았다.

충청도를 혹은 홍충도라고도 했다. 충청도는 연산군 11년(1505)에 충공도忠公道로 고치고, 진천·괴산·평택·아산을 경기도에서 이속시켰다가 중종 원년(1506)에 다시 환원했다. 명종 5년(1550)에 청공도淸公道로 고치고, 광해군 원년(1608)에 공청도公淸道로 고치고, 인조 6년(1628)에 공홍도公洪道로 고쳤다. 인조 24년(1646) 정월에 호서 역적 유탁柳濯 등이 반란을 음모하다가 복주되자, 인조는 공주목은 공산현으로 강등하고, 연산·이성·은진을 없애고 은산恩山이라는 1개 현으로 통합했으며, 충청도를 고쳐 홍충도로 했다. 효종 7년(1656)에 공홍도로 고치고, 현종 11년(1670)에 충홍도로 고치고, 숙종 6년(1680)에 공홍도로 고치고, 영조 5년(1729)에 공청도로 고쳤다가 7년에 충청도로 고쳤다. 정조 원년(1776)에 홍충도로 고치고, 순조 25년(1825)에 공충도로 고쳤다가, 순조 34년에 충청도로 고쳤다. 철종 13년(1862)에 다시 공충도로 고쳤다. 모두 54읍이다.

이병정이 반드시 탐학을 자행한 것은 아닌 듯하다. 정조 3년(1779) 10월 13일(계해)에 홍충도에 재변이 있자, 홍충도관찰사 이병정은 장계를 올려, 재상災傷 8백 20결結 8부負는 그 정약精約을 극진히 했으므로 그대로 시행하고, 묵은 환곡還穀을 받아들이지 말라는 특은이 내렸으므로 증렬미拯劣米에 대한 환수 기한을 절반까지 물려주십사고 청했다. 증렬미는 조운선이 난파해서 물에 빠졌던 것을 건져내어 말린 질 나쁜 쌀이다. 지방관은 증렬미를 지방민에게 나누어주고 그 대신 새 쌀로 받았다.

비변사가 이병정의 장계를 아뢰자, 정조는 다음과 같이 하교했다.

급재給災(재해를 입은 논·밭의 전세田稅를 면제하여 주는 일)할 결수結數가 8백에 이른 것이 참으로 정약한 뜻이 있다면 과연 지나친 청이 아닐 것이다. 또 이 한 가지 일은 백성의 고락에 관계되므로 허락하면 짐을 더는 보람이 있을 것이고 허락하지 않으면 거듭 거두는 폐단이 있을 것이니, 국가에서 백성을 다친 사람을 보호하듯이 하는 뜻으로서는 많고 적은 것을 물론하고 그 수대로 들어주어 시행해야 워낙 마땅하겠으나, 나는 이것도 명실名實을 살펴보아야 할 것이 있다고 생각한다. 올해의 농사는 다행히도 흉년에 이르지 않았고 접때 장계하여 청한 것을 또한 다 진전陳田(묵정밭)·속전續田에서 낮추었으니, 번신藩臣이나 유사로서는 한갓 전례를 따라서 반드시 급재를 청하는 것을 항식恒式으로 여길 수 없고 또 그 청한 것대로 반드시 급재하는 것을 정법定法으로 여겨서는 안될 듯하다. 더구나 1천 결에 가까운 것이겠는가? 그렇다면 살펴도 되고 살피지 않아도 될 것인데, 무엇하러 진전을 살피겠는가? 해도該道의 도신道臣을 무겁게 추고推考하라. 도신이 이미 청한 뒤에 문득 우리 백성의 입 안에 들어간 물건이 되었으므로 시행하도록 허가한다면 허가하여도 될 것이다. 또 증럴미의 폐단으로 말하면 일찍이 익히 아는 바인데, 풍년이라 하더라도 허다한 곡물을 한꺼번에 바치라고 독촉하는 것은 백성을 소요하게 하는 정사인 줄 틀림없이 알 것이니, 장계하여 청한 대로 모두 특별히 기한을 물리게 하라.

그런데 이병정은 홍국영의 사인私人으로 간주되어, 다음 해인 정조 4년(1780) 7월 3일(기묘)에는 정언 홍주익이 홍낙빈·이병정·남구만·최석정의 논죄를 청했으나 정조는 허락치 않았다. 홍주익의 상소 가운데 이병정을 지목한 부분은 다음과 같다.

이병정은 본시 간사한 소인을 친압하여 음험한 행실까지 겸했습니다. 처음에는 정후겸에게 의탁하여 청현직을 점유했고 나중에는 홍국영에게 빌붙어서 극도로 아첨했습니다. 그가 손수 권진權禛을 탄핵한 것은 사실 먼저 발론하여 사람을 제압하려는 데서 나왔고, 조금 재야의 선비를 구제한 것은 단지 명예를 구하고 영화를 취하기 위한 것이었습니다. 사람들이 모두 그를 승냥이와 범처럼 두려워했고, 세상이 모두 요망한 아이라고 지목했습니다. 지난번 호영湖營에 있을 때는 더러운 소문이 더욱 드러났는데, 옛날의 우금牛禁에 대한 속전贖錢을 낱낱이 찾아내어 추징하여 백성의 고혈을 짜냈으므로 원성이 길에 가득했습니다. 생일의 물품을 여러 고을에서 억지로 징수한 뒤 수량의 많고 적음을 비교하여 등급을 매겼으며, 남포藍浦의 무덤 아래에 전택田宅을 넓게 점유했습니다. 안면도의 금송禁松을 제멋대로 베어 운반하면서 정부丁夫를 사사로이 부렸고, 부자의 기름진 땅을 막비幕神를 꾀어 억지로 헐값으로 매입했습니다. 선화당宣化堂에서 가격을 논한다는 이야기를 입 있는 사람이면 시끄럽게 전하여 도내 사람들이 수군거려 마치 난리를 만난 것 같았습니다. 이것만도 이미 몹시 해괴한 일입니다만, 그에게는 오히려 하찮은 일에 속합니다. 지난번의 상소에 있어서는 너무나도 가증스럽습니다. 황당한 말을 지어내어 임금에게 장담했으니, 이런 짓도 감히 하는데, 어느 짓인들 못하겠습니까? 신은 대간의 가벼운 논죄로는 그의 죄악을 징계할 수 없다고 여깁니다. 만일 이들 두 사람이 불행히 세상에 등용된다면 세도世道에 끼친 해독이 어느 지경에까지 이를지 알 수 없을 것입니다. 삼가 바라건대, 모두 변방에 귀양 보내는 법을 시행하소서.

정조 4년(1780) 7월 19일(을미), 좌의정 서명선은 홍충도 안핵어사 김이희의 서계를 보고 심사하여 복주覆奏(보내온 공문을 검토하여 임금에게 아룀)

했다.

보방保放 죄인 이병정은 한 도를 안찰하는 신하로서 탐오貪汚하고 불법적인 짓을 한 죄와 방자하고 무엄한 죄상이 암행어사가 안핵했을 때 낱낱이 탄로났습니다. 이것으로 보면 이병정이 애당초 엄하게 신문할 때에 애매모호하게 말한 것은 더욱 너무나 통탄스럽습니다. 이미 자세한 조사를 거친 뒤이니 나라의 체모로써 헤아려 볼 때 재삼 따져 물을 단서는 별로 없습니다. 해부該府로 하여금 본율本律대로 처단하게 하는 것이 어떻겠습니까?

서명선의 복주에 대하여 정조는 다음과 같이 하교했다.

저지른 죄들은 크건 작건 막론하고 모두 용서할 수 없는 불법적인 짓이다. 만일 이병정에게 조정이 있다는 것을 알게 했다면 어찌 차마 이런 짓을 했겠는가. 탐오를 징계하는 이때에 수령들의 장오贓汚도 오히려 용서하기 어려운데, 하물며 감사의 죄악이 이렇게까지 드러났음에야 더 말할 것이 있겠는가. 청한 바가 이미 이와 같으니 미뤄서는 안 된다. 그대로 하라. 그 밖에 복주한 조목들도 모두 그대로 하라.

이병정은 이때 탄핵을 받았지만 뒤에 복권되어 홍문관제학, 이조판서 등을 역임했다.

윤 여인의 죽음에 관한 노래
: 배천 농요

하교하셨다.

"내가 신축년(1781, 정조 5) 봄에 심리할 때 이 옥사[배천군白川郡의 조재항趙載恒이 아내 윤 여인尹女人을 살해했다는 옥안獄案]에 대한 녹계錄啓를 보고 매우 의심스러운 단서를 찾아내었다. 그 자리에서 판결하여 전의 옥안을 한번 뒤집을 줄 몰랐던 것은 아니었으나 옥사의 체모가 지극히 중하여 지레 억측으로 판단하기가 어려웠으므로, 말을 잘 만들어 판하하여 다시 조사하게 해서 3년 동안 네 차례의 조사를 시행했다. 이제 경사京司가 죄를 심의한 의견은 갈수록 명확해졌고 도백道伯이 조사하여 아뢴 내용도 다시 진일보하여, 이가원의 간사한 정상이 남김없이 탄로 났고 조재항의 원통한 정상은 거의 풀어지게 되었다. 그리하여 죄 있는 자는 누구도 도망갈 수 없고 죄 없는 자는 모두 면하게 되었으니, 천리天理가 매우 밝아 속일 수 없는 것이라 하겠다.

대체로 옥사를 판결하는 규범은 인간의 상정常情을 벗어나지 않는 것이다. 윤 여인이 죽었을 때, 이웃에 살던 여동생과 같은 마을에 살던 내숙內叔은 그동안 일언반구의 의심도 가진 적이 없었는데, 저 이가원이란 자가 갑자기 나서서 시종일관 물고 늘어졌다. 조재풍趙載豐이 머리에 수건을 두를 겨를도 없이 허둥지둥 와서 고한 것은 단지 인척 사이로서 서로 구휼해야 한다는 정의情誼에 불과한 것이었으나, 이가원은 이때 차마 남을 해칠 마음을 먹고 스스로 생각하기를 '이번 기회에 원한을 풀고 이번 기회에 남을 사주하여 무고할 수 있다.' 하여, '변고變故' 두 글자를 범죄의 진상으로 삼았다.

그리하여 아직 식지도 않은 시체를 하나의 기화奇貨로 여겨 시체를 상하로 두루 살펴보고 비슷한 상처를 억지로 찾아내려고 했으나, 잡아낼 만한 의문점도 없고 계획을 달성할 방법이 없게 되었다. 그러자 후하게 장례하라는 말을 꺼내어 돈을 요구할 꾀를 드러내었다. 그런데 돈은 나오지 않고 죽은 사람은 이미 장례를 치르게 되자, 이에 다방면으로 남의 마음을 헤아리고 오래도록 심혈을 소모하여 스스로 두세 곡의 동요를 지어서 우선 온 마을의 들밥 내가는 아낙네들에게 퍼뜨렸다. 그리고 노쇠하여 누워 있는 조환을 사주하고 다른 고을에 사는 이봉二奉을 급히 불러 사건이 있은 지 40일이 지난 뒤에야 관에 고발하여 6월 중에 검험檢驗을 실시했다. 그리하여 살이 썩어 문드러져 분간하기 어려운 즈음에 상처를 확보하려 했고 그가 이른바 증인으로 끌어댄 것은 아무것도 모르는 어린 계집종뿐이었으니, 어찌 마땅히 심문해야 할 길을 끊어버렸을 뿐이겠는가. 옥사를 성립시킬 흉모가 이미 시행되고 남의 집을 망칠 숙원도 이루어졌는데 팔뚝을 걷어붙이고 발을 싸매고서 일찍이 그칠 줄을 몰랐으니, 이러한 그의 마음은 원통하게 죽은 5촌뻘 되는 인척 조카를 위한 것인가, 아니면 천금의 후한 뇌물을 받으려던 계획이 실패했기 때문인가.

— 《일성록》 정조 7년(1783) 6월 3일(계해)

정조 5년(1781) 황해도 배천白川의 조재항은 자기 처 윤 여인을 때리고 차서 그날로 죽게 했는데, 사인은 발에 채인 것으로 되어 있다. 윤 여인의 먼 인척인 이가원이 옛날 그의 노복을 불러 관청에 고발하여 시체를 파서 검사하게 함으로써 옥사가 성립되었다. 그 일이 발생한 이후 네 번의 조사를 거쳐, 정조 7년(1783) 6월 3일(계해)에 조재항을 방면하고 계략을 꾸민 이가원을 귀양 보냈다. 《심리록審理錄》에 네 번의 조사 내용이 모두 실려 있다.

정조 7년 6월에 형조는 "이가원에게 사람을 죽였다고 무함한 법을 시행해야 하겠습니다. 조재항은 비록 상명償命(살인의 죄를 물어 처형됨)할 죄를 짓지 않았지만 벌을 주지 않을 수 없습니다. 참작하여 처리하소서."라고 했다. 정조의 판부判付는 다음과 같았다.

　조정에서 살인 옥사의 문안文案을 감히 범연히 보아 넘길 수 없는 것은, 대개 공경하여 삼가는 본의에서 나온 것이다. 그런데 관직이 왕명을 받들어 교화를 펴는 감사라는 자리에 있으면서, 다시 조사하라는 명이 있는데도 일찍이 한 번도 직접 조사하지 않고 수령에게 맡겨 허둥지둥 물어보고 전일 계본啓本에 따라 베껴 아뢰고, 심지어는 근사하지도 않은 말로 미봉하기를 마지않아서 옥사가 장기화되어 갖은 계략을 다 부리도록 만들었으니, 만약 다시 조사하라는 조치가 없었다면 이가원의 간사한 정황이 드러나지 않고 조재항의 억울한 정상을 풀 수 없게 되었을 것인 바, 형정刑政의 전도됨이 이보다 큰 것이 무엇이겠는가. 지난 일이라 하여 그대로 버려둘 수 없으니, 해당 도신道臣인 조상진趙尙鎭을 파직시키라.

이번에 이가원이 시체를 이용하여 사람을 죽였다고 남을 무고한 죄는 자연 해당되는 율문이 있을 것이지만, 조재항이 아직 사형을 받지 않았으니, 이가원의 반좌죄反坐罪(무고한 자에게 무고당한 자가 받은 죄만큼 죄를 줌)는 용서함이 마땅하다. 이가원을 다시 엄하게 형신을 가한 후 사형을 감하여 죽을 때까지 극히 먼 변방에 정배하라. 조환의 동일한 정황도 비록 매우 놀랍고 통분할 일이지만 이가원과 비교하면 곧 일개 종범從犯이니, 조환은 율문을 낮추어 도형徒刑 정배定配하라. 그리고 그 나머지 각 사람들은 동쪽으로 가라 하면 동쪽으로 가고 서쪽으로 가라 하면 서쪽으로 가는 모두들 우매한 부류이니, 아울러 본 감영에서 경중에 따라 죄를 주라. 배천군 살옥 죄인 조재항은 이미 그가 무죄임을 알았으니, 오래도록 가두어둘 필요가 없다. 이 판부를 가지고 자세히 깨우쳐준 뒤 방면하라.

조재항의 옥사는 정약용도 《흠흠신서》 상형祥刑 추의追議에서 그 판부를 수록할 정도로 대사건이었다. 정조의 판부를 좀 더 자세히 언급하면 다음과 같다.

윤씨가 죽었을 때에 이웃에 사는 여동생과 같은 마을에 사는 아저씨가 일언반구도 의심하는 말을 하지 않았다. 그런데 저 이가원이 갑자기 나서서 시종 떠들어대었다. 조재풍이 미처 관이나 건을 쓰지 못하고 허둥지둥 와서 고한 것은 다만 인척의 사이에 서로 정리하는 의의에 불과한 것이다. 그런데 이가원은 이때에 다른 나쁜 생각이 싹터 바로 이때 감정을 풀 수 있고 자기의 악한 점을 전가할 수 있다고 여기고서 변고란 말로 조목을 잡고 싸늘하지 않은 시체를 기화奇貨처럼 보았다. 그리하여 온몸의 위아래를 두루 살피고 방불한 흔적을 억지로 찾아보았으나, 트집 잡을 만한 의심쩍은 것이 없어 꾀를 부릴 수 없자, 후히 장사지냈다는 말을 하여 돈을 요구하는 꾀를 드러내어 부렸다. 그러나 돈은 나오지 않고 사람은 이미 묻어버리자, 그제야 갖가지로 모색하고 오랫동안 연구하다가 스스로 몇 곡의 농요를 지어 먼저 일촌의 부녀자들에게 퍼뜨렸다.

그러고는 느른한 병으로 누워 있는 조환을 사주해서 일으키고 건너 마을에 사는 이봉二奉을 급히 불러서 40일이 지난 뒤에야 비로소 관청에 고발하고 6월 사이에 시체를 검사하게 함으로써 시체가 문드러져 불분명한 속에서 상처를 찾아내려고 했다. 그리고 이른바 입증시킨 사람도 아무것도 모르는 아이종을 끌어대어 물어볼 길이 없게 했다. 옥사를 성립시킨 흉악한 꾀가 시행되자 그 집을 망치려는 숙원도 이루어졌으므로 팔을 걷어붙이고 발을 싸매고서 앉아 있을 줄을 몰랐으니, 그의 마음이 5촌 인척의 조카가 억울하게 죽은 것을 위해서 그러한 것인가? 천 냥의 후한 뇌물을 받으려다가 실패해서 그런 것인가? 그러다가 조정에서 숨겨진 내막을 통찰하고 특별히 따져 문초하자, 그의 마음이 더욱 교활해지고 그의 계교가 더욱 급해져서 처음 조사할 때 없었던 허다한 인물들을 꾸며내어 입증시켰다. 노복의 무리 외에도 양가집 배 조리[裵召史]를 모집했고 여인들 외에 남자 나막동羅莫同을 끌어넣었다. 멀리는 점렬點烈로 하여금 바깥에서 응원하게 하고 가까이는 막덕莫德으로 하여금 안에서 응하게 하는 등 귀신이나 물여우처럼 사람의 이목을 현혹시켰다. 그런데 가르치고 지시할 때에 피차의 말이 서로 어긋난 자취를 엄폐하기 어려웠다. 부엌에서 발로 찼다고 말하라고 애써서 부탁했으나 조재항과 조재풍이 따로 사는 것은 미처 깨닫지 못했고 우물가에서 이야기를 주고받았다고 했으나 누구와 같이 물을 길었다는 것을 말하지 못했다. 필경에는 모든 공초가 서로 어긋나고 소문의 출처는 그의 아내에게로 돌아가고 피 묻은 옷은 있지도 않은 등 종종 군색한 작태가 훤히 드러나 엄폐할 수 없었다.

정조는 특히 이가원이 농요를 만들어 퍼뜨려 조재항을 살인범으로 몰아간 것에 대해 분개했다.

가장 밉살스러운 것은 농요를 만든 일이다. 아마도 그자는 처음 계교를 꾸밀 때 사람들을 현혹시킬 방안을 생각하고 속어로 가사를 지어 암암리에 마을 여자에게 가르쳤을 것이다. 한 사람이 부르면 열 사람이 화답하여 밭에서 부르거나 길에서 부르게 함으로써, 감영과 고을에서 염탐하는 사람과 길 가는 손으로 하여금 듣고 측은하게 여겨 실지로 있는 일처럼 여기게 했다. 조재항이 처를 죽인 단안으로 삼은 것은 이 한 가지뿐이다. 그러나 시골의 노래는 원래 자연히 흘러나온 것이다. 〈산화야곡山花野曲〉은 흥興(다른 사물을 말하여 읊을 가사를 일으키는 수법) 같기도 하고 비比(다른 사물을 비유하여 말하는 수법) 같기도 하여 가끔 알 것 같으면서도 이해하기 어려운 점이 있다. 어찌 이 옥사의 노래처럼 되풀이해서 말하여 사람이 알아듣지 못할까 염려했는가? 만일 귀가 제대로 갖추어진 사람이 듣는다면 즉시 가짜라고 판단할 수 있을 것이니, 잘하려고 하다가 도리어 잡쳐 놓은 것을 충분히 볼 수 있다.

정조는 조재항 옥사와 관련하여 유포된 농요가 〈산화야곡〉과 달리 홍이나 비의 수법을 사용하지 않고 직접 사건을 지적하여 반복해서 말하고 있어, 가짜라고 단정했다. 〈산화야곡〉은 조선 후기에 널리 유포된 〈산유화가〉 곧 〈메나리곡〉을 말하는 듯하다.

정조는 관찰사 조상진이 직접 조사해보지 않고 수령에게 맡기어 대충대충 문초한 다음 전처럼 베껴서 보고한 죄를 물어 파직하게 하고, 이가원은 다시 엄중하게 형벌을 준 다음에 사형을 감하여 그가 죽을 때까지 먼 변방에서 귀양살이하라고 명했다.

청량교에 시위 나니 니집두 떠내려간다
: 청량교요

경성에 이런 동요가 있었다.

청량교의 시위 나니 니집두 써나간다
청량교清凉橋에 시위時偉 나니 이집두李集斗 떠내려간다

우리말에 큰비가 와서 큰물의 파도머리를 내는 것을 '시위'라고 하는데, 조시위趙時偉의 이름과 소리가 서로 비슷하다. 이집두李集斗는 즉 작고한 재상 이경억李慶億의 후손인데, 소론으로서 청량清凉의 조시위에게 붙었다. 조시위의 권세가 기울어지자 이집두는 마침내 도성 서쪽으로 이사해서 그와 인근에 거처하지를 않았다. '니집두'란 그 성명과 비슷한 음이다. 근일 조씨 집안이 크게 패하자, 서울 사람들은 모두 조시준趙時俊과 조시위 때문이라고 일컫는다. 조보朝報만 연달아서 계달하고, 짐짓 성씨까지 제거하지는 않는다. 대개 조시위 일문과 김상철金尚喆 일문, 박우원朴佑源·서명선徐命善 무리는 도무지 사람의 얼굴색이 없다. 조시위는 바야흐로 금갑도金甲島 유배지에 있다. 소론 가운데 이

3부 조선 후기의 참요 433

재간李在簡만 아무 병이 없다고 한다.

— 황윤석, 《이재난고》 정미(정조 11) 2월 22일(경신)

〈청량교요〉는 조시위趙時偉가 역적 김우진金宇鎭과 결탁했다가 패하자, 그에 뇌동했던 소론의 이집두李集斗가 이사 가서 관계를 끊은 것을 풍자한 것이다. 조시위(1734~1803)는 문효세자의 탄생을 경사로 여기지 않고 세자 책봉을 서두를 일이 아니라는 등의 불경스런 말을 했다고 해서 벌을 받은 인물이다.

정조에게는 오랫동안 후사가 없었다. 이런 상황에서 의빈 성씨가 정조 6년(1782)에 원자를 낳았으니, 그가 문효세자였다. 하지만 문효세자는 5살에 홍역으로 타계하고 말았다. 처음에는 서울시 용산구 청파동 효창공원에 묘소를 두었으나 1944년에 경기도 고양시 덕양구 서삼릉의 효창원으로 이장했다.

이렇게 문효세자가 요절하자, 문효세자의 탄생을 경사로 여기지 않았던 조시위의 언행은 새삼 불경의 죄목으로 탄핵을 받게 되었다.

조시위는 본관이 풍양이며, 조대수趙大壽의 손자, 밀양부사 조집명趙集命의 아들이다. 외조부는 이의강李義綱이다. 영조 45년(1769) 황감제에서 장원을 하고, 시강원 설서, 정언, 홍문관 수찬을 거쳐 세자시강원 문학 겸 사서가 되었다. 정조 6년(1782)에 좌승지와 우승지가 되었고 정조 7년(1783) 전라감사를 지냈다. 정조 8년(1784) 가선대부로 승진하여 대사헌, 동지경연사, 동지춘추관사를 지내고, 이조, 예조, 호조의 참판이 되었으며, 승문원, 사도시, 사재감의 제조를 역임했다.

정조 10년(1786), 문양해文洋海·이율李瑮 등이 날짜를 정해서 군사를 일으키려고 할 때에 구선복·구명겸과 김상철·김우진이 치밀하게 계획했다는 혐의를 받았다. 이때 조시위는 화심禍心을 품고서 스스로 국왕의 친척이라 하면서 김우진을 지휘하여 몰래 병권을 차지하려 했다는 죄상이 드러났다. 더구나 조시위는 문효세자가 태어나 국가의 근본이 이미 정해졌거늘 다른 마음을 품었고 온 나라가 함께 경축하는 데 노한 뜻을 드러내 보였던 것으로 밝혀졌다. 결국 조시위는 김우진의 역모를 조장했다고 해서, 정조 11년(1787) 제주도로 귀양 갔다.

정조는 영의정 김치인金致仁 등이 조시위의 죄를 엄중히 다스리자는 상주에 대해 다음 비답을 내렸다.

조시위의 일로 말하자면, 당소堂疏가 비록 증거가 될 수 있을 듯하나, 사실은 애당초 보태거나 뺄 것이 없다. 그자는 사나운 성질과 못된 마음으로써 천지天地를 두려워하지 않아 척리戚里가 아니면서 척리라는 호칭을 좋아하고 권세와 총애가 없으면서 권세와 총애가 있는 자라고 지목되는 것을 즐김으로써 집에 있을 때나 사람을 대할 때 마구 입을 놀렸으니, 참으로 이른바 원망은 드러나지 않는 작은 일에서 생기는 셈이라고 하겠다. 더구나 여론이 시끌벅적하게 일어나 사람들마다 모두 의심했으니, 의혹과 비방을 초래한 것이 그자가 스스로 만든 것이 아니고 무엇이겠는가. 남의 신하 된 자로서 이런 지목을 당하거나 저런 비난을 받고서도 오히려 감히 사람들 사이에 목숨을 부지할 수 있겠는가. 이 점에 나아가 그자의 단안斷案을 삼으면, 주벌誅罰을 해도 될 것이고 극형에 처해도 될 것이며 먼 곳에 귀양을 보내도 될 것이다. 다만 그 일에 대해 지금 만약 잡아들여 끝까지 캐묻게 되면, 그자는 반드시 그런 일이 없다고 말할 것이고 대질할 만한 사람도 없으니, 단지 족히 핑계 대고 발뺌하는 꼬투리만 될 뿐이다. 이것이 내가 결단하지 못하고 머뭇거리는 까닭이다.

정조는 조시위의 일이 확증이 없다고 여긴 듯하다. 하지만 노론은 그를 극악한 죄인으로 탄핵했다.

이집두(1744~1820)는 본관이 경주慶州로, 좌의정 이경억의 5대손이자, 감역 이진원李進源의 아들이다. 영조 50년(1774)에 진사가 되고, 이듬해 별시 문과에 병과로 급제하여 한림에 들어갔다. 이조좌랑·장령·이조참의·대사성·승지를 거쳤다. 정조 14년(1790)에 강릉 현감으로 부임하여, 해폐海弊·군폐軍弊·세폐稅弊·삼폐蔘弊 등 네 가지 읍폐邑弊를 상소하여 그 시정을 건의했다. 향교 석전제의 제수를 줄이자, 강릉 유생들이 강원도 감사에게 장계를 올리려 했는데, 이집두는 그 내용이 불순하다 하여 이를 올려 보내지 않았다. 이 때문에 이듬해 파직되었다. 하지만 곧 대사간·대사헌을 지내고 안동부사를 거쳤다. 정조 22년(1798)에는 함경도관찰사로서 변방을 잘 다스렸으며 1800년 주청사의 부사로서 청나라에 다녀왔다. 순조가 즉위하자 한성판윤, 공조·예조판서가 되고, 1810년 동지사로 다시 청나라에 다녀왔다. 70세가 넘어 판돈녕부사로 관직에서 물러나 기로소에 들었다.

이유원의 《임하필기》 〈순일편旬一編〉에 '죽석竹石과 파서琶西가 문벌을 다툰 일'이란 글이 있다. 곧, 달성 서씨 집안의 죽석 서영보徐榮輔는 삼대에 걸쳐 문형을 지냈고, 파서 이집두의 집안은 삼대에 걸쳐 감역을 지냈는데, 두 사람이 그것을 가지고 서로 문벌을 다투었다고 한다. 문형은 실제 집무를 행하는 자리이고, 감역은 벼슬하지 않은 사람에게 주는 자리이다. 그런데 세상 사람들은 오히려 이집두의 집안이 훨씬 고상하다고 평가했다고 한다.

이렇게 이집두는 소론 내에서 가문의 청망淸望을 자부했다. 하지만 삼대나 감역에 그쳤기에 벌열로 성장하는 데 한계가 있었다. 그 때문에 그는 일시적으로 조시위와 교제했을 듯하다. 하지만 노론은 그가 조시위와 붙어 권세를 부렸다고 비난하고, 조시위가 실각하자 인연을 끊었다고 비방했다. 〈청량교요〉는 노론의 정치적 담론을 배경으로 형성된 동요였을 듯하다.

잇꽃에 열매 없으니 홍화를 어찌 하나
: 홍화요

이기익李基益이 이런 말을 했다.
남평南平 임씨任氏의 족보를 편찬하는 일을 할 때, 어떤 상사上舍가 남쪽에서 돌아와 말을 전하길, 작년의 홍수 이후로 홍남화紅藍花가 하나도 열매를 맺지 않아서 이런 동요가 있었다고 했다.

잇꽃에 열매 없으니 홍화를 어찌 하나   利時無子 紅花奈何 이시무자 홍화내하

'이시利時'란 것은 홍남紅藍의 우리말이다. 음과 뜻에 귀착하는 바가 있기에 많은 사람들이 우려했다고 한다.

— 황윤석,《이재난고》무신(정조 12) 8월 16일(을사)

〈홍화요〉에서, 홍남의 우리말인 '이시'는 곧 '이씨'를 가리킨다. 이씨에게 열매가 없다는 것은 이씨에게 자식이 없다는 말이니, 왕실에 원자가 탄생하지 못하리란 것을 암시한 동요이다. 홍남은 곧 홍남화이다. 7월에 홍남화를 따서 옷에 물들이면 빛이 선명하고 오래 지나도 얼룩지지 않는다고 한다. 우리말로는 잇꽃이라고 한다.

근세 이전에는 실 종류를 염색할 때, 처음에 주토朱土를 사용한 것은 토홍土紅이라 하고 소목蘇木을 사용한 것은 목홍木紅이라 하며 홍남紅藍을 사용한 것은 진홍眞紅이라 했다. 그런데 목홍은 무명베에 적합하지 않고 빛깔이 선명하지 못하므로, 조선 중기 이후로는 모두 홍남으로 염색했다. 토홍은 주토 물로 그 찌끼를 없앤 뒤에 아교에 섞어서 염색하는 방식을 썼다. 조선 전기부터 토홍을 최상의 빛깔로 여겼으므로 '도홍직령土紅直領'이란 말이 있었다. '토土'의 음을 '도桃'라 한 것이다. 조선 중기부터 귀한 사람이나 천한 사람이나 모두 홍남을 사용하기 시작하여 토홍은 사라졌다고 한다.

임진왜란 이후 조사朝士들이 갓과 도포를 갖출 수 없어서 윗사람이나 아랫사람이나 다 군복바지와 겹바지를 입다가, 선조 33년(1600)에 비로소 조복을 갖추어 입을 수 있게 되었다. 이때 통정대부 이상은 얕은 홍색 비단을 입고 당하관은 짙은 홍색 무명베를 입었다. 조선 후기에는 국왕이 검붉은 색 곤룡포를 입는데, 위로 공경대부에서 밑으로 액례·서도까지 모두 홍남으로 염색한 홍색·적색을 입었다. 이익의 《성호사설》에 따르면, 옷 한 벌을 염색하려면 네 식구가 한 달 먹을 곡식이 나는 땅의 넓이에 홍남을 심어야 했다. 그만큼 홍남으로 염색한 홍색과 적색의 옷을 입으면 물자를 상당히 허비한 것이 된다. 그래서인지, 《송와잡기》에 따르면 '홍화'란 곧 '이시利市'이며, '이시'란 것은 그 값이 중하다는 뜻이라고 했다.

그런데 〈홍화요〉는 이씨 왕가에 후사가 없으리라는 불길한 예언을 중의적으로 표현했다.

홍남紅藍 = 이시利時 - 잇(꽃) ⇒ 이씨李氏
홍남무자紅藍無子 = 이시무자利時無子 ⇒ 잇(꽃) 무자 ⇒ 이씨 무자無子

정조 10년(1786)에 문효세자가 타계한 것은 조선 왕실의 사변이었다. 앞서 말했듯이 정조에게는 오랫동안 후사가 없었다. 중전 효의왕후는 아이를 가지지 못했고, 후궁 원빈 홍씨는 궁에 들어온 지 얼마 되지 않아 세상을 떠났다. 화빈 윤씨는 옹주를 낳았고 그 옹주도 일찍 죽었다. 그러다가 의빈 성씨가 정조 6년(1782)에 문효세자를 낳았으나, 세자로 책봉된 지 얼마 되지 않아 다섯 살 나이로 요절한 것이다.

이러한 시점에 남쪽 지방에서 〈홍화요〉가 유행했다. 그 내용이 불경스러웠으므로 황윤석은 자신의 문집 《이재난고》에 〈홍화요〉 내용을 그대로 전재할 수가 없었다. 그리고 그 동요를 이기익에게서 들었고, 이기익은 남평 임씨의 족보를 편찬하는 일에 간여한 한 상사생에게서 들었다고 했다. 동요의 진원을 숨기려고 하는 뜻이 역력하다.

오오 동래 울산의 한 살배기 까마귀야

: 오오鳥鳥요

무술년(정조 2) 봄 뒤에 내가 서반西泮에 복직해 있던 중에, 지나가는 나그네와 노복들이 〈홍도화紅桃花요〉를 전하는 것을 들었으나 마지막 구의 '도령주지 복혜都領主之福兮'는 끝내 아무 징험이 없었으므로 사람들이 모두 기이하게 여겼다. 근년에 또 들으니, 서울에서 전주로 흘러 전해 온 동요가 있다고 하는데, 역시 상세한 뜻을 알 수가 없다. 그 가운데 이러한 말이 있다.

오오 동래 울산의 한 살배기 까마귀야
무엇이 그대의 나라이냐, 조선국이지
왜놈 서신 오고, 되놈 서신 오고, 강계 갑산의 되놈 서신 오누나
금 기둥 은 기둥 놋쇠촛대 기둥, 창을 통해 안을 보니 베개가 각각 흩어졌네
닭이 이미 울더니 충청도 새벽이 밝아 온다
할망씨는 모시실 잣고 새악시는 철릭을 만드누나
천동 값 우리 오빠, 만금 값 우리 오빠
보내련다 보내련다 장가를 보내련다

전실 장가 못 보내면 후실 장가 보내련다

송화 낙릉에 백라로다

鳥鳥東萊蔚山一年鳥〔稚鳥新成者〕오오동래울산일년오〔치오신성자〕

何爲子爾國 乃朝鮮國 하위자이국 내조선국

倭書來 胡書來 江界甲山胡書來 왜서래 호서래 강계갑산호서래

金柱〔柱方言州〕銀柱鍮燭柱 囟子內視 枕各散地 금주〔주방언주〕은주유촉주 창자내시 침각산지

鷄旣鳴 忠淸道曙明來 계기명 충청도서명래

祖母氏績紵 花閣氏製帖裏〔戎服 今名天翼〕조모씨적저 화각씨제첩리〔융복 금명천익〕

千同直我男兄 萬金直我男兄 천동직아남형 만금직아남형

欲送欲送 丈家欲送〔丈家 俗指妻家 丈家逆左娶婦也〕욕송욕송 장가욕송〔장가 속지처가 장가역좌취부야〕

前室丈家 若不送 後室丈家 將送之 전실장가 약불송 후실장가 장송지

松花洛綾白羅 송화락릉백라

지금 이 동요 하나는 장차 어떻게 들어맞게 될지 알 수가 없는데, 그 말의 내용이 너무도 기괴하므로 기록해둔다.

— 황윤석, 《이재난고》 권43 기유(정조 13) 윤5월 24일(기유)

황윤석이 한문으로 기록한 〈오오요〉는 어떤 상황을 두고 노래한 것인지 알 수가 없다. 의미 변환을 기준으로 단락을 나누면 다음과 같다.

① 왜적과 청나라 여진족이 침략할지 모른다고 우려하는 마음을 드러냈다.
② 충청도 여인들이 새벽에 일어나 장정의 군복인 철릭을 만드는 광경을 노래했다.
③ 오빠를 군대에 보내지 않고, 전실 장가든 후실 장가든 보내고 싶어 하는 뜻을 말했다.
④ 화려한 비단의 물명을 노래하여 끝을 맺었다.

이 〈오오요〉에는 일본의 왜적과 청나라 여진족이 다시 침략하지 않을까 두려워하는 마음이 나타나 있다. 대개 종군하는 장정을 둔 백성의 슬픈 심사를 노래한 민요를 한역한 것으로 보인다. 그 민요에는 반전反戰의 뜻이 담겨 있었다.

조선 후기의 조정 신하들과 백성들은 왜적과 여진족의 재침략을 늘 걱정했다. 일본에 대해서는 교린의 외교를 행하여 통신사절을 파견하고 에도 막부의 공문서를 수령하는 한편, 청나라에 대해서는 사대의 예를 표시하여 사신들이 오갔다. 하지만 그 불안감은 좀처럼 사그러들지 않았다.

그런데 당시 후금(청나라)이 비록 병자호란 때 조선을 굴복시키기는 했지만 조선의 사대부들은 청나라가 곧 쇠망하리라고 생각했다. 그리고 청나라가 쇠망하면 여진족은 그들의 근원지였던 영고탑寧古塔으로 돌아갈텐데, 이때 몽골족이 자신들의 원수를 갚아 치욕을 씻으려고 하여 요동을 가로질러 퇴각하지 못하고, 압록강을 건너 조선 땅으로 들어와 노략질을 하게 될 것이라고 생각했다. 처음에는 영변 지역까지도 그들의 피해를 입으리라 여겼으나, 점차 압록강변의 여러 마을과 성을 거쳐 개마고원을 경유하여 백두산 부근으로 월경할 것이라고 예상하게 되었다. 이러한 인식 때문에 조선 조정은 만주 지역에 대한 지리 정보를 확보하고 압록강변의 여러 성들을 수축하기 위해 방안을 마련했다.

백성들도 여진족이 다시 침략하지 않을까 두려워했다. 그 불안 심리가 백성들에게 영향을 미쳐, 백성들은 충청도에 이르는 지역의 장정들이 모두 종군하게 되리라고 걱정했던 듯하다.

내일이면

: 내일來日요

근세에 한 가지 동요가 있어, 일마다 말끝마다 반드시 '내일來日' 두 글자를 일컬었다. 사람들은 그 뜻을 헤아릴 수가 없는데, 또 모두 말하길 경술년(1790)에 반드시 일이 있을 것이라고 했다. 나주羅州 사람이 말하길, 고을 사람 정도순鄭道淳이 홀로 말하기에, 시험 삼아 세속의 해서 글자체와 예서 글자체로 풀어보니 내來는 육십팔六十八이므로, 필시 경술년 6월 18일에 큰일이 들어맞을 것이라고 했다. 금년 6월 18일에 과연 원자가 탄생하는 경사가 있었다.

또 듣자니 근세에 이런 동요가 있었다고 한다.

삼십구 년에 비로소 좋은 일이 있을 것이다 　　三十九年 始有好事

금년 성상의 춘추가 서른아홉이신데, 과연 원자 아기씨가 탄생했다.

— 황윤석, 《이재난고》 권46 경술(정조 14) 8월 6일(갑인)

정조 14년(1790)에 이르러 원자 이공李玜이 태어났다. 그가 곧 조선 제23대 왕 순조(재위 1800~1834)이다. 정조의 둘째 아들로, 어머니는 박준원의 딸 수빈綏嬪이다.

〈내일요〉는 내來의 글자를 六十八로 파자하여, 6월 18일의 날짜에 배정한 것이다. '삼십구년 시유호사三十九年始有好事'는 39년을 정조의 보령에 배당한 것이다.

즉 이 두 동요는 정조가 39세 되는 경술년(정조 14, 1790) 6월 18일에 원자가 탄생하리라는 것을 예견한 것으로 간주되었다.

원자는 정조 24년(1800) 정월에 세자에 책봉되었으며, 그해 6월에 정조가 서거하자 11세의 나이로 왕위에 올랐다. 1804년까지는 나이가 어려 영조의 계비인 대왕대비 정순왕후가 수렴청정을 했다. 정순왕후는 동생 김귀주를 비롯한 노론 벽파와 뜻을 같이하고 있었다. 따라서 수렴청정 기간 동안 정조 때 집권세력이었던 시파가 숙청되는 등, 정국은 새로운 국면으로 접어들었다.

수원은 원수
: 수원요

수원은 원수[엠병할]	水原冤讐 수원원수
화성은 성화[불난 듯 야단]	華城成火 화성성화
조심태는 태심[너무 심하다]	趙心泰太甚 조심태태심

— 《계압만록鷄鴨漫錄》 곤坤 ; 유해춘, 〈조선시대 정치민요의 유희와 그 미학〉

《계압만록》은 조선 말에 누군가가 2권 2책으로 엮은 한문 야담집이다. 고종 21년(1884)에 착수해서 고종 29년(1892)에 완성한 듯하다. 서울대학교 도서관 가람문고에 있다. 그 가운데 〈수원요〉 이야기가 들어 있다.

정조 시대에 화성을 쌓는데, 그 감독관인 조심태가 지나치게 혹독하게 감독을 하여 인부들이 그 고통을 견디지 못해 〈수원요〉를 불렀다고 한다. 말놀이 형식을 이용해서 속내를 드러낸 점이 두드러진다.

수원水原 = 원수寃讐

화성華城 = 성화成火

조심태趙心泰 = 태심太甚

원수寃讐는 '엠병할' 정도의 욕설을 한자로 옮긴 듯하다. 성화成火는 '성화가 났다'는 말을 한자로 옮긴 것이다. 태심太甚은 '너무 심하다'라는 말이다.

조심태趙心泰(1740~1799)는 무신으로, 본관은 평양이다. 통제사 조경趙儆의 아들로, 음보로 선전관이 되고, 영조 44년(1768) 무과에 급제한 뒤 여러 요직을 거쳐 충청도병마절도사·삼도수군통제사·좌포도대장·총융사를 지냈다. 정조 13년(1789) 수원부사로 있으면서 현륭원顯隆園을 수원에 이전하는 데 공을 세우고, 민호를 늘리고 병력을 강화했으며, 도호부를 수원에 설치하게 하였다. 어영대장 겸 의금부지사·형조판서 등을 지냈다. 이어 장용대장壯勇大將에 올랐다. 지리·군제·율령·농정에 정통하고 글씨를 잘 썼다. 좌찬성이 추증되고, 시호는 무의武毅이다.

정조는 수원성의 축조 때 조심태를 극히 신임했다. 검교직각 서영보徐榮輔가 계축년(정조 17, 1793)에 기록한 정조의 어록에 이러한 말이 있다.

상이 이르기를, "천하의 일은 적임자를 얻어 맡기면 반은 이루어진 것이다. 인재는 다른 시대에서 빌려 오지 않아도 되는 것이어서 화성華城의 축성을 이미 조심태에게 맡겼으니 내가 어찌 친히 방략方略을 일러줄 필요가 있겠는가. 나는 성곽 제도에 대해 평소 우연히 헤아려본 적이 있어서 지난 시대의 축성 가운데 어떤 것이 잘되었고 어떤 것이 잘못되었는지에 대해 모두 평소 강구하여 그 대의를 알고 있다. 그래서 옛날 제도 가운데 가져다 본보기로 삼지 않을 수 없는 것과 근래의 제도 가운데 변통하지 않을 수 없는 것에 대해 그 대략을 들어 일러주었다." 하였다.

조심태가 죽자, 정조는 〈전 판서 조심태의 죽음을 애도하는 하교〉를 아래와 같이 내렸다. 이 교서는 《홍재전서》 권36에 실려 있는데, 고전번역원의 번역문을 소개하면 다음과 같다.

이 장신將臣은 깊이 인정을 받았기 때문에 중요한 직책을 전적으로 위임받아 관서關西 방어사로부터 북쪽 변방과 남쪽 지방의 병무兵務를 맡아 계속 승진하다가 몇 년 사이에 마침내 장수가 되었다. 돌아보건대, 저 수원성의 역사에 전후로 정성을 쏟아 공적이 크게 드러났고, 말을 달리며 병사들을 지휘하는 수고를 놓고 말하더라도 전 시대의 인물을 두루 꼽아 봄에 그와 견줄 만한 사람이 드물었으니, 우뚝하기가 간성과 같아 크게 의지하고 중하게 여겨 왔다. 삼군三軍의 명命을 맡게 하고 판서의 품계에 오르게 한 것으로도 그의 공적에 보답하고 그 공을 기리기에는 부족하였는데, 큰 나무가 조금 더 기다려주지 않고 갑자기 영락해버릴 줄 어찌 알았겠는가. 개탄과 슬픔이 극에 달해서 나도 모르게 목이 멘다.
죽은 판서 조심태의 집에 성복일成服日에 치제하고, 해조로 하여금 품계를 올려주고 증직하는 일을 충훈부의 훈신으로 올려주는 규례에 비추어 하도록 할 것이며, 시호를 내려주는 일도 즉시 거행하도록 하라. 정해진 규례 이외에 부의를 두 배로 실어보내고 관재棺材도 골라 지급하도록 하라.

이렇게 정조는 수원성의 축조에 조심태를 신임하고 그의 죽음을 애도했지만, 수원성 축조를 담당한 군졸들이나 백성들은 조심태를 증오했다. 그렇기에 〈수원성요〉를 유포하여 속내를 토로했던 것이다.

수원에 가서 태어나지 못하여 한스럽네
: 수원요

근세에 이런 동요가 있다.

수원에 가서 태어나지 못하여 한스럽네　　　　恨不往生水原한불왕생수원

작년에 현륭원을 수원으로 옮긴 이래로, 수원의 백성들만을 고용하여 역사에 이바지하게 한 이외에는, 광주廣州의 세 방면에 혜택을 준다고 하고서는 다년간의 요역徭役을 아울러 복구했으며, 별과別科를 시행하고서는 대부분 중비中批로 관작을 주었다.
근래에 또 새 수원 관아에 명하여 중책의 대신에게 저택을 짓는 것을 허락하고, 또 연산連山의 김기승金箕昇[본명은 두승斗昇] 같은 다른 도의 부자들을 이사하도록 명했으며, 장차 다시 차례로 모집하여 일만 호의 번성을 이루어 전주 관아만 못하지 않게 하려고 기필하고 있다. 또 이후로 매년 반드시 두 번씩 별과를 설치하도록 명했다. 그래서 수원 관아의 점인店人은 아주 교활하고 사나워서, 행인에게서 연가烟價(여관이나 주막의 밥값)를 임의로 강제 징수하여 공궤供餽(음식을 줌)가 맞지 않으므로, 사람들이 모두 피한다.

— 황윤석,《이재난고》권46 경술(정조 14) 8월 6일(갑인)

"수원에 가서 태어나지 못하여 한스럽네"라는 〈수원요〉는 수원의 번영상을 반영하는 동요이자, 수원에 갖가지 특혜가 주어지면서 주변의 고을이 상대적으로 열악하게 된 상황을 반영하는 동요이기도 하다.

정조는 즉위한 후 효장세자를 진종眞宗으로 추존하고 사도세자 또한 장헌세자로 추존했다. 이미 즉위년(1776) 3월 10일(신사)에는 자신이 사도세자의 아들임을 천명했다.

아! 과인은 사도세자의 아들이다. 선대왕께서 종통의 중요함을 위하여 나에게 효장세자를 이어받도록 명하셨거니와, 아! 전일에 선대왕께 올린 글에서 '근본을 둘로 하지 않는 것'에 관한 나의 뜻을 크게 볼 수 있었을 것이다. 예禮는 비록 엄격하게 하지 않을 수 없는 것이나, 인정도 또한 펴지 않을 수 없는 것이니, 제향하는 절차는 마땅히 대부로서 제사하는 예법에 따라야 하고, 태묘(종묘)에서와 같이 할 수는 없다. 혜경궁께도 또한 마땅히 경외에서 공물을 바치는 의절이 있어야 하나 대비大妃와 동등하게 할 수는 없으니, 유사有司로 하여금 대신들과 의논해서 절목을 강정講定하여 아뢰도록 하라. 이미 이런 분부를 내리고 나서 괴귀怪鬼와 같은 불령한 무리들이 이를 빙자하여 추숭追崇하자는 의논을 한다면 선대왕께서 유언하신 분부가 있으니, 마땅히 형률로써 논죄하고 선왕의 영령英靈께도 고하겠다."

정조는 등극했을 때부터 사도세자를 안장했던 영우원의 형국이 좁아서 길하지 않다고 여겼다. 그래서 지사地師들을 시켜 여러 산을 두루 살펴보게 했는데, 수원 화산의 옛터가 가장 길했다. 그러자 정조 13년(1789)에 금성위 박명원은 정조의 의중을 헤아려 원소園所를 수원 화산으로 옮기라고 상소했다.

정조는 대신·각신·예조의 당상과 종친부·의빈부·삼사의 2품 이상을 모두 희정당으로 불러 접견하고 승지에게 명하여 박명원의 소를 읽게 했다. 대신과 예조 당상들이 한목소리로 빨리 성명成命을 받들기를 청하자, 정조는 눈물을 삼키며 목 멘 소리로, "지금 도위의 소를 보고 또 영우원에 대해 경들이 언급하는 말을 들으니 가슴이 막히고 숨이 가빠지는 것을 스스로 금할 수 없다."라고 했다.

그해 8월, 정조는 새 원소의 칭호를 현륭원顯隆園으로 올리고, 수원의 치소를 팔달산 아래로 옮기도록 명한 뒤에, 행궁을 옛 수원의 치소에 설치했다. 그 후 정조는 수원에 화성華城을 쌓을 계획을 세웠다. 화성이란 이름은 정조가 직접 지은 것인데, 서영보가 갑인년(1794, 정조 18)에 정조의 어록을 기록한 것을 보면 다음과 같다.

가마를 타고 화성부에 가서 성을 쌓는 기반을 두루 둘러보고 감독하는 여러 신하들에게 이렇게 하교하셨다. "이 부를 화성이라 이름한 것은 화華 땅의 봉인封人이 축복을 올린 뜻을 붙인 것이다. 원소園所의 주산이 곧 화산花山인데, 화花와 화華는 통하고, 부府의 남쪽에 유천柳川이 있으니, 화산유천花山柳川은 그 또한 만화방창萬化方暢의 뜻이다."라고 했다.

　　화성이란 이름은 곧 화봉삼축華封三祝 고사에서 따온 말이다.《장자》〈천지〉편에 보면 화봉인(화 땅을 지키는 사람)이 요 임금에게, 수壽, 부富, 다남자多男子의 세 가지를 축원한 이야기가 나온다. 요 임금은 그 세 가지보다 덕을 길러나갈 것을 바랐다. 정조도 화성의 현륭원 건설을 통해 덕을 길러나갈 것을 스스로 약속한 것이다. 그렇지만 이 새로운 지역에 거주하는 사람들이 수, 부, 다남자의 삼복三福을 누리게 되길 기원했다고도 할 수 있다.

　　정조는 수원부水原府에 대해 그 체모를 중히 하기 위해 부府를 높여 행궁行宮으로 삼고 유수留守와 판관判官을 두기까지 했다. 이후 수원의 거주민들에게 각종 세제 혜택이 있었고, 수원은 지방도시로서 발전했다. 이에 백성들은 그곳에 가서 살고 싶다는 뜻에서 〈수원요〉를 부르기도 했던 것이다.

일 없소

: 무계관無係關요

근세에 또 한 가지 동요가 있어, '무계관無係關' 세 글자를, 마땅히 써서는 안 될 곳에도 이 말을 쓴다. 비록 고위 관리나 귀인이라고 하여도 역시 이 말을 많이 쓴다. 작년에 채제공이 부녀의 계관髻冠을 금할 것을 홀연히 청했으니, 곧 계관係關 두 글자는 그 전음轉音이다.

— 황윤석, 《이재난고》 권46 정조 14년(경술) 8월 6일(갑인)

갑진년(정조 8, 1784)에 정조는 백성들의 사치를 근심해서 부녀자들의 고계高髻를 금지하는 방안을 고려한 일이 있다. 고계는 머리에 다리를 많이 넣어 높은 모양을 만드는 것을 말한다. 우리말로는 다리 혹은 다리꼭지라고 한다. 한자로는 월자月子, 월내月乃, 체계髢髻, 가체加髢, 체자髢子로 쓴다.

이 해에 고계를 금지해야 한다는 상소가 올라오자, 정조는 빈연賓筵(세자가 강학하는 자리)에 나아가 대신과 경재卿宰들에게 두루 물었다. 신하들은 고계의 폐단이 상소의 말과 같으므로 법을 만들어 금해야 한다고 했다. 그러나 정조는 반대했다. "그렇지 않다. 규문閨門(여성의 거처)의 일은 법령으로 금할 수 있는 것이 아니다. 경들이 참으로 이 폐단을 고칠 뜻이 있다면 가정에서부터 사치하는 것을 통렬히 제거하고 소박함에 힘써야 할 것이다. 그렇게 한다면 보고 느끼는 효과가 자연히 점차 온 세상에 젖어들어 고계는 금하려 하지 않아도 저절로 금해질 것이다. 그렇지 않고 한갓 법으로만 막으려고 하면 법이 행해질 수 있는 곳은 권세가 없는 미천한 부류뿐일 것이니, 법을 만든 본의가 어디에 있겠는가?"라고 했다.

18세기에 궁중의 여인들은 가체 위에 수식을 더한 대수大首, 다리 대신 떠구지를 사용한 거두미巨頭味, 혹은 擧頭美, 예장용의 어유미於由味를 만들기 위해 가체를 사용했다. 민간에서도 이러한 풍습이 확대되자, 영조는 재위 32년(1756) 정월에 부녀자의 체계를 금지시켰다. 이듬해(1757) 12월에도 중외의 부녀들에게 다리를 금하고 쪽으로 대신하게 하도록 명했으며, 그 이듬해(영조 34, 1758) 정월에는 체계를 금하고 궁중 모양(宮樣) 즉 족두리簇頭里로 할 것을 허락했다. 그렇지만 부인들이 족두리 착용을 불편하다고 하므로 영조 39년(1763) 11월에 체계를 해도 좋다고 허락했다.

그 후 정조 때 이르러서도 여러 신하들이 체계를 금지시키라고 청했다. 황윤석이 말하듯 채제공이 홀연 '계관'의 금지를 건의한 것은 아니었다.

정조는 앞서는 여인들의 머리 장식을 금하지 않겠다고 했으나, 재위

12년(1788)에 〈가체신금사목加髢申禁事目〉을 제정하여 체계를 금지시켰다. 이 사목은 1책 18장張으로, 한문과 한글 번역문으로 되어 있다. 황윤석은 채제공의 건의에 따라 이 〈가체신금사목〉을 제정하게 되었다고 했다. 윤행임이 정사년(정조 21, 1797)에 기록한 바에 따르면 정조는 다음과 같이 말했다고 한다.

우리 선조 때부터 이미 다리를 없애는 법이 있었으나 잠시 시행하다가 중지되고 말았는데, 무신년에 이르러 편체編髢를 머리에 얹거나 본발本髮을 머리에 얹는 제도를 거듭 금하고 족두리로 대신했으며, 얼굴을 내놓고 다니는 부류와 공사천公私賤은 본발을 머리에 얹는 것을 허락하되 높이는 4척으로 제한했다. 이로 인하여 천금千金을 낭비하는 폐단을 조금이나마 줄일 수 있게 되었다.

서용보는 《일득록》에서, 고계 금지안을 부정적으로 여긴 정조의 말을 기록해두었다. 황윤석도 고계 금지안을 부정적으로 보았다. 그래서 〈무계관요〉의 유행이 '계관을 금지하려 했던 일'과 관련이 있다는 세간의 설을 기록해둔 것이다.

남포 주자화상서원 설립을 풍자하는 가요
: 운곡리가요

본 고을의 신안면에 운곡리雲谷里가 있는데, 산의 이름은 무이武夷이고 물의 이름은 주천朱川입니다. 그래서 한 고을의 유사儒士들이 깊이 느끼는 바가 있어서 주부자(주희) 영당을 세우자고 모두 합의하여 지금 그 역사役事가 거의 끝나가려고 하기에 모두 고무되고 진작되는 바가 있었습니다. 그런데 본원에 거처할 유생들이 연명으로 단자를 올렸는데, 근일에 홀연 전파하는 가요가 있어서, 온 고을의 유생들을 하나도 빠짐없이 조롱하고 모욕했습니다. 풍문에 의하면 서면에 거주하는 품관品官 김낙구金洛龜가 만든 것이라고 했습니다. 그래서 김낙구에게 물어보니, 김낙구는 이것이 같은 면에 거주하는 품관 김응천金應天과 그 아들 김한동金漢東이 지었다고 했습니다. 이에 반드시 규명하여 무거운 법으로 다스리려고 즉시 차원差員을 파견해서 김낙구와 김한동 등을 체포해 오게 했는데, 김응천은 노병이었으므로 곤장을 때리지 않았고 두 사람은 엄하게 곤장으로 다스리고 반힐盤詰(수색함)했습니다. 김한동은 과연 이것이 자기 부자의 작이며, 찬조하여 전파한 자는 이기숙李基肅이라고 했습니다. 그래서 이기숙을 체포하여 와서 엄하게 문초하니, 역시 이 자도 김한동 부자가 가요를 만들었다는 것은 이미 김낙구의 증거가 있고 저자의 자백이 있으므로 다시 말할 필요도 없으며, 자기는 다만 듣고 전했을 따름이라고 했습니다. 김한동 부자가 요언謠言을 만들어내어 민심을 선동하고 현혹시킨 것은 그 죄를 정말로 용서하기 어렵고, 이기숙이 전파하고 관련된 것도 역시 가볍게 풀어줄 수가 없으므로, 모두 가쇄[가(枷)]를 씌우고 엄하게 가두었습니다. 삼가 《주례周禮》를 고찰하면 향팔형鄕八刑 가운데 조언造言(유언비어 날조)에 관한 형벌이 있고, 주자(주희)가 《여씨향약呂氏鄕約》을 증손增損한 것에 범의犯義의 과실이 있으니, 그 세목에서 이른바 '조언으로 무함하고 익명으로 조롱하는 것'이 그것입니다. 우리 조정에서도 역시 '요언謠言을 조작한 일'에 대한 형률이 있습니다. 이것은 곧 향당鄕黨에서 용납하지 않는 바요, 왕법(국법)을 반드시 적용해야 할 바입니다. 현감은 비록 직임에 있는 것이 얼마 오래지 않는다고 하여도, 풍속을 크게 변화시키지 못하는 책임은 면하기 어려운 바가 있습니다. 그리고 저 김응천 부자와 이기숙은 비록 수범과 종범의 구별이 없지 않으나, 창화하여 전파해서 한 고을의 제제다사들을 조롱하고 모욕한 것이 중대한 일에 관계됨을 생각하지 않고서 이 원유院儒의 연명聯名을 제소齊訴한 행동거지는 결단코 심상하게 처리할 수가 없습니다. 이에 감히 첩보牒報하여 처분을 기다립니다.

— 윤기, 《무명자집無名子集》 문고 4책 〈김응천이 만든 가요의 일로 감영에 보고하는 글以金應天做出歌謠事報監營狀〉, 한국문집총간 256, 한국고전번역원

윤기尹愭(1741~1826)는 영락한 가문의 남인 학자로, 본관은 파평이다. 성

호 이익의 문인이며, 목윤중睦允中·홍주만洪周萬·채홍리蔡弘履 등과 교유했다. 윤기는 남포 현감에 제수되어, 정조 21년(1797) 5월 초10일에 사조辭朝하고 4일 만에 임지에 이르렀다. 전직 현감인 권선權襈은 말미를 얻어 서울에 머문 지 벌써 여러 달이어서, 교대를 제대로 하지 않았다.

그런데 남포현 남쪽 신안면 운곡리는 곧 주자(주희)가 무이산 부근에 살던 지명과 같고, 고려 때 백이정白頤正이 동방에서 정주학程朱學을 열었다는 기록이 읍지邑志에 실려 있으며, 백이정의 후손이 실제로 고을에 많이 살았다. 전직 현감은 여기에 주자의 사원이 없을 수 없고, 또 백씨를 배식配食하지 않을 수 없다고 여겨, 재물과 돈을 내어 주자의 영당을 만들고자 했다. 그러자 고을의 유생들도 온 고을에서 곡식과 돈을 모았는데, 그것을 유미儒米와 유전儒錢이라고 불렀다. 유미와 유전은 모두 내기 싫어하여 억지로 징수하고 부족하면 별도의 명목으로 징수했다. 그리고 서원에 들어갈 유생을 모집하자, 군역軍役을 피하려는 자들이 모두 납속을 하고 투탁投托했으므로 군정軍丁이 크게 줄어들었다. 그런데도 겉으로는 영당을 짓는다고 하면서 실은 중간에서 재물을 다 써서 없애 버린 것이 많으며, 농번기에 공사를 시작하여 동독董督(감독관)이 횡포를 부렸다.

하지만 윤기는 영당의 영건營建 자체는 부정적으로 여기지 않았다. 부임한 이후 4월 16일의 상량식에 맞춰 상량문을 지었다. 이때 주자의 초상을 그려 오려고 상경했던 유생이 왔는데, 영당의 벽이 아직 마르지 않았으므로 영정을 50일 간 교궁校宮에 임시로 봉안했다가, 관찰사 한용화韓用和에게 알리고 이안移安했다. 그 뒤 유생들이 관가에 알리지 않고 백이정의 사당을 영당 곁에다 영건했으므로, 윤기는 관찰사에게 그 사실을 알리고 엄금하려고 했다. 그런데 관찰사는 주자 영당과 백이정 영당이 모두 관가의 허락을 받지 않은 일이라면서 자세히 조사하겠다고 알려 왔다. 8월 초7일에 관찰사가 고을에 와서 백이정의 영정을 훼철하고 주자의 영정은 교궁에 다시 봉안하라고 명했다. 고을 유생들은 이미 제문을 회덕懷德에 청했고, 사원祠院의 일은 이미 서신으로 의론한 바가 있으므로 거행할 수 없다고 했다. 그래서 윤기는 그런 뜻으로 다시 알렸으나, 관찰사는 빨리 명대로 시행하라고 하고, 거행하지 않는 유생은 처벌하겠다고 했다. 윤기는 유생들과 함께 주자의 초상을 교궁에 다시 안치하고, 유생 세 사람을 영문營門으로 압송했다. 관찰사는, 전 현감 권선이 멋대로 영당을 영건한 것과 지금 현감이 함부로 조성한 것, 애당초 여러 유생들이 사당을 건설하자고 발의한 것들을 모두 죄로 돌리는 문건을 작성해서 홍산鴻山으로 보냈다. 윤기는 말을 세내어 발행하여 사흘 만에 진위振威에 이르러 금오졸金吾卒을 만났고 그 다음 날 서울에 들어와 옥에 갇혔다. 서너 날 뒤 감시監試가 있었는데, 조흘강시관照訖講試官 30인이 함께 옥에 갇혀, 함께 소일했다. 옥에 갇힌 지 12일 만에, 금부당상禁府堂上은 백이정 사당의 훼철을 즉시 거행하지 않고 유생의 부탁을 들어준 죄로 형률에 따라 곤장 80도를 내리고 고신告身 삼등三等을 빼앗되, 국가에 공이 있다는 이유로 감일등減一等을 처분했다. 전 현감 권선은 원정原情에 대해 엄한 말로 통렬하게 배척한 말이 있었다고 하여 특명을 내려 죄를 물었다.

윤기는 이 사실을 〈지남포시사識藍浦時事〉에서 자세히 적고, 자신의 억울함을 토로했다.

그런데 남포현의 유생들이 주자 영당을 만들고 서원에 입학할 유생들의 명단을 작성할 때 품관品官으로서 나이 여든이 넘은 김응천과 그 아들 김한동과 김한종金漢宗이 유생들을 비방하는 노래를 만들었다. 윤기는 유언비어 날조의 죄목으로 김한동 부자를 체포하여, 김응천은 구류만 하고 김한동과 김한종은 곤장을 쳤다.

김한동의 아우 김한종은, 금번 원역院役 때 원생院生 25명이 각각 25냥을 내어 625냥에 해당하는 금전을 만들었으며, 유전儒錢이 근 5백 냥, 유미儒米가 근 1백 석이며, 자기 집에서 낸 것도 19두斗였으나, 중간에 사라진 것도 있고 하여 비방하는 소리가 파다했으므로 가요에서 그 점을 두고 기롱했다. 김응천은 돈이나 곡식을 조정에 바치고 당상관의 벼슬을 얻은 납속당상納粟堂上으로, 가선대부嘉善大夫의 품관인데, 자칭 향중지재상鄕中之宰相이라 하면서 평소 발칙한 행태가 많았다. 그런데 원유院儒에게 유미儒米와 유전儒錢을 분정分定하여 알리는 통문通文에서 자기 이름이 40여 명의 맨 아래에 있는 것을 보고 분노하고 또 '재상'이 어찌 유미와 유전을 낼 수 있느냐고 하여 하나도 보내지 않았다. 이에 원중院中의 유생들이 분분하게 떠들며 그를 비난했다. 그러자 그는 영당을 만들기 위해 모금한 유미와 유전이 중간에서 소융消融했다는 뜻의 가요를 지어 내어 유생들을 모욕하고 현감을 비난한 것이다.

윤기는 윤6월 초5일에 김응천 부자를 적발하고, 이러한 사실을 경상도관찰사에게 보고했다. 그리고 관찰사의 다짐을 받고 다시 첩보를 올려, 이 가요는 입에서 입으로 전하는 것을 파악한 것이어서, 당초 전편을 기록한 것이 없다고 밝혔다.

윤기는 20세 때인 영조 36년(1760)에 성호 이익을 배알하고 《소학》을 배웠다. 영조 49년(1773)에 소과 생원시에 합격했으나, 20년 간 성균관 유생으로 지냈다. 52세가 된 정조 16년(1792) 3월에야 식년문과에 병과로 급제하고 정조 20년(1796)에는 병조좌랑, 이조좌랑이 되었다. 정조 21년(1797)에 남포 현감이 되었는데, 8월에 남포현 유생들이 금령을 어기고 서원을 지은 일로 인해 파직되어 12일간 옥에 갇혔다. 정조 22년(1798) 사헌부 장령이 되고, 정조 23년(1799) 통례원 우통례가 되었다. 정조 24년(1800) 황산도黃山道 찰방이 되었으나, 순조 원년(1801) 겨울에 파직되었다. 순조 7년(1807) 7월에 좌통례, 헌납이 되었으나, 토역에 참여하지 않았다는 이유로 삭직되었다. 순조 26년(1826) 8월 18일에 작고했으니 향년 86세였다.

윤기는 지독하게 가난한 삶을 살았다. 그는 과거 공부로 젊은 나이를 허비했던 것을 두고 '오입誤入' 즉 잘못 들어간 일이라고 자조했다. 또 늦은 나이에 관직에 가까스로 나가 선산을 제대로 돌보지 못한 것도 오입이라고 했다. 1817년 11월에 부인을 잃고 여든의 홀아비로 지내면서 곤궁을 곱씹어야 했던 어느 날 그는, 자기 삶에서 오입한 일들을 하나하나 헤아렸다.

이미 필자가 《내면기행》에서 살폈듯이, 윤기는 병들어도 상하의 신명에게 기도하지 않고, 죽어도 친우들에게 만사輓詞와 뇌사誄詞를 구하지 않고, 안심입명安心立命의 뜻을 담은 〈뇌문誄文〉을 스스로 지었다. 뢰誄는 죽은 이를 애도하는 조사弔辭나 만사다.

새 옷 입고 새 밥 먹고 새 잠 잔다
: 삼신요三新謠

새 옷 입고	衣新衣 의신의
새 밥 먹고	食新食 식신식
새 잠 잔다	睡新睡 수신수

하면서 거리의 어린아이들이 무리를 지어 노래하며 서로 화답한다. 지난 역사서에 보면 형혹의 별이 화하여 어린아이가 되어서는 노래를 지어 전파한다고 했다. 장난삼아 이 시를 지어본다.

먹고 입고 자는 것은 일신에 절실한 것이기에	喫着和眠蓋切身 끽착화면개절신
중생의 마음속에 새롭기를 바라는 법	衆生心裏要思新 중생심리요사신
붉은 배자 입은 아이라고 요설일랑 그만두어라	衣緋孩子休饒舌 의비해자휴요설
예전처럼 분수 지키는 사람이 어찌 없겠느냐	依舊那無守分人 의구나무수분인

— 김조순,《풍고집楓皐集》권2 시, 한국문집총간 289, 한국고전번역원

김조순金祖淳(1765~1832)은 순조 원년(1801) 이후 민심의 향방을 알려주는 사항으로 거리의 아이들이 부르는 동요를 기록하고 자신의 감상을 시로 적었다. 그는 영의정 김창집金昌集의 4대손으로, 부사 김이중金履中의 아들이고, 순조의 장인이다. 호는 풍고楓皐이다. 정조 9년(1785)에 정시문과에 병과로 급제했다. 1788년 규장각대교로 있을 때 시파와 벽파의 싸움에 중립을 지키며 당쟁을 없앨 것을 주장했다. 1789년 동지겸사은사의 서장관으로 청나라에 다녀왔고, 이어 이조참의·검교·직각을 거쳐 1800년 보덕에 제수되었다. 1802년에 딸이 순조의 비 순원왕후로 봉해지자 영돈령부사로 영안부원군永安府院君에 봉해지고, 이후 훈련대장·호위대장·금위대장·양관 대제학 등을 지냈다. 그 뒤 제조의 직책과 영돈령부사로 있다가 죽었다.

김조순은 정조의 사랑을 받고 왕세자를 보도했으며, 국구國舅가 된 뒤로는 순조를 보필했다. 또한 당파에 쏠리지 않으려고 노력했다. 하지만 김조순을 둘러싼 척족 세력들은 후대에 안동 김씨 세도정치의 기반을 조성하고 말았다.

"새 옷 입고 새 밥 먹고 새 잠 잔다."는 백성들의 절실한 바람을 표현한 노래이다. 김조순은 이 동요가 당나라 이봉길李逢吉이 비의緋衣의 설說로 배도裵度를 모함한 것과는 비교가 되지 않으며, 자신은 배도와 같이 자신의 분수를 지킨다고 자부했다.

배도는 당나라 헌종 때 어진 재상으로서 회채淮蔡의 난을 평정한 공이 있어 진국공晉國公에 봉해졌다. 헌종이 죽고 목종이 즉위하여서는 이봉길·우승유 등의 참소로 여러 번 좌천되었고, 문종이 즉위한 뒤 사도司徒, 평장사平章事, 중서령中書令을 제수받았으나 지위가 높은 것을 두려워하여 책례冊禮를 사양했다.

그런데 "새 옷 입고 새 밥 먹고 새 잠 잔다."라는 표현법은 양반 사대부들이 "나의 것을 먹고, 나의 것을 마신다."라고 희구한 것보다 더욱 절실하다.

옛 선비들은 나를 자유롭게 하는 나의 소유물을 하나하나 세어나가면서 잠시 마음의 평온을 느끼고는 했다. 곧 사오四吾, 육오六吾, 십오十吾 등으로 손꼽은 것이다. 이를테면 조선 중기의 권필權韠은 사오四吾를 꼽았다. "나의 밭에 나오는 것을 먹고, 나의 샘에 나오는 물을 마시며, 나의 천성을 지켜, 나의 연수를 마치리라[食吾田(식오전) 飮吾泉(음오천) 守吾天(수오천) 終吾年(종오년)]."

조선 후기의 남용익南龍翼은 이것을 더 확장하여 십오十吾를 꼽았다. "나의 밭에서 나오는 것을 먹고, 나의 샘에서 나오는 물을 마시며, 나의 집 서까래를 맺고, 나의 밭두둑에 의지하며, 나의 시편을 읊고, 나의 거문고를 타며, 나의 현묘한 도를 지키고, 나의 잠을 편안히 자며, 나의 천성을 즐기고, 나의 연수를 마치리라[食吾田(식오전) 飮吾泉(음오천) 結吾椽(결오연) 依吾阡(의오천) 吟吾編(음오편) 鼓吾絃(고오현) 守吾玄(수오현) 安吾眠(안오면) 樂吾天(낙오천) 終吾年(종오년)]."

한편 영조대왕은 권필과 남용익의 것을 조정하여 육오六吾를 선언했다. "나의 밭에서 나오는 것을 먹고, 나의 샘에서 나오는 물을 마시며, 나의 책을 보고, 나의 잠을 편안히 자며, 나의 본분을 지키고, 나의 연수를 즐기련다[食吾田(식오전) 飮吾泉(음오천) 看吾書(간오서) 安吾眠(안오면) 守吾

分(수오분) 樂吾年(낙오년)]." 영조대왕은 만년에 이르러 후회할 일을 곱씹어 보고, 또 권력의 질곡에서 벗어나 자유스러운 인간으로 살고 싶어 했다. 그도 '나의 평온한 삶'을 꿈꾸었던 것이다.

이후기李厚基(1573~1650)란 인물이 충청도 면천에 작은 집을 마련하고 권필의 사오당을 흠모하여 사오四吾라는 헌호를 붙이자, 장유張維는 그를 격려하여 이렇게 말했다.

자기 밭을 갈아 먹으면 식량이 부족하지 않을 것이요 자기 샘을 파서 마시면 마실 물이 부족하지 않을 터인데, 그럼에도 많이 가지려 하고 이익을 취하려 하면서 인간관계에 있어서조차 부귀에만 눈이 어두운 채 위험스러운 상황에 처해도 그만둘 줄을 모르고 있으니, 이렇게 되는 것은 무슨 까닭이겠는가. 나의 천명을 지켜야 한다는 것을 모르고들 있기 때문이다.

옛 선비들은 누구나 '자신의 것'을 지니고 그것을 사용하면서 즐거움을 누리길 희구했다. 하지만 일반 백성들은 '자신의 것'보다는 '새로운 것'을 원했다. 어제 먹던 밥, 어제 입던 옷, 어제 자던 잠은 모두 나를 얽매고 병들게 하던 것이었기 때문일 것이다. 더구나 "새 옷 입고 새 밥 먹고 새 잠 잔다."라는 노래가 유행할 때는 순조의 새 정권이 들어섰으면서도 정국은 몹시 경색되어 있었다.

1800년에 정조가 서거한 후 대왕대비(정순왕후)를 배후로 하는 경주 김씨, 순조의 생모 수빈을 배후로 하는 반남 박씨, 순조의 장인 김조순을 중심으로 하는 안동 김씨 등 척신들이 서로 각축을 벌였다.

순조 원년인 1801년은 이른바 신유박해가 일어난 해이기도 하다. 이 무렵 천주교도는 1만 명으로 확대되어 있었다. 공서파攻西派는 천주교도를 박해하기 위해 여러 시책을 시행하고자 했으나, 정조는 적극적 탄압을 회피했을 뿐 아니라, 남인 시파時派의 실권자인 재상 채제공과 함께 천주교에 관심을 둔 진보적 지식인을 묵인했다. 그러나 채제공이 죽고 정조도 서거하자 정계의 주도세력인 벽파는 천주교도를 박해하기 시작했다. 즉, 대왕대비(정순왕후)가 수렴청정을 하게 되자, 벽파는 남인 시파의 세력을 꺾기 위하여 시파와 신서파信西派를 공격하기 시작했다. 마침내 1801년에는 대왕대비의 언교諺敎로 박해령을 선포, 전국의 천주교도를 수색하였다. 오가작통법五家作統法을 동원한 수색에서 많은 교인들이 체포되고 300여 명의 순교자가 나왔다.

1803년 12월에 대왕대비의 수렴청정이 끝난 후, 안동 김씨는 반남 박씨와 풍양 조씨의 협력을 얻어 정국을 주도하기 시작했다. 1804년 4월에는 이전에 시파 축출에 앞장섰던 강진 현감 이안묵을 탐학하다는 죄로 유배 가게 만들고, 5월에는 1801년에 김조순 가문과의 국혼을 반대했던 권유 등 벽파 인물을 제거했다. 1805년 12월에는 우의정 김달순이 벽파 의리를 재정립하려다가 사사를 당했다. 1807년에는 이경신이 김달순의 행위가 역逆이 아니라고 주장했다가 옥사가 일어났는데, 이때 벽파 세력의 중심인물인 김종수와 김종후 형제의 관직까지 추탈되었다.

결국, "새 옷 입고 새 밥 먹고 새 잠 잔다."라는 노래에 담긴 백성들의 염원은 실현되기 어려웠다.

일사황관에 귀신이 탈의하다
: 임신기병요

홍경래는 김창시金昌始를 시켜서 '임신기병壬申起兵'의 네 글자를 파자破字하여 '일사횡관一士橫冠에 귀신鬼神이 탈의脫衣하고 십필十疋에 가일척加一尺하고 소구유양족小丘有兩足이라'라고 참요를 만들어 민간에 전파했다.

— 작자 미상, 고전소설 《홍경래전》(신미록, 홍경래실기)

고전소설 《홍경래전》은 철종 12년(1861)에 '신미록'이란 제목으로 목판 간행되었다. 신미년 즉 1811년에 홍경래가 농민운동을 일으킨 것을 1권 1책의 분량으로 서술한 것이다. 그 속에 홍경래가 김창시에게 짓게 했다는 참요가 들어 있다. 이 참요는 실은 《정감록》에서 빌려 온 것이다.

《정감록》에서는 '임신기병'의 네 글자를 다음과 같이 파자로 만들었다.

壬 사자횡관士者橫冠 : 선비가 갓을 비뚤게 쓰고
申 신인탈의神人脫衣 : 신인神人이 옷을 벗으며
起 주변횡기走邊橫己 : 달릴 주走 변에 몸기를 가로놓고
兵 성휘가팔聖諱加八 : 성인聖人의 이름에 팔八을 덧붙인다

선비 士가 갓을 비뚤게 썼다면 '壬'이 된다. 귀신 신神 자에서 옷 의衣 변을 떼어내면 '申'이 남는다. 사실 '神' 자는 보일 '示' 변이지 '衣' 변이 아니다. 그러나 필사 때 두 글자를 통용하기도 한다. '走' 변에 '己'를 가로놓으면 일어날 기起가 된다. 성인의 이름에 八을 덧붙인다고 했는데, 성인은 공자로 그 이름이 丘(구)이다. 여기에 '八'을 붙이면 '兵'이 된다. 이것을 모으면 '임신기병壬申起兵'이 되는 것이다.

그런데《홍경래전》에서는 다음과 같은 파자로 만들었다.

壬 일사횡관一士橫冠 : 한 선비가 갓을 비뚤게 쓰고
申 귀신탈의鬼神脫衣 : 귀신이 옷을 벗으며
起 십팔가일척十八加一尺 : 십팔에 한 척을 더하고
兵 소구유양족小丘有兩足 : 작은 구에 두 다리가 있다

〈임신기병요〉가 홍경래 난에 이용된 것은 당시에 이미 널리 알려진 사실이었다. 그렇기에 정약용은《목민심서》병전 6조 제5장 '응변應變'에서 다음과 같이 말했다.

흉악하고 반역하는 무리들이 뜻을 잃고 나라를 원망하여 일을 꾸며서

난리를 일으키려고 하는 경우에는 반드시 먼저 유언비어를 퍼뜨려 백성들의 뜻을 어지럽힐 것이다. 옹정 무신년(영조 4, 1728)에 역적 이인좌가 음모하여 반란을 일으킬 때, 그보다 앞서 병오(1726)·정미(1727) 연간에 "영조가 경종을 살해했다."라는 유언비어가 크게 일어났다. 또 가경 임신년(순조 12, 1812)에 토적 홍경래가 음모하여 반란을 일으킬 때, 그보다 앞서 경오(1810)·신미(1811) 연간에 '임신기병壬申起兵'의 네 글자를 파자한 동요가 크게 일어났다. 이들은 모두 이미 겪어본 분명한 증거이다. 이런 경우 수령이 귀가 먹은 듯 듣지 않고 괘념하지 않는다면, 이인좌의 난 때 충청병사 이봉상이 청주에서 죽임을 당하고, 홍경래 난 때 가산 군수 정시가 죽임을 당하는 꼴을 면하기 어려울 것이다.

홍경래 난이라 불리는 1812년의 평안도 농민봉기에서 홍경래 측은 한문과 한글의 두 가지 격문을 발포했다. 현재 한문 격문만 사료에 따라 조금씩 글자가 다르게 전한다. 《홍경래동란기洪景來動亂記》에 실려 있는 홍경래 측의 격문을 보면 다음과 같다. 이 격문은 곽산郭山의 진사 김창시가 지었다고도 한다.

평서대원수가 급하게 격문을 발한다. 우리 관서의 부로, 자제, 공사의 천민은 모두 이 격문을 들어라.
대개 관서는 성인 기자의 옛 구역이자, 단군의 옛 거처이다. 의관(예법)은 높고 문물은 찬란히 빛난다. 임진년의 왜란에 이미 조선을 재조再造하는 공이 있었고, 또 정묘년(1627) 후금의 변에는 양무공襄武公 정봉수鄭鳳壽와 같은 충의를 다할 수 있었다. 둔암遯菴 선우협鮮于浹의 학문과 월포

月浦 홍경우洪儆禹의 재능도 또한 서토西土가 낳은 것이다. 그렇거늘 조정이 서토를 내버리듯 하고 있는 것은 썩은 흙과 다름이 없다. 심지어는 중앙 권력가의 노비까지도 서토 사람을 보면 반드시 평한(평안도 놈)이라고 말한다. 그러니 서토 사람이 어찌 억울하고 화가 나지 않겠는가? 만일 무슨 일이 있으면 반드시 서토의 힘에 의지하고, 과거 시험 때에는 반드시 서토 사람의 문장을 사용한다. 4백년 이래 서인이 조정에 무엇을 실망시킨 것이 있는가?

현재 어린 왕이 재위하시어, 권간權奸은 나날이 심하다. 김조순이나 박종경의 무리가 국권을 몰래 농락하고 있다. 어진 하늘도 재앙을 내려서, 겨울에 우레, 땅의 흔들림, 혜성이나 바람과 우박은 거의 없는 해가 없다. 이로 말미암아 아무것도 나지 않는 흉년이 자주 일어나고 굶어죽은 자가 길에 널렸고 노약자는 구렁에 묻히고 생민이 다 없어지는 사태가 즉금이라도 있게 될 것이다.

다행히 세상을 구제할 성인이 청북(청천강 이북)의 선천 검산 일월봉 기슭의 군왕포에 있는 가야동 홍의도에서 탄생하셨다. 나면서부터 신령했고, 다섯 살에는 신승神僧을 따라 중국에 들어갔으며, 장성해서는 강계 사군의 땅 여연閭延에 은거하여, 다섯 해 되어서 황명皇明의 오랜 신하들과 남은 자손들을 통솔하여 철기 10만으로 마침내 동국을 맑힐 뜻을 지니게 되었다. 그런데 관서 땅은 풍패豊沛의 고향[한 고조의 고향을 비유로 들어 홍경래의 고향을 높여서 한 말인 듯함]이어서 차마 짓밟을 수가 없다. 그래서 우선 관서의 호걸들로 하여금 군사를 일으켜 백성을 구원케 하니, 기의군의 깃발이 가는 곳마다 소생하지 않는 곳이 없도다. 이 격문을 가지고 우선 여러 고을과 군수에게 논하노니, 절대로 요동하지 말고 성문을 크게 열고서 우리 군사를 맞이하라. 만일 고물고물하여 완고하게 거부한다면 철기 5천으로 남김없이 짓밟아 버리겠으니, 모름지기 명령을 받아들여야 할 것이다.

이상과 같은 격문을 안주병사·우후·목사, 숙천부사·순안현령·평양감사·중군·서윤·강서현령·용강현령·삼화부사·함종부사·증산현령·영유현령에게 내리노라.

이 격문은 평안도민의 울분을 토로하는 한편, 홍경래를 '세상을 구제할 성인'으로 부각시켰다. 또한 농민군을 '황명의 오랜 신하들과 남은 자손들'이라 일컬었다.

조수삼趙秀三은 1812년 4월에 홍경래 난이 진압된 뒤 정주 현감 이신경의 밑에서 공문서 작성을 맡았다. 조수삼은 홍경래 난을 소재로 5언 186운 1860자의 장편고시 〈서구도올西寇檮杌〉을 지었다. 도올은 신수神獸 가운데 악한 존재이다. 춘추시대의 초나라는 역사를 통해 악행을 제시하여 그러한 악행을 저질러서는 안 된다는 뜻을 보이기 위해 나라의 역사서를 도올이라 했다고 한다. 조수삼은 홍경래 난의 경과를 적은 시를 〈서구도올〉이라 하여, 이 시로 정주 인민을 경계하고 아울러 현감에게 어진 정치를 하라고 권고했다. 그 시의 서문 가운데 일부를 보면 다음과 같다. 서문도 장편이다.

정원은 서변에 있어 풍속은 억세고 토지는 비옥하며 인민은 교만하고 사치하다. 그런데다가 심양과 요동에 가까워서 화폐가 유통되고 관시關市에 통하여 그 풍속이 잘 다투고 교활하여, 이익만 좇아 그릇 하나에 치켜뜨고 근수 조금에 죽이려고 대든다. 그래서 우리 조선 때 차츰 교화되고는 있지만 연개소문과 을지문덕의 기풍이 여전히 남아 있다. 근년에 여러 해 큰 흉년이 들어, 관아 민간이 다 고갈하고 부자 가난뱅이가 다 곤란하여, 지아비는 처를 팔고 노예는 주인을 약탈하며 아우가 형을 관가에 소송하고 부자가 집안에서 다투는 지경에 이르렀다. 이에 읍정을 맡은 이는 부득이 세금을 독촉하고 형벌을 강화하지 않을 수 없었다. 이러자 홍경래와 우군측禹君則은 바깥에서 오고 김이대金履大와 최이륜崔爾倫은 안에서 호응하여, 성 하나를 점거하여 수개월 버텨 나라 안 군사를 다 동원하고 백만금을 허비한 끝에야 겨우 섬멸할 수 있었다. 이것은 좋지 않은 일 가운데서도 가장 좋지 않은 일이다.

조수삼은 봉기군을 명화적[강도]으로 규정하고 있으며, 민중이 배고픔을 해소하기 위해 일시적으로 봉기군에 투탁했다고 보았다. 그리고 민란의 원인은 고을 수령들이 교화를 잘 하지 못한 데 있다고 했다.

조수삼은 정시·허항·임지환 등 난리를 평정하기 위해 충절을 다한 인물들을 부각시키고, 김익순·조문형 등 변절자를 비판했다. 또한 봉기군과 관군의 접전에서 희생된 대다수의 인민들을 동정했다. 특히 조수삼은 정주성 탈환에서 희생된 백성에 대하여 크게 동정했다.

조수삼은 홍경래 난을 민중봉기로서 긍정하지는 않았다. 하지만 민중의 처지에 동정하고 위정자가 정치를 제대로 하지 못한 것에 대해 분개했다. 당시 지식인들은 대개 이와 같은 관점을 취했을 것으로 생각된다.

철산 치오 가산 치오 정주 치오
: 홍경래란요

철산鐵山 치오
가산嘉山 치오
정주定州 치오

— 구전口傳 ; 임동권, 《한국민요집》, 동국문화사, 1961

이 노래는 순조 12년(1812) 홍경래 난이 일어났을 때 민간에서 부르던 민요라고 한다. 홍경래 난은 홍경래·우군칙禹君則 등이 중심이 되어 일으킨 민란으로, 순조 11년(1811) 12월부터 순조 12년(1812) 4월까지 5개월간 지속되었다.

홍경래는 평안도 용강龍岡 사람으로, 아버지나 조상들의 가계는 알 수 없으며 4형제 중 셋째라고 한다. 1811년(순조 11)에 일으킨 난이 실패로 돌아갔을 때 나이가 42, 3세라고 했으므로 1770년(영조 46)생으로 추정된다. 몰락 양반으로 알려져 있으나, 상민이라는 설도 있다. 홍경래는 젊었을 때 과거에 뜻을 두어 외숙 유학권에게 유교 경전을 배웠고, 1798년 28세 때 소과인 사마시에 응시했으나 떨어지자, 자신이 낙방한 것은 평안도민에 대한 차별 때문으로 생각했다. 병서와 풍수지리서, 비술서를 익혔고, 《정감록》에 통달했다.

홍경래는 10년 동안 각처를 다니며 동료들을 규합했다. 그리하여 지식인이자 상인인 우군칙, 명망 있는 양반 가문 출신의 김사용金士用·김창시, 역노 출신의 부호로 무과에 급제한 이희저李禧著, 장사로서 평민 출신의 홍총각洪總角, 몰락한 향족 출신의 이제초李濟初 등을 포섭했다. 그리고 평양의 양시위楊時緯, 영변의 김운룡金雲龍 등을 군사 지도자로 삼았다. 봉기할 무렵에는 박천의 김혜철金惠哲, 안주의 나대곤羅大坤 등 상인들도 참여했고, 철산의 정경행鄭敬行, 선천의 유문제劉文濟 등 청천강 이북의 명망가들도 내응했다. 김창시는 다음 해 임신년에 거병이 있을 것이라는 요언을 퍼뜨려 민심을 교란시켰다. 용력 있는 사람들은 이 소식을 듣고 찾아와 자원했다.

홍경래는 가산嘉山의 대정강大定江 인근 다복동과 용천 바닷가 신도에 군사 기지를 세우고, 순조 11년(1811) 12월 18일에 봉기하면서 평서대원사平西大元帥의 이름으로 격문을 관서 일대에 돌려 점령지역 내 군수 등에게 저항하지 말 것을 경고했다.

이 농민봉기에는 농민들과 몰락 양반층, 심지어 역노 출신으로서 향안에 이름을 넣으려 했던 인물 등 다양한 계층이 참여했는데, 과연 봉기군 지도부가 토지분배의 문제를 염두에 두었는가 하는 것은 의문이다.

하지만 격문은 첫머리에서 '공사의 천민'에게도 참가를 호소했으므로, 그 봉기는 민중운동의 성격을 지녔음을 알 수 있다.

봉기 당시 군사 지휘자와 내응자는 60여 명이었다고 한다. 그리고 상인들이 운산 금광의 광부를 모집한다는 구실로 농민들과 임금노동자들을 끌어들였다.

홍경래는 본대를 지휘하여 안주로 진격하고, 김사용은 부원수로서 의주 방면을 공략하고, 김창시와 우군칙이 모사, 이제초는 북진군 선봉장, 홍총각은 남진군 선봉장, 이희저는 도총都摠을 맡았다. 본대는 가산·박천·태천을 별다른 저항 없이 점령하고, 북진군도 곽산·정주를 점령한 후 선천·철산을 거쳐 이듬해 1월 3일에 용천을 점령함으로써 의주를 위협했다. 점령한 읍에는 해당 지역의 토호·관속을 유진장留陣將으로 임명했고, 군졸을 징발하고 군량·군비를 조달했다.

봉기군은 청천강 이북의 여러 읍에서 기세를 올렸지만 요해처인 영변에서 내응세력이 발각되어 처형되었다. 이 때문에 안주에 병력을 집중하지 못했다. 봉기군은 12월 29일에 안주의 관군과 박천 송림에서 격돌했으나 패하고, 그날 밤 정주성으로 들어가 농성을 하기 시작했다. 이 무렵 북진군은 김견신金見信·허항許沆이 이끄는 의주 민병대의 반격을 받고, 또 송림전투에서 승리해서 사기가 오른 관군에게 곽산 사송평에서 패전하고는, 주요 인물들은 정주성으로 들어갔다. 서울에서 파견된 순무영巡撫營 군사와 지방에서 동원된 관군의 연합 부대는 땅굴을 파 들어가 성을 파괴하고 1812년 4월 19일 봉기군을 진압했다. 이때 2,983명이 체포되어 여자와 소년을 제외한 1,917명 전원이 일시에 처형되고, 생존한 지도자들은 서울로 압송되어 참수되었다.

철산鐵山 치오

가산嘉山 치오

정주定州 치오

이 민요는 봉기군이 철산을 치고 가산을 치고 정주를 쳐서 청천강 이북의 여러 성읍이 호응해서 기세가 자못 당당할 때 민간에서 부른 노래였던 듯하다. 하지만 봉기군은 다음 해 4월에 진압되고 말았다.

이경화야 네 날 살려라

: 이경화요

성천成川에 이경화李景華야

네 날 살려라

— 구전口傳 ; 이은상李殷相, 〈조선의 요참謠讖〉10, 《동아일보》 1932년 8월 6일 5면 ;
임동권, 《한국민요집》, 동국문화사, 1961

순조 때 이경화는 평안도 성천 출생으로 천하에 명의로 이름이 난 사람인데 세상을 어지럽혔다 하여 사형 당했다. 그가 죽은 후 얼마 안 있어 효명세자가 병으로 눕게 되자 세상의 명의는 다 불렀지만 순조 30년 (1830) 세자는 죽고 말았다. 이경화의 생몰년을 1629년 생, 1706년 몰로 보는 설도 있으나, 시대가 맞지 않는다. 1629년생의 이경화는 송시열의 문인으로 윤선거尹宣擧를 비방해서 물의를 일으킨 인물이다.

이경화는 정조 때, 《광제비급廣濟秘笈》을 엮은 인물이다.

《광제비급》은 함경도관찰사 이병모李秉模가 주관하여 정조 14년(1790)에 간행되었다. 한 해 전인 정조 13년(1789), 함경도 지방에 기근이 들어 많은 백성들이 병들고 굶주리는데도 약과 침구鍼灸를 알지 못하여 죽는 자가 많았다. 이병모는 진사 이경화에게 명하여 응급에 편리한 의서들을 엮게 했다. 이병모는 이 책의 서문에서, "예로부터 어진 임금이 되려면 그 시대에 상응하는 명의가 나타나야 한다고 했다. (……) 윤포암尹圃巖이 나에게 의자醫者 이경화를 소개했는데 창안백발蒼顔白髮에 눈의 정기가 심상치 않았으며 경사백가經史百家와 의학에 모두 능했다. 나의 뜻을 알리니 옳다고 여겨 받아들여서 밤늦도록 베껴 쓰고 낮으로는 증험하여 3개월 만에 일을 마무리하여 4편을 이루었다. 상편은 구급방救急方, 중편은 잡병, 하편은 부인과 소아의 치료법을 다루었다. 만민을 구하는 보전寶典이요, 장수하는 비급秘笈이라 하지 않을 수 없다."라고 했다.

이 책은 중국의 《난경難經》이나 《팔십일편八十一篇》을 비롯하여 모두 69종의 의서를 인용했다. 조선 전래의 것으로는 《동의보감東醫寶鑑》, 《동인경험방東人經驗方》, 《향약집성방鄕藥集成方》, 《구급방救急方》 등 9종의 의서들을 인용했다.

산촌에서 사람이 졸지에 급질을 만났을 때 대비할 수 있도록 구급救急을 중시하여, 제중諸中, 제궐諸厥, 오절五絶, 오발五發을 책의 제일 첫머리에 두었다. 또한 방문方文을 참고하기 쉽게 만들었다. 그리고 궁벽진 곳에서는 구급약을 얻기 쉽지 않으므로 《본초강목》과 《본초》 등을 참고하여 인가에서 쉽게 구할 수 있는 약재 49종을 국문으로 주를 달아 이용하기 쉽게 했다. 책의 목차는 다음과 같다.

범례: 5개 항목. 의서 서술상의 문제와 의서 저술에 필요한 자구 해석 문제를 다룸.

권1: 제중諸中, 제궐諸厥, 오절五絶, 칠규七竅, 오발五發, 옹달癰疸, 제상諸傷, 인후咽喉.

권2: 잡병雜病.

권3: 부인문婦人門, 소아문小兒門.

권4: 향약단방치험鄕藥單方治驗, 인삼人蔘·당귀當歸·황백黃柏 등 40여 종 향약재와 그 사용법을 기록.

〈향약단방치험〉은 《광제비급향약오십종치법廣濟秘笈鄕藥五十種治法》이란 제목으로 독립해서 유통되기도 했다.

순조의 아들 효명세자(1809~1830)는 대리청정을 하면서 세도정치를 억제하고 왕정의 영향력을 회복하려고 노력했지만, 21세의 이른 나이로 서거하는 바람에 그 뜻을 이루지 못했다. 그의 비운을 아쉬워하여, 민중들은 "성천成川에 이경화李景華야, 네 날 살려라."라는 동요를 불렀을 듯하다.

정조(재위 1776~1800)가 승하하고 순조(재위 1800~1834)가 즉위한 이후에는 이른바 안동 김씨와 풍양 조씨의 세도 정치가 행해져서, 국정이 혼란되고 민생이 파탄했다.

효명세자는 순조와 순원왕후 김씨의 맏아들로 순조 9년(1809) 8월 9일에 태어났다. 3세 때인 1812년 6월 22일에 이름이 영旲이라 정해지고 7월 6일에 왕세자로 책봉되었다. 1817년 3월 11일에 8세로 성균관에 입학하고, 10세 되던 1819년 3월 20일에 관례를 올렸다. 1819년 10월 11

일에는 부사직副司直(종5품 무반) 조만영趙萬永의 딸을 세자빈으로 맞았다. 이 세자빈 조씨는 뒷날 신정왕후(1808~1890)로 책봉되며, 1863년 12월 8일에는 흥선군의 둘째 아들에게 왕위를 승계시키고 고종의 즉위 후 3년 동안 수렴청정을 시행하게 된다.

효명세자는 18세인 순조 27년(1827) 2월에 부왕 순조의 건강이 악화되자 그것을 이유로 대리청정을 했다. 이때 조만영은 이조판서와 어영대장을 겸임해 인사권과 군사권을 장악했다. 효명세자는 안동 김씨 계열을 배제하고 새로운 인물들을 등용했다. 홍기섭洪起燮과 김노경金魯敬을 보좌역으로 활용하고, 장인 조만영을 비롯해 조인영趙寅永·조종영趙鍾永·조병현趙秉鉉 등 풍양 조씨 출신도 등용했다. 조인영의 친구 김정희金正喜와 권돈인權敦仁, 조만영의 사돈 이지연李止淵과 이기연李紀淵 형제도 기용했다.

순조는 호적법을 정비하고 형옥刑獄을 신중하게 했다. 또한 대리청정한 3년 동안 효명세자는 해마다 부왕과 모후를 위해 큰 연회를 열었다. 1827년에는 순조의 존호를 올리는 '자경전 진작정례의慈慶殿進爵整禮儀', 1828년에는 순원왕후의 40세 생일을 기념하는 '무자진작戊子進爵儀', 1829년에는 순조 등극 30년과 탄신 40년을 기념하는 '기축진찬의己丑進饌儀'를 거행했다. 하지만 순조 30년(1830) 윤4월 말에 피를 토하고 5월 6일에 서거했다.

1830년 7월 15일에 '효명'이라는 시호를 받고, 익종翼宗으로 추존되었다가 다시 문조文祖 익황제翼皇帝로 추존되었다. 현 경기도 구리시 동구릉에 있는 수릉綏陵이 능묘로, 훗날 신정왕후와 합장되었다. 효명세자가 서거한 후 4년 뒤 순조가 붕어하자 7세의 헌종이 왕위를 이었다.

간드렁 간드렁

: 간드렁요

간드렁

간드렁

— 구전口傳 ; 이은상, 〈조선의 요참〉 10, 《동아일보》 1932년 8월 6일 5면 ; 임동권, 《한국민요집》, 동국문화사, 1961

이은상은 〈조선의 요참〉에서, 〈간드렁요〉가 조선 24대 국왕인 헌종 때 불러졌다고 했다. '간드렁 간드렁' 하는 말은 퍽 위험한 상태에 있는 것을 가리키며, 그것은 헌종에게 아들이 없어서 장래가 튼튼치 못하여 왕위 계승에 문제가 있어 불안한 상태를 노래로 참讖한 것을 이른다고 했다.

앞서 보았듯이 순조 30년(1830) 5월 6일에 효명세자가 죽은 후 4년 뒤 순조가 붕어하자 7세의 헌종(재위 1834~1849)이 왕위를 이었다. 헌종은 조선 역사상 가장 어린 나이로 즉위한 국왕이었다. 그 이전에는 순조가 10세, 명종이 11세, 성종이 12세, 숙종이 13세로 즉위한 일이 있다.

헌종은 이름이 환奐이다. 익종으로 추존된 왕의 아들로, 어머니는 조만영의 딸 신정왕후다. 비는 김조근金祖根의 딸 효현왕후, 계비는 홍재룡洪在龍의 딸 효정왕후다. 능은 경기도 양주의 경릉景陵이다.

헌종이 어린 나이에 즉위하자 대왕대비 순원왕후가 수렴청정을 했다. 순원왕후는 본관이 안동으로, 김조순의 딸이다. 이때부터 안동 김씨의 세도정치가 극심하게 되었다. 헌종의 즉위 초에는 순원왕후의 오빠 김유근金逌根이 정국을 주도했다. 헌종 3년에는 남응중·남경중이, 헌종 10년에는 민진용··이원덕이 역모를 하다가 발각되었다.

또 헌종 5년(1839)에는 천주교 신자들이 학살당하는 기해박해가 일어났다. 이 박해는 노론 벽파인 풍양 조씨 일족이 노론 시파인 안동 김씨로부터 권력을 탈취하려는 과정에서 발생한 것이라고 한다. 순원왕후의 오빠 김유근은 헌종 2년(1836)부터 병이 나서 말을 하지 못하게 되고, 헌종 5년에 유진길劉進吉의 권유로 세례를 받았다. 이 때문에 안동 김씨는 천주교를 용인했다. 그러나 김유근이 은퇴하고 우의정 이지연이 정권을 잡자, 이지연은 천주교를 탄압했다. 이지연은 헌종 5년 3월에 천주교인은 무부무군無父無君, 즉 아비도 군주도 없이 여김의 역적이므로 근절해야 한다고 상소했다. 마침내 5월 25일 대왕대비 순원왕후가 척사윤음斥邪綸音을 내려, 천주교 박해를 전국적으로 행했다. 이에 정하상은 〈상재상서上宰相書〉를 올려 천주교를 변호했다. 하지만 정하상·유진길·조신철 등이 체포되고, 주교 앵베르·모방·샤스탕이 모두 자진출두했다. 조정에서는 6월에 이광열李光烈 이하 8명을 효수하고, 8월에는 앵베르·모방·샤스

탕을 모두 효수했으며, 정하상과 유진길도 참형에 처했다. 이 사건으로 풍양 조씨 가문이 정권을 홀로 차지하게 되었다.

헌종은 19세 되던 재위 11년(1845)부터 국정을 주도하기 시작했다. 그리고 친위세력을 키우기 위해 정조의 초계문신 제도를 참조하여 규장각 초계문신을 뽑을 것을 명령했다. 또한 친위 무인 세력을 양성하려고 내영을 설치하고자 했다. 재위 12년 8월에 정조의 장용영을 본떠 총융청을 총위영으로 승격시키고 번을 나누어 대궐에 당직을 서게 했다.

헌종은 재위 13년(1847) 5월에는 수령과 아전들의 탐학을 막기 위해 부패행위 처벌의 법규를 엄하게 개정하려고 했다. 이 정책은 실현되지 못했다. 또 재위 14년(1848) 11월에 이진택李鎭宅 등 경외 유생 8,000여 인이 서얼소통을 청하자 조정에서 좋은 방법에 따라 품처하라고 명했다. 이 일도 결과를 보지는 못했다.

헌종이 왕위에 있었던 1834년부터 1849년까지는 풍양 조씨와 안동 김씨의 척신들이 정권을 장악해서 정치가 문란하고 관리들은 탐학했다. 한때 풍양 조씨가 집권했지만 헌종 12년(1846)에 조만영이 죽은 뒤로는 다시 안동 김씨가 정권을 잡았다. 곤궁한 백성들은 천주교에서 구원의 가능성을 보았다. 이때 위정자들이 천주교를 탄압해서 기해박해가 일어났다. 프랑스는 자국 선교사들이 살해되어 죽었다는 이유로 군함을 파견해서 그 일을 추궁하려 했다.

백성들이 '간드렁 간드렁' 노래를 한 것은 왕위 계승에 문제가 있어 국본國本이 불안하다고 우려한 것일 뿐 아니라, 국가에 내우외환이 속출하여 국가의 근간이 흔들릴지 모른다고 우려한 것이기도 하다.

연산 경내에 세 도둑놈
: 연산요

진영의 나졸과 교졸들이 힘쓸려 다니면서	鎭營邏校日奔波 진영나교일분파
황량한 성에 반적의 기세 많다고 떠드누나	摠說荒城賊氣多 총설황성적기다
당로의 시랑에 대해서는 따지지 않으니	當路豺狼渾不問 당로시랑혼불문
광릉 태수의 뜻이 어떠하신지	廣陵太守意如何 광릉태수의여하

민간의 동요에, "연산의 경내에 세 도둑놈, 한 짐바리에 실어 와서 조금도 틀림없네[連山境內三顆賊(연산경내삼과적), 一駄駄來無少忒(일태태래무소특)]"라고 했다. 윤언진尹彦鎭, 김기열金箕烈, 김재연金在淵을 가리키는데, 모두 반족班族이다.

— 김려, 《담정유고藫庭遺藁》 권2, 간성춘예집艮城春囈集 〈황성이곡〉, 한국문집총간 289, 한국고전번역원

〈황성이곡黃城俚曲〉은 김려金鑢(1766~1822)가 1820년에 연산 현감으로 있을 때 칠언절구를 가지고 시 한 수에 하나의 소재를 다루어 읊은 204수의 연작시이다. 충남 연산면을 황성黃城이라고 하였으니, 〈황성이곡〉은 그곳 풍속과 역사를 민요조로 노래한다는 뜻이다. 156제 이후의 시는 제천堤川[사열沙熱]으로 가는 도중에 지었다. 각 시의 말미에 빠짐없이 주석을 달아두었다.

김려의 본관은 연안延安으로, 노론의 비중 있는 명문가 출신이다. 정조 4년(1780) 15세로 성균관에 들어가서, 정조 15년(1791) 생원이 되었으나, 정조 21년(1797) 강이천姜彝天의 비어蜚語 사건에 연좌되어 부령으로 귀양 갔다. 유배지에서 부사 유상량柳相亮과는 반목하고 가난한 농어민과 친밀하게 지냈다. 그곳에서 부기府妓인 연희蓮姬·노심홍盧沁紅·관옥關玉·영산옥嶺山玉 등과 어울리며 그들의 처지를 이해하고 그들을 위한 시를 지었다. 또 지방의 자제들을 가르쳤다. 정조 23년(1799)에 필화를 당했으며, 그의 저서는 이때 대부분 불에 탔다. 순조 원년(1801)에 강이천 사건을 재심리하게 되자, 김려는 천주교도와 교분을 맺은 혐의로 진해로 유배되었다. 그는 그곳에서 《우해이어보牛海異魚譜》를 지었다. 순조 6년(1806) 아들의 상소로 10년간의 유배에서 풀려나고, 순조 12년(1812) 벼슬길에 올라 정릉참봉靖陵參奉·경기전영慶基殿令을 거쳤다. 순조 17년(1817)에는 연산 현감이 되었다.

김려는 목민관으로서의 일상생활을 통해서 백성들의 삶을 애정 어린 눈으로 묘사하고, 연산 지방의 풍속과 주위의 유적지, 부근의 경관을 노래했다. 또한 흉년에 고통 받는 농민들의 생활 모습을 그려내고, 대보름·단오 등의 연산 지방 풍속을 읊었다.

김려는 1819년에 연산을 떠난 뒤부터 쇠약해져서, 함양 군수 재직 중에 일생을 마쳤다. 저서로《담정유고》12권이 있으며, 자신과 주위 문인들의 글을 교열하여《담정총서》17권을 편집했다. 말년에는《한고관외사寒皐觀外史》·《창가루외사倉可樓外史》등 야사집을 편집했다.

4부

구한말, 근세의 참요

관상감에서 성인이 나온다
: 관상감요

관상감은 일명 서운관이라고도 하는데, 지금 임금[고종]의 잠저潛邸가 이 관상 감의 옛터이기 때문에 그곳을 '운현궁'이라고 부른다. 철종 초에, 관상감에서 성인이 나온다는 참요가 서울 안에 나돌았고, 또 운현에 왕의 기운이 있다는 이야기도 있었다. 이윽고 지금 임금이 탄생했다. 지금 임금이 왕위에 오른 후 대원군 이하응李昰應이 확장하고 새롭게 단장하여 주위가 서너 리에 이르렀으며, 사방에 문을 설치하여 위엄스런 모습이 마치 대궐 같았다.

— 황현黃玹, 《매천야록梅泉野錄》 권1 상 ; 임형택 외 역, 《역주 매천야록》 상, 문학 과지성사, 2005(초), 2006(2쇄)

철종 때 관상감에서 성인이 나온다는 참요와 운현雲峴에 왕의 기운이 있다는 이야기가 있고 나서, 고종이 태어났다고 했다. 고종이 태어난 곳은 관상감 터가 아니라 운현궁이지만, 운현궁 터와 관상감 터는 지형상 맥이 통했기 때문에 저와 같은 참요와 이야기가 있었던 것 같다. 고종은 흥선대원군 이하응의 둘째 아들로, 운현에서 태어났다. 그가 태어난 곳을 운현궁이라고 높여 부른다. 임금이 즉위하기 전에 민간에 거처했다면, 그 민간의 거처를 잠저潛邸라고 한다. 잠룡潛龍의 저택이란 뜻이다. 운현궁은 곧 고종의 잠저였다.

운현의 부근 고개를 관현觀峴 즉 '볼재'라고 했는데, 그곳에는 관상감이 있었다. 단, 운현과 관현이 같은 것인지 다른 것인지는 확실하지 않다.

본래 운현궁은 중부 경행방慶幸坊에 속했는데, 고종의 재위 시절에 운현궁은 궁궐에 견줄 만큼 크고 웅장했을 것이다. 현재의 덕성여자대학교 평생교육원, 옛 TBC방송국, 일본문화원, 교동초등학교, 삼환기업 일대가 모두 운현궁의 영역이었다. 다만, 덕성여자대학교의 평생교육원 건물로 쓰이는 양관은 1912년 무렵에 건립되고 1917년에 이준이 죽은 뒤 의친왕의 둘째 아들 이우가 이어받은 것이니, 대원군의 본래 거처는 아니다. 대원군이 거처했던 아재당我在堂은 없어지고, 사랑채 노안당老安堂, 안채 이로당二老堂과 노락당老樂堂만 남아 있다.

한편 관상감은 한성 북부 광화방에 있었다. 일제강점기에 정지용, 김유정, 박목월 등 걸출한 문인들을 배출한 휘문의숙이 있던 자리로, 지금은 현대 기업의 본사가 들어서 있다. 역사를 거슬러 올라가면 숙종 말에 이 터는 동래부 출신 무인이었던 최천약이란 인물이 천문기계를 만들기 위해 중국을 통해 들어온 서양 천문서를 연구했던 곳이다. 또 영조 때는 달성 서씨 집안의 학자들이 천문역법의 궁금증을 풀기 위해 수시로 드나들기도 했다.

그런데 관상감은 세조 이전에는 서운관書雲觀이라 불렸는데, 관상감이란 이름으로 바뀐 뒤 서운관이란 별칭도 함께 사용했다. 그렇기에 관현을, 서운관이 있는 고개라고 해서 운현이라고도 불렀으며, 관현과 운현은 서로 이어져 있었을지 모른다.

운현궁과 창덕궁은 서로 연결되어 있었다. 《동국여지비고》에 따르면, 경근문敬覲門과 공근문恭覲門이 있었다고 한다. 정문과 후문을 합하여 4대문이 있었던 셈인데, 현재는 후문 하나만 남아 있다. 경근문은 고종이 운현궁을 출입할 때 전용하던 문으로 창덕궁과 운현궁 사이에 있었고, 공근문은 대원군이 궁궐을 출입할 때 전용한 문으로 일본문화원 옆에 기초가 남아 있다.

고종은 아이 때 이름을 명복明福이라고 했다. 1863년 12월 13일에 익종의 대통을 계승하여 즉위하게 되었을 때, 대왕대비 교지를 받들어 영의정 김좌근, 도승지 민치상, 기사관 박해철·김병익 등이 운현궁으로 그를 맞이하러 왔다.

고종이 즉위한 후 한 달 지나, 대왕대비(익종의 비, 조대비)는 운현궁을 신축하게 하여, 9개월 만인 1864년 9월에 노락당과 노안당이 준공되었다. 고종은 대왕대비와 왕대비를 모시고 운현궁 낙성식에 참여하였으며, 근처의 선비와 소년들에게 임시 과거 시험을 보게 했다. 1866년 3월 21일에는 운현궁에서 고종과 명성왕후의 가례가 치러졌다.

1994년 5월 27일 운현궁을 보수공사할 때 노안당의 상량문이 발견되었다고 한다. 국립문화재연구소의 해설에 따르면, 상량문에는 대원군의 호칭을 전하殿下 다음의 합하閤下라 했다고 한다. 또 노안당의 당호는 《논어》〈공야장〉편에서 자로가 선생님의 포부를 물었을 때 공자가

"늙은이를 편안하게 해주고, 붕우에게는 미덥게 해주고, 젊은이를 감싸 주고자 한다老者安之 朋友信之 少者懷之."라고 대답한 말에서 따왔다고 한다. 대원군은 임오군란 때 청나라로 납치되었다가 환국한 후 이곳에서 은둔 생활을 했고, 노안당 큰방 뒤쪽에 있었던 속방에서 임종했다고 한다.

대원군은 자신의 권력을 강화하기 위해 사대부들과 우호적인 관계를 맺고자 노력했다. 그 사실은 대원군이 홍문관에 서배犀盃를 내린 사실에 서도 엿볼 수가 있다.

장우원張右遠의 《현와전집弦窩全集》에 〈서배명犀盃銘 병소서幷小序〉라는 글이 있다. 그 글에는 이런 주석이 붙어 있다.

운궁雲宮(운현궁, 대원군 이하응)께서 옥당(홍문간)에 수찰을 내리셔서 말씀하시길, "성묘(성종) 연간에 갈호배蝎虎盃(도마뱀 껍질로 만든 술잔)를 은사思賜하신 일이 있는데, 이것은 바로 술을 조심하라고 경계하시는 뜻이셨다. 연조年條가 너무 오래 되어 지금도 잘 보관하고 있는지 어떤지 모르겠다. 이제 서배 한 쌍을 보내나니, 이것은 오래된 보물이다. 명銘을 지어 거기에 보관하라."라고 하셨다.

장우원이 지은 소서小序와 시는 다음과 같다.

대로大老 합하께서 서배 한 쌍을 영관瀛館(홍문관)에 보내셨는데, 구부러지고 비틀어졌으며 예스럽고 괴이하니, 정말로 세상에 드문 뛰어난 보물이다. 그때 표杓가 마침 숙직을 하고 있었으므로, 삼가 수령하여 잘 보관하고, 명銘을 지어 그 사실을 기록하였다. 명銘은 다음과 같다.

저 무소의 뿔은

검고도 또한 빛이 나서

환히 빛나 하늘에 통하도록

그 놀라운 빛을 떨치누나.

깎아내어 술잔을 만드니

어찌 해당함이 없겠는가?

외뿔소 술잔을 들어 삼가 축하하고

가마우지 모양의 구기로 술을 따라 황음荒淫을 경계했나니

하물며 감히 술 마심을 숭상하랴?

술잔 놓는 대가 당 위에 있지 않은가.

어느 날 돌연 기꺼이 내려주시며

영관瀛館(문관)에 그것을 보관하라 하시네.

삼가 이 좋은 하사품을 받들어

저 남상濫觴의 가르침을 잠언으로 삼아서

우리 동료들아 모두

부디 잊지 마시길.

    이 명은 숭음崇飮과 황음을 경계하는 데 그치지 않고 술잔에서부터 남상濫觴의 고사를 연상하여 초지初志를 잊지 말고 언행에 조심하자고 경계한 점에 묘미가 있다. 남상의 고사는 《순자荀子》〈자도子道〉편에 나오는데, 요컨대 외관만 번드르르하게 꾸미지 말고 시작을 조심하여 덕을 쌓아나가라는 뜻이다.

    하지만 황현은 《매천야록》에서, "흉악한 무리들이 운현(대원군)이 실각

한 이후로도 유언流言을 퍼뜨려 대원군이 다시 쓰이기를 기대했다. 임금은 그들을 미워하여 김세호, 정현덕, 조병창 등을 차례로 유배 보냈다. 젊어서부터 운현과 왕래하던 자들까지 찾아내어 죄를 씌워 쫓아내고 '운현궁 쪽 사람'이라고 지목했다."라고 지적했다.

흥선대원군은 고종 초에 무한의 권력을 행사하여 왕권의 신장을 방해했다. 고종의 시기를 근대 국가의 성립기, 혹은 근대의 준비기로 파악하는 역사학의 관점에서 보면 그는 부정적 인물이어야 한다. 현대의 관점에서 그러한 것만이 아니다. 당시 성리학의 이념에 투철한 지식인들은 왕권을 약화시키는 존재의 집권을 정당하다고 용인할 수가 없었다. 고종 때의 성리학자 가운데서도 최익현崔益鉉은 특히 대원군의 집권을 비판하는 상소를 자주 올려 대원군의 심기를 불편하게 만들었다. 마침내 최익현은 41세 되던 1873년에 승정원 동부승지에 제수되자 사퇴하는 상소를 하면서 대원군의 정치를 공격하였고, 다시 그해 11월에 호조참판을 사직하는 상소에서 다섯 조목의 대의大義를 높이 내걸었다. 최익현은 삼사三司의 탄핵을 받아 의금부에 수감되고 관직이 삭탈된 끝에 제주도에 위리안치되었다. 1875년 3월에 유배에서 풀려났다.

대원군은 남인 계열의 인사들과 교분을 맺어 집권당인 노론 측을 견제하려고 했기 때문에 노론 사대부들의 미움을 샀다. 또한 명성황후 민비는 척족을 규합하고 대원군 반대세력을 결집하여 대원군의 세력을 억제했다. 1873년 최익현의 상소를 계기로 11월에 고종이 친정親政을 선포하자, 대원군은 정계에서 물러나 양주에 은거했다. 하지만 대원군은 수시로 정계 복귀를 꾀했다. 1880년에 수신사 김홍집金弘集이 일본에서 가져온 《조선책략朝鮮策略》을 반포하자 이듬해 전국 유생들이 척사상소운동을 벌였다. 승지 안기영安驥永 등이 민씨 정권을 타도하고 대원군의 서장자庶長子 이재선李載先을 옹립하려는 계획을 세웠다가 사전에 누설되어 처형당했다. 흥선대원군이 관련되었으나, 국왕의 아버지라 하여 불문에 붙여졌다.

1882년 6월 임오군란이 일어났을 때 대원군은 전권을 위임받아, 무위영·장어영·별기군을 폐지하고 5군영을 복설했으며, 통리기무아문을 폐지하고 삼군부를 복설했다. 그러나 흥선대원군은 민씨 정권의 요청을 받은 청나라 군대에 의해 청나라 톈진天津으로 납치되고, 바오딩부保定府에 유폐되었다. 이노우에 가오루井上馨와 이홍장李鴻章의 밀의에 의해 1885년 8월 서울로 돌아와서도 운현궁에 감금되다시피 했다.

이에 앞서 1894년 조선에 진주한 일본군은 민씨 정권을 무너뜨린 후, 대원군을 앞세워 갑오개혁을 추진하게 했다. 하지만 대원군은 일본의 뜻에 따르지 않다가 이노우에에 의해 정계 은퇴를 강요당했다. 1895년 8월 일본공사 미우라 고로三浦梧樓가 주도한 을미사변 때, 대원군은 일본군과 함께 궁성으로 들어가 고종을 만나고 새로운 내각을 조직했다. 그러나 이듬해 2월 고종이 궁성을 빠져나가 러시아 공사관으로 옮기고 친러파 정권이 들어서자 대원군은 다시 양주로 은거했다. 1907년 대원왕大院王에 추봉되었다.

아랫대궐 웃대궐 경복궁 새대궐
: 경복궁요

아랫대궐 웃대궐

경복궁 새대궐

령숑돌아 오랍신다

네에

— 구전口傳 ; 이은상, 〈조선의 요참〉 10, 《동아일보》 1932년 8월 6일 5면 ; 임동권,
  《한국민요집》, 동국문화사, 1961

고종은 재위 2년(1865) 4월에 경복궁 중건공사를 착수하여 동 4년 11월에 공사비 8백만 냥을 들여 준공했다. 이 공사에는 많은 백성들이 노역에 종사하라는 명령을 받고 전국에서 모여들어 그들의 불만과 많은 민폐를 무릅쓰고 진행되었다. 이 노래는 공사가 착수하기 전인 철종 때에

벌써 항간에서 불러져서 경복궁 수축修築 공사가 있을 것을 미리 예언한 노래라 한다. 이때에 따로 〈경복궁타령〉이란 민요가 있어 위정자의 선후가 어긋나는 처사를 풍자하기도 했다.

> 남문을 열고 파루罷漏를 치니 계명산천鷄鳴山川이 밝아 온다
> ※ 에 - - - 에헤 - 에이야- 얼럴럴 거리고 방아로다
> 을축 사월 갑자일乙丑四月甲子日에 경복궁을 이룩하세
> 도편수都遍手의 거동을 봐라 먹통을 들고서 갈팡질팡 한다
> 단산봉황丹山鳳凰이 죽실竹實을 물고 벽오동碧梧桐 속으로 넘나든다
> 남산하고 십이봉十二峯에 오작烏鵲 한 쌍이 훨훨 날아든다
> 왜철죽 진달화 노간죽하니 맨드라미 봉선화가 영산홍이로다
> 우광쿵쾅 소리가 웬 소리냐 경복궁 짓는데 회灰방아 찧는 소리다
> 조선 여덟도八道 유명한 돌은 경복궁 짓는데 주춧돌 감이로다
> 우리나라 좋은 나무는 경복궁 중건에 다 들어간다
> 근정전勤政殿을 드높게 짓고 만조백관이 조화를 드리네

〈경복궁타령〉의 "계명산천이 밝아 온다"에서 계명鷄鳴은 시간적으로는 오경五更을 의미한다. 《진서晉書》〈등유전鄧攸傳〉에 "귀막이에 오경의 북을 치듯 요란한 소리 들리니, 닭 울음소리에 하늘이 동트려 하네紞如打五鼓, 鷄鳴天欲曙."라고 했다. 이 구절은 또한 《시경》 제풍齊風 〈계명鷄鳴〉에 "닭이 이미 울었는지라, 조정에 이미 신하들이 가득하리라 하더니, 닭이 운 것이 아니라, 쉬파리 소리였도다鷄旣鳴矣 朝旣盈矣 匪鷄則鳴 蒼蠅之聲."라고 한 말에서 의미를 취해 왔다. 〈계명〉 편은 옛날 어진 왕비가 임금이 행여 조회

에 늦을까 염려하여 새벽마다 임금께 일찍 일어나 조회에 나가도록 고한 것을 보고, 시인이 그 일을 아름답게 여겨 노래한 것이라 전한다. 곧, '계명'의 시어는 군왕의 근정勤政을 의미한다.

경복궁은 태조 2년(1394)에 창건된 조선의 정궁이다. 차천로車天輅의 《오산설림五山說林》에 보면 무학대사와 정도전이 경복궁의 위치에 대해 논쟁을 벌인 이야기가 있다. 무학대사는 "한양의 진산을 인왕산으로 잡고 북악과 남산을 좌우의 청룡백호로 삼아야 합니다."라고 했고, 정도전은 "제왕은 남면南面해야 합니다."라고 하면서 난색을 표했다. 무학대사는 자신의 말을 따르지 않으면 200년 지나 반드시 자기 말을 생각할 때가 있을 것이라고 했다. 그리고 무학대사는 은제 육각판을 싼 종이에 물 수水 자를 셋 합친 묘淼 자를 새겨 넣었다. 경복궁 정면의 관악산이 불의 산이기 때문이었다. 숭례문崇禮門의 '례禮' 자는 오행五行에서 '화火'에 해당하고, 숭례문 현판을 세로로 세운 것도 관악산의 화기에 대항하는 맞불을 놓는 뜻을 담은 것이라고 한다.

명종 8년(1553), 경복궁은 근정전만 남긴 채 편전과 침전 구역이 대부분 소실됐다. 강녕전, 사정전, 흠경각이 모두 불탔다. 그리고 무학대사가 예상했다는 200년 이후인 임진왜란 때 왜적이 평양성 전투에서 패전하고 퇴각하면서 종묘와 함께 궁궐을 불태웠다.

흥선대원군은 고종 2년(1865), 왕권을 강화하기 위한 방책으로 경복궁을 중건하기로 했다. 정학순丁學洵이 〈경회루전도慶會樓全圖〉를 작성하는 등 경복궁 중건을 위한 준비가 이루어졌다. 하지만 공사비를 조달하지 못해 200여 일이나 공사가 중단되자, 당백전을 발행했다.

6년 지나 1873년 12월에는 자경전·교태전·자미당에 화재가 일어났다. 2차 중건은 1875년 3월에 끝났으나, 17개월 후 1876년 11월에 다시 경복궁에 화재가 나서 교태전 등 무려 830여 간이 전소됐다.

2001년 1월 18일 근정전(국보 223호)을 해체 복원하는 과정에서 〈근정전 상량문〉이 발견되었다. 이 문서는 고종 4년(1867) 흥선대원군이 중건할 당시 올린 상량문으로, 공사 관계자의 직책 및 명단을 담은 명주천과 함께 근정전 위층 종도리 아래쪽에서 발견되었다고 한다.

바람이 분다

: 매화타령

바람이 분다
바람이 분다
연평도延坪島 바다에
갈바람이 분다
얼화 에야 네야 에헤야
나리리 이허리 매화로다

— 구전口傳 ; 임동권, 《한국민요집》, 동국문화사, 1961

　이 민요는 고종 3년(1866)에 있었던 병인양요를 예언한 노래라 한다.
　프랑스는 대원군의 천주교 탄압에 희생된 프랑스 신부 문제를 들어 조선에 대한 물리적 도전을 결정하여 병인양요를 일으켰다. 이 해 10월

14일 프랑스 군대는 강화 갑곶에 상륙했고, 15일 강화부를 점령했다. 11월 9일, 양헌수梁憲洙의 관군은 정족산성에서 프랑스군 150여 명과 전투하여 승리를 거두었고, 이를 계기로 프랑스군은 철군했다. 프랑스 군대는 철수하면서 강화의 외규장각과 전등사傳燈寺 등에서 각종 서적과 군기軍旗·은자銀子 등을 약탈했고, 건물에 불을 질렀다. 프랑스군이 약탈한 사고史庫는 정족산성에 있던 것으로, 마니산의 실록각이 1653년(효종 4) 11월에 불타자 새로 마련한 외사고였다. 현재, 사고와 선원보각璿源譜閣은 모두 없어지고 전등사만 남아 있다.

이때 강화학파 학자 이시원李是遠은 스스로 목숨을 끊었다. 프랑스 함대가 강화도성을 포격하고 관군들이 도망을 친 뒤, 이시원은 사당에 하직하고 아우 이지원李止遠과 함께 김포의 우거로 나가 간수를 마셨다. 이시원은 조정대신을 각성시키고 백성들의 적개심을 불사르기 위해 자결한 것이다. 이시원의 죽음은 헛되지 않아, 기세를 되찾은 우리 관군이 침략군을 격퇴시킬 수 있었다.

이시원의 손자 이건창李建昌은 병인양요 때 정족산성에서 프랑스군 160명을 쳐부순 우부천총 양헌수의 사적을 〈공조판서양공묘지명工曹判書梁公墓誌銘〉에서 상세히 묘사했다. 양헌수는 우리 군사의 중군中軍이 통진通津에 진주한 채 진군을 머뭇거리자, 손돌의 무덤에서 기도하고 스스로 5백여 병사를 데리고 정족산성으로 들어가 매복하여 프랑스군을 쳐부수었던 것이다. 1976년 남문을 다시 복원하고 문루를 세워 예전대로 종해루宗海樓라는 현판을 달았다.

본래 〈매화타령〉은 매화를 노래한 꽃타령인데, 남녀 상사相思의 정을 노래한 것으로 굿거리장단의 가볍고 유창한 노래이다. 하지만 "연평도 바다에, 갈바람이 분다"라고 노래한 〈매화타령〉은 일반적인 〈매화타령〉의 곡조에 맞추어 외침의 우려를 노래한 것 같다. 연평도 바다에 '갈바람' 즉 서남풍이 분다고 하여 전란의 징조를 비유한 것으로 간주되기 때문이다. 곡명 〈매화타령〉은 단지 "좋구나 매화로다"라는 후렴이 있어서 붙은 이름으로, 상사의 정을 노래한 〈매화타령〉의 경우와 같다.

남녀 상사의 정을 노래한 〈매화타령〉은 서울의 12잡가 가운데 '달거리' 끝에 붙는 노래였으나, 사설과 곡조가 독립되어 있어, 따로 떼어 부르게 되었다고 한다. 그 가사의 1절과 후렴만 보면 다음과 같다.

> 인간이별 만사 중에 독수공방이 상사난相思難이란다.
> (후렴) 좋구나 매화로다. 어야 더야 어허야 에—두견아
> 울어라 좋구나 매화로다.

지금 우리가 황해라고 부르는 서해는 근대 이전에는 대양大洋이라고 불렀다. 대양은 근세에 병인양요를 시작으로 외세 침략에 맞선 민족적 저항의 격전지가 되었다. 1866년 제너럴셔먼 호 사건이 일어난 후 미국은 그 사건을 빌미 삼아 1871년 6월 9일부터 강화에 군대를 상륙시켰다. 이른바 신미양요이다. 미국군은 6월 10일 초지진을 공격해서 무력화시키고, 11일에는 덕진진과 광성보를 점령했다. 이때 어재연魚在淵을 비롯한 253명이 전사했다. 미군은 조약 체결을 요구했으나 조선 정부가 거부하자 7월 3일 그대로 철수했다.

이후 조선에서는 대원군이 실각하고 1873년에 고종이 친정親政을 시

작하여 대외개방을 숙의하게 되었다. 1875년 8월 강화해협을 통과하던 운양(운요) 호에 포격을 가한 것이 계기가 되어, 일본과 조선 사이에 강화도조약을 체결하고, 조선은 일본에 문호를 열게 되었다.

경성에서 태어나지 못한 것은 그렇다치고 어찌하여 영문에도 살지 못하나
: 삼수갑산요

삼수갑산의 백성들이 원요願謠를 노래로 부르는 지경에까지 이르렀으니, '사람으로 경성에서 태어나지 못한 것은 그렇다치고 어찌하여 영문에도 살지 못하는가. 아, 우리 삼수와 갑산의 백성들은 지극히 인자하신 성상의 은덕을 입지 못하고 참혹한 고통을 유별나게 받아 고생이 많구나. 높은 산 위에서 얼어 죽은 참새는 어찌하여 즐거운 곳으로 날아가서 살지 않는지.' 합니다.

— 《승정원일기》 고종 33년(1896) 10월 1일(임술, 양력 11월 5일) 좌목 〈변방을 방어하고 백성을 보호할 대책을 강구해줄 것 등을 청하는 갑산 유생인 유학 조정국 등의 상소〉

고종 33년(1896) 10월에 갑산 유생인 유학 조정국趙鼎國과 삼수 출신 엄주하嚴柱厦 등은 삼수갑산이 변방 관문의 가장 긴요하고 중대한 지역이므로 관찰사부觀察使府를 다시 설치하여 지방대地方隊를 도로 복구함으로써 평상시에 장수들을 기르고 군사들을 훈련하여야 한다고 주장했다.

지금 천하의 대세는 우리나라의 북쪽 변방에 달려 있으며, 우리가 나라를 지키는 것도 역시 동북쪽에 달려 있습니다. 어째서이겠습니까? 우리나라의 산천은 북쪽의 장백산으로부터 바다를 넘어 남쪽까지 4천 리로 길게 이어져 있는데, 허항령과 마천령, 후치령과 철령, 금강산, 설악산, 방태산, 오대산, 소백산, 태백산, 가야산, 속리산, 그리고 구불거리는 잔도棧道와 거대한 계곡들은 모두 더없이 험한 땅으로 동북쪽에 자리하여 서남쪽을 내려다보면서 물을 쏟아 붓는 듯한 강한 관중關中의 형세를 형성하고 있습니다. 고故 유신儒臣 유형원柳馨遠과 이익李瀷이 모두 이 지역을 두고 동서의 진秦이라고 한 것은 이 때문입니다.

신들이 있는 갑산과 삼수는 바로 백두산이 처음 시작된 곳이고 압록강이 발원한 곳으로, 그 형세를 말하자면 산등성이가 이어지며 높은 산들이 포개져 있는 모습은 마치 호랑이가 웅크리고 있는 듯 위협적이며, 세차게 흐르는 거대한 물살은 길다란 뱀처럼 구불구불하게 흐르고 있습니다. 남쪽으로는 후치령, 북쪽으로는 허항령, 동쪽으로는 고산령을 경계로 하여 서쪽으로는 국경을 가르는 강으로 흘러들어 가는데, 남북을 통틀어서 500여 리나 되고 동서의 길이도 400여 리가 넘으니, 지형이 안정된 요새라고 할 수 있으며, 또한 천연적으로 경계를 이룬 지역이라고 할 수 있는 훌륭한 곳입니다. 그러니 산과 강을 굳건하게 지킨다면 한 나라의 보배가 되겠지만 잘 지키지 못하면 적들의 소굴이 될 것입니다.

그 폐단을 말씀드리면 한 지역의 변방 요새가 저쪽 땅과 서로 마주보고 있는데, 저쪽 땅은 백두산에서부터 요동 서쪽 숲과 골짜기까지 1000리나 연결되어 있어 명령이 통하지 않는 곳입니다. 그곳은 천하의 망명자들과 향마적響馬賊, 홍의적紅衣賊, 집도 절도 없는 사냥꾼과 나무꾼들을 도대체 몇 천 명, 몇 만 명이나 불러 모은 소굴인지 알 수 없다 보니, 삼수와 갑산에는 해마다 소란이 일어날 뿐만 아니라 사실 달마다 시끄럽지 않은 때가 없습니다. 그리고 영문營門과는 5, 6백 리나 멀리 떨어져 있어 갑작스러운 변고에 적절하게 대응하여 구제할 방도가 없으며, 영문에 속한 무리들이 재산을 빼앗으며 침탈하는 것이 전례로 굳어졌고, 혐의쩍은 일을 가지고 모함하는 것이 습속이 되어 버렸습니다. 무고한 백성들이 잘못 빠져 들어 형벌을 받아 감옥에 갇히거나 가산을 탕진하여 이리저리 떠돌아 그 원통함은 골수에 스며들었습니다. 심지어 그곳 백성들이 원요願謠를 노래로 부르는 지경에까지 이르렀습니다.

조정국과 엄주하는 삼수갑산의 주민들이 입에서 입으로 전하는 다음 동요를 인용해서 그 주민들의 처지를 알리고자 했다.

사람으로 경성에서 태어나지 못한 것은 그렇다치고 어찌하여 영문에도 살지 못하는가. 아, 우리 삼수와 갑산의 백성들은 지극히 인자하신 성상의 은덕을 입지 못하고 참혹한 고통을 유별나게 받아 고생이 많구나. 높은 산 위에서 얼어죽은 참새는 어찌하여 즐거운 곳으로 날아가서 살지 않는지.

'높은 산 위에서 얼어 죽은 참새'란 표현은 당나라 말기 망국의 군주소종昭宗이 자기를 '홀간산 꼭대기에서 얼어 죽은 참새'에 비유한 말에서 유래한다. 903년에 소종은 수레를 타고 화주에 이르자 백성들이 길을 빼곡하게 매우고 만세를 불렀다. 소종은 울면서 "만세를 부르지 말라. 짐은 이제 너희들의 주인이 아니다."라고 말하고는 흥덕궁에 거처했다. 대신에게 말하기를 "상말에 '홀간산 꼭대기에서 얼어 죽은 참새야 어째서 좋은 곳으로 날아가 살지 않느냐紇干山頭凍殺雀 何不飛去生處樂.'라고 했다. 짐이 지금 이리저리 떠돌아다니고 있으니 어떤 지경에 떨어질지 모르겠구나."라고 하고는 눈물을 흘려 옷깃을 적셨다. 좌우 사람들이 감히 쳐다보지 못했다고 한다.

조정국과 엄주하는 위의 상소문에서, 변방의 소란은 국가의 근심거리임을 역설했다.

신들이 보건대, 정사를 논하는 자들은 중앙 정부가 시급하지, 멀리 떨어진 변방의 소란은 근심할 것 없다고 합니다만, 이것은 그렇지가 않습니다. 손발이 비록 간과 담에서는 멀지만 손발의 맥이 끊어지면 간과 담은 살 수가 없습니다. 더구나 이 지역을 남북으로 연결하면 전체 길이가 1000리나 되는 데이겠습니까. 그리고 더러는 대세大勢가 해관海關에 있는 만큼 산야山野는 논할 것이 없으며, 외무外務에는 나름대로 도리가 있는 만큼 저들 국경은 염려할 것이 없다고 합니다만, 이것은 그렇지가 않습니다. 대세와 시무時務에 대해 깊고 원대한 계책이 있어야 스스로 강해질 수가 있으니, 그러기 위해서는 안으로는 정치를 힘쓰고 밖으로는 변화하는 시대를 살피면 되는 것입니다. 산야에 사는 사람들도 해관의 대세와 시무의 소재를 알아야 하니, 일찍 단결하여 나라의 근본을 견고하게 하지 않으면 해충이 생겨 나무가 썩는 염려가 있을 것입니다.

　게다가 춘천의 적도 최문환崔文煥이 함흥부에서 변고를 일으켰는데, 잡아 가두었더니 몸을 빼내 도망치다가 또 잔당을 거느려 열읍을 침략하고는 곧장 삼수와 갑산을 거쳐 방향을 돌려 저들 국경으로 넘어갔고, 계속해서 강원의 적도 신익수申益秀도 500명의 무리를 이루어 강계부江界府에서 소란을 피우고는 저들 땅으로 넘어갔습니다. 그 둘이 호응하여 저들 적들을 끌어들이면서 힘을 키워 강한 세력을 형성하고 있으니, 그대로 삼수와 갑산을 점거할 것은 필연적인 형세입니다. 만약 삼수와 갑산을 점거할 경우 이들 변방이 자연 저들 땅이 되는 것이야 걱정할 것이 없지만, 온 나라가 그 피해를 함께 받는 것은 다시 어떠하겠습니까. 그러니 지세地勢와 시의時宜를 이용하는 것은 나라를 다스리는 큰일입니다. 옛 말에 '북문北門의 열쇠는 법도에 맞게 하지 않으면 안 된다.'고 했으니, 이 지역의 형편은 부府를 설치하지 않고서는 안 됩니다. 부를 설치하게 되면 반드시 군병을 설치하게 되고, 군병을 설치하게 되면 반드시 적임자를 고르게 될 것이니, 그렇게 되면 방어하는 데에 방도가 있어 병난兵難을 멀리서도 헤아릴 수 있을 텐데, 어찌하여 한시를 걱정하지 않을 수 있으며 또 어찌하여 500리 밖에서 사무를 본단 말입니까. 삼가 바라건대, 폐하께서는 조금이나마 굽어 살피소서.

　삼수갑산 주민의 소외된 감정, 그 지역의 험준함은 근세의 시인 김소월이 〈산〉이란 시에서 애절하게 묘파한 바 있다.

　　불귀不歸, 불귀, 다시 불귀,

삼수갑산三水甲山에 다시 불귀,

사나이 속이라 잊으련만,

십오년 정분은 못 잊겠네.

고종 때 삼수갑산은 오랑캐의 소요로 민심이 흉흉했다. 우리 국가 영토임에도 불구하고 정부는 그곳을 거의 방치하다시피 했다. 조정국과 엄주하의 상소는 애타는 심정을 다음과 같이 토로하였다.

작년 봄부터 세 차례에 걸친 오랑캐의 소요로 인해 죽거나 다친 사람들이 20여 명이나 되고, 겁탈당한 부녀자들은 30여 명이나 되며, 노략당한 재산은 2만여 금金이고, 재산을 탕진하여 이리저리 흩어진 집들은 수백 호나 됩니다. 군병이 없는 해군該郡의 형편으로는 적들을 막아낼 수 없다 보니, 온 고을은 다 휩쓸려 나가 아무것도 남아 있지 않고 백성들은 구렁텅이에서 헤매고 있는데 그 길이가 수천 리에 달합니다. 우리의 백성들이 큰 해독을 입은 만큼 500년 동안 길러 준 은택으로 의당 그들을 고통의 늪에서 건져주어야 하는데, 해군의 백성들이 여러 차례 하소연했건만 정부에서는 아직도 적당한 처분을 내리지 않고 있습니다.

평양 선화당은 민씨 사랑방
: 선화당요

관서 지방은 산천이 넓고도 깊어서 진기한 물화가 산출되었는데, 아름다운 기생의 풍악, 빼어난 누정의 경치는 더욱 평양을 손꼽았다. 그래서 극중에서는 평안감사를 부러워하며 이르기를, '부귀신선'이라고 했으며, 백여 년 동안 권귀 權貴가 아니면 얻을 수 없는 자리였다. 남인으로는 채제공 이후로 없었고, 소론으로는 서염순徐念淳 이후로 없었으며, 북인은 말할 것도 없다. 대원군이 정권을 잡자 한계원韓啓源·남정순南廷順이 남인과 북인으로 차례로 그 자리를 얻었으나 잠깐이었을 뿐이다. 갑술환국甲戌換局 이후로 20년 동안은 민영위閔泳緯·민응식閔應植·민영준閔泳駿·민병석閔丙奭 등이 차례로 그 자리를 차지했으며, 민영위는 두 번이나 부임했다. 이에 평안도 사람들이 노래를 불러, "평양 선화당은 민씨의 사랑방이라네平壤宣化堂 閔氏舍廊."라고 했다. 그런데 이 해 8월의 전쟁[청일전쟁]을 치르고는 온 감영이 거덜 나고, 얼마 안 있어 남도와 북도로 나뉘어 부유하고 풍성하며 번화하고 화려한 경관은 다시 옛 모습을 그려볼 수 없게 되었다. 대개 이른바 '만물은 성하면 쇠한다.'라는 것이 진실로 그 이치라 하겠거니와, 당시 여러 민씨 일족의 염치없음을 소급해 논한다면 거의 상상할 만하다.

— 황현, 《매천야록》 권2 ; 임형택 외 역, 《역주 매천야록》 상, 문학과지성사, 2005(초), 2006(2쇄)

고종 때 명성황후의 척족들은 득세하여 평양감영 자리를 독식했다. 그렇기에 평안도 사람들은 "평양 선화당은 민씨의 사랑방이라네."라고 한 것이다.

선화당은 각 감영에서 관찰사가 정무를 처리하던 정청政廳 건물을 가리킨다. 일반도청 청사의 기능과 법원의 기능을 복합한 건물이라고 할 수 있다. 이를 고을에서는 동헌東軒이라고 했다. 정면 중앙에는 "임금의 덕을 베풂으로써 백성을 교화한다宣上德而化下民."는 뜻의 '선화당宣化堂'이라고 쓴 편액을 달았다. 조선시대의 선화당으로 현존하는 것에는 현종 9년(1667) 완공된 강원도 원주의 선화당과 경상도 대구 중앙공원의 선화당, 충남 국립공주박물관 경내의 선화당, 그리고 함경남도 함흥시의 선화당 등이 있다.

이인직의 《혈의 누》에 등장하는 김관일은 평양에서 돈 잘 쓰기로 이름난 '초시'인데, 그의 장인인 최주사는 부산에서 상업을 하고 있으며 사위의 유학자금을 대줄 수 있을 만큼 경제력이 있었다. 평양에서 청일전쟁을 겪은 김관일은 다음과 같이 봉건 관료를 비판했다.

평안도 백성은 염라대왕이 둘이라. 하나는 황천에 있고 하나는 평양 선화당에 앉아 있는 감사이라. 황천에 있는 염라대왕은 나이 많고 병들어서 세상이 귀치 않게 된 사람을 잡아가거니와, 평양 선화당에 있는 감사는 몸 성하고 재물 있는 사람을 낱낱이 잡아가니, 인간 염라대왕으로 집집에 터주까지 겸한 겸관이 되었는지 고사를 잘 지내면 탈이 없고 못 지내면 온 집안에 동토가 나서 다 죽을 지경이라.

봉건 말기 요호부민의 목소리가 그대로 실려 있다.《혈의 누》의 김관일은 이런 생각에서 "천하 각국을 다니면서 남의 나라 구경도 하고 내 공부 잘한 후에 내 나라 사업을 하리라."라고 하고 외국 유학을 떠난다.

민병석(1858~1940)은 본관이 여흥驪興으로, 민경식閔敬植의 아들이다. 곧 명성황후의 척족이다. 고종 17년(1880) 문과에 급제한 뒤 고종 21년(1884) 참의군국사무參議軍國事務에 등용되었다. 1884년의 갑신정변 이후 도승지로서 민응식과 상의하여, 장은규를 밀파해 일본 망명 중인 김옥균을 암살하려 했으나 실패했다. 1886년부터 협판내무부사協辦內務府事·한성부좌윤·예조참판·육영공원변리育英公院辨理·강화유수 등을 지냈다. 1889년 평안도관찰사로 임명되어 1894년까지 평양에 머물렀다. 이때 당오전當五錢을 발행해서 조병세의 탄핵을 받았다.

1894년 청일전쟁 중 민병석은 대원군의 밀서를 받아 청나라 장수와 내통하여 일본 세력을 축출하려 했으나 실패하고, 1895년 초 원주에 유배되었다. 1895년 민씨 척족 세력이 부활하자 사면되고, 군부대신·학부대신·궁내부대신·철도원총재 등의 요직을 지냈다. 또 대한천일은행大韓天一銀行·직조단포주식회사織造緞布株式會社·농업회사 등의 조직과 경영에 참여했다.

1910년 8월 22일 오후 1시, 어전회의에서 한반도 조선 영토와 조선 백성을 일본제국에 양도하는 '한일합방조약'을 의결했다. 어전회의에는 총리대신 이완용, 내부대신 박제순, 탁지부대신 고영희, 농상공부대신 조중응, 궁내부대신 민병석 등이 참석했다. 황족의 대표로서 흥왕 이희李熙, 원로대표로서 중추원의장 김윤식, 무인측 대표로서 시종무관 이병무가 열석했다. 그리고 오후 5시, 서울 남산에 있는 조선 통감부에서 대한제국의 총리대신 이완용과 일본 통감 데라우치는 '한일합방조약'에 서명 조인했다. 일본은 소동이 일어나지 않도록 극비리에 합병조약을 진행하여 8월 22일 조인하고 이를 1주일 후 8월 29일에 공포했다. 이후 민병석은 일제로부터 자작의 작위와 은사금을 받고, 이왕직장관李王職長官과 중추원의관中樞院議官을 지냈다.

명성황후는 근세의 정치에 긍정적인 면과 부정적인 면을 모두 남겼다.

명성황후는 고종 8년(1871)에 자신이 낳은 왕자를 5일 만에 잃고, 대원군이 고종의 궁인 이씨 소생의 완화군完和君을 세자로 책봉하려 하자 대원군과 대립했다. 명성황후는 민승호 등 여흥 민씨 삼방파三房派 세력, 조대비趙大妃를 중심으로 한 풍양 조씨 세력, 대원군과 소원해진 대원군 문중의 세력, 그리고 유림세력 등 노론을 중심으로 대원군 및 남인 세력에 맞섰다. 고종 10년(1873)에는 최익현을 동부승지로 삼고, 그해 10월 26일 그로 하여금 대원군을 들어 탄핵하고 고종의 친정親政을 요구하는 소疏를 올리게 했다. 최익현은 11월에 다시 상소를 올리고, 대원군은 양주 곧은골로 물러났다. 대원군 실각 후 민씨는 척족을 앞세워 정권을 장악하고 1876년 강화도조약(조일수호조약)을 맺었다. 개화사상가인 박규수를 우의정에 등용한 후, 통리기무아문을 설치하고, 삼군부를 폐지 했으며, 신사유람단과 영선사를 일본과 청나라에 파견했다. 또한 한미 수교를 위해 노력했다. 고종 19년(1882) 임오군란이 일어나자 장호원에 있는 민응식의 집에 피신하여 있으면서, 청나라에 군대를 요청하여 대원 군을 청으로 납치하게 한 뒤 정국을 다시 장악했다. 고종 21년(1884) 김 옥균·박영효 등 급진개화파가 갑신정변을 통해 정권을 장악하자, 청나 라의 도움으로 이들을 제거했다. 이듬해 러시아의 남하를 우려한 영국 이 거문도 사건을 일으키자, 묄렌도르프를 통해 영국과 교섭하는 한편 러시아와도 접촉했다. 이때 청나라와 일본은 대원군의 환국을 주선하여 민씨 척족 세력과 맞서게 유도했다. 1894년 청일전쟁에서 일본이 승리하 고도 삼국 간섭으로 그 기세가 주춤하자, 명성황후는 친러시아 태도를 보였다. 그러다가 1895년에 을미사변을 당했다.

그런데 고종 때 외척의 발호는 민씨 일가가 처음이 아니다. 고종이 즉 위한 후 4년 동안 수렴청정했던 신정왕후 조씨 즉 조대비의 척족도 각 종 이권을 챙겼다. 그래서 심지어 "황해감사 자리는 부지깽이까지 온다." 라는 말까지 있었다. 역시 《매천야록》에 그에 관한 이야기가 나온다.

해주海州는 서울과의 거리가 겨우 사흘길인데 물길로 바람이 좋으면 아침에 출발해 저녁에 이를 수 있었다. 그래서 서울 속담에 "황해감사 자 리는 부지깽이까지 온다黃海監司 火樵亦來."라고 하는데, 대개 벼슬살이 하 는 집에서 마음대로 할 수 있다는 뜻이다. 신정왕후 조씨는 본궁이 쇠락 하여 재용이 부족하자 임금에게 황해감사 한 자리를 허락해 지공에 대비 할 수 있도록 간청하니 임금은 부득이 그대로 따랐다. 그렇기 때문에 십

수 년 동안 이곳 감사 자리에 앉은 자는 모두 신정왕후의 일가가 아니면 내외척으로, 조병철·조경하 같은 이들이다. 양반들은 그래서 말하기를, "황해감사는 조대비 감사이다."라고 했다.
― 황현, 《매천야록》 권1 하

신정왕후는 풍은부원군豊恩府院君 조만영趙萬永의 딸로, 순조 19년 (1819)에 12세의 나이로 세자빈에 책봉되고, 순조 27년(1827)에 헌종을 낳았다. 1834년에 헌종이 즉위하고 남편이 익종으로 추대되자 왕대비에 올랐고, 철종 8년(1857) 순조의 비 순원왕후가 서거하자 대왕대비가 되었다. 1863년 철종이 대 이을 아들 없이 서거한 후, 안동 김씨 세력을 약화시키기 위해 흥선군 이하응의 둘째 아들을 양자로 삼아 왕위를 물려주었으니, 그가 고종이다. 고종이 어린 나이에 즉위했으므로 1866년까지 4년 동안 수렴청정을 했다. 고종 27년(1890) 4월에 서거했다. 능은 경기도 양주에 있는 수릉綏陵이다.

신정왕후의 수렴청정 기간 동안 실질적인 권력은 흥선대원군 이하응에게 있었다고 하지만, 풍양 조씨 친정은 요직을 차지하고 호사를 부렸다. 그렇기에 "황해감사는 조대비 감사."라든가, "황해감사는 부지깽이까지 온다."라는 말이 있었던 듯하다.

황해감사는 조선 말기와 대한제국 때의 13도 중의 하나인 황해도의 장관이다. 칙임관勅任官으로 정원은 1원이다. 1896년(건양 1)에 두고 그의 관부인 감영을 해주에 두었다. 본래 황해도관찰사는 종2품으로, 정원은 1원이었다. 관찰사는 문관으로 임명했으며 2년이면 체임되었다. 태조 4년 (1395)에 처음으로 설치하고 감영을 해주에 설치했다. 도내의 행정·사법·

군사의 사무를 총괄하고, 관하 부윤·목사·부사·군수·현령·현감을 지휘 감독했다. 또 황해병마절도사(종2품)와 황해수군절도사(정3품 당상)를 겸임했다. 고종 32년(1895)에 8도를 폐하고 23부를 둘 때에 폐지되었다.

황현은 "황해감사는 부지깽이까지 온다."라는 말이 속담이라고 했다. 하지만 민중이 왕실 인척의 발호를 비난하는 뜻을 담은 동요라고 보아도 좋을 듯하다.

황현은 《매천야록》에서 청일전쟁 무렵 민병석의 거취와 인물됨을 비판하여 다음과 같은 두 이야기를 함께 거론했다.

《매천야록》에 따르면 민병석은 평양감사로 있으면서 '강학講學'을 하는 시늉을 했다. 본래 민병석은 전우田愚의 문하에서 공부한 사람이라, 강학을 한다고 자칭해 왔다. 그런데 평양 감영에 있을 때 치포관緇布冠을 쓰고 심의深衣를 입고서는 유생들을 초청해서 《중용》과 《대학》을 펼쳐놓고 강론을 야단스럽게 했다. 그러면서 따로 곁구멍을 내어 재물을 거두고 뇌물을 받아들이기를 하루도 거르지 않았다. 그렇지만 본성이 나약하고 어두워서 제대로 챙기지 못해 이익은 아랫사람들에게 돌아가고 원망은 자신에게 돌아왔다. 평안도 사람들은 그를 두고 '강학 도적'이라 했다고 한다.

청일전쟁이 일어나자 청국 총병 위여귀衛汝貴·마옥곤馬玉崑·풍승하豐陞河·좌오귀左寶貴 등은 평양으로 진입하고, 섭지초葉志超와 섭사성聶士成은 나가서 회동했다. 대개 이달 보름 즈음에 있었던 일이다. 용정勇丁이 34영榮에 총 1만 5000명이었는데, 여러 장수 중에 통솔자가 없고 지위가 서로 대등하여 명령이 한 곳에서 나오지 않고 군기가 없었으며, 간음과 노략질을 일삼아 평안도 백성들이 원망하고 두려워했다. 식자들은 청나라가 반드시 패하고 말 것임을 알았다고 한다.

이때 민병석은 정국이 이미 바뀌어 자기 일가들이 쫓겨나고 귀양 가는 것을 보고 죄를 받을까 두려워하던 차에 또 김만식이 온다는 말을 듣고 어찌할 바를 몰라 달리 계책을 내지 못했다. 그러다가 북양대신의 전보를 받고 드디어 김만식을 물리치고 교대하지 않았다. 김만식은 평양 서윤 서병수와 함께 정방산성正方山城으로 들어가 40일이 되도록 감히 밖으로 나오지 못했다. 평안도 내에서는 모두가 '민병석은 청 감사'요 '김만식은 왜 감사'라고 생각하며 김만식의 명령을 따르지 않고 청국의 구원만을 바라며 조정의 명령을 따르지 않았다.

이러한 지경에 이르렀으므로 청일전쟁 때 조선은 전장으로 화하고, 청나라와 일본 사이에서 주권을 행사하지 못했다.

숲속에서 자느라 돌아오지 않네
: 임간요

민병석은 자기 처를 보내 하야시 곤스케林權助와 내통하게 했다. 종종 밤을 샌 일도 있어서 서울에서는 "숲속에서 자느라 돌아오지 않네林間宿不歸."라는 노래가 불리었다.

— 황현, 《매천야록》 권4 ; 임형택 외 역, 《역주 매천야록》, 문학과지성사, 2005(초), 2006(2쇄)

1894년 청일전쟁 중, 민병석은 대원군의 밀서를 받아 청나라 장수와 내통하여 일본 세력을 축출하려 했으나 실패하고는 이듬해 초 원주에 유배되었다. 그리고 1895년 민씨 척족 세력이 부활하자 사면되고, 군부대신·학부대신·궁내부대신·철도원총재 등의 요직을 지내게 된다. 이때부터 민병석은 친일의 행각을 벌였다.

곧 민병석은 자기 처를 하야시 곤스케에게 보내어 밤에 머물고 오게 시키기도 했다는 것이다. 그러자 서울에서는 "숲속에서 자느라 돌아오지 않네."라는 노래가 유행하기도 했다. 숲속이란 말의 '임간林間'은 곧 '하야시의 곳'을 뜻하는 비유어였다.

하야시 곤스케는 청일전쟁 직후 주한일본공사를 지낸 자로, 1860년 일본에서 태어나 19살에 오사카 전문학교에 입학하고 2년 뒤 도쿄대학 예비전문학교로 전학했다. 뒤이어 도쿄제국대학 정치학과에 진학하여 24살에 졸업하면서 도쿄대 총장의 추천으로 외무성에 들어갔다. 이후 조선 주재 부영사관, 북경공사관을 거쳐 외교성 통상국장을 역임한 후 39세에 주한특명전권공사가 되었다.

청일전쟁에서 이긴 일본은 러시아의 남하를 저지하기 위해 대한제국과 한일의정서를 체결했다. 러·일의 전운이 급박하자 대한제국은 1904년 1월 23일 국외중립을 선언했다. 한·만 문제로 대립하던 러·일 양국은 이해 2월 6일 국교를 단절하고, 2월 8일 일본은 여순항에서 러시아를 공격했다. 2월 9일 일본군은 인천에 상륙하여 그날로 서울에 입성했고, 2월 10일에 일본은 러시아에 선전포고를 했다. 이때 주한일본공사 하야시 곤스케는 외부대신서리 이지용을 통해 고종을 알현하고, 중립을 버리고 일본에 협력할 것을 강요했다. 2월 12일 주한 러시아공사 파블로브는 공사관원과 함께 러시아 병사 80명의 호위 아래 서울에서 퇴거했다. 하야시는 일본군 제12사단장 이노우에井上와 함께 고종을 압박하여 2월 23일 공수동맹을 전제로 한 한일의정서를 체결했다.

일제는 의정서에 의거하여 광대한 토지를 군용지로 점령했고 3월 말에는 한국의 통신기관도 군용으로 강제 접수했다. 5월에는 경부京釜·경의

京義 철도부설권도 빼앗았다.

하야시 곤스케는 1904년 8월 22일 외무대신서리 윤치호와 한일외국인 고문용빙에 관한 협정서(제1차 한일협약)를 체결했다. 이 협정의 체결로 대한제국은 외교권과 재정권을 빼앗기고 일제의 고문관顧問官에게 내정을 간섭받게 되었다.

이렇게 엄중한 시기에 민병석이 기득권을 지켜나가 결국 1910년 8월의 한일 강제 합방 조약의 조인에 참여했다는 이야기는 이미 앞서 한 바 그대로이다.

서울 예장동 2의 1번지, 서울유스호스텔이 들어선 곳 어귀의 작은 잔디밭 공원은 일제의 통감관저가 있던 터이다. 이곳에는 1936년에 하야시 곤스케의 동상을 세우면서 좌대 판석으로 사용했던, '남작임권조군상男爵林權助君像'이란 글씨가 새겨진 넓은 판석이 남아 있다.

공자가 시관에 석숭이 장원이다
: 석숭장원요

요즘 서울 사대부들은 부귀를 누리며 한가롭게 노니느라 평소 붓을 잡지 않고 가난한 선비를 집에 데려다 놓고 양육하다가 과거 시험이 있으면 급히 데리고 들어가 사역을 시켰다. 이때 대신 글 짓는 자를 거벽巨擘이라 하고, 대신 글씨 쓰는 자를 사수寫手라 한다. 그들은 드러누워 조보朝報(관보)를 들춰 보다가 아무 날에 어떤 과거를 실시한다는 기사만 보면 소리쳤다. "거벽과 사수는 어디 있느냐?" 지방 부자들도 이를 따라하니, 글자 한 자 읽지 않아도 시권에 쓰인 것은 훌륭했다. 시관이 아무리 공도公道를 지키더라도 선발한 자들은 모두 부귀한 집안의 자제들이었다. 그래서 이런 노래가 불리었다.

공자가 시관에	孔子爲考官 공자위고관
석숭(중국 진나라 부호)이 장원이다	石崇作壯元 석숭작장원

– 황현, 《매천야록》 권1 상 ; 임형택 외 역, 《역주 매천야록》 상, 문학과지성사, 2005(초), 2006(2쇄), 117~118쪽

과거는 조선 및 중국에서 인재를 선발하는 가장 중요한 장치였다.

중국은 성省마다 과거 보는 사람의 정원이 정해져 있어서, 과장은 연이은 건물로 한 칸마다 한 명씩 들어가게 되어 있었다. 이것을 장옥場屋이라고 한다. 우리나라는 장옥이라는 이름은 빌려왔지만, 실상은 달랐다. 대개 객사客舍의 담장 둘레에 말뚝을 박고 섶을 쳐서 시험 장소를 삼았으니, 이것을 시성柴城이라 했다. 그리고 객사의 서까래마다 큰 끈을 매는데 그것을 망박網縛이라 했다. 미리 담장 문을 봉쇄했다가 시험 보기 하루 전에 문을 열어 시험생을 들여보냈는데, 이것을 부문剖門이라 했다. 시험생들을 다 들여보낸 후 장대를 꽂아 놓고 차일을 덮는 것을 의막依幕이라 했다. 망박의 맨 상단에 판을 걸어 놓고 시제를 걸 준비를 했는데, 이것을 현제판懸題板이라 했다. 망박의 옆으로 사방을 각기 동정東庭·북정北庭이라 했다. 시험일이 되면 조홀첩照訖帖을 조사하여 선비들을 입장시키니 이를 입문入門이라 하고, 시권이 다 바쳐지면 순서대로 구별하여 천자문의 글자 순서에 따라 번호를 매기는데 이를 전자塡字라고 했다. 전자를 마친 다음 그 봉한 시권을 잘라서 붙여 별도로 보관했는데, 이것을 할봉割封이라 했다. 서울에서 시험을 보일 때는 시험 장소가 한곳에 정해져 있는 것이 아니어서 혹은 성균관, 혹은 비천당조闡堂, 혹은 예조자 삼군부三軍府 등에서 실시하며, 이는 회시도 마찬가지였다. 그 격식은 각 도에서 실시하는 것과 대략 비슷했다.

하지만 조선시대의 과거 제도는 학교 제도와 긴밀한 관계를 갖지 못하고, 천거 제도와 병행되지 않았기 때문에 갖가지 폐단을 낳았다. 더구나 과거 공부는 인격의 완성이나 학문적 탐구와 관련 없이 사회적 진출의 장치로서만 이용되었다. 사회적 책임의식을 중시하는 사계층이 입사入仕의 초기부터 이익을 도모하는 방법을 익혀야 하였다.

조선시대에는 본래 응시자격을 엄격히 제한해서, 친조부모와 외조부모의 적서嫡庶 여부까지 따졌으나, 조선 후기에 들어와서는 신분을 사칭하는 일이 많았다. 또한 과거 제도는 대리 응시와 출제 문제의 사전 누출, 채점 부정 때문에 더욱 문란하였다. 《경국대전》에 이미 대술代述·차술借述, 이전복예吏典僕隷의 누설, 감독 태만 등의 부정을 예상하고 있었다. 성호 이익은 권귀權貴의 자제들이 과장에 서책을 휴대하고 종행從行을 수십 명씩 대동하고 들어간다는 사실을 지적하였다. 다산 정약용은 과장에 종행을 데리고 들어가 대술·차술하고, 서로 짓밟고 죽이기까지 한다고 개탄하였다.

이옥李鈺은 〈과책科策〉이란 글에서 과거시험장의 문란을 가장 문제 삼았다. 그는 시험장이 문란한 것은 답안지(시권) 제출을 독촉하는 데 원인이 있다고 보아, 답안지 제출을 독촉해서는 안 되며, 부정을 저지를 수 없도록 시권을 다른 글씨로 바꾸어 써서 그것을 가지고 채점을 하여야 한다고 주장했다. 과거 제도 자체의 모순을 부정하기보다는 당대 현실의 제도를 감안하여 실질적인 개선 방안을 제시한 것이다.

구한말의 과거는 더욱 문란해져서 고시관은 훌륭할지 몰라도 부자들이 갖가지 농간으로 자제들을 합격시키는 것을 막지 못했다. 부자들은 글 잘 짓는 사람과 글씨 잘 쓰는 사람을 사서 대리 시험을 치르게 했다. 공경가의 자제들은 과거 시험 때 시험장에 들어가지 않고 집에서 글을 지어 올리기도 하였다. 이를 일러 외장外場이라 했다.

거벽이란 말은 원래 대가大家나 뛰어난 인물이란 뜻이지, 과거시험장에서의 명수만을 가리킨 것이 아니었다.

그런데 조선 후기에 이식李植은 〈능해군綾海君 초당草塘 구공具公의 행장〉에서, 구성具宬이 "약관의 나이에 벌써 학업이 성취되어, 향시에서 잇따라 우등의 성적을 거두었으므로, 당시에 거벽으로 높이 일컬어지기도 하였다."라고 적었다.

또한 윤증尹拯은 〈현령 이군李君 묘갈명〉에서, 묘주(망자) 이공간李公榦을 두고, "군은 가문이 쇠퇴한 것을 생각하고는 반드시 입신양명하여 도정공의 사업을 계승하려고 마음먹었다. 밤낮으로 부지런히 힘쓰고 기송記誦과 술작述作에 매우 공력을 들인 결과 과장에서 이름을 날려 거벽으로 일컬어졌다."라고 하여, 거벽이란 말을 과장에서 재능을 발휘하는 작가란 뜻으로 사용했다. 이공간은 여러 차례 응시하여 더러 장원으로 뽑히기도 했으나 끝내 문과에는 급제하지 못하고, 나중에 문화 현령이 되었다. 따라서 과장에서의 거벽이란 반드시 문장의 대가도 아니요, 더더구나 경학 등 학문에서의 대가도 아니었다.

조선 후기는 과거 제도가 문란하고 대작이 공공연하게 이루어지면서, 남을 대신하여 과시에 응시하는 거벽이 생겨났다. 이때부터 거벽은 글품을 파는 존재가 되었다.

이옥은 글품팔이 유광억柳光億의 전傳을 적어, 대리 시험의 문제점을 언급하면서도, 유광억을 동정했다. 혼탁한 세상을 살아가는 또 하나의 달인의 모습을 유광억에게서 보았기 때문이다.

이옥의 〈유광억전〉에 따르면 유광억은 영남 합천군 사람이다. 그는 한시를 대강 지을 줄 알았고, 과시를 잘하기로 영남에서 이름이 났다.

하지만 집이 몹시 가난한 데다가 지체도 낮았다. 글은 수준이 그리 높지는 않았지만 날래고 날카로운 맛이 있어 제법 솜씨가 높았다. 그래서 이것으로 과거 시험에서 득의하였다. 유광억이 언젠가 영남 도시道試에 합격하고, 장차 서울의 해당 관서(한성부)에서 시험을 치르기 위해 길을 떠났다. 그런데 어떤 사람이 부인이 타는 가마를 대령하고 길에서 그를 맞았다. 가마를 타고 그 집에 이르러보니, 붉은 대문이 몇 겹이요, 화려한 건물이 수십 채였다. 거기에는 얼굴이 희고 수염이 성글게 난 몇몇 젊은 사람들이 막 종이를 펼쳐 놓고 기다리고 있었다. 그들은 필력을 겨루어서는 유광억의 품평을 들었다. 그 주인은 유광억을 안채에 묵게 하고, 날마다 다섯 끼씩 진수성찬을 제공하였다. 그리고 마치 아들이 어버이를 잘 섬기듯 유광억을 공경하였다. 급기야 회시會試를 치르고 본즉 그 주인의 아들이 과연 유광억이 대신 써준 글로 진사시에 합격하였다. 주인은 행장을 잘 꾸려서 유광억을 전송하였다. 유광억이 말 한 필과 종 한 놈을 거느리고 자기 집으로 돌아오자, 어떤 사람이 돈 이만 냥을 갖고 찾아왔다. 그리고 그가 고을에서 빌려 먹었던 환자還子(백성들에게 봄에 꾸어주고 가을에 이자를 붙여 거두던 곡식)는 경상감사가 벌써 다 청산한 뒤였다고 한다.

파방 파방 또 파방 파방

: 파방요

경진년(1880, 고종 17) 봄에 세자가 천연두에 걸렸다가 나아서 증광과增廣科를 보였다. 경시관京試官이 임금께 들어가 아뢰자 임금이 난간에 서서 친히 유시 하기를, "동궁이 수를 누리고 못 누리는 것은 이번 과거가 공정히 처러지느냐 못 처러지느냐에 달려 있으니, 너희들은 명심하라." 하였다. 이때 홍철주洪澈周 와 김창희金昌熙가 한성시漢城試의 1소所와 2소의 시관이었다. 임금이 또 유시 하기를, "이번 과거에 사사로움이 있으면 나를 임금으로 대접하지 않는 것이 다." 하였다. 방이 붙고 보니 남촌과 북촌의 경상가 자제들이 집집마다 뽑혀 서 여론이 비등했다. 임금이 진노하여 홍철주 등을 귀양 보내고 1소와 2소의 방을 파했으며, 각 도의 방 또한 따라서 파하였다. 대개 고례를 따른 것이기 는 하나 기실은 이때의 경시관 또한 한 사람도 공도公道를 지키는 자가 없었 던 것이다. 방을 파한 후에 다시 날을 잡아 과거를 보였는데 각 도의 경시관 은 그대로 쓰고 한성시에는 정해륜鄭海崙 등을 차임하여 주관하게 했다. 그러 나 겉으로는 공정하고 안으로는 사私를 두어 우물쭈물 미봉했을 뿐이었다. 시골 선비로 시험에 떨어진 자들이 이를 두고 노래를 지어 말하기를 "파방 또

파방, 오직 파방하지 않을까 두렵도다罷榜又罷榜 惟恐不罷榜."라고 하였다. 임금
이 이야기를 듣고 다시 파방을 하고자 하였으나 한번 크게 징계를 내린 끝에
그 일이 중대하여 불문에 부쳤다.

— 황현,《매천야록》권1 상 ; 임형택 외 역,《역주 매천야록》, 문학과지성사,
 2005(초), 2006(2쇄), 143쪽

조선 후기에 과거 시험이 문란하자, 국왕은 그 개선을 위해 고심했다.
과거 시험이 끝난 뒤 합격자를 발표하는 방방放榜 뒤에라도 부정의 사실
이 발각되면 파방罷榜을 하기 일쑤였다. 고종 17년(1880)에 세자의 천연
두가 나은 것을 경하하여 설치된 증광시 때는 한성시의 경시관마저 공
정성을 잃자 파방을 하였으며, 정해륜으로 하여금 주관하게 했다. 하지
만 황현은 정해륜도 겉으로만 공정하고 안으로는 사심을 두어 미봉했
다고 비판했다. 당시 시골 선비들 가운데 시험에 떨어진 사람들은 파방
을 기다리기까지 하여, '파방 또 파방, 오직 파방하지 않을까 두렵도다.'
하고 노래했다고 한다. 이 노래는 곧 '파방 또 파방, 부디 파방하게 되기
를!'이란 뜻이다.

　고종 때 이르러 과거 급제는 돈을 주고 살 수가 있었다. 돈이 없는 시
골 선비들은 파방이 되면 재시험을 보니 재시험이나 치렀으면 하고 바랐
던 것이다. 황현은《매천야록》에서 당시 과거 매매의 값까지 적어두었다.
초시를 매매하던 당초에는 그 가격이 200냥, 혹은 300냥으로 일정치 않

았다. 그러나 갑오년 직전의 몇 차례 식년시에서는 1,000여 냥씩 하였고, 회시는 대충 1만여 냥씩 하였다.

과거 시험이 문란하게 된 것은 고종에게도 책임이 있었다. 황현에 따르면, 을유년(1885) 식년과의 생원·진사 회시에서 고종은 100인을 추가로 합격시키되 1인당 2만 냥에 팔고, 원방原榜은 공정하게 선발하도록 명하였다. 그러나 고관 심이택沈履澤과 민종묵閔種默 등이 이익을 챙겨서 단 한 명도 공정하게 선발하지 않았다. 춘방春坊·계방桂坊에 속한 벼슬아치의 아들·사위·동생·조카들은 함께 합격시키라는 명까지 있었다. 이때부터 진사과에서 정원을 추가로 뽑아 방매放賣하는 일이 벌어졌다.

당시 서울 부근으로부터 먼 시골에 이르기까지, 청금靑衿(유생)으로부터 백도白徒(과거에 아직 합격하지 못한 사람)에 이르기까지, 너도나도 과거에 붙으려고 바쁘게 쫓아다니고 생업에 힘쓰지 않게 되었다. 서울의 부유한 상인들은 별계莂契를 담당하여 과거값으로 바칠 것을 마련해주기도 했다.

고종이 추가로 합격자를 뽑으라고 명령을 내리자, 민응식은 민망하게 여겨 반대의 뜻을 말했다. 그러나 고종은 "속담에 이르기를 '조선 말에는 마을마다 급제자요, 집집마다 진사'라고 했는데, 그대는 듣지도 못했는가? 대운大運이 그러한데 어찌하겠는가? 내가 과거를 팔지 않는다 하여 어찌 나아지겠는가?"라고 하였다고 한다.

우장이 나오자 어린아이 잘 자라고, 금계랍 들어오자 노인들이 제 명에 사네

: 우장·금계랍요

하루걸러 앓는 학질은 속칭 '당학唐瘧'이라는 병인데, 우리나라 사람들이 이 병을 아주 두려워하였다. 노쇠한 사람은 열에 네다섯은 사망했으며 젊고 기력이 좋은 사람도 몇 년을 폐인처럼 지내야 했다. 금계랍金鷄蠟이란 약이 서양에서 들어온 뒤로는 사람들이 그것을 한 돈쭝만 복용해도 즉효가 있었다. 이에 다음과 같은 노래가 불려졌다.

우장이 나오자	牛漿出 우장출
어린아이 잘 자라고	小兒茁 소아줄
금계랍 들어오자	鷄蠟至東 계랍지동
노인들이 제명대로 사누나	老人考終 노인고종

— 황현, 《매천야록》 권1 상 ; 임형택 외 역, 《역주 매천야록》 상, 153~154쪽

서양의 천연두 예방학인 우두법牛痘法과 학질 치료약인 금계랍은 고종 때에 들어왔다. 천연두를 예방하는 데 쓰는 액체는 소에게서 뽑아낸 것이어서 우장牛漿이라고 한다. 천연두를 두진痘疹이라고도 하는데, 천기에 따라 전염되기 때문에 시두時痘라고도 일컬었다. 당시에는 미량의 천연두 균을 접종하는 종두種痘가 유행하였다. 그런데 천연두는 증세가 치명적이어서 유아 사망자가 줄을 이었는데, 종두를 하면 감염이 되더라도 증세가 점차 약화되어 치료가 비교적 쉽다.

서양에서는 이미 우두법을 사용하고 있었다. 이 우두법은 서양에서 나와 오대주에 전해진 지 이미 수십 년이 되었지만 우리나라는 전혀 모르고 있었다. 이 무렵 역관 출신의 지석영은 1876년에 스승 박영선이 일본에서 가져온 《종두귀감種痘龜鑑》이란 책자를 통해 우두법에 관심을 두기 시작하여, 3년 뒤 부산에 있는 제생의원에 내려가 두 달 동안의 연구 작업 끝에 우두법을 익혔다. 이곳에서 두묘痘苗와 종두침種痘針을 얻어 서울로 돌아오던 중 같은 해 12월 충주군 덕산면에 있는 처가에 들러 40여 명의 어린이에게 우두를 실시하였다. 이것이 우리나라 최초의 우두법 보급이었다. 이어 1880년 6월, 지석영은 수신사 김홍집을 따라 일본으로 가서 일본에서 우두법을 다시 배워왔다. 28일 동안 일본에 머무르며 지석영은 일본위생국 우두 종계소에 찾아가서 두묘痘苗 만드는 법을 배웠다. 그리고 귀국한 후 서울에 약국을 열고 사람들에게 우두법을 가르쳤다고 한다.

황현은 《매천야록》에서, 지석영이 기묘(1879)와 경진(1880) 연간에 서울에 약국을 설치하고 지방의 노는 사람들을 모집하여 교습시킴으로써 우두법이 점차 팔도에 행해지게 되었다고 했다. 그런데 이전의 종두법은 시두에 걸리는 것에 비하면 열 배는 온전하다고 할 수 있으나 잘못되어 죽는 자도 더러 있었다. 우두법이 나오고부터는 만에 한 명도 죽지 않게 되어 종두법은 드디어 폐지되었다.

한편 금계랍金鷄蠟은 금계납金鷄納으로도 적는데, 열대 지역 키나나무 껍질에서 얻은 키니네를 염산에 화합시켜 만든 약품 염산키니네를 말한다. 곧, 말라리아(학질) 특효약으로, 해열제·강장제 등으로 쓰인다. 1765년(청나라 건륭 30)에 조학민趙學敏이 엮은 《본초강목습유本草綱目拾遺》에 금계랍의 효능을 아래와 같이 적고 있다.

서양에 일종의 수피樹皮가 있어 이름을 금계륵金鷄勒이라 하는데 학질을 치료할 수 있어, 한 번 복용하면 낫는다. 가는 가지는 중간이 비어 있어, 엄연히 골骨(목심木心)을 제거한 원지遠志와 흡사하다. 맛은 약간 맵다.

학질 치료 : 금계랍 1전錢과 육계肉桂 5푼을 함께 끓여 복용한다. 튼튼한 사람은 금계랍을 2전까지 복용해도 좋다.

숙취 풀이 : 금계랍을 끓여서 탕으로 복용한다.

황현의 《매천야록》에 따르면, 고종 연간의 우리나라 사람들은 우장과 금계랍의 효능을 알고, "우장이 나오자 어린아이 잘 자라고, 금계랍 들어오자 노인들이 제명대로 사누나."라고 노래를 불렀다고 한다.

천리 늘어선 소나무가
하루아침에 하얗게 되리라

: 천리연송千里連松요

가을에 전보국電報局을 설치하고 전신주를 세웠는데 의주에서 시작하여 서울로 들어왔고, 다시 서울에서부터 동래까지 이르렀다. 이때 서쪽 지방의 역참驛站이 마침내 폐지되고 남쪽 연해의 봉수대 또한 쓸모없게 되었다. 민간에서는 예전부터 "천리에 늘어선 소나무가 하루아침에 하얗게 될 것이다千里連松(천리연송) 一朝盡白(일조진백)."라는 참언讖言이 있었다. 병자년(1876)의 큰 흉년에 남쪽 지방의 백성들이 소나무 껍질을 벗겨 먹어, 큰 소나무들이 껍질이 벗겨진 채 하얗게 늘어서 있으므로 어떤 이는 참언이 맞았다고 하였다. 나는 그때 약관의 나이였는데 이 말을 반박하여 "어찌 구황 초목이 참서讖書에 올라 있을 이치가 있겠는가?"라고 했는데, 이때 이르러 징험이 된 것이다. 대개 여항에서 떠도는 말이 모두 근거가 없다고는 할 수 없겠다.

— 황현, 《매천야록》 권1 상 ; 임형택 외 역, 《역주 매천야록》 상, 261쪽

고종 22년인 1885년 9월 28일, 처음으로 서울과 인천 간에 전신이 개통되었다. 이를 계기로 서울에 전보국의 한성총국, 인천에 분국을 설치하였으며, 곧 이어 평양·의주에도 분국을 두었다. 황현의 《매천야록》에 따르면 1887년 가을에 의주에서 서울, 서울에서 동래까지 전신주가 늘어서게 된 듯하다.

한성전보총국에는 총판, 분국에는 전문위원을 두어 전신사무를 관장하였다. 당시의 전신시설은 청나라의 기기와 장비, 그리고 기술에 의해 가설되었다. 전보국의 기술요원도 대부분 중국인이었다. 전신업무는 한문·영문·불문佛文의 전보를 취급했다.

1895년 우정총국郵征總局이 생기자 보통서신의 우편까지도 전보국에서 취급하도록 하여 기구를 확장하였다. 1897년에는 전보사電報司로 개칭되어 서울에 총사를 두고 지방에는 1등 전보사, 2등 전보사를 두었다. 1905년(광무 9) 이를 통신원通信院에 이관하였다.

처음 전신주가 늘어설 때 사람들은 민간에 예전부터 떠돌던 "천리에 늘어선 소나무가 하루아침에 하얗게 될 것이다."라는 참언이 들어맞게 되었다고 우려했다. 이 참언은 4언 2구의 한문으로 번역되어 전하는데, 아마도 노랫가락에 맞춰 전파되었을 가능성이 높다.

전신의 보급은 문명개화의 상징이었다. 그런데 문명개화에 대해서는 무지의 탓도 있고 하여 일반 민중의 거부감이 컸다. 일본에서도 1873년(메이지 6)에 전신주가 처음 들어섰을 때 마침 징병령이 발포되었던 터라서 전선으로 인민의 피를 운반한다는 소문이 나돌아 폭동이 일어났다.

심지어 "처녀의 피로 전선을 바른다."라는 말도 있었다.

1873년에 징병령이 시행되자, 곧 농민을 중심으로 징병령 반대 봉기가 일어났는데, 그것을 혈세일규血稅―揆(게츠제이잇키)라고 한다. 1873년 3월에 와타라이현渡会県 무로군牟婁郡에서 시작하여 1874년 12월 고치현高知縣 하타군幡多郡에서 봉기가 있기까지 서일본 지역에서 14건 내지 19건의 봉기가 있었다. 그중에서도 1873년 6월 19일부터 6월 26일까지 23일간, 돗토리현鳥取県 아이미군会見郡에서는 '죽창소동竹槍騷動'이 일어났다. 6월 19일에 양복을 입은 소학교 교원과 순찰 중인 나졸을 '혈취인血取人'으로 오인하여 습격한 것이 발단이었다. 이때, 1만 1907인이 체포되고 2만 4817엔의 벌금이 부과되었다. 6월 27일부터 7월 6일까지는 묘도현名東縣의 7개 군에서 세이산西讚 죽창소동(세이산 농민소동)이 일어났다. 미노군三野郡 시모타카노下高野 촌에서는 봉두난발의 여자가 여자 아이 둘을 붙잡고 손에 죽창을 들고 어디론가 달려가자, 주민들이 그 여인을 붙잡고는 '아이들을 잡아가는 할머니'가 나타났다고 소란을 피웠다. 당시 "징병검사는 무서워. 어린아이를 잡아, 생혈을 뽑는다徵兵檢査は恐ろしものよ. 若い児をとる, 生血とる."라는 참요가 유행하고 있었던 때라서 주민들이 광분했던 것이다. 주민들은 호장戶長을 폭행하고, 점차 사람들이 모여들어 2만 명이 합세했다고 한다. 농민 봉기는 동부로도 번졌다. 농민들은 "징병령 반대, 학제學制 반대" 혹은 "육식을 장려한 이후로 소값이 폭등하고 빈민이 더욱 괴롭게 되었다."라고 하면서 폭동을 일으켰다.

혈세란 말은 프랑어의 'impôt du sang'을 직역한 말impôt=稅, sang=血이었다. 그런데 이 말이 1872년 11월의 〈징병고유徵兵告諭〉에서 "무릇 천지간의 한 가지 일 한 가지 물품도 세稅가 없는 것이 없어서, 그로써 국용國用에 충당한다. 그렇다면 인민들은 본디 마음을 다하여 나라에 보답하지 않으면 안 된다. 서방 사람들은 이것을 일컬어 혈세라고 한다. 생혈生血을 가지고 나라에 보답한다는 말이다."라는 식으로 사용되었다. 이것을 일본 농민들이 오해하여 봉기했다는 설이 있다.

전주고부 녹두새야

: 녹두새요

녹두새요 1

아랫녘 새야 웃녘 새야

전주고부全州古阜 녹두새야

두루박 딱딱 우여어

녹두새요 2

아랫녘 새야 웃녘 새야

전주고부 녹두새야

녹두밭에 앉지 마라

두류박 딱딱 우여

— 구전口傳 ; 임동권,《한국민요집》, 동국문화사, 1961

이 두 동요는 고종 31년(1894)에서 32년 사이에 걸쳐 일어난 동학혁명 때 민중들이 부르던 노래라고 구전되어 왔다.

황현의 《동비기략초고東匪紀略草藁》에서는 〈녹두새요〉가 다음과 같이 한역漢譯되어 있다.

上道雀 상도작
下道雀 하도작
全州高阜 전주고부
綠豆雀 녹두작
圓匏 원포
橐橐后羿 탁탁후예

철종 이후로 나라의 힘이 기울고 간신들이 득세하여 국정이 어지러워 나라의 운명은 풍전등화와도 같았다. 이때 전라도 고부 향리의 아들인 전봉준全琫準은 혁명에 뜻을 두고 동학당에 가담했다. 동학당은 수운水雲 최제우崔濟愚가 조직하여 평등을 주장하고 백성들의 큰 환영을 받고 있었다. 전봉준은 고종 31년에 고부에서 드디어 거사했으니 그 진압에는 중국의 힘을 빌리기까지 했다.

노래에서 '새'라 함은 민중을, '두류박'은 전주 고부에 있는 두류산頭流山을, '녹두새'는 전봉준을 뜻했다. 전봉준은 키가 왜소해서 별명이 '녹두장군'이었다. '딱딱우여'는 '날아가라'라는 뜻이거나 '해방'이라는 뜻이다.

즉 〈녹두새요〉는 결국 전봉준이 패할 것이니 그를 따르지 말고 해산하라는 뜻이 된다.

동학혁명 당시에는 많은 참요가 유포되었을 것이다. 동학당을 창시한 최제우는 영부靈符와 주문呪文이라든가, 장생長生, 궁궁弓弓, 지상신선地上神仙, 불사약 등을 중시했다. 특히 경신년 4월 5일 하늘님이 창생을 구원하라고 하면서 영부와 주문을 주었다고 했으므로, 영부와 주문은 동학의 형성과 발전에서 큰 의미를 지녔다. 최제우는 주문을 큰소리로 외우면 지기至氣가 접해 온 몸에 기운이 불끈 솟고, 그 상태에서 몸이 한 길이나 뛰어오르면서 목검으로 검무를 추었다고 한다. 또한 동학에서는 도참사상이 매우 큰 비중을 차지했다.《용담유사》에 들어 있는 〈용담가〉는 승지勝地 사상을 담고 있다.

어화 세상 사람들아 이런 승지勝地 구경하소
동읍삼산 볼작시면 신선 없기 괴이하다
서읍주산 있었으니 추로지풍鄒魯之風 없을소냐
어화 세상 사람들아 고도강산古都江山 구경하소
인걸人傑은 지령地靈이라 명현달사明賢達士 아니날까

또《용담유사》의 〈몽중노소문답가〉는 한양이 도읍 된 지 400년에 지덕地德이 쇠했으므로 무극대도가 새로운 세상을 열 것이라는 운수론적 사고를 담고 있다.

삼각산 한양 도읍 사백년 지난 후에

하원갑 이 세상에 남녀간 자식 없어……
괴이한 동국참서 추켜 들고 하는 말이
이거移居 임진왜란 때는 이재송송利在松松 하여 있고
가산정주嘉山定州 서적西賊 때는 이재가가利在家家 했더니
어화 세상 사람들아 이런 일을 본받아서
생활지계生活之計 하여 보세 진秦나라 녹도서錄圖書에
망진자亡秦者는 호야胡也라고 허축방호虛築防胡 했다가
이세망국二世亡國 하온 후에 세상 사람 알았으니
우리도 이 세상에 이재궁궁利在弓弓 했다네……
하원갑 지내거든 상원갑 호시절에
만고 없는 무극대도 이 세상에 날 것이니……

이렇게 최제우는 도참사상을 중시했으므로, 동학혁명 당시에는 도참사상이 담긴 유언비어나 참요가 널리 유포되었을 법하다.

그런데 〈녹두새요〉는 동학군에 가담하는 것을 위험하다고 말리는 듯한 어법으로 되어 있다. 사실 동학혁명에 대한 평가는 1970년대부터 긍정적으로 변화했다. 그 이전에만 해도 동학전쟁이 있었던 지역의 주민들조차 동학을 반드시 긍정적으로만 평가하지는 않았다.

진보 지식인이었던 황현도 민종렬閔種烈이 나주에서 동학군을 궤멸시킨 공을 기념하는 금성토평비錦城討平碑를 두고 시를 지어, 동학군을 '도적'으로 규정했다. 민종렬의 인적 사항은 자세히 전하지 않으나, 그가 나주 목사로 있을 때 동학군에 대항하여 성을 굳게 지킨 공으로 호남초토사湖南招討使에 임명된 기록이 《고종실록》에 나온다. 전봉준은 나주

목사 민종렬과 담판을 벌였으나 민종렬은 그의 요구를 끝내 거부했다. 전봉준은 전라감사 김학진金鶴鎭을 부추기어 민종렬의 파직을 청하는 상소를 올리게 했다. 그 결과 조정에서는 민종렬을 파직시킨 뒤 박세병을 대신 나주 목사로 임명했다. 하지만 백성의 반대로 민종렬은 유임되었다. 황현의 《오하기문梧下記聞》에 그 내용이 나온다.

금성토평비는 고종 32년(1895)에 나주 관아 앞쪽에 세웠는데, 기우만奇宇萬이 비문을 지었다. 황현의 시는 〈나주 목사 민종렬의 토평비閔羅州種烈討平碑〉라는 제목으로, 그가 48세 되던 광무 6년(1902)에 지은 것이다.

갑오년간에 사세가 크게 위태했으니
나주성 밖에 도적의 깃발 가득했네
민병의 의로운 기색에 풍운이 변했고
유장의 높은 이름 초목도 알아줬네
끝내 오라줄로 포박하라고 역마가 다급했으니
가련타, 지방관직의 벼슬 버리는 것이 더뎠다니
전투의 흔적 꿈만 같고 가을 산은 썰렁한데
단풍나무 지는 해가 길가의 비석을 비추네

甲午年間事大危 갑오년간사대위
羅州城外賊千旗 나주성외적천기
民兵義色風雲變 민병의색풍운변
儒將高名草木知 유장고명초목지
竟有銀鐺馳驛急 경유랑당치역급

可憐琴鳥棄官遲 가련금석기관지
戰塵如夢秋山冷 전진여몽추산냉
紅樹斜陽路左碑 홍수사양로좌비

황현은 민종렬을 유장儒將이라고 칭송하고 동학의 봉기군을 도적이라 규정했다.

일반 백성들 중에도 동학군을 비적匪賊으로 여기고, 거기에 들어가려는 사람들을 만류하는 일이 적지 않았을 것이다. 〈녹두새요〉는 그와 같은 민중의 심리를 반영한 동요이다.

파랑새야 파랑새야 녹두꽃치
떨어지면 청포장사 눈물낸다
: 청포장사요

청포장사요 1

새야 새야 파랑새야

녹두 남개 안지 마라

녹두꼿치 떨어지면

청포장사 눈물낸다

— 구전口傳 ; 김지연, 〈조선문학과 어희語戲고〉, 국문판 《조선》 148호, 1930년 2월 ; 임동권, 《한국민요집》, 동국문화사, 1961 ; 이복규, 〈김지연의 글 '조선문학과 어희고'〉, 《국제어문》 53, 국제어문학회, 2011년 12월, 291~314쪽

청포장사요 2

새야새야 파랑새야
녹두밭에 안지마라
녹두꽃이 떨어지면
청포장사 울고간다

— 구전口傳 ; 임동권, 《한국민요집》, 동국문화사, 1961

이 노래에서 파랑새는 창생蒼生, 즉 백성을 비유한다. 파랑은 푸를 창蒼을 나타낸 말이다. 이 노래는 어구가 조금씩 바뀌기도 했는데, 다음에 살펴볼 〈파랑새요〉가 유포되자 〈녹두새요〉와 〈파랑새요〉가 뒤섞여 서정적인 가사로 변형된 듯하다. 〈청포장사요〉도 앞서의 〈녹두새요〉와 마찬가지로, 동학군을 비적匪賊으로 간주하고 거기에 들어가려는 사람들을 만류하는 내용의 노래이다.

전봉준은 전라도 고부의 동학접주인데, 고종 31년(1894) 동학교도들과 농민들을 규합해서 농민운동을 일으켰다. 처음에는 교조 최제우를 신원伸寃하는 데 초점을 두었으나, 차츰 농민운동의 형태를 띠었다. 1894년 2월 10일에는 고부 군수 조병갑의 가렴주구에 항거하는 민란으로 발전했다.

조병갑은 동진강東津江에 있는 만석보萬石洑에 새 보를 만들고 농민들에게까지 수세水稅를 징수하고 부민富民의 재물을 빼앗았다. 1893년 12월에 농민들은 전봉준을 장두狀頭로 삼아 민소民訴를 올렸으나 조갑병은 받아들이지 않았다. 전봉준은 동학접주 20명과 함께 집강執綱에게 보내는 사발통문을 작성하여, 고부성을 격파하고 군수 조병갑을 효수할 것, 전주영을 함락하고 경사京師로 직향할 것 등을 결의했다. 이듬해 1894년 2월 10일 전봉준은 김도삼·정익서·최경선 등과 함께 고부 군아를 습격하여 수세미水稅米를 농민에게 돌려주고 일단 해산했다.

조병갑은 전주로 피신하여 전라감사 김문현에게 보고하고, 김문현은 이를 정부에 알렸다. 정부는 조병갑을 체포하여 파면하고 박원명을 고부 군수로 임명하는 한편, 이용태를 안핵사로 삼아 사태를 수습하게 했다. 하지만 이용태는 동학교도를 탄압했다.

1894년 4월 전봉준은 김기범·손화중·최경선 등 동학접주들과 함께 무장현茂長縣에 모여 탐관오리 숙청과 보국안민의 목적에서 창의한다는 포고문(무장동학포고문)을 내었다. 전봉준은 고부·흥덕·고창·부안·금구·태인 등 각처에서 봉기한 동학군을 김개남과 모의하여 고부 백산白山에 집결시켰다. 여기서 전봉준은 동도대장東徒大將으로 추대되고 손화중·김개남은 총관령總管領으로서 그를 보좌하게 되었다. 전봉준은 '일본오랑캐를 내쫓아 성도聖道를 밝힐 것'을 새로 천명했다.

5월에 전봉준이 이끄는 동학농민군이 부안 관아를 점거하자, 전라감사 김문현은 영장營將 이광양과 초군哨軍 이재섭 등에게 명하여 별초군과 보부상으로 편성된 관군을 이끌고 부안 방면의 농민군을 토벌하게 했다. 관군은 5월 10일부터 11일 새벽까지 황토현黃土峴에서 동학군과 접전을 벌여 대패했다. 동학군은 정읍을 점거했다. 정부는 5월 6일 홍계훈을 양호초토사로 임명하여 경군을 보내자, 홍계훈은 장위영병壯衛營兵 800여 명을 3개 대대로 나누어 해로를 통해 전라도 군산포에 이르렀다. 5월 11일 경군은 전주에 입성했다. 홍계훈이 정부에 증원군을 파견해달라고 요청하자, 정부는 5월 19일 총제영중군總制營中軍 황헌주를 보내 장위영병 300명과 강화의 군사 500명을 증파했다. 황헌주 군사가 인천을 떠나 영광 법성포에 이르렀을 무렵, 동학농민군은 영광 일대를 점거하고 있었다. 전주성에 있었던 경군은 5월 27일 증원군과 합류해서 장성 남쪽 황룡촌에서 동학군과 접전을 벌였으나, 패주했다. 동학군은 장성을 떠나 5월 31일에 전주성에 무혈 입성했다.

이보다 앞서 5월 6일에 북접의 최시형崔時亨도 각처의 동학접주에 통문을 띄웠다. 5월 10일 충청도 청산현 소사리에 수천 명의 동학교도가 모여, 공주목과 진잠현鎭岑縣의 경계인 성전평(유성군 성전리)을 점거하고 회덕현을 습격했다. 충청감사 조병호는 은진 파수병 100명을 급파하는 한편, 충청병사 이용복李容復에 청주 영군 200명을 파병해주도록 연락하고, 전주에 머물러 있는 초토사 홍계훈에게 원병을 요청했다. 하지만 5월 14일 북접의 동학군은 공주와 진잠 사이에서 해산하고 말았다.

홍계훈이 거느린 경군은 6월 1일에 전주성 밖에 이르렀다. 6월 4일과 6월 6일에는 동학농민군이 전주성을 나와 선제공격했으나, 패퇴했다. 홍계훈은 고종의 윤음과 자신의 효유문曉諭文을 성내에 전하고 선무했다. 전봉준은 원정서原情書를 양호순변사 이원회李元會에게 제시하고, 개혁안을 받아들이면 해산할 용의가 있음을 밝혔다. 6월 11일 전주 화약이 성립되고, 동학군은 전주성에서 철수했다. 전봉준은 20여 명의 동지와 함께 순창·남원에서 사태를 지켜보았다. 관군은 강화병 200명만 전주성을 지키고 대부분 철수했다.

양호순변사 이원회는 6월 22일에 효유문을 내려 민폐의 근절과 관리의 탐학을 엄금할 뜻을 밝히는 한편, 각자 면리面里에 집강執綱을 두어 민간에 억울한 일이 있으면 집강을 통해 영문營門에 호소하도록 했다. 전라감사 김학진은 전봉준을 감영으로 불러서 관민의 화합에 대한 방책을 상의했다. 전봉준은 금구·원평 등지를 근거로 하여 전라우도를 관할하고, 김개남은 남원을 근거로 하여 전라좌도를 관할했다. 동학은 경상도 일대, 충청·강원도, 경기·황해·평안도에까지 확대되었다.

한편 정부는 원세개袁世凱를 통하여 청나라 북양대신 이홍장에게 파병을 요청했다. 이에 섭지초葉志超가 6월 8일~12일에 아산만에 도착했다. 청국이 톈진조약天津條約에 따라 조선 파병을 통고하자, 일본도 파병을 청국에 통고하고 거류민 보호를 구실로 6월 7일~12일에 인천에 상륙했다. 일본군은 경복궁을 점령하고 대원군의 정권을 세웠다.

9월 중순 전봉준은 전주에서, 손화중은 광주에서 척왜斥倭를 선언하며 봉기했다. 10월 말 전라도 삼례역에는 11만의 동학군이 모였다. 북접도 손병희의 지휘 아래 1만 명의 농민군이 청산靑山에 집결했다. 11월 하순 남·북접의 동학군이 논산에 집결해 있을 무렵 그 밖의 여러 지방에서 항일전이 벌어졌다.

충청감사 박제순이 동학군의 집결을 보고하자 정부에서는 관군을 출동시켰다. 일본군도 행동을 개시했다. 11월 하순 전봉준의 동학군은 관군의 근거지인 공주를 향하여 진격했으나 상당수가 이탈하고 1만여 명이 북상하는 데 그쳤다. 이때 북접의 김복명이 거느린 동학군 1부대는 목천 세성산에, 손화중 부대는 나주에, 김개남 부대는 전주에 주둔하고 있었다. 11월 27일 목천 세성산의 전투에서 김복명은 일본군의 기습을 받아 죽고, 동학군은 사상자 수백 명을 내었다.

일본군과 정부군은 공주로 진격하여, 일본군은 우금치에, 정부군은 이인利仁과 효포孝浦에 진을 쳤다. 전봉준의 동학군은 이인역利仁驛으로 전진했고, 다른 부대는 효포에 다다랐으며, 또 다른 부대는 공주 동쪽 30리 대교大橋로 나아가 공주를 포위했다. 11월 29일 이인 방면으로 진격한 동학군은 정부군과 일본군을 물리쳤으나, 이튿날 이두황이 거느리는 정부군의 반격을 받았다.

12월 11일 동학군은 웅치 방면에 대한 총공격을 가했으나 일본군의 반격을 받고, 공주 남쪽 30리 경천점까지 물러났다. 6, 7일 후 김개남의 동학군 5,000명이 북상해오자, 동학군은 합세하여 다시 우금치로 육박했다. 이후 6, 7일간 우금치에서 공방전을 벌이다가 동학군은 노성·논산 방면으로 후퇴, 500여 명만 금구·원평까지 후퇴하고는 해산했다. 김개남의 농민군도 청주에서 일본군과 정부군의 공격을 받아 전주로 후퇴하고, 다시 공격을 받아 태인 방면으로 패주했다. 12월 16일에 김개남은 태인에서 체포되었는데, 전라감사 이도재가 그 자리에서 효수했다.

한편 손병희의 북접 주력부대는 순창까지 이르렀다가 충청도로 북상했는데 일본군과 정부군의 습격을 받고 충주에서 해산했다. 10월 초에는 영월·평창·정선에서 수천 명이 봉기했다가 섬멸되었다. 황해도에서는 1894년 10월 하순, 장연에서 수만 명이 일어나 해주성을 공격하고 재령·안악·평산·봉산·신천까지 세력을 뻗쳤으나 역시 진압되었다.

금구·원평에 후퇴해 있던 전봉준은 정읍을 거쳐 순창으로 들어갔으나 1894년 12월 30일 밤 관군에게 붙잡혔다. 전라감사 이도재에 의해 서울로 압송된 전봉준은 이듬해 4월 23일 김덕명·성두환·최영남·손화중 등과 함께 교수형을 받았다. 이도재는 그 후 군부, 학부, 내부의 대신大臣을 거쳐 시종원경侍從院卿에 이르렀다

| 참고문헌 |

황현, 《오하기문梧下記聞》.
황현, 《매천야록梅泉野錄》.
정교, 《대한계년사大韓季年史》.
김상기, 《동학과 동학난》, 대성출판사, 1947.
《동학난기록東學亂記錄》 상·하, 국사편찬위원회, 1959.
김의환, 《전봉준 전기》, 정음사, 1974.
최동희, 《동학의 사상과 운동》, 성균관대학교 출판부, 1980.
한우근, 《동학과 농민봉기》, 일조각, 1983.
박은숙, 〈하재일기 해제〉, 2009년 12월, 한국고전번역원 웹사이트 제공.

새야 새야 파랑새야
: 파랑새요

파랑새요 1

새야새야 파랑새야
너어이 나왔느냐
솔잎댓잎 푸르푸릇키로
봄철인가 나왔더니
백운白雲이 펄펄 헛날린다
저건너 저 청송녹죽靑松綠竹이 날 속였네

파랑새요 2

새야새야 파랑새야
만수무연 풍년새야

너 멋하러 나왔느냐
하철인가 나왔더니
온갖풀이 날 속였네

파랑새요 3

연잎댓잎이 푸릇푸릇 하기들래
삼사월인줄 알아 나왔더니
백운이 펄펄 희날리고
동지섯달 분명하다

― 구전口傳 ; 임동권,《한국민요집》, 동국문화사, 1961

이 세 동요는 같은 노래가 변한 것이다. 임동권 님은, "이 동요에서 '새'는 역시 민중을 가리키고 청송녹죽을 보고 봄인 줄 알고 등장했던 바 동절冬節이어서 착각했다는 것은 혁명의 시기가 성숙하지 못했는데 거사한 데 실패의 원인이 있다는 뜻으로 해석된다."라고 했다. 민중들은 동학혁명을 통해 부패한 정치를 바로잡고 평등과 자유를 얻으리라고 기대했으나, 외세의 간섭 등으로 혁명이 좌절되자 실망하고 이러한 동요를 입에서 입으로 전하면서 불렀을 것이다.

당시 백성들이나 지식인들 중에는 동학에 적극 가담한 사람도 있었지만 관망하거나 배타적인 사람들이 더 많았다.

지규식池圭植의 《하재일기荷齋日記》를 보면 동학이 경기도 지역에서 세력을 뻗친 실상을 잘 알 수 있다. 지규식은 궁궐과 관청에 각종 그릇을 납품하는 공인貢人으로, 고종 28년(1891)부터 1911년까지 20여 년간에 걸쳐 일기를 적었다.

《하재일기》 1893년 4월 1일자에 "동학의 소요에 대한 소문은 아침저녁으로 바뀌어 믿을 수 없다."라고 하더니, 며칠 후 "동학의 소요가 점점 치성하여 시장에 쌀이 옥처럼 귀하니 민심이 크게 혼란스럽다."는 기록이 있다. 동학의 '교조신원운동'으로 인한 민심의 소요를 적은 듯하다.

1894년 8월 22일에 지규식은 이웃 동네 김 감찰金監察로부터 "우리 동학 역시 대도大道이다. 지금 시운을 보아 우리가 바야흐로 개접開接하여 전도하니, 입도入道함이 어떠하겠는가?"라는 제안을 받았다. 지규식은 생각해보겠다고 대답했지만, '폐단이 장차 무궁할 것'이라고 비판했다.

지규식이 보기에 당시는 '온 천지가 연기와 먼지로 뒤덮여 길이 희미한' 상태이고, '외세가 침략해 와서 핍박하는' 절박한 때였다. 그렇거늘 '세상 사람들 바삐 뛰어다니며 앞길을 묻는다'면서 '너와 내가 어찌 각각의 소리를' 내고 있었기에, 지규식은 우려했다.

1894년 9월에 동학교도들은 도공 등이 거처하는 분원의 변방邊房에 막사를 설치하고 "분원 중 수천 명이 일제히 입도한 연후에 무사할 수 있을 것이다."라고 '위협'하였으며, 이에 100여 명이 동학에 가입하였다. 일대의 양반들은 동학교도를 피하여 상경하기도 했다. 그러나 9월 말에 정부에서 금령을 내리고 효유하자, 거의 모두 동학을 배반했다.

동학혁명 때 분원 일대에 동학이 치성해지자, 동학군을 토벌하기 위한 '의병'도 일어났다. 즉, 1894년 10월에 양근향약소楊根鄕約所에서 주관하는 '양근의병楊根義兵'의 활동이 두드러졌다. '의병'은 분원뿐만 아니라 일대 마을에서 병정과 병기·군수·군량의 보급을 강요했다. 분원 일대의 '의병'은 일본군에게 목격되어 조선 정부에 '동학당'으로 오인되었다.

개남아 개남아 진개남아
: 개남요

개남아 개남아 진개남아
수많은 군사를 어데다 두고
전주全州야 숲애는 유시했노

— 구전口傳 ; 임동권, 《한국민요집》, 동국문화사, 1961

동학혁명 때 고부古阜에서 봉기한 지휘자의 한 사람에 김개남金開南(일명 介南)이 있었다.

1894년 4월 전봉준은 동학접주들과 함께 무장현에 모여 탐관오리 숙청과 보국안민의 목적에서 창의한다는 포고문(무장동학포고문)을 내었다. 이때 포고문은 전봉준과 손화중, 김개남이 포고하는 것으로 되어 있었다. 전봉준은 김개남과 모의하여 고부·흥덕·고창·부안·금구·태인 등

각처에서 봉기한 동학군을 고부 백산白山에 집결시켰다. 이때 전봉준은 동도대장東徒大將으로 추대되고 손화중·김개남은 총관령總管領이 되었다. 김개남은 동학혁명 초에 남원의 교룡산성蛟龍山城을 함락시키는 등 기세가 높았다. 하지만 12월 16일에 태인에서 체포되었다. 전라감사 이도재는 김개남을 생포한 뒤 서울까지 압송하지 않았을 뿐만 아니라 조정의 명령을 기다리지 않고 효수하였다. 이 때문에 월봉 2등越俸二等의 형전을 시행하게 된다.

김개남의 본래 이름은 김기범이다. 그런데 꿈속에서 신인이 나타나 그의 손바닥에 '개남開南'이란 두 글자를 써주었으므로 그것을 자호로 사용했다고 한다. 介南으로 적는 것은 와전이라고 황현은 《매천야록》에서 밝혔다.

호남의 적당 김기범이 남원으로 들어가 점거했다. 그는 전봉준과 함께 형세를 두 갈래로 나누었는데, 전봉준은 전주에 있으면서 김학진을 겁박하여 인질로 삼고 온 도내를 호령하고 있으면서 형세를 관망하며 진퇴의 계책을 세우고 있었다. 김기범은 난의 초기에 한번 남원에 들어가서 그곳의 물력이 풍부함을 보고 마음에 두고 있다가, 이때 이르러 남원 부사 윤병관尹秉觀이 도주했다는 소식을 듣고, 전라우도로부터 행군해 오면서 제포諸布를 수렴하여 5만여 인을 이루고, 남원성으로 격문을 띄운 다음 입성했는데, 감히 저항하는 관민이 없었다. 적당은 참언讖言을 핑계 대며 남원에 60일 동안 유진留陣했으니, 마침내 본거지로 삼을 계책이었던 것이다. 그들은 사방으로 출동하며 백성의 돈과 양식, 기물과 병장기 등을 긁어가니 부근 십여 고을은 관이나 민이나 텅 빈 상태가 되었다. 김기범이 스스로 말하기를, "꿈에서 신인이 내 손바닥에 '개남開南' 두 글자를 써주었다." 하고, 드디어 '개남'으로 자호했다. '介南'이라고 하는 것은 와전된 것이다.

김개남이 수많은 부하 군사를 잃고 전주에 은신하고 있을 때, 백성들은 김개남의 초라한 꼴을 풍자해서 〈개남요〉를 불렀던 듯하다. '진개남'은 김개남의 이름과 '진짜 개놈'이라는 욕설을 중의적으로 사용한 표현한 것이다. 그런데 이 〈개남요〉는 다음의 〈봉준요〉와 함께 경기도 민요 〈본조아리랑〉의 한 구절로 삽입되어 있다. 참고로 〈본조아리랑〉은 아래와 같다.

    아라사 아차하니 미국놈 믿지 말라
    영국은 영 글렀다 일본놈이 일등이다

    이씨의 사촌이 되지 말고
    민씨의 팔촌이 되려므나

    남산 밑에다 장충단을 짓고
    군악대 장단에 받들어총만 한다

    아리랑고개다 정거장 짓고
    전기차 오기만 기다린다

문전의 옥답은 다 어디로 가고
쪽박의 신세가 웬 말이냐

밭은 헐려서 신작로 되고
집은 헐려서 정차장되네

말 깨나 허는 놈 재판소 가고
일 깨나 허는 놈 공동산 가네

아 깨나 낳을 년 갈보질 가고
목도 깨나 메는 놈 부역을 간다

조선 팔도 좋다는 나무는
경복궁 짓느라 다 들어간다

마고자 실갑에 서양 총 메고
북망산 벌판에 접전가자

경성부내 불은 소방차가 끄고
요 내 가슴 불은 어느 낭군이 끄나

자동 기차는 서양식으로 놀구
우리 님 사랑은 이 내 품에서 논다

558 참요

할미성 꼭대기 진을 치고
왜병정倭兵丁 오기만 기다린다

오라배 상투가 웨 그런고
병자년 지내고 않그런가

개남아 개남아 진개남아
수많은 군사를 어데 두고
전주全州야 숲에서 유시했노

봉준아 봉준아 전봉준아
양에다 양철을 짊어지고
놀미 갱갱이 패전했네

우리 딸 보지는 금 보지인지
열 넘는 식구를 다 살려 간다

우리 딸 수단은 별수단이지
열 넘는 식구를 다 살려간다

우리 딸 품행이 얼마나 방정한지
공단속 옷감이 열두 채 난다

봉준아 봉준아 전봉준아
: 봉준요

봉준아 봉준아 전봉준아
양에야[양에다] 양철을 짊어지고
놀미 갱갱이 패전했네

- 구전口傳 ; 임동권, 《한국민요집》, 동국문화사, 1961

동학혁명 때 전봉준은 고부군 관아를 습격하여 무기를 얻고 북진했다. '놀미'는 논산, '갱갱이'는 강경의 지명 사투리이다. 단, 전봉준이 논산, 강경 지방에서 패전한 기록은 자세치 않다. 이 〈봉준요〉는 앞서 보았던 〈개남요〉와 함께 경기도 민요 〈본조아리랑〉에 한 구절로 삽입되어 있다. 주로 김천 지방에서 불렀다고 하는데, 김천 지방에서는 다음과 같이 〈봉준요〉와 〈개남요〉를 합한 형태로 노래된 듯하다.

봉준아 봉준아 전봉준아
양에야 양철을 짊어지고
놀미 갱갱이 패전했네

개남아 개남아 진(김)개남아
수많은 군사를 어디다 두고
전주야 숲에는 유시했노

　이 민요들에서 민중들은 전봉준·김개남 등 동학농민군 지도부의 이름을 부르면서 그들이 전술 실수로 패배한 것을 아쉬워했다.

가보세 가보세
: 가보세요

가보세 가보세

을미적 을미적

병신되면 못가보리

— 구전口傳 ; 임동권, 《한국민요집》, 동국문화사, 1961

이 민요가 창작된 시기는 분명하지 않으나, 내용상 동학혁명과 관련되어 있다. 동학혁명이 발발한 1894년 '갑오'와 '을미(1895)', '병신(1896)'년과 같은 명칭과 음을 사용하여 암시적인 의미를 덧붙이고 있다.

임동권 님은 "동학란이 고종 31년 갑오에 시작해서 다음 을미년을 거쳐 병신년에 이르러 끝났다. 이 노래가 마치 무슨 구경꺼리라도 있어서 가보자는 뜻처럼 보이나, 사실은 동학란을 참讖했으니 '가보세'는 갑오년 '을미적'은 을미년 '병신'은 병신년을 우의寓意했다."라고 논평했다.

또한 임동권 님에 따르면, 이 노래는 동학에 가담하라고 선동한 것으로 풀이할 수도 있고, 동학란이 제아무리 드세도 갑오에서 을미를 거쳐 병신년에 이르면 끝장이 난다고 예견한 것으로 풀이할 수도 있다.

〈파랑새요〉 등과 함께 동학혁명의 좌절과 농민군의 희생을 가슴 아파하고 아쉬워하는 민중들의 절절한 정서가 담겨 있는 듯하다.

1931년 10월 04일 《동광》 제26호에 동학혁명을 소재로 한 희곡 〈가보세〉가 수록되어 있다. 조용만趙容萬이 전체 1막으로 만든 단막극이다. 국사편찬위원회 한국사데이터베이스 (http://db.history.go.kr)에서 원문을 살필 수 있다. 이 단막극에는 〈가보세요〉와 〈녹두새요〉가 활용되어 있다.

  시時 - 갑오 3월 19일 야夜 동학난 초기
  소所 - 전라 남원읍 근처 촌가
  인人 -
    순돌順乭
    김첨지 - 순돌의 부父, 노老, 병중病中
    순아 - 순돌의 매妹(누이)
    봉명鳳鳴 - 순돌의 친우, 순이의 약혼자.
    순돌의 처, 유아幼兒(어린아이), 유아乳兒(갓난아이)
    촌로村老 A, B, C
    촌아村兒 수인數人〔무대 후의 합창뿐〕
    기타

무대 -

황폐해가는 촌가. 좌편으로 수수깡문을 들어와서 부엌과 방들이 나란이 잇고 방 앞으로 좁은 마루. 우편에는 듯게그릇, 뒤로 수수깡담이 둘려 잇고 그 넘어는 검은 수풀. 하날은 별 하나 없이 캄캄하다.

웃방 문이 열리고 깜박 불빛이 비치어 나온다. 방 속에는 누더기 이불이 보일 뿐. 아랫방은 찌어진 문이 닫혀 잇고, 부엌도 캄캄하다.

방문 마루턱에서 村老 A, B, C 대화.

B. 생각허면 우리들같이 못난놈들은 없어. 지금 젊은 아히들은 그거 안당허네-무슨 일이든지 일어나구야 말지.

C. 그럼, 재작년에 박선달이 최진사헌테 붓들려 갓을때두 그랫지만- 아, 작년에 여기 김첨지가 붓들려 갓을때두 순돌이 석건 젊은아이들이 그놈의 집을 부신다구 좀 들햇나.

B. 참 그때 우리들은 공연이 겁을 내가지구 못허게 막엇지. 인젠 말려두 들을놈두 없구 또 말릴놈두 없네-

A. 분허기야 우리들은 저이만 못헌가. 우리들은 다 생각이 많어 그러치.

C. (핀잔을 주는 듯이) 생각이 무슨 생각야. 너남직 헐 것 없이 다들 못나 그러치.

B. 인젠 악만 오르네. 이러케 가다가는 맘편헌 세상을 볼것같지두 않구-

C. 그저, 대원왕大院王을 도두 모서 들여야해. 망헐 민씨閔氏네들 때문에. 제-기(이때에 멀리서 아이들의 노래가 들려온다)

　　　아랫녁새야

　　　웃녁새야

564 참요

전주고부全州古阜 록두새야

청포밭에 앉지마라

녹두덩굴 다 썩는다

鳳鳴 노인은 저러케 언제 도라가실 줄 모르게 앓으시구 또 굼기를 먹는 듯 허는데 자네가 나가면 아주머니 혼자 뒷일을 다 으떠케 허시나. 나야 부모처자 다 없는 놈이니까 도모지 꺼리낄게 없지만.

順乭 내가 잇으면 아버지가 안 도라가실텐가? 또 내가 지금 우리들을 멕여 살려야 말이지. 아니 그것보다두 대체 우리들을 이 지경에 몰아딘게 누군가? 왜 우리들은 양반놈들헌테 돈으로 뺏기구 땅으루 뺏기구, 그러구 또 목숨까지 잡아잡수 허구 잇어야하나. 이러케 가면 다 굶어죽네. 죽는 판에는 웬수래두 갚어서 뒷사람이나 살게 해야지.

鳳鳴 웬수야 꼭 자네가 갚어야 맛인가. 우리들이 다 갚을테니 자네는 이다음 기회를 보란말야.

順乭 이 다음기회? 이 다음기회라니 다 굶어죽은 뒤에 말야. 안될말일세, 작년에 아버님이 최진사헌테 붓들려 가서서 맞으실적에 그때 곳 분낌에 칼이래두 들구 들어가서 그저 그놈을 찔르고 싶엇지만 어머님은 앳병으루 대단하시구 또 아젓씨네 걱정 때문에 고만 두엇드나ㅡ 생각허면 그 때 (한숨쉰다)

順乭 그랫드니 무어 필경 어머니는 도라가시구 아버지는 저 모양이으로 병들어 나오시지 않엇나. (흥분되어서) 어머니는 누구 때문에 도라가시구 아버지는 누구 때문에 저러케 되셋는데. 참 이가 북북 갈리는 것을 입 때까지 참엇서서ㅡ

鳳鳴 (냉연히) 그거야 자네 하나만 당허는게 아니구 또 자네하나만 분헐께 아니지.

　順乭 그럼 자네 그러니까 너 혼자만 애쓸게 아니란 말인가? 자네는 다 분통이 터지는 것을 겪지 못해서 그러치. 참 어머니가 돌아가실 적에 눈을 감지 못허시구 아버니 원수를 갚어다우 내원수를 갚어다우 허시면서 눈물을 흘리시든 것을 생각허면-(목이맨다)

　鳳鳴 아니 나는 자네헌테 고만두라는게 아냐. 지금 자네가 나간다면 죽는 몸이니까 말야―아버님은 래일이래두 도라가실줄 몰으지 아버님이 도라가시면 그 뒤 일을 웃덕하나.

　順乭 뒷일! 뒷일을 누가아나? 자식 색기들이 다 굶어 죽겟지. 무어 내가 잇으면 별수 잇나. 나는 지금 아버님만 안게시면 아무것두 꺼리길게 없네.

　鳳鳴 홍 미친소리! 자네 그럼 아주 이번 한번에 세상이 뒤집힐 줄 아나. 그야 물론 성공헐줄 꼭 믿어야겟지-허지만 세상일이란 그런게 아냐. 어디 단숨에 되는 일이 잇나. 실패가 되구, 피를 흘리거나 말거나 자꾸 싸구 싸구 싸서 되는거지. 나는 이번일을 꼭 성공허리라구 믿고 허는게 아닐세-그저 뒷날의 성공을 위하야 작은 피나마 바치자는 것이지.

　鳳鳴 (順乭이가 가만히 잇는 것을 보고 말을 이어서) 내말은 말야-자네는 지금 사정이 이러케 되엇으니 좀더 깊이 생각해서 이담에 서서 더 큰일을 하란 말야. 대체 턱을 까부는 부모를 내버리구 이런 일을 헌다는게 먼저 생각할 문제가 아닌가?

　順乭 (가슴을 치며 흥분되어) 허지만 이 가슴에 터질듯한 분통을 으떠커나. 물론 나두 사람일세. 부모두 꺼리끼구, 처자두 꺼리낄줄 아네. 그러치

만 이 세상에 부모와 처자를 가진놈이 나 하나뿐인가? 아버지도 아시면 곳 가라구 허실 것일세. 양반놈 원수갚아 달나구 잠고대허듯 허시니까. 살려낼 수 없는 부모를 붓들구만 앉엇으면 무엇하나. 그리구 장래에 서서히 헌다니 대체 장래란 무엇인가? 그건 다 헷소리야.

(이때 또 바로 울타리 밖으로 아히들이 노래를 부르며 지나간다)

  가보세甲吾歲 가보세

  을미적乙未 을미적

  병신되면丙申 못간다.

順乭 (혼자말로) 가자 비러먹을, 병신되기 전에 어서가자-

첨지 (눈을 흘끗, 떠서 順乭을 보고 떨리는 손으로 아들의 손을 꼭 쥐면서) 내 웬수 갚어다우. 돌아 응 양반놈-오 돌아 부섯버려라-어서어서 가서 부섯버려라.(목소리가 점점 작아진다.)

順乭 순이, 아버지 정신채리세요 녜 아버지-

첨지 (이를 무섭게 갈면서 목소리가 커진다)가거라- 어서가 어서—어서 웬수를 갚어라-응-상놈의 웬수.

順乭 (목뫼인 소리로) 아버지 아버지 걱정마세요. 오늘밤 안으로 다 죽일테니 아버지 아무걱정마세요-녜.

첨지 (쥐엇든 손을 놓고 손을 방밖으로 흔드면서) 어서가-어서-사또놈-최진사-(또 이를 간다)

(촌노, 촌부, 鳳鳴 등 順乭의 妻를 앞세우고 황급히 등장)

촌노A 김첨지 어 이거 왼일이유.

鳳鳴 아젓씨, 아-장인(울음이 터져 나온다)

첨지 (다시 눈을 뜨고 鳳鳴이를 보드니) 오, 봉명아- 오 내사위다 알엇다-새벽에 너이들이 허든 얘기 다 들엇다- 응 어서 가거라 어서가-돌이허구 어서 가거라-(안타까웁게 허덕인다. 그리드니 또 컥컥하면서 피를 대줄기같이 쏫는다)

順乭 (울다가 머리를 들고) 아버지 어이고 아버지-

(멀리서 장구소리가 들리고 젊은이들의 아우성소리가 난다. 그리고 노래-

　　가보세 가보세

　　을미적 을미적

　　병신되면 못간다

첨지 (북소리에 또 눈을 홀끗 뜨고)

어서가-내 염려 말구 어서가-장구 울린다-장구치면 된대지-어서-어서(힘없이 손을 내전다)

촌노B (엄숙히) 순돌이 어서가게. 봉명이두 어서가. 나종 일은 우리들이 다 맛엇네. 어서 젊은 놈 갈데로 가게-

(감격에 넘처서)

同C 그래 뒷일은 염려말구 어서가 보게 -어서 어서 아버님웬수 우리 상놈 웬수를 갚어주게-자-어서-

순이 (울면서) 옵바 어서 가우-염려말구 어서가우-(그리고 봉명을 향하야)어서 가주세요-어서 마음놓고 가세요.

順乭 (첨지를 껴안고 소리처 운다)

아버지-아버지- 불상한 아버지-웬수 갚지요- 오늘밤 안으로 웬수 갚지요-아버지 눈감으세요 녜-

(順乭 울면서 이러슨다. 봉명도 따라 이러슨다. 순이 봉명에게 매달린다)

順乭 (눈물을 뿌리면서) 그러면 아젓씨네들 저이들은 갑니다.

(북소리와 아우성소리 높다)

順乭 (다시 방을 디려다보며) 아버지-웬수 갚으려 갑니다-녜-아버지-

鳳鳴 (매달린 순이를 뿌리치고) 안돼요 안돼-(그리고 順乭의 [손*]을 이끌며)어서가세-자 어서-

(順乭 봉명의 억개에 기대여서 소리처 울며 문으로 향한다. 밖에서 順乭의 부르는 소리 요란하다)

촌노들 뒷일은 걱정말구 어서가-어서.

(울밖에서 아우성소리와 함께 노래)

　　　가보세

　　　가보세

- 幕이 고요이 -

사대문 걸고 나비잠만 잔다
: 나비잠요

사대문 걸고
나비잠만 잔다

— 구전口傳 ; 임동권, 《한국민요집》, 동국문화사, 1961

이 노래에 대해 임동권 님은 다음과 같이 해설했다.

    러일전쟁이 일어나기 전에 서북지방에서 불려진 노래로 전쟁이 일어날 것을 선조先兆 보인 것이라 한다. 당시의 세계정세는 험악해서 일본 중국 러시아 프랑스 영국 등의 여러 강국들이 우리의 주변에서 날카로운 눈초리로 기회만 있으면 침략코자 엿보고 있었는데 한국은 그런 줄도 모르고 사대문을 걸고 즉 쇄국정책을 써서 문을 닫고 잠만 자고 있는 것을 의미한 것으로 본다. 전화戰禍가 있을 거도 예측치 못하고 잠만 자고 있다고 민중을 경고하고 풍자한 듯하다.

갓난애가 반듯이 누워 양팔을 나비처럼 벌리고 자는 잠을 '나비잠 잔다'고 한다. 〈나비잠요〉에서는 편안히 잠자는 모습을 그렇게 표현한 것이 아니라 세계 정세에 어둡고 외침의 위기에 대응하지 못하고 있는 상태를 그렇게 표현한 것이다. 임동권 님은 민중을 경고하고 풍자한 듯하다고 했으나, 오히려 조정 대신들의 안일함을 풍자한 듯하다. 그러나 노래가 생겨나고 전파된 맥락을 알 수 없으므로, 정확한 함의를 이해하기 어렵다.

평안도 민요 〈잦은 아리〉에 〈나비잠요〉가 삽입되어 있다. 〈잦은 아리〉는 다음과 같다.

> 후렴: 아이고 아이고 성화로구나
> 요놈의 종자야 네 올줄 알고 썩은 새끼로 문걸고 잤구나
> 일하든 오금에 잠이나 자갇지 재넘어 털털 뭘하러 왔음나
> 울넘어 밖에서 꼴베는 총각아 눈치나 있거든 이 떡을 받아라
> 저녁을 먹구서 썩 나세니 게문은 손으로 나를 오랜다
> 시집에 살이는 할지말지 한데 호박의 박넝쿨 지붕을 넘누나
> 오래기는 제 오래놓고 사대문 걸고 나부잠자누나
> 가마채 잡고서 힐난질 말구 나 시집간데로 멈 살이 오소래
> 나 시집간데로 멈살이 오면 때묻은 버선에 복받아 줌세나

〈잦은 아리〉는 시집살이요이다. 이것에 삽입되어 있는 〈나비잠요〉는 소박맞는 뜻을 나타낸 듯하다. 그것이 당시의 정국을 비평하는 풍자의 노래로 쓰이게 된 것은 어쩐 일인지 알 수가 없다. 먼저 〈나비잠요〉가 있어서 그것이 〈잦은 아리〉에 이용되었는지, 〈잦은 아리〉의 일부가 〈나비잠요〉로 독립되었는지, 그 선후 관계도 알 수가 없다.

성났다 변났다 연주문을 열어라
: 연주문요

성났다 변났다
연주문을 열어라
호박국을 끓여라
너 먹자고 끓였니
나 먹자고 끓였지

— 구전口傳 ; 임동권, 《한국민요집》, 동국문화사, 1961

'연주문'은 영조문迎詔門이 와전된 것이다. 영조문은 곧, 중국에서 천자의 조칙詔勅을 받들어 오는 사신을 국왕 이하가 나가서 맞이했던 영은문迎恩門을 말한다.

이 노래에 대해 임동권 님은 "고종 때부터 항간에 불려져 구전된 동요로서 지금은 성난 아이를 놀려줄 때 아이들이 부르는 동요"라고 정의하고 다음과 같이 해설했다.

　연주문은 연주문聯柱門 또는 영은문이라 부르기도 한다. 중국에서 오고 가는 사신을 영접하기 위해서 화모관華慕舘을 짓고 그 정문으로서 연주문을 세웠다. 이 문은 북방 대륙과의 관계에 있어 언제나 울분을 금치 못할 여러 가지 약소국가의 비극을 빚어내는 곳이었으니 병자호란의 굴욕을 비롯하여 청국에 강제출가의 생이별을 하는 곳이기도 했다. 따라서 연주문은 민족적 원한이 맺힌 곳이며 그 자리에 독립문이 서게 되었다. 이 노래는 사대주의를 청산하고 독립정신에 의하여 청나라를 배척할 변고가 있을 것을 노래한 것이다.

　조선은 초기부터 명나라에 대하여 극진한 사대 정책事大政策을 쓰게 되어 서울 서대문 밖에 영은문과 모화루慕華樓를 세웠는데, 세종 12년(1430)에 이것을 모화관이라고 하였다. 조선시대에 중국 칙사를 맞이하는 의식은《명종실록》명종 원년(1546) 1월 21일(기묘)의 기사에서 살펴 볼 수 있다.
　당일 정원이 아뢰기를, "조사詔使의 행차가 이미 미륵원彌勒院 앞들에 이르렀습니다." 하자, 국왕이 탄 대가大駕가 궁궐을 나아가고 백관이 호종하여 돈의문敦義門을 경유하여 모화관에 이르렀다.
　사시巳時에 신하들이 소복을 벗고 조복朝服으로 갈아입고 기다리니, 국왕이 검푸른 단령포團領袍에 익선관翼善冠을 쓰고 모화관에서 나아가 걸어서 노상의 막차幕次에 이르렀다. 조사가 사현沙峴에 당도하여 두목頭

目 등으로 하여금 모두 말에서 내려 가도록 하였다.

국왕이 막차에서 나가 배위拜位에 서고, 중국 사신들은 영은문에 이르러 조칙을 받들어 용정龍亭에 안치하고 서쪽을 향하여 섰다. 국왕은 오배 삼고두례五拜三叩頭禮를 행하고, 숭례문을 경유해서 먼저 태평관에 도착하여 서쪽 뜰의 막차에 들어가서 기다렸다. 뒤이어 중국 사신이 태평관에 이르렀다. 용정龍亭이 문에 당도하자 국왕은 지영위祗迎位에 나아가서 몸을 굽히고는 막차로 조금 물러나고, 중국 사신은 조칙과 부물賻物을 책상 위에 받들어 놓고 서쪽으로 향하여 섰다. 국왕은 서쪽 계단으로 올라가 배위拜位에 서서 오배례伍拜禮를 행하였고, 막차로 들어가서 곤복袞服을 벗고 소포素袍를 입었다. 신하들도 외정外庭에서 예를 마치고 옷을 바꾸어 입었다.

이렇게 중국에서 우리 국왕의 즉위를 임명하는 조칙을 내리러 사신이 나오면, 국왕 이하 신하들이 사대의 예를 다해 왔다. 하지만 대한제국 시기에는 사대의 예를 비판하고, 주변국과의 관계를 동등한 외교 관계로서 재정비하고자 하는 의식이 팽배했다. 〈연주문요〉는 그러한 의식의 변화를 반영한 노래였다고 생각된다.

단, 연주문(영조문)을 여는 것과 호박국을 끓이는 것이 무슨 관계가 있는지, 이해하기 어렵다. 또 예전에는 아이들이 동무를 약올려 놓고 골을 내면 놀려주기 위해 "골 났네 성 났네 호박국을 끓여라 남대문을 열어라"라는 소리를 하기도 했다. 연주문이 남대문으로 바뀌고, 전체 노래의 구조도 변화한 것이다.

호박국과 남대문의 관계에 대해서, 정우동 씨의 블로그(http://blog.naver.com/tovarishtch)「신신요요申申夭夭」는 다음과 같이 설명했다.

좋은 약이 없던 옛적에는 임산부가 출산을 한 후 부기가 있을 때 잘 익은 누른 호박을 삶아 그 물을 먹고 조리하는 것이 민간처방이었습니다. 그래서 규모 있는 살림을 하는 대갓집에서는 늙은 호박을 가을에 수확하여 겨우내 잘 갈무리하여 두었다가 가족이나 이웃 아무나가 필요하면 언제든지 나누어 주어 생광스레 쓰게 했습니다. 농사일이 주업이던 시절에는 비가 오지 않고 가물 때는 임금부터 근신하며 하늘에 비를 비는 기우제를 지내고, 음양조화를 맞춘다고 평소와는 다른 조치를 취하는 가운데 동, 서, 남대문을 닫아걸고 북쪽의 숙정문만 열어 이 문으로만 통행하게 하니 다른 문으로 다니던 사람들이 불편을 느끼고 이 일로 성화가 치밀어서 앞 문절에서의 임산부처럼 얼굴이 퉁퉁 부은 사람들이 많았다고 합니다. 그래서 이들에게 호박국을 끓여 처방하고, 기다리던 비가 오면 남대문을 활짝 열어서 울화통이 풀리게 한다는 지나간 한때의 이야기입니다.

재미있는 가설이라고 할 수 있다. 그런데《완주신문》261호(2011년 2월 18일)에 게재된 '제1부 역사의 향기 (9) 완주지방의 민요'에 따르면 전주지방에는 성난 친구에게,

빗쳤냐 곪쳤냐
연지문을 열어라
호박국을 끓여라

라고 웃음거리로 삼는 민요가 전한다고 한다. 여기서는 남대문이 아니

라 연지문이 호박죽과 연계되어 있다. 이 점에 대해서는 어떻게 설명해야 할지 알 수가 없다.

〈연주문요〉가 동무를 놀려주는 노래가 아니라 '사대주의를 청산하고 독립정신에 의하여 청나라를 배척할 변고가 있을 것을 노래한 것'이라고 정의할 때 호박국과 연주문(영조문)의 관계는 더욱 설명하기 어렵다. 훗날의 고찰이 필요하다.

네가 무슨 년에 도화냐 복숭아 꽃이 도화지
: 도화요

도화桃花라지 도화라지
네가 무슨 년에 도화냐
복숭아 꽃이 도화지

— 구전口傳 ; 이은상, 〈조선의 요참謠讖〉 10, 《동아일보》 1932년 8월 6일 5면 ; 임동권, 《한국민요집》, 동국문화사, 1961

임동권 님은 이 노래에 대해 다음과 같이 해설했다.

    고종 때에 불려졌다는 민요로서 구전되어 온 노래다. 엄귀비嚴貴妃는 고종의 총애를 받아 왔으나 어느 진연進宴 때에 도화라는 아름다운 기녀가 있어 왕의 눈을 괴매 왕은 도화를 사랑했다. 이 사실을 알게 된 엄귀비는 임금의 사랑을 독점하고자 질투하여 왕 몰래 도화를 불러 그 얼굴을 바늘로 찔러 마치 종처腫處가 있는 것처럼 만들고 왕에게는 악질에 걸렸다고 거짓 일러 쫓아냈다. 이 노래는 엄귀비와 도화와의 관계를 참讒한 것이며 진짜 도화는 복숭아꽃이라고 기녀인 도화를 풍자한 것이다.

엄귀비(1854~1911)는 5세에 입궁한 아기 궁녀 출신으로서 한때 명성황후 민씨의 시위상궁侍衛尙宮으로 있었다. 엄귀비의 본관은 영월이며, 1854년 1월 5일 서울에서 엄진삼의 맏딸로 태어났다.

엄상궁은 을미사변 10년 전인 1885년에 31세로 고종의 승은을 입었지만 중전 민씨의 미움을 받아 궁 밖으로 쫓겨났다. 을미사변(1895)으로 명성황후가 시해된 지 닷새 만에 고종은 엄상궁을 궁으로 불러들였다. 아관파천 때 엄상궁은 두 채의 가마 안에 고종과 황태자를 나누어 모시고 궁궐을 빠져나가 러시아 공사관으로 들어갔다. 엄상궁은 친러파와 친미파 인사들과 연결하여 대사를 결행했다고 한다.

러시아 공사관에서 고종을 모시고 있는 동안 엄상궁은 고종의 아기를 가졌고, 환궁하여 대한제국이 수립된 뒤 뒷날 대한제국의 마지막 황태자가 되는 이은李垠을 낳았다. 이로써 상궁에서 귀인이 되고 1899년 순빈이 되었다. 1901년에 비妃로 진봉되고, 1903년에는 황비皇妃로 책봉되었다. 1911년에는 궁중 내전에서 가장 높은 지위인 황귀비皇貴妃로 책봉되었다. 순헌황귀비가 정식 칭호이지만 엄귀비라 불렸으며, 대한제국 말기에 국모의 역할을 했다.

엄귀비는 황자 이은의 권력 승계를 위해 일본에 망명 중인 이준용과 이강 등을 극력 배척했다. 진작에 이준용은 엄상궁의 빈 책봉을 반대했다. 그런데 고종이 엄귀비를 황후로 격상시키려 시도하자, 이준용은 망명 한인들에게 이를 알리며 반대 운동을 했다. 1899년 4월 이준용은 유길준·권동진·조중응 등과 논의하여, 신분이 낮은 엄상궁을 왕후로 삼아서는 안 된다는 충고서를 작성해서 궁내부대신 이재순에게 보내기로 하였다. 또한 이준용은 아버지 흥친왕에게 서한을 보내 반대 의사를 분명히 해야 한다고 하였다. 엄상궁과 그 측근들은 고종에게, 이준용이 딴마음을 품고 있다고 고했다. 고종은 명성황후 암살에 이준용이 개입되었다고 의심하여, 그를 제거하기로 결심했다.

엄귀비는 순종에게 아들이 없고 병약하다는 점을 기회로 자신의 아들 이은을 황태자로 올릴 계획을 세웠다. 이 때문에 의친왕과 알력이 있었다.

1907년 8월 17일 태황제 고종은 순종의 황태자로 영친왕 이은을 결정했다. 고종은 자신의 왕위를 위협했던 이준용·이강을 견제하려고 이완용과 협의하여 그렇게 결정한 것이다. 이준용과 이강은 순종의 동생과 황태자의 숙부라는 지위로 격하되었다. 그런데 이토 히로부미는 영친왕을 일본으로 데려가 일본의 사관학교에 입학시켰다.

엄귀비는 1905년에 양정의숙(현 양정고등학교)을, 1906년에 명신여학교(현 숙명여자대학교)와 진명여학교(현 진명여자고등학교)를 세웠다. 1911년 7월 장티푸스에 걸려 고생하다가 7월 20일 덕수궁 함녕전咸寧殿에서 향년 57세를 일기로 세상을 떠났다.

엄귀비는 양주 천수산天秀山에 안장되었고 묘호는 영휘원永徽園이라 하였다. 후에 장손 이진이 독살당하고서 그녀의 묘소 건너편에 안장되었다. 천수산은 곧 서울시 청량리 2동의 홍릉洪陵 수목원 부근을 말한다.

홍릉은 원래 명성황후 무덤이었는데, 명성황후는 1897년 이곳에 묻혔다가 1919년 고종이 승하하자 경기 남양주시로 이장됐다. 수목원 남쪽의 영휘원이 바로 엄귀비의 무덤이다.

여드레간 청명했다
: 팔일청명요

일본 대사 이토 히로부미伊藤博文가 내한했다. 이에 앞서 일본인이 보도한 바에 의하면, "우리 일본국은 한국의 국정이 더욱 어지러워지고 있는 것을 딱하게 여겨 궐내에서 그 방략을 의논했다. 황제는 조선의 임금과 재상을 바꾸고 싶다고 했고, 또 아무 친왕親王은 우리가 대만처럼 한국을 관할해야 할 것이라고 했는데, 오직 이토 히로부미는 응당 한국 정부에 경고를 하고 그래도 고쳐지지 않은 다음에 서서히 도모해야 할 것이다."라는 내용이 있었다. 대개 저들은 우리와 결탁한 관계가 무르녹아 감에 따라 하루도 우리나라를 잊은 적이 없었는데, 이토 히로부미란 자가 서서히 취하는 계책을 행하여 만전을 기하고자 한 것이다. 그는 이름이 서양에까지 알려져, 중국의 이홍장과 나란히 동아시아의 영걸로 일컬어졌다. 이때에 이르러 나이가 높아 자못 자중하는 자세를 견지했는데, 아국과 싸움에 미쳐서 우리나라의 비중이 더욱 중요하게 되어, 자신이 직접 와서 경략하기를 청했던 것이다. 임금은 민영환에게 그를 영접하도록 명했는데, 의장을 매우 성대하게 했다. 당시 의론들이 이토 히로부미는 필시 특별한 행동이 있을 것이라고들 했는데, 임금을 알현함에 미쳐서 의젓하게 예를 갖추고 세련된 태도를 보이면서, 우리 정부의 구태를 고치고 새롭게 나아갈 것을 권고했다. 겉으로는 아무런 악의도 없어 보였지만 임금은 그의 위세에 눌려서 열흘 남짓 사이에 내부內部에 사람을 잘 고르도록 칙명을 내리고 궁중의 극장을 철거했다. 그가 돌아가게 되어 성문을 빠져나가자마자 내비內批가 다시 하달되었다. 이때 서울에서는 이 일을 두고 "8일 동안 청명八日淸明"이라는 노래가 불리었다. 이토 히로부미가 서울에 머무른 것이 8일 동안이었기 때문이다.

익명서가 종로거리에 나붙었는데, "청룡의 옛적에, 송림에 변고가 생겼으니, 호랑이 꼬리가 먼저 감추었도다[靑龍之昔 松林有變 虎尾先藏]."라고 했다.

― 황현,《매천야록》권4 ; 임경택 외 역,《역주 매천야록》, 문학과지성사, 2005(초), 2006(2쇄)

황현의 기록에 따르면, 1905년 11월 9일에 이토 히로부미가 와서 '국정을 쇄신하도록 권고한 것'을 두고 백성들은 오히려 청명한 날을 보게 되었다고 기뻐하고, 이토 히로부미가 돌아가자마자 여드레 만에 고종이 인사발령을 자의적으로 내리자 '팔일 동안 청명'이라고 참요를 불러 비판했다고 했다.

황현도 말했듯이 대개 당시의 지식인들은 일본이 점차 한국을 병탄하려는 계획을 실행하기 위해 이토가 내한했다는 것을 잘 알고 있었다. 하지만 고종의 정치가 하도 계통을 잃고 있었기 때문에 오히려 이토 히로부미가 조선의 내정에 간섭한 여드레간을 청명한 나날이라고까지 말했다는 것이다.

이토 히로부미는 일본의 메이지 정부 내에서 가장 비중 있는 인물이었다. 그는 총리로서 1894년에 영국과 조약을 맺어 1899년까지 일본 내의 영국인에 대한 치외법권을 철폐키로 했고, 1895년에 청일전쟁에서 승리를 거두었다. 이 두 성과를 기반으로 일본은 동아시아 문제에 있어서 큰 비중을 차지하게 되었다. 조선의 고종에 대해서는 대한제국을 수립하고 황제로 즉위하여 자주 권력을 과시하게 만들었다. 하지만 그의 정치 행태는 미화할 수 없는 면이 많다.

《승정원일기》를 보면, 고종 41년인 1904년(광무 8) 2월 8일(양력 3월 24일)에, 고종은 일본특파대사인 추밀원 의장樞密院議長 이토 히로부미 등에게 서훈하라는 조령을 내렸다.

1904년 러일전쟁에서 승리한 일본은 1905년 7월 가쓰라-태프트 밀약을 통해 미국으로부터 일본의 한국에 대한 종주권을 인정받고, 8월에는 제2차 영일동맹조약을 통해 영국으로부터 한국에 대한 지도 감리 및 보호의 권리를 인정받았으며, 9월 5일 포츠머스 조약을 통해 러시아로부터도 한국에 대한 지도·감리 및 보호의 권리를 승인받았다. 일제는 1904년 5월 31일의 내각회의에서 한국의 보호국화에 관한 방침을 확정했다. 그리고 8월 22일 '한일 외국인 고문초빙에 관한 협정서'(제1차 한일협약)를 체결하게 하고, 군사·재정·외교 고문을 파견했다. 1905년 2월에는 경무고문과 학부참여관을 파견했다.

1905년 11월 9일, 일본 추밀원 의장 이토 히로부미는 서울에 도착하여 고종을 알현하고, 보호조약의 강제체결을 위해 회유와 협박을 거듭

했다. 고종이 순순히 응하지 않자, 이토는 11월 17일 한국 정부의 각료들을 일본 공사관으로 불러 보호조약을 승인하게 했다. 이 회의에서 결론을 내지 못하자, 다시 궁중으로 회의장소를 옮겼다. 고종이 참석하지 않은 가운데 열린 궁중의 어전 회의에서도 의견의 일치를 보지 못하자 하야시 곤스케 공사는 이토 히로부미를 불렀다. 헌병사령관까지 대동하고 들어온 이토 히로부미는 다시 회의를 열고 대신들 한 사람 한 사람에게 찬성 여부를 물었다. 이에 참정대신 한규설, 탁지부대신 민영기, 법부대신 이하영 등은 반대의 뜻을 분명히 했으나 학부대신 이완용, 군부대신 이근택, 내부대신 이지용, 외부대신 박제순, 농상공부대신 권중현 등은 약간의 수정을 조건으로 찬성했다. 이토는 조약체결에 찬동한 5대신(즉 을사오적)만으로 회의를 다시 열고, 외부대신 박제순과 특명전권공사 하야시의 이름으로 이른바 한일협상조약을 강제 체결한 것이다.

《매천야록》에서 황현은, 이토 히로부미가 와서 대궐문에 일본 병사를 파견하여 무당이나 점쟁이들이 들락거리는 것을 차단하고 대소 관원들을 금하여 통감부의 증빙하는 표가 없으면 들어갈 수 없게 하여, 이로부터 궁궐 안이 비로소 엄숙하게 되었다고 했다. 이때 고종은 우두커니 앉아 사람을 만나지 못하니 두려워하여 눈이 온통 부어오를 만큼 울었다. 그리고 태자에게 말하기를 "애야! 듣자니 지금 세계의 열강들이 아무리 남의 나라를 빼앗을지라도 그 나라 임금은 죽이지 않는다는데, 우리 부자도 죽음을 면할 수 있겠느냐?" 했다. 도성의 백성들은 대궐을 가리키며 비웃기를 "지금 같은 때, 어찌 별입시를 부르지 않고 있을까?如今何不召別入侍"라고 했다. 고종은 의친왕 이강李堈을 불렀는데, 이강은 병을 핑계대며 가지 않고 이튿날 김덕수의 정자로 가서 술을 실컷 마시고 돌아왔다고 한다.

  황현은 이토 히로부미가 강제로 보호조약을 체결하고 돌아간 사실에 대해서 문제삼기보다는 고종의 무능을 비판했다. 또한 당시 종로에 익명서가 나붙은 것을 인용하여, 민심이 이반되어 있음을 암시했다. 익명서의 내용은 다음과 같았다.

청룡의 옛적에	靑龍之昔 청룡지석
송림에 변고가 생겼으니	松林有變 송림유변
호랑이 꼬리가 먼저 감추었도다	虎尾先藏 호미선장

  옛날 청룡이 깃들어 있던 소나무 숲에 변고가 생기자 호랑이가 먼저 꼬리를 감추었다는 말이니, 국가의 위신과 체모가 말이 아니게 되었다는 뜻인 듯하다.

초포에 배가 가고 계산 바위가 하얗게 된다
: 초포요

충청남북도에 큰비가 3일 동안 내렸는데 그릇을 쏟는 것 같아 무너진 곳이 전에 없이 많았다. 북쪽에선 한강에 흘러든 것이 물 높이가 24척 5촌이었고, 남쪽에선 금강에 들어가는 것이 산을 끊는 것 같아 잠긴 논밭이 헤아릴수 없었다. 만여 호가 물에 휩쓸렸으며 은진과 강경포의 두 교룡蛟龍이 나와 싸워 대천을 가로막아 역류하여 범람한 것이 수십 리였다. 민간의 참어讖語에 "초포草浦에 배가 가고 계산鷄山 바위가 하얗게 되면 시사를 알 수 있다草浦舟行 鷄山石白 時事可知."라고 했으니, 이에 이르러 강경포가 범람하고 초포에 점차 배가 다니게 된 것이다. 조병호趙秉鎬가 상소하여 인민들의 고통을 진정했다.

— 황현, 《매천야록》 권5 ; 임경택 외 역, 《역주 매천야록》, 문학과지성사, 2005(초), 2006(2쇄)

충청남북도에 큰비가 내린 것은 1906년(광무 6)의 일이다. 당시 의정대신 議政大臣이던 조병호(1847~1910)는 그 구제책을 상소했다.

금강은 장수산의 수분치水分峙에서 나와서, 서쪽으로 흘러 용암에 이르러서 송탄이 되고 옥천에 이르러 강경을 거쳐 옥구를 지나 용당진이 된다. 그리하여 장안산, 성수산, 마이산, 주취산 이북과 상당, 피반, 황악, 대덕 이서와 망이, 차령, 각흘 이남의 모든 산들의 물이 이 강으로 흘러든다. 여기서 강경은 근세에는 물산이 모여, 객주와 전주의 합작에 의해 이루어지는 흥판이 벌어지던 곳이었다. 곧 흥판은 경강만 아니라 송도·평양·의주·동래·원산포·함흥·전주·강경포에서도 이루어졌다. 강경포를 무대로 하는 객주의 이야기가 안석경의《삽교만록》에 실려 있다.

선대의 재산을 물려받아 부자가 된 어떤 서울 사람이 많은 돈을 가지고 식리만 일삼다가 직접 상업에 투자할 심산으로 강경에 내려갔다. 그러나 그는 상거래의 경험도 없고 방법도 모르는 데다가 포구의 흥성대는 분위기에 정신을 잃어 어찌할 바를 몰랐다. 마침 절름발이 거간꾼(객주)을 만난 그는 생면부지의 그 거간꾼에게 십만 전을 주어버리고 그냥 서울로 돌아갔다. 거간꾼은 그 돈으로 엽연초를 대량 구입하여 이듬해 담배가 품귀할 때 한꺼번에 처분하여 10배의 이익을 보았다. 거간꾼은 서울 부자에게 원금을 돌려주고 많은 이자를 함께 주려 했으나, 서울 부자는 "본전을 잃지 않고 일가족의 명을 구제했으니, 나의 소득 또한 적은 것이 아닙니다. 하필 분수 밖의 이익을 도모할 필요가 있겠습니까?" 하면서 본전만 받았다.

정조는 1799년에 충청도 암행어사 신현申絢에게 봉서封書를 내려, 호서의 도회지인 은진의 강경과 결성의 광천을 본래의 낙토로 돌리기 위해 각별히 문견聞見 사목事目을 갖추어 주달奏達하라고 명했다.

은진의 강경과 결성의 광천은 곧 호서의 도회지이다. 물고기와 소금이 산출되고 배와 수레가 몰려들므로 백성은 부유하고 풍속이 돈후하여, 예로부터 낙토라고 불리어 왔는데, 근래에는 점점 예전만 같지 못하여 인가가 날로 적어지고 장사꾼이 드물게 이른다. 이것은 반드시 관리와 아전의 주구가 날로 심해지고 그곳 백성들의 살길이 날로 어려워졌기 때문에 그렇게 된 것이다. 그 폐막을 제거하고 병폐를 없앨 수 있는 방책에 대해 각별히 문견聞見 사목事目을 갖추어 주달하라.

이렇게 관리와 아전의 가렴주구로 피폐해지기도 했지만 강경은 구한말과 일제강점기에도 크게 번영했다. 그런데 그곳이 홍수가 나서 초포에까지 배가 드나들 수 있게 되어 경제 상황이 크게 뒤바뀌고, 결국 그것이 시사時事에도 영향을 주게 되기에 이른 것이다.

조병호는 본관이 임천林川으로, 아버지는 참판 조기진趙基晉이다. 고종 3년(1866) 별시문과에 급제하고, 법규교정소의정관·대사성·이조참의 등을 거쳐 1881년 8월 수신사修信使로 개항조약의 무관세無關稅를 시정하여 통상장정을 새로 체결하고 해관세칙海關稅則을 협정하기 위해 일본에 건너가 이노우에 가오루井上馨, 하나부사 요시모토花房義質 등과 회담했으나 성과 없이 귀국했다. 1882년 도승지로 임오군란 이후 민비의 생사가 불명한 상태에서 대원군이 장례를 강행하자 이에 반대했다. 이조참판을 지내고 이듬해 안동부사로 동래민란과 성주민란의 안핵사가 되어 민란을 수습했다. 1884년 갑신정변 실패 후 외무독판이 되었는데, 당시 일본에 망명한 김옥균·박영효를 속히 송환할 것을 요구했다. 그해 12월 도쿄 주재 러시아 서기관 스페에르와 회담하여 조선의 중립을 유지하는 방안에 대하여 협의했다. 강화유수·공조판서·예조판서·한성판윤 등을 역임하고, 1892년 2월 동학교도의 보은집회가 열리자 이를 수습하기 위해 충청도관찰사가 되었다. 1894년에 경상도관찰사를 거쳐 장례원경·궁내부특진관·탁지부대신·학부대신·내부대신·의정부의정대신 등을 역임했다. 대한제국의 광무개혁에서 핵심적인 역할을 했으며, 1899년(광무 3) 신법과 구법을 절충하기 위해 설치된 교전소의정관校典所議政官을 지냈다.

　순종 3년(1910, 융희 4) 4월 5일(양력), 규장각 지후관祗候官 훈勳 1등 조병호를 특별히 대훈大勳에 올려 서훈敍勳하고 이화 대수장李花大綬章을 하사했다. 1910년(융희 4) 4월 13일(음력 4월 초10일)에 사망하자 문헌文獻이라는 시호가 추증되었다.

부록

부록 1 • 요(謠)에 대한 고찰
부록 2 • 한국 한문학의 참요와 그 정착문헌 일람

참고문헌
찾아보기

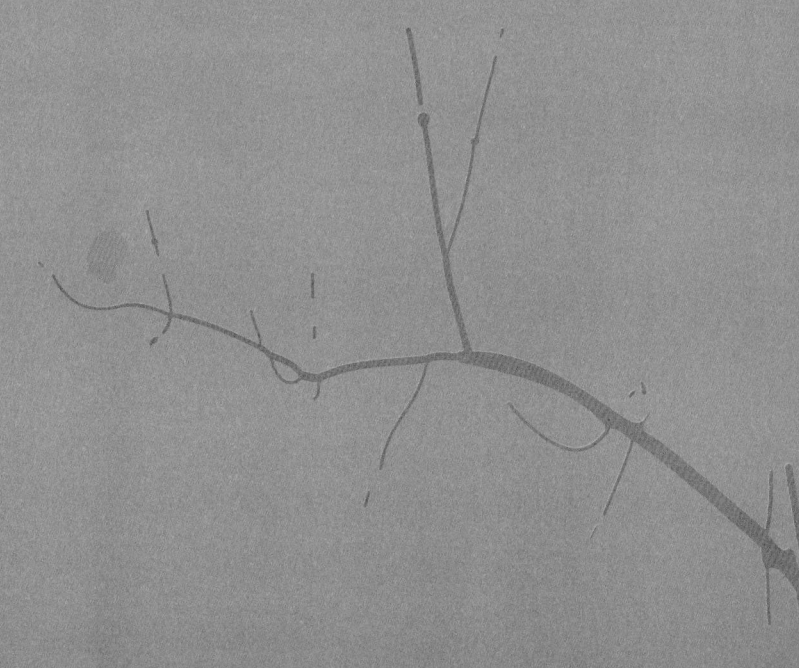

| 부록 1 |

요_謠에 대한 고찰

1. 요, 참요, 동요, 정치요

중국 문헌이나 우리나라 문헌에는 현실을 비판하거나 미래를 예측하거나, 혹은 시대나 군주를 찬미하는 내용을 짧은 어구의 노래로 표현한 요_謠가 많이 나온다.

요_謠는 가_歌와 구별되어, 악기의 반주를 필요로 하지 않으므로 형식이 훨씬 자유롭다. 요는 곧 악기의 반주를 필요로 하지 않는 도가_{徒歌}로, 언중이 미리 상념하거나 사려하는 마음을 가지지 않고 우연히 유희의 말을 이루되 무언가 빙자함이 있는 듯하다. 과거에는 아이들의 노래로 인식되어 왔기에 그 가사는 대부분 쉽고도 간명한 어휘로 이루어지게 되고 노래의 분량도 대개 아주 짧다.

이 요를 동요라고 부르는 이외에 아동요_{兒童謠}, 영아요_{嬰兒謠}, 아요_{兒謠}, 소아요_{小兒謠}라고도 했다. 또 아동이 불렀다고 보기 어려운 경우에는 민요_{民謠}, 백성요_{百姓謠}, 시정요_{市井謠}, 이요_{里謠}라 하기도 했고, 노래하는 사

람들의 특성에 따라 여요女謠와 승요僧謠를 구별하기도 했다. 그리고 요시堯時의 요, 한말漢末의 요처럼 시대를 나타내거나 장안長安의 요, 경사京師의 요처럼 장소를 나타내는 표지를 앞에 두는 요도 있다. 나아가 미래의 징후를 암시하는 노래를 특히 참요讖謠 혹은 요참謠讖이라고 했다.

요는 언중의 입에서 입으로 자연스럽게 전해지며, 언중의 염원이나 지향을 담고 있다. 그 가운데는 특정 인물이나 지배층에 대한 비판을 담고 있는 정치요政治謠의 성격을 띤 것도 있고 시대나 군주를 칭송하는 송축요頌祝謠도 있다. 언중은 대개 하층의 백성인 경우가 많지만, 실제로는 상층이나 특정 계급의 인물 혹은 집단이 백성의 목소리를 차용하는 경우가 많다. 백성이 퍼뜨리거나 상층이 제작하여 퍼뜨리거나, 요는 대개 공식의 언론과는 다른 대항언론의 성격을 지녔다.

또한 요 가운데는 예시豫示의 기능을 지닌 예도 있다. 요는 개인의 일시적 서정을 담는 것이 아니라 특정 집단의 염원이나 지향, 판단과 전망을 기반으로 하므로 일반적인 시가나 언술보다도 예시의 효과가 크다고 여겨져 왔다.

우리나라에서는 이러한 요를 동요라는 명칭으로 포괄한 경우가 많다. 《용비어천가》, 《용천담적기》, 《연려실기술》, 《증보문헌비고》 등이 모두 동요라는 어휘를 주로 사용했고, 《고려사》와 《조선왕조실록》도 동요라는 명칭을 많이 채용했다. 요는 반드시 어린아이가 창작하거나 어린아이들만이 외워 전한 것이 아니다. 그런데도 동요라는 명칭을 많이 사용한 것은 요가 염려의 감이 없이 자연발생적으로 출현하며, 아이들의 노래처럼 언어유희의 형식을 띤다는 점에 주목했기 때문이다. 또 아이들은 사심이 없기 때문에 그 노래가 신묘한 힘을 지녀 미래의 예지가 가능하다고 간주되기도 했다.

동요란 말이 사용된 몇몇 예들을 제시하면 다음과 같다.

이 일[이성계의 위화도 회군]에 앞서 동요가 있었다.
【요謠는 음이 요遙이다. 도가徒歌(악기의 반주 없이 부르는 노래)를 요謠라 이른다. 아이들은 염려하는 마음이 없기에, 모여서 놀이하는 말을 만드는 것이 마치 무언가 빙자함이 있는 듯하다童齓之子 未有念慮之感 而會成嬉戲之言 似若有馮者.】
- 《용비어천가》 권1 제9장

예로부터 항간에 동요가 발생하는 것은 애당초 아무 뜻이 없어서 속정이 없는 데서 나온다. 인위적인 협잡을 허용하지 않아서 순수하게 허령한 천성 그대로, 미래의 정해진 일을 감통하여, 조짐에 응하여 틀리지 않는다自古街巷童謠之興 初無意義 而出於無情 不容人僞之雜 純乎虛靈之天 自能感通前定 識應不爽.
- 김안로,《용천담적기》

예로부터 항간에서 동요가 생기는 것이, 처음에는 아무런 뜻이 없이 무심한 데서 나와 사람의 조작이 개입되지 않고, 순전히 자연발생하여 나왔다. 그 때문에 저절로 미리 정하여진 징조에 감통感通되어 예언으로 징험되는 바가 틀림이 없었다.
- 이긍익,《연려실기술》 별집 권15 천문전고天文典故 '동요'

현대적 개념에서 동요란 아동들이 부르는 노래라는 뜻이지만 옛날에 있어 동요란 가항街巷에서 불리어지는 자연발생적이며 참요의 성격을 내포한 노래를 의미했다. 그런데 동요들 가운데는 오늘날 우리가 좁은 의미의 참요라 규정하는 '사건의 전조前兆를 보인 노래'들이 있다. 《문헌비고》에서 동요를 〈예문고藝文考〉에 분류하지 않고 괴변·변이·기상 들을 취급한 〈상위고象緯考〉에 분류한 것은 동요를 자연 이변의 한 징조로 인정했기 때문이다. 이긍익도 〈연려실기술〉 별집 권15 〈천문전고天文典故〉에 '동요'의 조목을 세웠다. 동요를 참요로 보았기 때문이다.

2. 요의 생성

중국과 한국의 문헌을 보면 요의 생성과 존재 양상은 매우 다양하다. 일별하면 다음과 같다.

① 본래 민간이나 지식인 사이에 노래가 있었는데 그 의미를 알 수 없게 된 뒤 역사적 사건과 결부시켜 변형되고 재해석되는 요
② 후대의 사람들이 만들어내어 역사적 사건 뒤에 유포시킨 요
③ 하늘의 의지를 드러낸다고 하면서 예언을 하는 요
④ 형혹熒惑(화성)의 움직임에 연관시켜 예언의 주술성이 강화된 요
⑤ 현실 정치나 특정 사건의 흑막을 암시하거나 풍자하는 정치적인 요
⑥ 시대나 군주, 혹은 지방관 등을 송축하는 작위적인 요

이 가운데 ①②③④는 참요, ⑤는 고정욱이 말한 정치요, ⑥은 송축요에 해당한다. 혹자는 ①②③④와 ⑤를 모두 참요라고도 한다.

본래 좁은 의미의 참요는 ④만을 가리킨다. 하지만 ①②③④는 모두 사건발생을 미리 예언하거나 사건발생을 예언했다고 간주되는 노래로서, 그것들을 넓은 의미의 참요라고 불러도 무방하다. 곧, ⑤는 현실을 풍자하거나 정치적인 성격을 띠지만 예언의 노래로 간주되지 않는다는 점에서 참요라고 볼 수 없다. 하지만 실제로는 정치요 가운데 그것이 예언의 노래로 간주된 것인지 그렇지 않은지 판별하기 쉽지 않다. 따라서 관점에 따라서는 ⑤의 정치요를 참요로 볼 수가 있다.

이 책에서 말한 참요라는 용어는 사건발생을 미리 예언한 노래, 혹은 사건발생을 예언했다고 간주되는 노래를 포괄적으로 가리킨다. 즉, 현실을 풍자하거나, 정치적 성격을 띠었으며, 길흉화복을 예언하거나 왕실 여인들의 비사, 국왕의 폭정, 왕실의 흥망성쇠 등을 예언했다고 이해되는 노래들이 이 책에서 말하는 참요이다.

혹자는 고려시대의 요가 원래 민중의 노래라는 점에서는 일반 민요와 비슷했지만, 상층에서 받아들이는 동기가 서로 달라 속악가사나 소악부보다 민요에서 더 멀어졌다고 본다. 이것은 참요를 민중 발생의 노래로 전제하되, 민요로부터의 분화설을 주장한 것이다. 하지만 참요의 상당수는 지식인이나 정치집단이 제작하여 유포시켰으므로 참요나 요를 민요에서 분화한 것으로 보는 것은 반드시 옳다고는 할 수 없다.

다시 말해 요는 민중 속에서 자연발생적으로 형성되거나 특정 개인이 의도적으로 유포시킨 노래이다. 전자의 경우 요는 민중의 시대인식을 상호 소통하는 경로의 역할을 하고, 후자의 경우 요는 개인이나 집단의 정치적 목적을 위해 활용된다.

김창흡金昌翕은 동요의 특성을 '천진하게 본 모습을 드러내어 안배를 허용하지 않음天眞呈露 不容安排'에 두고, "밑도 끝도 없는 동요가 대개 영험이 많은 것은 신령이 오가서 안배를 하지 않기 때문이다童謠沒巴鼻者 槩多靈驗 以其神來而不安排也."라고 했다(《삼연집》 권35〈일록〉경자 3월 12일). 조구명趙龜命도 "언참·시참·동요는 모두 인심의 신령과 관계하여, 미리 예측하여 알 수 있는 것이 아니다."라고 말했다(《동계집》 권8 정체靜諦 '학學·제4').

하지만 동요는 자연발생적인 것만은 아니다. 이미 이익李瀷은 《성호사설》 권22 경사문經史門 '동요'에서 다음과 같이 말했다.

동요는〈강구요康衢謠〉로부터 비롯되었다. 그러나 말이 도리에 적절하여 참서讖書 따위와는 아주 다르다. 대장부의 노성老成한 의취를 어린아이도 연습하여 노래로 부른 것이다.《좌전》 희공僖公 5년에 진晉나라가 괵나라를 칠 때 동요에, "병자일 새벽에 미성이 진에 숨었는데, 다 같이 군복을 입고 괵나라 깃발을 휘어잡네. 순성은 빛나는데 천책[별 이름, 부열성傅說星의 별칭]은 왜 희미한지, 불빛 속에서 진을 치면 괵나라 임금 도망쳐 가리丙之晨龍尾伏辰 均服振振取虢之旂 鶉之賁賁天策焞焞 火中成軍虢公其奔."라고 했는데, 설자들은 이런 이치가 없으므로 믿을 수 없다 한다. 그러나 나의 의견으로는 천하가 장차 어지럽게 되려면 귀신의 도가 성행하여, 돌이 말을 하는 따위가 사람의 이목을 현혹시키는 것이니 괴이하게 생각할 것이 없다. 뒤에 신생申生이 현무見巫한 것이 바로 징험이었던 것이다. 대개 어린아이들은 마음속으로 주장한 바가 없고 이해를 관계하지 않고 행동을 하기 때문에 귀신이 어린아이에게 붙어서 말을 내게 되고, 또 믿을 만하기 때문에 반드시 동요를 일으키게 된 것이다.

이익은 동요의 기원을 요임금 때 〈강구요〉에서 찾았다. 〈강구요〉란 "우리가 이렇게 잘 살고 있는 것은 모두가 임금의 지극한 덕이네. 우리는 아무것도 모르지만 임금이 정하신 대로 살아간다네立我烝民 莫匪爾極 不識不知 順帝之則."라는 노래이다. 태평세월을 찬양하는 노래다.

또한 이익은 동요가 징험성이 있다는 예로 신생현무申生見巫의 고사를 들었다. 신생申生은 춘추시대 진 헌공晉獻公 궤저詭諸의 태자이다. 헌공이 그의 후궁 여희驪姬에게 혹하여 신생을 내쫓아서 자살하게 하자, 신생은 뒤에 무당에게서 나타났다고 한다.

하지만 이익이 인용한 동요는 자연스럽게 발생한 동요가 아니다. 더구나 아동의 단순한 유희어도 아니다. 정치적 의도를 지니지 않은 자연요와 유희요 등과는 다르다.

한편 '요언'이란 말도 문헌 기록에 나온다. 하지만 이것은 요언妖言이나 패언悖言과 같은 의미로 쓰인 듯하며, 예언적 성격의 노래인 요와는 구별되어 유언流言을 가리킨다. 이를테면 영조 9년(1733) 11월 16일(계사)에 송성명宋成明이 진소陳疏하여 사면辭免을 청한 기록에 요언이란 말이 나온다.

임금이 다시는 시애撕捱하지 말라고 답했다. 애초에 병조판서 윤유尹游가 '조송 건곤趙宋乾坤'이란 얘기를 많은 사람들이 앉아 있는 공적인 모임에서 말하니, 대개 조씨와 송씨의 양가兩家 족당族黨이 매우 번성하여 재직하고 있는 사람이 많았기에 당시 요언謠言이 있었던 것이다. 윤유가 정목政目을 보고 장난삼아 이런 말을 했는데, 후에 헌신憲臣 박규문朴奎文이 상소에서 이 일을 언급하면서 윤유의 패언悖言한 죄를 청했다. 그 의도는 양가兩家를 기울게 하려고 한 것이지 곧장 윤유를 미워해서 그랬던 것은 아니었으니 사람들은 모두 그를 위하여 대신 두려워했다. 그러나 총애를 탐내고 영화로움을 사모하는 무리들이 초탈超脫할 수가 없었는데, 유독 송성명은 강교江郊로 물러나 거처하여 여러 번 불렀으나 나오지 않으니, 당시 의논이 칭찬했다.

또한 요는 산호山呼의 행위에서도 나올 수 있다. 산호란 주로, 수령의 정사가 좋지 못하면 아전과 백성 중에서 원한을 품은 자들이 산에 올라가 크게 욕지거리를 하는 것을 말한다. 그런데 허균이 도당을 사주하여 밤마다 남산에 올라 "서쪽 적이 이미 압록강을 건넜고, 유구의 병사가 바다 섬에 와서 숨어 있거늘, 성안 사람들아 어째서 피하지 않느냐西賊已渡鴨綠 琉球之兵來藏海島 城中人何不避出."라고 외치도록 했다는 기록(《속잡록{1}》 무오 광해군 11년)이 있는 것을 보면, 산호는 정치적 의도에서도 이루어졌음을 알 수 있다.

한편 요 가운데는 형혹(화성)의 설과 결부된 것이 있다. 홍대용이 이 점에 대해 다음과 같이 지적했다(《담헌서》 내집 권2 사론).

형혹성熒惑星이 포과匏瓜에서 없어지는 것을 법法으로 따지면 의당 위망危亡할 나라에 들어가게 되는데, 먼저 동요童謠와 와언訛言이 퍼진 다음에 화벌禍罰이 행해지는 것이다. 최호崔浩가 이르기를, "망하는 것은 경오庚午

와 신미辛未년의 사이에 있으니, 경오는 진秦나라에 해당되고, 신미는 서이西夷에 해당되므로, 형혹성이 결코 진나라에 들어갔을 것이다." 했는데, 그 후 80여 일 만에 과연 동정東井에서 나타나 구기鉤己에서 멈췄다가 오랜 후에 진나라에 들어가매, 진나라는 크게 가물었고, 한 해가 지나자 와언訛言이 없어졌다 한다.

단, 우리나라의 요 가운데는 형혹의 설과 결부된 예를 찾아보기 어렵다. 동요 가운데는 당시의 정치를 풍자하는 의도가 강한 것도 있다. 그렇기에 고대의 군주는 동요를 듣고 정치의 득실을 알았다.《성호사설》권10 인사문 '첨앙인주瞻仰人主'에서 이익은 그 점을 이렇게 지적했다.

> 성왕이 세상을 다스리는데, 온갖 동정動靜은 사방 백성들의 우러러보는 바가 되지 않는 것이 없다. ……나는 저 항간에 유행하는 동요[고계高髻:《후한서》〈마료전馬廖傳〉에 나오는 "성중호고계 사방고일척城中好高髻, 四方高一尺"과 양나라 간문제簡文帝 소수수小垂手의 "광수불홍진廣袖拂紅塵"을 가리킴]가 아무 근거가 없이 한 세상에 전파되는 줄 알았더니, 그 이유를 아는 어떤 사람이 말하기를 "동요란 궁내宮內의 여러 가지 일들을 당시 사람들이 풍자한 말이다."라고 한다. 이로 보건대, 임금이 진실로 몸가짐에 요점을 두면, 백성을 인도하고 나쁜 풍속을 변경시키는 것이 모두 그 직분職分 안에 있는 것임을 알 수 있다.

이익은《성호사설》의 '첨앙인주瞻仰人主' 조항에서, 항간에 동요가 유행하는 것 가운데는 궁내의 여러 가지 일들을 당시 사람들이 풍자하는 경우가 많다고 지적했다.

요는 이와 같이 시정時政을 비판하고 예언하는 기능이 강하므로, 그것을 해독하는 것도 정국 운영자의 필수 덕목 가운데 하나였다. 고려 인종 초에 김인존金仁存은 재상에 임명되었으나 거리에서 동요를 듣고는 칭병하고 재상의 직을 사임했다. 아마도 당시의 동요는 인주 이씨의 발호를 예견한 것인 듯하다. 반대로 정국 운영자로서는 동요는 참위설과 함께 금압하지 않을 수 없었다. 고려 원종 때 권간 임유무林惟茂가 동요와 도참의 성행을 꺼려 명령을 내리길, "동요를 부르고 도참을 말하는 자를 체포하는 자에게는 관작과 재화를 상으로 주겠다."라고 했던 것은 그 대표적인 예이다.

그런데 요는 그것이 과연 예언의 언어 혹은 노래인지, 사후의 부연인지 판단하기 어렵다. 이를테면 〈녹두새요〉·〈파랑새요〉는 전주 고부 녹두새 또는 파랑새에게 녹두밭에 앉지 말라는 내용인데, 동학혁명에 관한 이 노래가 예언인지 아니면 선동이나 회고인지 명백하게 판별하기 어렵다.

더구나 정치인이 특정한 의도에서 민중의 동요 형식을 모방하여 지은 의제擬製 동요도 상당히 있다. 그리고 정치적 의도에서 특정인을 평가하는 말을 흘려보내는 인평人評 형태의 동요도 있다.

한문 문헌에는 정치적으로 의제된 동요에 대한 기록이 많이 나온다. 중국의 예를 보면, 북주北周의 장군 위효관韋孝寬이 북제北齊의 황후의 아버지 곡률광斛律光을 꺼린 나머지 간첩을 업도鄴都에 보내 "백승百升이 날아 하늘에 오르니 명월明月이 장안長安에 비친다百升飛上天 明月照長安."라는 말과 "높은 산은 밀지 않았는데도 저절로 무너지고, 떡갈나무는 부지해 주지 않는데도 저절로 굳건하다高山不推自崩 槲樹不扶自堅."라는 요언謠言을 퍼뜨리게 했다. 그러자 평소 그와 알력이 있었던 북제北齊의 재상 조정祖珽이 그 요언을 이어 "눈먼 늙은이의 등에 위 아래로 큰 도끼가 놓여도, 요설의 늙은 모친은 아무 말도 못하네盲眼老公背上下大斧 饒舌老母不得語."라는 말을 덧붙여서는 아이들에게 거리에서 노래하게 했다. 이에 목제파穆提波가 듣고 모친 영훤令萱에게 전했는데, 영훤은 노랫말의 요설노모가 자기를 가리키고 맹안노공은 조정을 가리킨다고 보아, 조정과 공모하여 곡률광을 모반죄로 얽었다. 이때의 참소는 통하지 않았으나, 곡률광의 부참군府參軍인 봉사양封士讓이 고변告變을 하여 곡률광의 집안은 멸족당하고 말았다.

여기서 곡률광의 고사를 말한 것은 이 요언이 도참설과는 전혀 무관하다는 점, 파자破字와 은어隱語로 이루어져 있다는 점, 정치적 이유에서 동요를 의제했다는 점 등의 세 가지 특성에 주목하기 위해서이다.

우리나라의 요에도 유사한 맥락에서 생성된 것이 상당수 있다. 우리나라의 요 가운데 〈전읍흥요奠邑興謠〉와 〈형장요亨長謠〉 등은 명백히 정치적 의제이다. 또한 우리나라에서 요의 폐해를 논할 때 이 곡률광의 고사를 상기하는 경우가 많았다. 《선조실록》에 보면, 선조 27년 갑오(1594) 8월 9일(갑인)에 사헌부가 정철과 정엽을 비판하면서, 그들이 최영경崔永慶을 모함할 때 요언謠言을 만든 사실을 두고, 조정祖珽이 백승百升의 참요를 다시 잇고, 남곤南袞이 주초走肖의 참언을 만들었던 사실보다 더 음흉하고 참혹하다고 했다.

한편 요 가운데는 예지의 기능을 지닌다고 간주되는 예들이 많았다. 하지만 김만중은 요는 대부분 견강부회라고 단정했다. 곧 《서포만필》 상권 18조에서 김만중은 다음과 같이 말했다.

수나라 말에 〈도리자桃李子〉라는 가요가 있었는데, 당시 사람들은 이 밀李密을 가리키는 것이라고 여겼으나, 이밀이 패하고 당나라가 일어나자, 또 당이 천명을 받을 부증이라 여겼다. 내 생각으로는 이 가요의 응험應驗은 마땅히 결어結語에 있지 수구首句에 있지 않다. 도리자황후桃李子皇后 운운한 것은 마치《시경》에서 "화려하기가 복사꽃과 오얏꽃과 같다華如桃李"라는 말로 남녀 두 사람을 흥興한 것과 같다. 이것은 양제煬帝와 후비后妃의 복식이 화미華美하고 마냥 놀러나 다니며, 돌아올 줄 모르는 사실을 이른 것이다. "함부로 말하지 말라, 누가 허許를 말하랴?莫浪語 誰道許"란 것은, 사기事機의 비밀을 극언하고 나서 또 "누가 감히 허許 자를 말하랴?誰敢說道許字乎"라고 한 것이다. 이 역시 당풍唐風에서 "나는 천명을 들었으나, 감히 다른 사람에게 말하지는 못한다我聞有命 不敢告人之意"라고 했던 뜻이다. 우문화급宇文化及은 당시 허공許公이라 했고, 그가 찬위簒位하고서도 허제許帝라고 칭했다. 고금의 참요가 대부분 견강부회에서 나왔지만, 이것은 전사前史를 부회한 것이며, 또 제목을 잃은 것 같다.

그런데 상당수의 요는 그것이 민중적 대항언론인지 정치적 의제인지 단정 짓기 어려운 경우가 많다. 조선 초기의 〈남산요〉는 그 한 예다. 이 노래는 세자 책봉에 불만을 품은 이방원 형제의 거사로 정도전과 남은이 죽게 되리라는 예언을 한 것이다.

또한 요 가운데는 부정적인 미래를 예언하는 것이 아니라 긍정적인 미래를 예언하는 것도 간혹 있다.《일월록日月錄》에 보면, 임진왜란 때 행조行朝에 "가랑비 내리는 천가天街에 버들 빛 푸른데, 동풍이 불어 들어와 말발굽이 가볍다. 옛날 이름난 관원이 조정에 돌아오는 날, 개선을 아뢰는 기쁜 소리 낙성에 차리라細雨天街柳色靑 舊時一作太平名宦還朝日 奏凱歡聲滿洛城."라는 요가 있었다. 다만, 이 요는 읽기에 따라서는 행복한 미래를 전조로서 말한 것이 아니라 행복한 미래는 도래하지 않으리란 것을 거꾸로 말한 듯도 하다. 그렇다면 이 노래는 긍정적인 진술 속에 부정과 냉소의 뜻을 담은 것이 된다.

3. 요와 다른 문학양식과의 관계

(1) 참요와 묵시문학 및 비기

요 가운데서도 미래를 예언하는 기능을 지닌 참요는 묵시문학과 관련이 깊다.

묵시라는 말은 기독교적인 종말론에서 나온 용어이지만, 인간의 역사에서 미래를 예견하고 그것을 문학으로 표현하려는 의식은 어느 민족, 어느 사상 체계에서도 존재하여 왔다. 한문 고전에서《상서》의〈금등〉편은 묵시문학의 효시라고 할 수 있다. 신라 말의 미륵 사상은 민중불교 사상에 뿌리를 둔 묵시문학을 낳았음직하다. 신라 말의 선종이 풍미하기 이전에 우리나라 불교에도 밀교가 성행했는데, 밀교는 비기전승의 형태로 묵시문학을 배태했으리라 짐작된다.

우리나라 역사상 정치적 예언서가 처음으로 등장한 시기는 7세기로 짐작된다. 기록상으로 우리나라 역사상 최초의 정치적 예언서는《고려비기高麗秘記》다. 저자는 알 수 없고 현재 전해지지도 않는다. 단지《동사강목》에서 이 책을 인용, 고구려의 멸망을 예견하는 내용이 전해질 뿐이다.

《동사강목》에 고구려가 멸망할 때 당나라 고종의 명령으로 고구려에 파견하여 전황을 파악한 중국인 가언충이 "이번 전쟁에서 당나라가 이깁니다. 그 이유는 고구려에 《고려비기》라는 책이 있는데 그 책에 고구려가 900년이 못돼서 80살 먹은 대장에게 망한다고 했는데 고구려가 한나라 때 건국하여 지금이 900년이 되는 해이고 이적 장군의 나이가 80살입니다. 《고려비기》의 예언과 일치하니 이번엔 꼭 망합니다."라고 기록되어 있다. 백승종 교수는 "이 예언서가 고구려의 멸망을 다룬 점으로 보아 중국 측이 그것을 조작했을 가능성이 있다."고 주장했다.

고려 예종 원년(1106)에는 종래의 도참서를 집대성한 《해동비록海東秘錄》 1책이 왕명으로 집성되었다. 김인존·최선·이재·이덕우·박승중 등이 편찬했는데, 정본은 왕실에, 부본은 중서성·사헌대·태사국에 보관했다고 한다. 고려 왕조 사관에 입각한 것이어서 조선 초기 대대적인 도참서 수집을 전후해 없어진 듯하다.

조선시대에는 민간의 예언서로 《정감록》이 성행했다. 조선의 조상이라는 이심과 조선 멸망 후 일어설 정씨의 조상이라는 정감이 금강산에 마주앉아 대화를 나누는 형식으로 엮어져 있다. 이씨의 한양 몇 백 년 다음에는 정씨의 계룡산 몇 백 년이 있고, 다음은 조씨의 가야산 몇 백 년, 또 그 다음은 범씨의 완산 몇 백 년과 왕씨의 재차 송악 도읍 등을 논하고, 그 중간에 언제 무슨 재난과 어떠한 화변이 있어 세태와 민심이 어떻게 되리라는 것을 차례로 예언했다.

《정감록》은 도참(그림과 글)과 풍수설(오행)을 혼합했는데, 정감록의비결, 삼한비결, 무학비결, 토정비결, 남고사비결 등 50여 개의 비결을 모았다. 그 이본이 4, 50종류나 된다고 할 만큼 널리 읽혔다. 조선 후기의 몰락 독서인이 풍수지리설 및 음양오행설에 관한 지식을 바탕으로 왕조 교체와 사회변혁의 법칙을 운세로 풀어 보인 듯하다. 광해군·인조 이후의 민중봉기는 《정감록》의 예언이 이용되었다. 《정감록》은 이씨가 망한 다음에는 정씨가 있고, 그 다음에는 조씨·범씨가 일어나 한민족을 구원한다고 예언하여 민중들에게 희망을 불어넣어주었다. 19세기의 민중운동은 모두 《정감록》과 관련이 있으며, 특히 동학 등의 민중종교는 더욱 그러하다. 《홍경래전》에도 《정감록》의 '임신기병壬申起兵 파자'를 조금 변형한 형태의 참요가 실려 있다. 그러나 《정감록》은 우매한 백성들로 하여금 십승지지의 피란처를 찾아 나서게 만든 악폐도 낳았다.

묵시문학은 상층 지식인들 사이에서도 유행했을 가능성이 있다. 허균도 젊어서 도참의 비록을 만들어 두었다고 한다.

근대 이전의 민중봉기 때는 특히 참언讖言과 비기秘記가 이용되었다. 《오하기문》에 보면, 철종 말년에 장동 김씨가 탐학을 부리자 백성들이 모두 탄식하고 원망하고 있을 때 경주에서 최제우가 "천신天神이 난세에 내려왔다[天神降亂]."고 주장하며, 문서를 찬술하고 요언謠言을 지어내며, 부적符籍·주문呪文을 퍼뜨렸다. 이들의 교리 또한 천주天主를 받들었지만, 스스로 서학西學과 구분을 짓기 위해 동학東學이라 바꾸어 불렀다. 그리고 지례知禮·금산金山 등지와 호남의 진산珍山·금산錦山의 산골로 돌아다니며 양민들을 기만하여 하늘에 제사 지내고 계율을 받도록 하되, "장차 이씨가 망하고 정씨鄭氏가 흥한다. 대란이 곧 일어날 터인데, 동학을 믿지 않으면 살아남을 수 없으리라. 우리들은 오직 앉아서 천주만을 외우며 진주眞主를 보좌하면 장차 태평의 복을 누리리라."고 선언했다.

동학혁명 때는 "무장茂長의 절벽에서 용당선사龍塘禪師의 비결을 얻으면 거사를 할 수 있으며 때를 놓쳐서는 안 된다茂長山壁中 得龍塘禪師讖訣 可以擧事 時不可失."라는 말이 민간에 널리 퍼졌다. 이 말에 따라 계사년(1893) 2월에 충청도 보은현으로 동학도들이 모두 집결했다. 고종 때 최제우가 처형을 당하고 그 조카 최시형이 망명하여 보은의 산중에 숨어 있으면서 동학을 인근 지역으로 전파했다. 충청도 백성들은 본디 양반의 무단에 괴로워했던 터라 쏠리듯이 따랐다. 최시형은 나이 60여 세로 호를 해월海月이라 하여 그 무리들은 '해월법사海月法師'로 일컬었다.

동학혁명 때 김기범(김개남)은 전라도 남원으로 들어가 참언을 이용해서 민중의 마음을 움직여 60여 일 머물렀다. 황현은 《매천야록》에 그 사실을 기록한 바 있다.

한편 황현의 《매천야록》에 따르면, 고종 때 계룡산에 깃발이 세워져 있었는데, 그 깃발에는 다음 세 글귀가 쓰여 있었다고 한다.

① 光武日月(광무일월) 金鷄唱晨(금계창신) 女后基李花榮親(여후기리화영친) 旺運數白(왕운수백) 知者善(지자선)
광무 일월에 금계는 새벽에 울고, 여후가 이화에 기틀하여 어버이를 영화롭게 했도다. 좋은 운수 백 가지에 아는 자 드물더라.

② 土上三木(토상삼목) 花白子靑(화백자청)
땅 위에 나무가 세 그루 있으니, 꽃은 희고 열매는 푸르다.

③ 馬耳山葛處士(마이산갈처사) 望氣而來(망기이래)

마이산 갈처사가 기운을 보고 왔노라.

이것들은 비기로서, 그 정확한 뜻을 알 수가 없다. 또 고종 때 순천과 자산慈山 등지에 백백도白白道가 극성하여, '백백백白白白 적적적赤赤赤 감응감응感應感應'이라는 주문을 외면서, 밤에는 정화수를 떠놓고 하늘에 제사를 지냈다고 한다. 그들은 사람을 유혹하여, "얼마 지나지 않으면 백백도 선생이 출현할 터인데, 일본인들은 장차 멸망할 것이다."라 했다고, 황현은 《매천야록》에 기록해두었다.

이강오의 《한국신흥종교총람》(1992년) 141~142쪽에 따르면, 평북 영변 출신 전정예全廷藝가 처음 동학에 입교했다가 스스로 득도를 했다 하여 동학의 교리를 고쳐 1899년 영변에서 '백도교白道敎'를 창도했는데, 뒤에 '백백교'와 '인천교'를 낳게 되었다. 전정예는 스스로 후천선계를 개벽한 신천부임이고, 신방소임이며, 대원임이라고 하면서 자기를 믿어야만 앞으로 다가올 삼재팔난을 면하고 선계에 참여한다고 주장하여, 백적적白衣赤 주문인 '白白白 衣衣衣 赤赤赤', 백마주문白魔呪文, 백을적궁주문白乙赤弓呪文 등을 신도들에게 외우게 했다. 1927년 교주의 간음과 살인의 죄상이 드러나 마침내 그는 구속되어 사형을 선고받아 처형되었다. 그 뒤를 이은 장자 전용주全龍珠와 신도 이용희李龍禧는 인천교人天敎를 만들고, 전용해全龍海와 신도 차병간車秉幹은 백백교를 만들어 전정예의 교통을 자기가 받았다고 주장했다. 그러나 전용해는 10여 년 동안 신도 300여 명의 살인과 간음한 사실이 폭로되어 교단은 해체되고 전용해를 비롯한 간부들은 관의 체포령을 벗어나 도망가다가 행방불명, 후에 시체로 발견되었다. 인천교는 한때 본부를 경기도 가평에 두고 포교하다가 백백교와 함께 관에 의해 해체되었다. 백백교의 간부였던 박종근朴宗根과 우종일禹宗一 등이 1925년 백백교를 이탈하여 동학에 다시 입교해서 최제우를 신봉하다가 뒤에 천명도天命道를 세웠다. 그러나 얼마 가지 못하고 증산교에 전향하였다고 한다.

(2) 유언비어

근대 이전에는 민간에서 백성들이 현실을 비방하는 유언비어를 유포하거나 사대부 정치인들이 정치적 목적에서 유언비어를 제작하여 유포시키는 예가 많았다. 유언비어의 발생은 요의 발생 경위와 유사하다.

《태종실록》을 보면, 태종 4년(1404) 1월 4일(병오), 전 호군護軍 최안국崔安國이 미쳐서, "우희열禹希烈이 성주星州에 있을 때에 군사를 발하여 난을 일으키려고 했다."라는 말을 떠들어대므로 귀양 보냈다는 기록이 있다. 최안국은 고려의 장신將臣 최공철崔公哲의 아들인데, 누이의 남편인 전서典書 우희열과 화목하지 못하다가, 이때에 이르러 미친병이 발하여 그런 말을 떠든 것이다. 우희열이 상고上告해서 최안국을 순금사巡禁司에 가두고 국문하니, 최안국은 "희열이 나를 어머니에게 고자질하여 노비를 주지 않았으므로, 이 때문에 원망하고 있다."라고 했다. 태종은 "심한 병에 걸린 사람을 죄줄 수 없다." 하고, 직첩職牒을 거두고 귀양 보냈다.

태종 4년(1404) 3월 29일(경오)에는 충청·전라도의 백성들 사이에 유언비어가 돌았다. 당시 '와전訛傳'의 내용은 "재상宰相이 인졸引卒[구종驅從]을 갖출 때는, 대낮에 길을 가다가도 만일 범마犯馬하거나 회피하는 자가 있으면 문득 죽인다."라는 것이었다.

태종 6년(1406) 11월 15일(신미)에는 요언을 퍼뜨린 요인妖人 문가학文可學과 그 당여黨與를 체포하여 순금사 옥에 가두었다. 문가학은 진주 사람으로 태일산법太一算法을 익혀 스스로 말하기를, "비가 내리고 별이 날 낌새를 미리 안다."라고 하여, 사람들이 점점 이를 믿게 되었다. 태종이 서운관書雲觀의 벼슬에 임명했는데, 오랜 날이 지났어도 효험이 없어 그를 내쫓았다. 문가학은 개성 유후사留後司에 있으면서 (김천)에게 말하기를, "이제 불법佛法은 쇠잔하고 천문天文이 여러 번 변했소. 내 신중경神衆經을 읽어 신神이 들면, 귀신[鬼物]을 부릴 수 있고, 천병天兵과 신병神兵도 부르기 어렵지 아니하오. 만일 인병人兵을 얻는다면 큰일을 거사할 수 있소." 하니, 김천金蔵이 그럴듯하게 여기고 전 봉상시奉常寺 주부注簿 임빙任聘 등과 더불어 작란을 모의했다. 임빙의 외조부 부사직 조곤趙昆이 그 음모를 알고 고하여, 문가학과 그 무리들을 체포해서 국문한 것이다. 12월 15일(경자)에 문가학·임빙·김양·김천·조방휘·조한생 등을 저자[市]에서 환형轘刑에 처하고, 문가학의 아들 젖먹이도 교형絞刑에 처했다.

참요는 유언비어와 밀접한 관련이 있었다. 유언비어의 발생과 소멸에 대해서는 정약용이 《목민심서》 병전 6조 제5장 '응변應變'에서 논한 바 있다.

근래 부세가 무겁고 관리가 탐학하여 백성들이 편안히 살 수 없어서 모두가 난리 나기를 바라고 있기 때문에 요망스러운 말들이 동쪽에서 부르짖고 서쪽에서 화답하니 이들을 법률에 따라 죽인다면, 백성으로서 살아남을 자가 한 사람도 없을 것이다. 그러나 속담에 말하기를 '유언비어가 거두어져서 보리뿌리로 들어간다收諕言 入麥根'고 하니, 보리가 익어서 농사일이 날로 바빠지면 백성들은 서로 왕래하지 못하고 유언비어는 스스로 가라앉는다는 것을 가리키는 것이다. 이와 같은 것은 들어도 못들은 척해서 조용히 잠재우는 것이 좋다. 혹 흉악하고 반역하는 무리들이 뜻을 잃고 나라를 원망하여 일을 꾸며서 난리를 일으키려고 하는 경우에는 반드시 먼저 유언비어를 퍼뜨려 백성들의 뜻을 어지럽힐 것이다. 옹정雍正 무신戊申년(영조 4, 1728)에 역적 이인좌李麟佐 등이 음모하여 반란을 일으킬 새, 앞서 병오丙午(1725), 정미丁未(1727) 연간에 유언비어[영조가 경종을 살해했다는 풍문]가 크게 일어났으며, 가경嘉慶 임신壬申년(1812)에 토적土賊 홍경래 등이 음모하여 반란을 일으킬 새, 앞서 경오庚午(1810), 신미辛未(1811) 연간에 유언비어[一士橫冠, 鬼神脫衣, 十疋加一尺, 小丘有兩足 등]가 크게 일어났으니, 이들은 모두 이미 겪어본 분명한 증거이다. 이러한 경우 수령이 귀가 막힌 듯 듣지 않고 괘념하지 않는다면 청주에서 병사가 죽음을 당하고[1728년 이인좌 난 때 충청병사 이봉상이 죽음] 가산에서 군수가 죽음을 당하는 꼴[1811년 홍경래 난 때 가산 군수 정시가 죽음]이 되지 않기가 어려울 것이다.

(3) 익명서

근대 이전에는 또한 익명서를 이용하여 민심을 선동하는 사례도 적지 않았다.

《응천일록凝川日錄》을 보면, 광해군 9년(1617) 7월 18일에 명나라 황제가 임진왜란의 일로 칙서勅書를 내리고, 또 은 1만 냥을 하사하여 전사한 장수와 군사들에게 나누어주게 하면서, 경략經略을 시켜 사람을 차출하여 싸가지고 보내도록 했다. 경략이 사천영병도사泗川領兵都司 표현룡表現龍과 좌영坐營 조백曹柏을 차출하여 싸 받들고 나왔다. 28일, 차관差官이 평양에서 중화中和로 향할 때 재송정栽松亭 밖 돌다리 곁의 선돌 위에다 큼직하게 쓴 익명서가 있었는데, '평안감사 박엽朴燁이 임금을 무시하고 권세를 마음대로 부리며, 오랑캐의 추장과 서신을 왕래하고 인민을 위엄으로 죽이며, 몸을 관아 속에 숨기고 천조의 칙사를 맞이하지 않았으니, 반드시 딴 뜻이 있을 것이므로 속히 문죄問罪하기를 청한다.'라는 내용이었다. 차관이 보고서, "난민들이 한 짓일 것이다."라고 했다고 한다.

(4) 속담

과거에는 민중들이 속담을 유포하여 현실을 비판하는 사례도 많았다. 이때의 속담은 일반적인 사실을 소재로 교훈의 내용을 전하는 것이 아니라 구체적인 사안에 대해 풍자의 뜻을 가탁한 것을 가리킨다.

고종 초에 익종翼宗의 비 조대비가 수렴청정을 할 때 풍양 조씨가 황해감사 자리를 독차지 하자, "황해감사 자리는 부지깽이까지 온다黃海監司 火棣亦來."라는 속담이 유행했다. 해주는 서울과의 거리가 홑길인데 물길로 바람이 좋으면 아침에 출발해 저녁에 이를 수 있었다. 그래서 서울 속담에 "황해감사 자리는 부지깽이까지 온다."라고 하는데, 대개 벼슬살이 하는 집에서 마음대로 할 수 있다는 뜻이다. 신정왕후 조씨는 본궁이 쇠락하여 재용이 부족하자 임금에게 황해감사 한 자리를 허락해 지공에 대비할 수 있도록 간청하니 임금은 부득이 그대로 따랐다. 그렇기 때문에 십수 년 동안 이곳 감사 자리에 앉은 자는 모두 신정왕후의 일가가 아니면 내외척으로, 조병철趙秉轍·조경하趙敬夏 같은 이들이다. 양반들은 그래서 말하기를, "황해감사는 조대비 감사이다."라고 했다. 황현의 《매천야록》에 나온다.

황현은 "황해감사는 부지깽이까지 온다."라는 말이 '속담'이라고 했다. 하지만 리듬에 맞춰 부른 동요(참요)였을 가능성도 있다. 속담 가운데는 시적인 표현을 사용한 것도 많다.

성대중成大中은 《청성잡기靑城雜記》의 〈성언醒言〉에 '시 같은 속담들'이라는 항목을 두고, 배와坯窩 김상숙金相肅이 "속담 중에 절묘한 것들은 모두 운韻이 착착 맞는다."라고 한 말을 언급했다. 곧, '잠자리야 잠자리야, 저리 가면 죽고 이리 오면 산단다'라는 속담은 가락이 맞는다. '수염이 석 자라도 먹어야 영감이다', '새벽달 보자고 저녁부터 기다린다', '오래 앉은 참새, 화살 맞는다' 등의 속담도 나무랄 데 없는 한 토막의 시구라는 것이다.

① 蜻蛉蜻蛉 往彼則死 來此則生 청령청령 왕피칙사 내차칙생 : 잠자리야 잠자리야, 저리 가면 죽고 이리 오면 산단다
② 三尺鬚 食令監 삼척염 식령감 : 수염이 석 자라도 먹어야 영감이다
③ 看新月 坐自夕 간신월 좌자석 : 새벽달 보자고 저녁부터 기다린다
④ 久坐雀 必帶鏃 구좌작 필대족 : 오래 앉은 참새, 화살 맞는다

단, 이 속담들은 한자구로 옮길 때 압운하듯 표현을 다듬었을 가능성이 있다. 또한 이 '시 같은 속담들'은 '요'와의 경계가 모호하되, 구체적

사건과 연관되어 있지 않아 참요로서의 특성을 입증할 수가 없을 따름이다.

(5) 민간가요

근대 이전에는 민간가요를 채집한 예들도 적지 않았다. 이를테면 《돈계선생유편遯溪先生遺編》의 부록에 실린 '언행言行' 조항을 보면, 허후許厚는 적극적으로 민간가요를 채집했다고 한다. 그런데 민간가요에는 참요 이외에도 순수한 가요도 있고, 재지사족在地士族 주도의 송축요 등 여러 가지가 있었다. 관 주도로 군주의 덕을 칭송하는 송축요와 재지사족 주도로 목민관의 덕을 칭송하는 송축요는 순수한 의미의 민간가요라 할 수 없다.

정조는 민간의 노래 가사를 부정적으로 보지 않았다. 1797년에 원임 직제학 서용보가 정조의 언행을 기록한 것에 보면, 정조는 "물 위와 물 아래의 키잡이와 뱃사공이, 커다란 고물과 이물을 단장하고, 수많은 쌀을 가득 싣고서, 남해에 배 띄워 칠산을 거슬러 올라, 안흥을 지나고 손량을 넘으며, 강화를 건너 서울에 도달하네水上水下之梢工篙師 粧點得許大舳艫 滿載得許多米穀 浮于南 沿湖七山 歷安興踰孫梁 涉江華達于京師."라는 민간가요가 "속되기는 하지만 도를 비유할 수 있다."고 논평했다고 한다. 즉, 정조는 "고물과 이물은 내 마음의 본체요, 쌀은 마음에 얻은 덕이요, 칠산, 안흥, 손량, 강화는 조심하고 두려워하며 분명하게 분별하고 돈독하게 실행하는 공부요, 서울에 도달한 것은 지극한 선에 머무르는 극치이다. 순임금께서 천근한 말을 살피기를 좋아하셨던 것이 아마 이러한 종류일 듯하다."라고 평했다고 한다. 《일득록日得錄》에 기록되어 있다.

한편 명성황후 민비가 민간가요를 즐겼다는 기록도 있다. 명성황후는 쇄국정책을 펴던 흥선대원군을 하야시키고 개국을 단행했다. 1882년 임오군란 후 청나라 세력에 의존했으나, 1894년 청일전쟁에서 청나라가 패한 후에는 러시아를 끌어들여 일본을 견제하려 했다. 국내 정치에서는 민씨 척족을 기용하여 세도정권을 행했으며, 급진개화파의 개화정책에 제동을 걸고 나름대로 개혁을 주도하려고 했다. 1895년(고종 32) 10월 8일 일본공사 미우라 고로는 명성황후와 그 척족을 제거할 목적으로 김홍집 내각의 일부 세력과 대원군 세력, 그리고 훈련대와 일본 낭인으로 하여금 황궁을 습격하고 명성황후를 학살하게 했다. 이것이 을미사변이다.

그런데 황현은 명성황후의 인간됨을 탐탁하게 여기지 않아서, 명성황후가 궁중에서 잡인들의 음탕하고 비속한 노래를 듣고 즐겼다는 사실을 《매천야록》에 적어두었다. 즉, 승지 이최승李最承은 월사月沙 이정귀李廷龜의 후손으로 오래도록 가주서假注書로서 궐내에서 당직을 했는데, 그가 어느 날 밤에 보니, 고종과 명성황후가 편복 차림으로 앉아서 잡인들이 노래하고 연주하는 것을 듣고 있었다고 한다. 잡인이 "오는 길 가는 길에 만난 정 즐거워라, 죽으면 죽었지 헤어지기 어렵더라來路去路逢情歡 死則死兮難舍旀."라는 노래를 하자, 사람들은 비속한 노래를 듣고 어쩔 줄 몰라 했지만, 명성황후는 넓적다리를 치면서, "좋지, 좋아." 하며 칭찬을 했다는 것이다.

(6) 해동악부

또 참요는 해동악부체 작품에서 자주 환기되었다. 심광세의 《해동악부》 가운데 〈아야마阿也麻〉가 들어 있는 것이 그 시초이다. 《해동악부》는 소서와 원사로 이루어져 있는데, 소서는 《고려사》나 《동국통감》을 이용했다. 이익도 《해동악부》에 참요와 관련이 있는 〈절영마가絶影馬歌〉와 〈입룡요立龍謠〉를 두었다.

5. 한국 한문 문헌 속의 요

우리나라에서 요에 관심을 두고 본격적으로 수집한 이른 예는 김안로의 《용천담적기》이다. 그 뒤 허봉은 《해동야언》을 엮으면서 그 권3에 《용천담적기》의 기록을 전재했다. 《지봉유설》도 요에 대해 깊은 관심을 두었으나, 중국의 요를 다수 수집했을 뿐이고, 우리나라의 요는 〈금거요〉만 소개했다. 조선 후기에는 황윤석의 《이재난고》가, 구한말에는 황현의 《매천야록》이 당시의 여러 '요'들을 재록載錄하여 두었다.

우리나라 한문 문헌의 기술 태도로 보아 요는 민중적 대항언론으로서 어느 시대에나 상당히 많이 나왔으리라 짐작되며, 또한 그 형식에 의제한 정치적 선동가요도 역시 많이 나왔을 것으로 짐작된다. 다만, 우리나라 한문 문헌은 요 자체를 채록하는 데는 적극적이었다고 할 수 없다. 이것은 유언비어의 유통을 차단하려는 의식이 작용했기 때문이라고 생각한다. 정약용은 《목민심서》 병전 6조 제5장 '응변應變'에서 유언비어를 조용히 진압하고 괘서와 투서를 불살라 버리라고 했다.

근래 부세가 무겁고 관리가 탐학하여 백성들이 편안히 살 수 없어서 모두가 난리나 일어났으면 바라고 있기 때문에 요망스러운 말들이 동쪽에서 부르짖고 서쪽에서 화답하는 형국이다. 그렇다고 이들을 법률에 따라 죽인다면, 백성으로서 살아남을 자가 한 사람도 없을 것이다. 속담에 말하기를 "유언비어가 거두어져서 보리뿌리로 들어간다"고 한다. 보리가 익어서 농사일이 날로 바빠지면 백성들이 서로 왕래하지 못하게 되어 유언비어가 저절로 가라앉는다는 뜻이다 이런 유언비어는 들어도 못들은 척해서 조용히 잠재우는 것이 좋다.

요는 문헌에 전재되면서 표현이 바뀌거나 의미가 재해석되기도 했다. 전자의 대표적인 예는 〈남산요〉이다. 〈남산요〉는 우리말과 한자음의 동음대체同音代替 원리를 이용했는데, 문헌에 한문으로 정착되면서 '彼南山伐石, 釘無餘.'(《용천담적기》)나 '南山伐石去, 錠無餘'(《패관잡기》), '彼南山, 往伐石, 釘無餘.'(《문헌비고》)로 차츰 정제되어 갔다. 우리말과 한자음의 동음대체 방식이나, 문헌에 따라 정제되어가는 양상 등은 우리나라의 한문 문헌에 정착된 다른 여러 참요들과 공통된다.

후자의 대표적인 예는 임진왜란의 사실을 예언한 '경기감사 우장직령'을 들 수 있다. 이 요는 《재조번방지再造藩邦志》에서는 '경기감사우장직령京畿監司雨裝直領'으로 나오지만, 《연려실기술》에는 "사월대월말四月大月末 경기감사우장직령京畿監司雨裝直領"으로 나온다. 또 최신崔愼의 《학암집鶴庵集》에는 '경기감사우장직령 대월말大月末'로 되어 있다. 그런데 《선조실록》

의 선조 25년 임진(1592) 4월 30일(기미)의 기사에서는 "차팔자피팔자타팔자此八字彼八字打八字, 자리봉사고리첨정自利奉事高利僉正, 경기감사우장직령京畿監司雨裝直領, 대월을마기大月乙麻其"로 실려 있다. 최신의 기록과 근접해 있다.

그런데 요의 가사는 문헌으로 옮겨져 전하게 되면서, 원형이 바뀌거나 일부만 절록되며, 아예 요의 내용을 압축하여 붙여진 제목만 전하는 경우가 많다.

우리나라 한문 문헌은 요를 재록할 때, 가능한 한 원 모습을 살리기 위해 차음借音이나 잡언구雜言句의 형태를 유지했다. 간혹 압운을 하고 제언齊言으로 정돈하려는 의식이 작용하기는 했지만, 그렇다고 중국의 요를 참조하여 표현을 고치거나 형식을 고려하지는 않았다. 그로써 현재의 우리는 비록 단편적이기는 하지만 한문 문헌에 재록된 한역漢譯의 요를 통하여 실제로 유행된 요의 원형을 유추할 수가 있다.

요 가운데서도 어떤 조짐을 예견했다고 간주되는 협의의 참요 등은 항상 사후적으로 의미가 부여된다. 참요들은 직설적인 의견 제시보다는 암시적인 수사나 우회적인 표현을 즐겨 이용한다. 따라서, 설령 그 노래가 처음부터 특정 사안에 대한 판단을 포함하고 있다 할지라도, 그것이 유행하던 당시에는 그것이 무엇을 의미하는지 명확하지 않은 경우가 대부분이다. 그러다가 어떤 사건이 실제로 발생한 다음에 그 참요는 예시의 기능을 가진 것으로 간주되고 그 의미가 재해석된다. 이때 재해석의 주체는 그 참요를 문헌으로 기록하는 사람일 경우가 많으므로 그 재해석에는 문헌정착자의 주관이 개입되기 마련이다.

사실 좁은 의미의 참요만이 아니라 요 일반은 대개 문헌정착자의 주관이 크게 작용하여 후세에 전달된다. 따라서 요의 문맥을 해독하려면 요 자체의 언술적 의미와 함께 요를 기록하여 전하는 개인이나 집단의 지향의식을 함께 고려하여야 한다.

　현존하는 자료만을 보면 우리나라의 '요'는 반역의 사실과 관련된 것, 군주의 황음荒淫이나 궁중의 불안을 반영한 것과 함께 정쟁政爭에 관련한 것이 많음을 알 수 있다. 특히 영, 정조 연간에 이르면 자당自黨의 이해를 반영한 참요를 적극적으로 언급하는 경향이 있다. 정조 연간의 노론 학자 황윤석이 노론 산림의 송덕상을 풍자한 참요를 두 종류나 그의 《이재난고》 속에 채록한 것을 보면, 노론 산림의 우활함에 대한 비판은 당색을 넘어선 것이었음을 짐작할 수도 있다.

　한편 우리나라의 참요는 중국과는 달리 형혹설과의 관련이 깊지 않다. 우연히 채록되지 않은 것인지, 그것이 한국인의 사상성과 관련이 있는지는 앞으로 더 검토할 필요가 있다.

　우리나라의 참요에 대한 고찰은 이은상李殷相이 〈조선의 요참謠讖〉이란 제목으로 《동아일보》에 1932년 7월 23일부터 1932년 8월 7일까지 10회에 걸쳐 연재한 것이 처음이다. 이은상은 1954년에 다시 〈참요고讖謠考〉라는 글을 발표하여 27편의 참요를 소개했고, 1955년에 이능우李能雨는 〈현대의 참요〉를 발표하면서 현대의 참요 이외에 근대 이전의 참요 9편을 소개했다.

　그런데 1933년에 간행된 김소운金素雲의 《조선구전민요집》은 참요를 별도로 표시하지 않았고, 1947년에 간행된 주왕산周王山의 《조선민요개론》은 〈미나리요〉와 〈파랑새요〉를 단순히 민요로 소개했을 따름이다. 1949년에 간행된 고정옥高晶玉의 《조선민요연구》는 민요 연구에서 가장 중요한 성과인데, 이 책도 참요의 항목을 별도로 두지 않고 〈녹두새요〉와 〈가보세요〉를 정치요라고 소개했다.

민요 연구에서 참요에 대해 깊은 관심을 보인 것은 임동권任東權의 《한국민요집》(1961), 《한국민요사》(1964), 《한국민요전집》(1975)이다. 임동권은 모두 문헌상의 참요와 구전민요 속의 참요를 포함하여 모두 44편의 참요를 소개했다. 이후 전원범은 《한국고대참요 연구》(1987)라는 논문에서 임동권이 열거한 44편 가운데 〈묵책요〉, 〈구맥요〉, 〈병자란요〉, 〈왜장요〉 등 4편은 예언적 기능이 없다는 이유에서 40편만을 참요로 인정하고, 새로 6편을 발굴하여 46편의 참요를 목록으로 제시했다.

전원범에 따르면 이 46편은 ① 조선 후기의 것을 제외하고는 한역漢譯된 것들이 대부분이어서 정확한 본 모습을 파악하기 어렵다, ② 동요를 신비화했기 때문에 비결秘訣처럼 인구人口에 회자되었다, ③ 왕조의 교체나 외구의 침입, 내란과 같은 큰 사건의 전조前兆로서 대개 참요가 있었다, ④ 동요를 문자외적 조건 즉 참위적讖緯的인 이유로 기록하였다.

그런데 실제 참요의 생성과 유포 과정을 보면 왕조의 교체나 외구의 침입, 내란과 같은 큰 사건의 전조만이 아니라 정치적 사건의 전조로서 참요가 나타나기도 했다. 또한 〈묵책요〉·〈구맥요〉·〈병자란요〉·〈왜장요〉 등 4편은 예언적 기능이 없지만 예언적 기능을 지닌 것으로 간주되었을 가능성이 없지 않다. 따라서 이 책에서는 그 4편을 광의의 참요로 목록에 복구시켰다.

그리고 임동권의 《한국민요집》에서 참요로 소개한 〈오마남도요五馬南渡謠〉는 중국의 참요이고 〈송강가참松江歌讖〉은 시참詩讖(자작의 시가 자신의 미래를 예견함)의 예이므로 우리나라의 민간이나 지식인집단 사이에서 노래된 참요가 아니다.

 이 가운데 〈오마남도요〉는 '오마부도강五馬浮渡江 일마화위룡一馬化爲龍'의 노래로, 중국 서진西晉 때에 북방 흉노족의 침략으로 나라가 붕괴되고 황제는 포로가 되자, 황족 다섯 명이 양자강 남쪽으로 건너가서 동진東晉을 건설하고 그 다섯 사람 가운데 원제가 등극한 사실을 말한 것이다. 김안로는 《용천담적기》에서 〈수묵묵요〉의 참요적 성격을 부각시키려고 〈오마남도요〉를 인용한 것인데, 학자들이 오해하여 그것을 우리의 참요로 본 것이다.

 따라서 임동권과 전원범이 발굴한 근대 이전 우리나라의 참요는 모두 49편이라고 통산할 수 있다.

 이 책에서는 실전失傳하지만 참요의 생성과 유포에 관한 사실이 문헌에 나타난 것들을 조사하여, 새로운 목록을 작성했다. 하지만 야담집이나 필기류, 문집 등을 조사하면 더 많은 자료들이 발굴될 것으로 기대된다. 따라서 이 책에서 제시한 목록은 잠정적인 것에 불과하다.

|부록 2|

한국 한문학의 참요와 그 정착문헌 일람

시기	요(謠)	정착문헌	형식
백제	薯童謠	《삼국유사》	향가
백제 말	百濟同月輪 新羅如月新	《삼국사기》 백제본기	5언 연구(五言聯句), 압운(押韻)
신라 헌강왕	智理多都波都波	《삼국유사》	7언 1구, 한자어구
신라 진성여왕	南無亡國 刹尼那帝 判尼判尼 蘇判尼 于于三阿干 鳧伊娑河	《삼국사기》 / 《삼국유사》	다라니 글. 잡언 5구, 한자시
신라 말	鷄林黃葉 鵠嶺靑松	《삼국사기》 권47 열전 제7 최치원열전 / 《동사강목》	5언 연구, 무운
신라 경명왕	三水中 四維下 上帝降子於辰馬 先撮鷄 後搏鴨 二龍見 一則藏身靑木中 一則現影黑金東	《삼국사기》 / 《동사강목》	잡언 8구 36자, 한자시
후백제	絶影名馬至 百濟亡	《고려사》 권1 세가 1 태조 1	잡언 2구, 한자시
후백제	可憐完山兒 失父涕漣洏	《삼국유사》 권2 '후백제 견훤' 조 / 《동사강목》제5하 을미년 왕 김부 9년 견훤 44년 고려 태조 18년	5언 연구, 압운
고려 인종 초	김인존이 들은 동요	《고려사》 권96 열전9 김인존 / 《동사강목》 제8상 계묘년 인종 공효왕	전하지 않음

의종	何處是普賢刹 隨此盡同刀殺	《고려사》 권128 열전 41 반역 정중부 / 《고려사절요》 권11 의종 장효대왕 경인 24년	3언 4구, 한자시
명종 6년	立龍謠	《고려사》 권96 열전9 윤관 부 인첨 / 《고려사절요》 권12 명종 광효대왕 1 6년 6월 / 《동사강목》 제9하	노래는 전하지 않음
명종 23년	龍孫十二盡 更有十八子	《고려사절요》 권13 명종 광효대왕 2, 계축 23년	5언 2구, 한자시
고종 15년	淸塞鎭 戶長의 동요	《고려사》 세가 권22 고종 15년 9월	전하지 않음
고종 36년	瓠之木枝切之一水鑑 陋台木枝切之一水鑑 去兮去兮遠而去兮 彼山之嶺遠而去兮 霜之不來磨鎌刈麻去兮	《고려사》 권54 지8 오행 金 妖言 / 《증보문헌비고》 권11 상위고	잡언 5구, 초사체, 한자시
원종	龍孫十二盡 向南作帝京	《고려사절요》 권19 원종 순효대왕 2 신미 12년	5언 2구, 한자시
충렬왕 20년	萬壽山 烟霧蔽	《고려사》 권54 지8 오행 金 妖言	3언 2구, 한자시
충혜왕	阿也麻 古之那 從今去 何時來	《동사강목》 제14상 갑신년 충혜왕 후 5년	3언 4구, 한자시
충숙왕	用綜布 作都目 政事眞黑冊 我欲油之 今年麻子少 噫不得	《고려사》 권124 열전 37 폐행 김지경	잡언 6구, 한자시
공민왕 10년	忽有一南寇 深入臥牛峯	《고려사》 권54 지8 오행 金 妖言	5언 연구, 한자시
공민왕 10년	牛大吼 龍離海 淺水弄淸波	《고려사》 권54 지8 오행 金 妖言	잡언 3구, 한자시
고려 말	黃鳥何方來去飛 一年農事不曾知 寡鰥孤獨耕耘了 耗盡田間禾黍爲	《고려사》 권71 지25 악2 속악 '사리화' / 《익재난고》 권4 시 소악부 / 《임하필기》 권38 해동악부 '사리화'	7언 4구, 악부체
우왕 14년	西京城外火色 安州城外煙光 往來其間李元帥 願言救濟黔蒼	《고려사》 권137 열전 50 신우 14년 6월 / 《동사강목》 제16하 무진년 전폐왕 우 14년 5월 / 《동각잡기》 上 본조선원보록	6언 연구, 한자시
고려 말	割史割史國史割 斷脉斷脉國脉斷 明年明年是何年	《죽헌선생유집》 하, 부록, 연보	7언 3구, 한자시

우왕 14년	木子得國	《고려사》 권137 열전50 신우5 5월 갑술 삭 / 《고려사》 권54 지8 오행 金 妖言 / 《고려사절요》 권33 신우 4 무진 신우 14년	4언 1구, 한자어구
조선 태조 말	彼南山伐石 釘無餘 [南山伐石去 錠無餘] [彼南山 往伐石 釘無餘]	《신증동국여지승람》 권3 비고편 동국여지비고 제2편 한성부 / 《희락당고》 권8 잡저 〈용천담적기〉 / 《패관잡기》 권4 / 《해동야언》 3/ 《연려실기술》 별집 권15 천문전고 동요 / 《문헌비고》	잡언 혹은 3언 3구, 한자시
태종 8년 (1408)	麥熟當求麥 日倍求女兒 蝶猶能有眼 來擇未開枝	《태종실록》 태종 8년 11월 12일	5언 절구, 한자시
세조	鴨脚復生順興復 順興復魯山復位	《성호사설》 권6 萬物門 압각	7언 2구, 한자시
성종	望馬多 勝瑟於伊羅	《용천담적기》 / 《해동야언》 3 / 《연려실기술》 별집 권15 천문전고 동요	잡언 2구, 한자어구
연산군	見笑矣盧古 仇叱其盧古 敗阿盧古	《용천담적기》 / 《해동야언》 3 / 《연려실기술》 별집 권15 천문전고 동요	잡언 3구, 한자시
연산군	每伊斁可首墨墨	《용천담적기》 / 《해동야언》 3 / 《연려실기술》 별집 권15 天文典故 童謠	7언 1구, 한자어구
연산군 말	忠誠詐謀乎 擧動喬桐乎 興淸運平置之何處 乃向荊棘底歸乎	《용천담적기》	잡언 4구, 한자시
중종	其客耶也 萬孫也哉	《중종실록》 중종 7년 12월 19일 / 《용천담적기》 / 《해동야언》 3 / 《연려실기술》 별집 권15 천문전고 동요	4언 2구, 한자시
중종	木子已衰 走肖受命 (走肖受命)	《중종실록》 중종 39년 12월 21일	4언 2구, 한자시
중종	瑟破磬之謠	《용천담적기》	3언 1구, 한자어구, 노래는 전하지 않음
중종	김안로 흉서의 동요	《연려실기술》 권9 중종조 고사본말	노래는 전하지 않음
중종	西小門子大筆	《아계유고》 〈아계 이상국 연보〉	6언 1구, 한자시

중종 만년	蔡蔡改李蔡 鄭鄭鄭皷蔡 阿彌陁佛將多佛	《명종실록》 명종 21년 7월 25일 정엄·황정욱·이황 등에게 관직을 제수한 기록에서 정엄에 대한 사평	잡언 3구, 한자시
1582~1583년	亂國者東人 亡國者西人	《속잡록》 2 정묘, 인조 5년 / 《연려실기술》 별집 권15 천문전고 동요	5언 2구, 한자시
정여립 모반 1백년 전	木子亡 奠邑興	《혼정편록》 권5 기축년(선조 22) 10월	3언 2구, 한자시
1589년 정여립 모반	桑生馬贏 家主爲王	《혼정편록》 권5 기축년(선조 22) 10월	4언 2구, 한자시
1589년	誇着汝立葛巾衫	《태천집》 권2 토역일기 만력 경인 정월	7언 1구, 한자시
임진왜란 이전	莫佐理坪 盡爲江水所破 當有白馬將軍 從馬耳山(出)來	《서애선생문집》 권16 잡저 막좌리평 / 《재조번방지》 2 / 《연려실기술》 별집 권15 천문전고 동요	잡언 4구, 한자시
임진왜란 직전	岳聳雲根 潭空月影 有無何處去 無有何處來	《선조실록》 선조 25년 4월 30일	잡언 4구, 한자시
임진왜란 직전	京畿監司雨裝直領 / 四月大月末 京畿監司雨裝直領 / 京畿監司雨裝直領大月末	《재조번방지》 1 / 《연려실기술》 별집 권15 천문전고 동요 / 《문헌비고》 상위고	7언 1구 혹은 잡언 2구, 11언 1구, 한자시
임진왜란	此八字 彼八字 打八字	《선조실록》 선조 25년 4월 30일	3언 3구, 한자시
임진왜란	自利奉事 高利僉正	《선조실록》 선조 25년 4월 30일	4언 2구, 한자시
임진왜란	京畿監司雨裝直領 大月乙麻其	《선조실록》 선조 25년 4월 30일	잡언 2구, 한자시
임진왜란	細雨天街柳色靑 東風吹入(一作送)馬蹄輕 舊時(一作太平)名宦還朝日 奏凱歡聲滿洛城	《난중잡록》 2, 임진하 선조 임진 25년 / 《일월록》 / 《연려실기술》 권17 선조조고사본말 난중시사총록	7언 4구, 한시
임진왜란	네놈이 왜장 청정이 아니냐 - (왜장요)	《조선구전민요집》(김소운) 2248 / 《한국민요집》(임동권)	구전민요
광해군	滿城宮闕 滿朝宰相 時事必變	《광해군일기》 권89, 광해군 7년 4월 6일	4언 3구, 한자시
광해군 10년	金者玉者銀耶石耶 錦衣紬衣土耶木耶	《속잡록》 2 정사 광해군 10년	8언 2구, 한자시
광해군 11년	城不如野 野不如越	《속잡록》 1 무오 광해군 10년	4언 2구, 한자시

광해군 11년	城内不如城外 城外不如三江 三江不如渡江	《태천집》권5 記聞[時輩欲盡 屠柳希奮朴承宗兩家]	6언 3구, 한자시
?	金車金車 水底歸歟	《지봉유설》권17 잡사부 징응	4언 2구, 한자시
광해군	도라오내 도라오내 춘삼월 보롬날이 도라오내 – (도라오내요)	《동사초》	구전민요
광해군	有田無稅 有稅無田	《석문선생문집》권4	4언 2구, 한자시
인조	有啄啄鬼	《연려실기술》권26 인조조 고사 본말 '최원릉의 행장'	4언 1구, 한자시
병자호란	오라비 상투가 왜 그래요 병자란 지내고 안 그런가 – (병자란요)	구전, 〈풍자민요의 현실반영과 그 해석〉(박연희)	구전민요
인조 27년	蛇穴正穴	《문헌비고》승요(僧謠)	4언 1구, 한자시
인조~효종	自點點點	《청성잡기》권3 성언(醒言) '동요에 오른 권신들'	4언 1구, 한자시
효종	형장(亨長)을 형장(刑杖)하면 면(冕)이 면(免)할소냐	《동계만록》	2구, 이두체, 한자시
효종 승하 뒤	歲起攝提 以割德王	《후재선생별집》권2 잡저 수록	4언 2구, 한자시
숙종 원년 (1675)	許許又所多	《숙종실록》 숙종 1년 6월 23일 허목을 우의정으로 삼은 기록	5언 1구, 한자시
숙종 8년 (1682)	宜乎淸密	《숙종실록》 숙종 8년 10월 21일 '前 兵使 金煥, 出身 이회, 旗牌官 韓壽萬이 대궐에 나아와서 上變하다'	4언 1구, 한자시
숙종	許積爲散炙 許穆爲回目	《청성잡기》권3 성언醒言 '동요에 오른 권신들' / 이긍익, 《연려실기술》별집 권15 천문전고 동요 / 황윤석, 《이재난고》경인 3월 27일(갑신)	5언 1구, 한자시
숙종	許積爲散炙 許穆爲回目 嗚始 壽食是壽 閔熙瑟熙	《연려실기술》별집 권15 천문전고 동요	잡언 4구, 한자시
숙종	李适括括 許積散炙	《이재난고》경인 3월 27일	4언 2구, 한자시
숙종 기사년 이전(1689)	芹好耶 蘿葍好矣	《이재난고》경인 3월 27일	잡언 2구, 한자시
숙종	芹則四節 蘿葍則一節	《이재난고》경인 3월 27일	잡언 2구, 한자시

숙종 26년 (1700)	御賜花耶 金銀花耶	《숙종실록》 숙종 26년 1월 20일 과거 부정을 실토한 정순억·이도징·김시흥의 공초	4언 2구, 한자시
숙종 35년 (1709)	禍老張死	《숙종실록》 숙종 35년 10월 9일 印信을 위조한 일로 啓覆한 죄인 이식의 고변	4언 1구, 한자시
숙종 37년 (1711)	南徽指揮 權高騷屑	《숙종실록》 숙종 37년 7월 9일 연은문 괘서 죄인을 기포하지 못하자 포도대장 윤취상과 종사관을 나문하다	4언 2구, 한자시
?	숭례문 밖 남지의 요참(남지요)	《분류 오주연문장전산고》 경사편 5 논사류 1 논사, 〈里門에 대한 변증설〉	전하지 않음
경종~영조	一鏡破鏡	《청성잡기》 권3 성언(醒言) '동요에 오른 권신들'	4언 1구, 한자어구
영조 3년 (1727) 12월	光森乾坤	《이재난고》 병신 정월 5일, 〈朝鮮國故嘉善大夫同知中樞府事樂窩張公行狀〉 /《이재난고》 권34 신축 11월 30일, 〈朝鮮國嘉善大夫同知中樞府事張公墓碣銘幷序〉	4언 1구, 한자어구
영조 4년 (1728)	觀其相則緩 而性則何急也	《영조실록》 영조 4년 무신(1728) 6월 29일(무신) 심성연 공초	한문 산문어구
영조 4년 (1728)	韓柳席上一株松	《영조실록》 영조 4년 6월 29일 심성연 공초	7언 1구, 한자시
영조 9년 (1733)	趙宋乾坤	《영조실록》 영조 9년 11월 16일	4언 1구, 한자어구
영조 10년 (1734)	靑樓餘夢登龍門	《영조실록》 영조 10년 4월 9일 수찬 조상명의 상소	7언 1구, 한자시
영조 13년 (1737)	水桶寡婦	《영조실록》 영조 13년 9월 20일 장령 이우하의 상소	4언1구, 한자어구
영조 14년 (1738)	曾川縛色猛入	《영조실록》 영조 14년 7월 3일	6언 1구, 한자어구
영조 26년 (1750) 이전	億貴謠	《이재난고》 경인 3월 27일	전하지 않음
영조 31년 (1755) 을해옥 무렵	木啄啄 高伊陽啊 全羅監司趙哥啊 何處兩班死耶 羅州兩班死矣	《이재난고》 경인 3월 27일	잡언 5구, 한자시

영조 46년 (1770)	安國洞亡國洞 馬上逢寒食 / 亡國洞亡政丞	《이재난고》 경인 3월 24일	잡언 2구 혹은 6언 1구, 한자시
경종	근세에 정후겸에게는 행상도(行喪圖)가 있었다. 오래지 않아 패망하고 말았다.	《청성잡기》 권3 성언 '동요에 오른 권신들'	전하지 않음
영조 52년 (1776)	老論謂以在高曼[이셔고만] 少論謂以去高曼[감죽고만] 水原人謂以來高曼[담즉고만]	《이재난고》 병신 4월 1일	잡언 3구, 한자시
영조 52년 (1776)	旣再見之水原客乎	《이재난고》 병신 4월 1일	8언 1구, 한자어구
정조 원년 (1777), 정조 2년 (1778)	紅桃花一節[此驗洪國榮其勢非久] 朕佐飯四節[朕佐飯者海菜也 朕金 方言相此 此驗金國舅家] 大明殿大椹上 紅絲網高掛 幼處子盡漏 老處子掛取 龍洞處子出來[此驗洪嬪沒後 改揀處子 年限十九歲 而尹嬪家在龍洞 被選入宮] 都領主之福兮[惟此一句姑無驗]	《이재난고》 권43 기유 윤5월 24일	장편 한자시, 4단 구성
정조	남인의 흥기를 예언한 동요	《여유당전서》 제1집 제17권 〈선친유사〉	전하지 않음
정조 4년 (1780)	홍충도 감사의 탐학을 비판하는 동요	《일성록》 정조 4년 7월 19일	전하지 않음
정조 7년 (1783)	윤 여인의 죽음에 관한 노래 (배천 농요)	《일성록》 정조 7년 6월 3일	전하지 않음
정조 11년 (1787)	淸凉橋의 시위나니 니집두 써 나간다	《이재난고》 정미 2월 22일	국한문 혼용시
정조 12년 (1788)	利時無子 紅花奈何	《이재난고》 무신 8월 16일	4언 2구, 한자시
정조 13년 (1789)	鳥鳥東萊蔚山一年鳥[稚鳥新成者] 何爲子爾國 乃朝鰈國 倭書來 胡書來 江界甲山胡書來 金柱[柱方言州]銀柱鍮燭柱 肉子內視 枕各散地 鷄旣鳴 忠淸道 曙明來 祖母氏續紵 花閣氏製帖裏[戒服 今名天翼] 千同直我男兄 萬金直我男兄 欲送欲送 丈家欲送[丈家 俗指妻家 丈家逆左娶婦也] 前室丈家 若不送 後室丈家 將送之 松花洛綾白羅	《이재난고》 권43 기유 윤5월 24일	장편 한자시

정조 14년 (1790)	來日謠	《이재난고》 권46 경술 8월 6일	전하지 않음
정조 14년 (1790)	三十九年始有好事	《이재난고》 권46 경술 8월 6일	8언 1구, 한자어구
정조	水原冤讐 華城成火 趙心泰太甚	《계압만록》 곤(坤)	잡언 3구, 한자시
정조 14년 (1790)	恨不往生水原	《이재난고》 권46 경술 8월 6일	6언 1구, 한자어구
정조 14년 (1790)	無係關謠	《이재난고》 권46 경술 8월 6일	3언 1구, 한자어구, 내용은 전하지 않음
정조	남포 주자화상서원 설립을 풍자하는 가요	《무명자집》 문고 4책〈김응천이 만든 가요의 일로 감영에 보고하는 글〉	전하지 않음
순조	衣新衣 食新食 睡新睡	《풍고집》 권2 시	3언 3구, 한자시
순조 11년 (1811)	一士橫冠 鬼神脫衣 十疋加一尺 小丘有兩足	《홍경래전》	잡언 4구, 한자시
순조 12년	철산 치오 가산 치오 정주 치오 (홍경래란요)	《한국민요집》(임동권)	구전민요
순조	성천에 이경화야 네 날 살려라 (이경화요)	〈조선의 요참〉(이은상) / 《한국민요집》(임동권)	구전민요
헌종	간드렁 간드렁(간드렁요)	〈조선의 요참〉(이은상) / 《한국민요집》(임동권)	구전민요
순조	連山境內三顆賊 一駄馱來無少㦮	《담정유고》 권2, 간성춘예집 〈황성이곡〉	7언 2구, 한자시
철종	관상감에서 성인이 나온다 (관상감요)	《매천야록》 권1 상	전하지 않음
고종	아랫대궐 웃대궐 경복궁 새대궐 령(令) 돌아 오랍신다 네에 (경복궁요)	〈조선의 요참〉(이은상) / 《한국민요집》(임동권)	구전민요
고종	바람이 분다 바람이 분다 연평도 바다에 갈바람이 분다 얼화에야 네야 에헤야 나리리 이허리 매화로다(매화타령)	《한국민요집》(임동권)	구전민요
고종 33년 (1896)	사람으로 경성에서 태어나지 못한 것은 그렇다치고 어찌하여 영문에도 살지 못하는가 – (삼수갑산요)	《승정원일기》 고종 33년 10월 1일(임술)	구전민요의 한역

고종	平壤宣化堂 閔氏舍廊	《매천야록》권2	잡언 2구, 한자시
고종	林間宿不歸	《매천야록》권4	5언 1구, 한자시
고종	孔子爲考官 石崇作壯元	《매천야록》권1	5언 2구, 한자시
고종	罷榜又罷榜 惟恐不罷榜	《매천야록》권1	5언 2구, 한자시
고종	牛漿出 小兒茁 鷄蠟至東 老人考終	《매천야록》권1	잡언 4구, 한자시
고종	千里連松 一朝盡白	《매천야록》권1	4언 2구, 한자시
구한말	녹두새요 1, 녹두새요 2	《한국민요집》(임동권)	구전민요
구한말	청포장사요 1, 청포장사요 2	《한국민요집》(임동권)	구전민요
구한말	파랑새요 1, 파랑새요 2, 파랑새요 3	《한국민요집》(임동권)	구전민요
구한말	개남아 개남아 진개남아 (개남요)	《한국민요집》(임동권)	구전민요
구한말	봉준아 봉준아 전봉준아 (봉준요)	《한국민요집》(임동권)	구전민요
구한말	가보세 가보세(가보세요)	《한국민요집》(임동권)	구전민요
구한말	사대문 걸고 나비잠만 잔다 (나비잠요)	《한국민요집》(임동권)	구전민요
구한말	성났다 변났다 연주문을 열어라(연주문요)	《한국민요집》(임동권)	구전민요
구한말	네가 무슨 년에 도화냐 복송아 꽃이 도화지(도화요)	〈조선의 요참〉(이은상) / 《한국민요집》(임동권)	구전민요
구한말	八日淸明	《매천야록》권4	4언 1구, 한자어구
구한말	草浦舟行 鷄山石白 時事可知	《매천야록》권5	4언 3구, 한자시

| 참고문헌 |

김부식,《삼국사기》. ;《역주 삼국사기》, 개정증보판, 한국학중앙연구원 출판부, 2011.
일연,《삼국유사》. ; 강인구 외 역,《역주 삼국유사》, 한국정신문화연구원(현 한국학중앙연구원), 이회문화사, 2002.
정인지 외,《고려사》. ; 조선민주주의인민공화국 사회과학원,《북역 고려사》, 1966: 신서원, 1991. ; 동아대학교 석당학술원 역주,《국역 고려사》, 부산: 민족문화, 2006.
김종서 외,《고려사절요高麗史節要》. ; 홍이섭 외 역,《국역 고려사절요》, 민족문화추진회, 1968.
정인지 외,《용비어천가龍飛御天歌》. ; 이윤석 옮김,《용비어천가》, 솔, 1997.
국사편찬위원회 영인,《조선왕조실록》, 1968~1970. ;《국역 조선왕조실록》, 한국고전번역원 제공.
《대동야승大東野乘》, 조선고서간행회, 1909. ; 한국고전번역원 역.
김만중, 심경호 역,《서포만필西浦漫筆》, 한국고전문학전집 1~2, 문학동네, 2009.
김안로,《희락당고希樂堂稿》권8,〈용천담적기〉, 한국문집총간 21, 한국고전번역원(구 민족문화추진회), 1968.
김창흡,《삼연집三淵集》, 한국문집총간 165, 한국고전번역원, 1996.
민인백,《태천집苔泉集》, 한국문집총간 21, 한국고전번역원, 2006.
심광세,《휴옹집休翁集》, 한국문집총간 84, 한국고전번역원, 1988.
안정복,《동사강목東史綱目》. ; 민족문화추진회 역,《국역 동사강목》, 1977.
유희춘,《미암일기眉巖日記》, 심노숭 편,《정가당본靜嘉堂本 대동패림大東稗林》, 국학자료

원영인, 1992. ; 이백순 역, 《다시 읽는 미암일기》, 담양군, 2004.
이긍익, 《연려실기술燃藜室記述》, 조선광문회 편, 1911. ; 민족문화추진회 역, 《국역 연려실기술》, 1967.
이수광, 《지봉유설芝峯類說》, 조선고서간행회 편, 1915 ; 남만성 역, 《지봉유설》, 을유문화사, 1975.
이익, 《성호사설星湖僿說》, 한국고전번역원(구 민족문화추진회), 《국역 성호사설》, 1976.
이익, 《성호전집》, 한국문집총간 98~99, 한국고전번역원, 1997.
정도전, 《삼봉집三峰集》, 한국문집총간 5, 한국고전번역원, 1997.
정약용, 《목민심서牧民心書》. ; 다산연구회 역주, 《역주 목민심서》, 창작과비평사, 1984.
조경남 찬撰, 《속잡록續雜錄》, 조선고서간행회 편, 《대동야승》 7, 1909. ; 한국고전번역원 역.
조귀명, 《동계집東谿集》, 한국문집총간 215, 한국고전번역원, 1998. ; 한국고전번역원 역.
최신, 《학암집鶴庵集》, 한국문집총간 151, 한국고전번역원, 1995.
홍대용, 《담헌서湛軒書》, 신조선사, 1939. ; 민족문화추진회, 《국역 담헌서》, 1989.
황윤석, 《이재난고頤齋亂藁》, 한국정신문화연구원(현 한국학중앙연구원), 1994~2000.
황현, 《매천야록梅泉野錄》. ; 임형택 외 역, 《역주 매천야록》, 문학과지성사, 2005(초쇄), 2006(2쇄).
황현, 《동비기략초고東匪紀略草藁》. ; 이민수 역, 《동비기략초고·동학난》, 을유문화사, 1985.

강신항 외, 《이재난고로 보는 조선 지식인의 생활사》, 한국학중앙연구원, 2007.
고정옥, 《조선민요연구》, 首善社, 1949.
김무헌, 《한국민요문학론》, 집문당, 1987.
김상훈, 《가요집》 1, 평양: 문예출판사, 1983.
김선풍, 《한국민요자료총서》 1-8, 계명문화사, 1991.
김소운, 《조선동요선朝鮮童謠選》, 일본 岩波書店, 1933.
김소운, 《구전동요선口傳童謠選》, 博文書館, 1940.
김소운, 《조선민요집朝鮮民謠集》, 東京: 新潮社, 1941.
박두진, 《한국전래동요독본》, 을유문화사, 1962.
백승종, 《한국의 예언 문화사》, 푸른역사, 2006.
윤용식·손종흠, 《구비문학개론》, 한국방송대학교 출판부, 1998.

임동권,《한국민요사》, 문창사, 1964.
임동권,《한국민요집》, 동국문화사, 1961.
임동권,《한국민요전집》 1-3, 집문당, 1975.
조동일,《한국문학통사》 2권, 제4판, 지식산업사, 2005.
조성일,《민요연구》, 연변인민출판사, 1983.
최철,《한국민요학》, 연세대학교 출판부, 1992.

공용배, 〈정치적 커뮤니케이션으로서의 민요 연구: 조선조 민요를 중심으로〉, 연세대학교, 석사학위 논문, 1981.
권오경, 〈참요의 기능과 유형적 특성〉, 경북대학교 석사학위 논문, 1990.
김병욱, 〈서동요고〉,《백제연구》 7, 충남대학교 백제연구소, 1976.
김선기, 〈쑈뚱노래〉,《현대문학》 151, 1967.
김승우, 〈참요의 실상〉, 고려대학교 민족문화연구원 제154차 월요모임, 2011. 5. 23.
김정녀, 〈신립 전설의 문학적 형상화와 환상적 현실 인식〉,《어문논집》 48, 고려대학교 민족어문학회, 2003.
김종우, 〈서동요연구〉,《삼국유사와 문예적 가치 해명》, 새문사, 1982.
김지연, 〈조선문학과 어희고語戱考〉,《조선》 148호, 1930. 2. ; 이복규, 〈김지연의 글 '조선문학과 어희고'〉,《국제어문》 53, 국제어문학회, 2011. 11, 291~314쪽.
류해춘, 〈고려시대 정치민요의 기능과 그 미학〉,《어문학》 65호, 한국어문학회, 1998.
류해춘, 〈조선시대 정치민요의 유형과 그 미학〉,《어문학》 71호, 한국어문학회, 2000.
민족문학사연구소, 〈참요의 민중정서〉,《민족문학사 강좌》 상권, 창비, 2001.
민찬, 〈서동요 해독 및 해석의 관점〉,《한국문화》 33, 서울대학교 한국문화연구소, 2004.
박기원, 〈조선시대 이전의 참요 연구〉,《어문논집》 19, 중앙대학교, 1985.
박노춘, 〈요참사상과 참요〉,《고황高凰》 4집, 1958, 27~37쪽 ; 5집, 1959, 51~64쪽.
박연희, 〈정치민요의 현실반영과 그 해석〉, 최철 편,《한국민요론》, 집문당, 1986.
사재동, 〈서동요의 문학적 실상〉,《한국문학유통사의 연구》 I, 중앙인문사, 1999.
성무경, 〈한국 참요의 연구: 구술상황을 중심으로〉, 성균관대학교 석사학위 논문, 1990.
신동흔, 〈고정옥의 삶과 학문세계〉(하),《민족문학사연구》 제8호, 민족문학사연구소, 1995. 12.
심경호, 〈한국한문문헌 속의 참요-특히 민중적 대항 언론과 정치적 의제에 관하여-〉,《한국한문학연구》 제38집, 한국한문학회, 2006. 12, 31~68쪽.
오상태, 〈아야마가 연구〉, 《어문연구》 95, 한국어문교육연구회, 1997.
이능우, 〈현대의 참요〉, 《사상계》 통권 20호, 1955. 3, 51~58쪽.
이병도, 〈서동설화에 대한 신고찰〉, 《력사학보》 1, 1953.
이영태, 〈조선시대 참요 연구-생성과정과 관련된 주변문제를 중심으로〉, 《어문연구》 101, 한국어문교육연구회, 1999.
이영태, 〈조선시대 참요 연구〉, 《한국고시가의 새로운 인식》, 경인문화사, 2003.
이은상, 〈조선의 요참〉, 《동아일보》, 1932. 7. 23~1932. 8. 7.
이창식, 〈민요의 정치시학〉, 《비교민속학》 26, 비교민속학회, 2004.
전원범, 〈한국 고대 참요 연구〉, 《세종어문연구》 3·4집, 세종어문연구회, 1987.
조영주, 〈참요에 대한 정신분석학적 연구〉, 건국대학교 석사학위 논문, 2001.
최범훈, 〈참요연구〉, 《한국문화연구》 1집, 경기대학교, 1984.
최승범, 〈파랑새요에 대한 사견〉, 《한국사상》 7, 한국사상연구회, 1964. 6.
최철, 〈한국정치민요연구〉, 《인문과학》 60집, 연세대학교 인문과학연구소, 1988.
황패강, 〈서동요연구〉, 《신라문화》 3·4, 동국대학교 신라문화연구소, 1987.
황패강, 〈한문소설 홍경래전의 연구〉, 《동양학》 18, 단국대학교 동양학연구소, 1988. 10.

小倉進平, 《鄕歌及び吏讀の研究》, 아세아문화사, 1974년 영인.
串田久治, 《中國古代の謠と豫言》, 東京: 創文社, 1999.

| 찾아보기 |

ㄱ

가보세요 562, 563
가야산 학사당 이건상량문 42
가체신금사목 457
가토 기요마사 256~258, 261
감란록 379
갑술환국 329, 338, 512
갑자사화 177, 180, 201
강도몽유록 299, 300
강수 193
강이천 487
강재승 352, 354
강조 77
강후현 74
개남요 555, 557, 560
거타지(설화) 34~37
검승전 257
견훤 21, 22, 42~47, 54~67
경국대전 288, 346, 347, 525
경대승 77, 82, 92
경명왕 46, 47, 51
경복궁요 305, 498

경복궁타령 499
경순왕 44, 58
경애왕 58, 64
경함 101
계국대장공주 116, 117
계림요 39, 45
계백 27
계압만록 447
고경참요 46, 51
고기 21, 22, 57
고니시 유키나가 238, 257
고려사 54, 68, 76, 85, 90, 94, 100~154, 594
고려사절요 55, 76, 85, 91, 100~110, 125, 153
고종 94~105, 108, 447, 482, 491~516, 528~535, 539~553, 562, 578~589
공민왕 87, 110, 120~140, 147~151
공양왕 130
과책 525
관상감요 491
광삼건곤요 368~371, 378

광제비급 480
광제비급향약오십종치법 481
광해군 152, 180, 216, 222, 234, 263~280, 293, 311, 315, 422
광해군일기 263, 266, 279
국조보감 171, 229, 230
궁예 41~51, 57, 59, 60
권근 147, 152, 155, 164, 275
권설 357~360
권설소설요 356
권율 244
균역사목 391~394
근정전 상량문 501
근호야요 335, 336, 338
금강 63~65
금거요 274~276, 617
금성대군 167, 168, 169, 170, 173
기해박해 484, 485
길재 152
김간 318
김개남(김기범) 546~549, 555~557, 561, 608
김경손 101, 102
김구 313
김덕령 260
김려 486~488
김륜 274, 275
김만중 280, 281
김방경 104~109, 113, 114
김부(대왕) 58
김부식 73, 78, 79
김사미 91, 92, 93
김소월 510

김시묵 413, 415
김시습 215
김안로 161, 175~181, 183, 184, 187, 188, 189, 190, 200, 201, 202, 203~209
김우정 280, 281
김유근 484
김유신 26, 55, 56
김인존 68, 69, 70, 71, 75
김일경 310, 364, 366, 374, 380, 381, 382, 388, 396
김일손 183
김자점 278, 279, 282, 300, 307, 308~317, 406
김조순 464~472, 484
김존걸 93
김종직 183, 200
김지겸 120
김지경 125~129
김지연 544
김춘추 26
김취려 95~99
김취로 384~386
김통정 104~109
김평장행군기 96
김홍집 496, 532

ㄴ

나계종 149~152
나무망국요 34
나비잠요 570~572
난경 480

난중잡록 252, 253
남구요 131, 137, 138
남산요 147, 161~163
남은 161~163, 604
남지요 361
남하정 225
남휘 356, 357
내일요 445, 446
노국대장공주 151
노산(군) 167~173
녹두새요 64, 538~545, 563
논어 69, 275, 493
논어신의 69
누루하치 298
능양군 279, 280, 311

ㄷ

단종 167~173, 344
담정유고 486, 488
담정총서 488
대동기문 243
대전속록 345
대필요 210
데라우치 515
도라오내요 277~282
도요토미 히데요시 238, 256, 257
도참기 240, 241
도쿠가와 이에야스 257
도화요 578
동각잡기 145, 153
동광 563

동국악부 62
동국여지비고 161, 493
동국여지승람 55, 90, 161, 162, 219
동국통감 76, 77
동비기략초고 539
동사강목 39, 41, 46, 56, 64, 67, 68,
　　85, 90, 118, 145, 153, 154
동성왕 20
동소만록 225
동아일보 155, 479, 483, 498, 578
동의보감 480
동현사략 275
두경승 85, 88, 89

ㅁ

마나노장자 21~23
마렵요 227, 234
막좌리평요 235, 236, 239
만손요 190, 191
만수산요 111, 117
만영 482, 484, 485, 517
망국동요 399
망국요 221
망마다요 175
망이 망소이 88
매천야록 491, 495, 513, 516, 517,
　　518, 520, 523, 529, 531~535,
　　550, 556, 583, 585, 587
매화타령 502, 503, 504
맥숙요 164
맹자 226, 261, 303
맹초 69

638 참요

메나리곡 432
명랑법사 38
명성황후(민비) 336, 496, 513~516, 579, 581, 590
명의록 406
명종 80~93, 110, 199, 206, 218~224, 365, 421, 484, 500, 574
목민심서 470
목자요 153, 154, 157~199
목종 44, 77, 129, 465
몽중노소문답가 540
무계관요 455,
무령왕 20, 21
무명자집 459
무왕 17~22, 25, 60
무학(대사) 240, 241, 500
문종 70, 75, 121, 129, 168, 299, 466
미나리요 336, 337
미우라 고로 497
민병석 512, 514, 515, 518~522
민영환 582
민인백 231~233, 270, 273
민종렬 541~543
밀본 38

박지화 44, 45
박충간 225, 230
반계수록 392
배극렴 157, 158
배중손 105, 107
배천 농요 426
백제월륜요 24
번옹유사 410
법왕 18, 20
병인양요 502~504
병자란요 301~304
병자호란 293, 297~300, 311, 315, 574
보우(선사) 218~220
보한집 40
보현찰요 76, 77
복지겸 49
본조아리랑 557
본초(강목) 480
본초강목습유 533
봉준요 557, 560
부계기문 207
분류 오주연문장전산고 46, 51, 227, 228, 362

ㅂ

박규수 515
박문수 379
박색요 387
박세병 542
박영규 67
박원종 182~184

ㅅ

사기 29
사도세자 391, 393, 405, 414, 452, 453
사리봉안기 21
사리화요 141~144
사모요 186~189

사변록 381
사택씨 21
사혈요 306~308
산유화가 432
산화야곡 431, 432
삼개고만요 407, 408
삼국사기 21, 24, 29, 39, 43, 46, 48, 59, 60, 78
삼국유사 17, 21, 23, 31~34, 38, 57, 64
삼국지 56
삼봉집 161, 162
삼수갑산요 506
삼신요 464
삼합로고요 178~181
삽교만록 588
상위요 100, 245
서거정 76
서동 17~23
서동설화 17~23
서동요 17, 18, 21, 23
서명선 405, 409, 414, 421, 424, 433
서애선생문집 236
서정주 37
서포만필 280, 281
석상송요 375
석숭장원요 523
선덕여왕 36, 38
선조 199, 213~216, 222~263, 281, 293, 311, 439
선친유사 416
선화공주 17~21
선화당요 512

섭제요 318~320
성대중 309, 330, 364, 386, 389, 404, 406, 413
성불여월요 269, 270, 273
성종 129, 175, 176, 177, 184, 361, 484, 494
성충 28
성호사설 168, 173, 238, 439
성혼 224, 225, 247, 254
성희안 182, 183, 184
세우천가요 252, 255
세조 111~115, 168~172, 183, 184, 292, 347, 493
세종 87, 163, 165, 168, 169, 170, 184, 289, 574
소정방 26, 28
소현세자 173, 308, 312
속대전 289, 347
속잡록 221, 265, 270
손병희 548, 549
손화중 546, 548, 550, 555, 556
송시열 312, 315, 316, 327, 332, 336, 339, 340, 385, 408, 410, 411, 415, 479
쇄미록 242
수교집록 345
수묵묵요 182~185, 622
수보록 157, 158
수양대군 170
수언 199
수원요 447, 451, 452, 454
수통과부요 384
숙종 68, 129, 171~173, 318~345,

352~381, 396, 422, 484, 492
순조 122, 152, 362, 410, 422, 436, 446, 463~468, 479~483, 517
슬파곤요 200
승정원일기 506, 584
시경 143, 303, 499
시무책 42, 43, 350
신검 63~67
신경 236, 245
신경진 278, 279, 311
신광수 257, 260
신돈 147, 151
신립 225, 240~244, 246, 248
신면 314~317
신명직 387, 388
신미록 469
신미양요 504
신숙주 170
신숭겸 49, 58
신정왕후(조대비) 482, 484, 493, 515~517
신증동국여지승람 161, 162
신채호 109, 226
심광세 118, 122
심노숭 332
심상관 372~376
심양왕 120, 121
심정 197, 198, 201, 205
십팔자요 91

ㅇ

아야마(곡) 122~124, 617

아야마요 118
악용운근요 240
안방열 104, 108
안방준 223, 227
안석경 588
안정복 39, 41, 46, 64, 67, 68, 85, 90, 118, 145, 153
안평대군 167, 168, 169
애책문 409
양은천미 243
양헌수 503
어법집 31, 32
어사화요 342, 345
어숙권 161
어우야담 243
억귀요 391~394
엄귀비(엄상궁) 578~581
엄주하 506, 508, 509, 511
여립갈건삼요 231, 233
여씨향약 459
여유당전서 416
역주 매천야록 491, 513, 520, 523, 529, 531, 534, 583, 587
연려실기술 161, 162, 175, 179, 183, 190, 204, 221, 236, 245, 252, 297, 330, 331
연산군 175~190, 193, 196, 201, 421
연산요 486
연주문요 573, 575, 577
영조 173, 225, 306, 338, 360, 364~405, 466~471
영창대군 216, 263, 264, 279
예종 68~70, 78, 129, 154, 361

오광운 62
오구라 신페이 17, 23
오마남도요 184
오산설림 500
오오요 441
오하기문 542
오행상승설 35, 57
오희문 242
완경구 413, 415
완급요 372
완산요 63~65
완주신문 576
왕거인 35
왕건 39~51, 58~67
왕망 29, 42, 204
왜장요 256, 261, 621
용천담적기 161, 162, 175, 179, 183,
　　187, 189, 190, 200, 201
우군칙(측) 474~477
우대후요 137, 138
우장직령요 245, 246
운곡리가요 458
원종 104~110, 112, 113
위씨춘추 50
위홍 35, 36
유곤록 401, 403
유광억전 526
유길준 580
유성룡 215, 233, 235, 236, 243
유세무전요 283, 284
유소 56
유자광 183
유하혜 226

유향 58
유형원 392, 507
유홍행장 247, 254
윤관 81, 85, 86
윤기 459~463
윤원로 205, 206
윤원형 206, 209
윤유 377
윤인첨 81~90
윤증 526
윤지 395, 396
윤주신문 576
윤휴 323
은야석야요 265~268
은행나무요 167, 168, 173
을해옥사 396
을해옥사 396
의자왕 18, 24~28
의종 76~83, 86, 87, 88, 92, 143
의친왕 492, 580, 585
의호청밀요 325, 329
이건명 365, 366, 370
이건창 503
이경화요 479~481
이곡 150, 486, 487
이괄 278, 279, 311, 331
이광사 62
이규경 46, 51, 227~229, 362, 363
이긍익 161, 175, 179, 183, 190, 204,
　　221, 236, 245, 252, 297, 330
이기숙 458, 459
이밀 59
이방원 152
이백 57, 352

이병모 480
이사성 369, 372, 375
이산해 210, 211, 213~216, 233
이색 134, 137, 140, 152
이성계 145~148, 153~157, 163, 199
이세석 344, 416, 417, 419
이수광 250, 251, 274, 275
이시다 미쓰나리 257
이여송 236~239
이영익 62
이옥 525, 526
이완용 515, 580, 585
이우하 384, 385
이원수요 145
이유원 46, 141, 142, 143, 144, 436
이은상 155, 479, 483, 498, 578
이의민 77, 79, 81, 82, 86, 91, 92, 93, 110, 154
이의방 76, 77, 79, 80, 81, 82, 83, 86, 87, 88, 92
이이 213, 215, 222, 224, 225, 264, 273, 279, 280, 365, 366, 378, 381
이익 55, 60, 90, 168, 173, 238, 303, 376, 439, 507, 525
이인좌 369, 370, 378, 379, 387, 388, 389, 397, 471
이인직 513
이임 169
이자겸 69~75, 154
이자현 75
이재난고 330, 331, 335, 337, 368, 392, 395, 400, 401, 408, 413, 434, 438, 440, 442, 445, 452, 455

이정형 145, 153
이제현 96, 141~144
이지번 214
이지원 70, 503
이지함 214
이집두 433~437
이토 히로부미 580, 582, 583, 584, 585, 586
이학규 62, 122, 123, 138, 140
이항복 279
이형장 312~314, 316, 317
이황 75, 173, 174, 218
익종 482, 484, 493, 517
인목대비(왕후) 264, 279, 280
인수대비 176
인재책 417
인조 122, 130, 217, 221, 264, 267, 278~283, 293, 297~301, 306~316, 320, 331, 363, 422
인종 38, 68~78, 128, 201, 206, 209, 365
일경파경요 364, 367, 413
일득록 457
일성록 421, 427
일월록 252, 253
임간요 520
임경업 300, 312
임규 83, 84
임격정 229
임동권 117, 256, 261, 338, 475, 479, 483, 498, 502, 538, 544, 545, 552, 555, 560, 562, 563, 570, 571, 573, 578

임사홍 176, 183
임신기병요 469, 470
임유무 7, 602
임진왜란 215, 222, 229, 234~266, 439, 500, 541
임하필기 46, 141, 436
임형택 491, 513, 520, 523, 529, 531, 534
입롱요 85, 90

ㅈ

자저실기 견문외편 332
자점점점요 309
작제경요 104, 105
장우원 494
장희빈 335~340, 354, 367
장희재 339, 340
잦은 아리 571, 572
재조번방지 236, 245
전봉준 64, 539, 540, 541, 542, 545~550, 555, 556, 559, 560, 561
전읍흥요 223~226, 234, 603
절영마가 60, 62, 617
절영마요 54
정감록 469, 476
정광필 197, 198
정도전 157, 158, 161, 162, 163, 363, 365, 500
정만종 218, 219, 220
정몽주 152, 163
정약용 75, 289, 290, 291, 363, 410, 416, 417, 418, 429, 470, 525

정엄 218
정여립 223~234
정영방 283, 293
정인지 170, 171
정재원 416, 417
정조 173, 393, 400, 403~487, 589
정중부 76~83, 86~88, 92
정철 215, 225, 226
정총 157, 158, 163
정팔룡 229, 230
정후겸 404, 405, 414, 423
정희계 157, 158
제국대장공주 112, 113, 116
조경남 221, 252, 265
조광조 197~201
조만영 482, 484, 485, 517
조병갑 545, 546
조선구전민요집 256
조선문학과 어희고 544
조선의 요참 155, 479, 483, 498, 578
조선책략 496
조송건곤요 377~379
조수삼 473, 474
조시위 433~437
조위총 81, 82, 85~90, 92
조의제문 183
조재항 426, 428~432
조진희 380~383
조학민 533
종두귀감 532
종포도목요 125, 128
주례 459
주초수명요 197~199

중종 171, 173, 177, 182~210, 218, 219, 345, 421
증보문헌비고 100, 137, 161, 162, 299, 306, 594
지규식 553
지남포시사 461
지리다요 30~32
지명법사 19
지봉유설 250, 251, 274
지석영 532
직관론 418
진덕여왕 35
진성여왕 34~38, 48
진시황 29, 56
진평왕 18, 19
징병고유 536
징비록 243

ㅊ

차천로 500
차팔자요 249, 251, 266
창가루외사 488
채무택 202~208
채송년 94, 95
채제공 362, 409, 410, 416, 417, 455, 456, 457, 468, 512
채채요 218, 219, 220
채홍리 460
척준경 70~74
천경록 151
천리연송요 534
천의소감 398

천추태후 44
청광저사소 408~410
청구야담 243
청량교요 433, 434, 437
청루여몽요 380, 381
청새진요 94
청성잡기 309, 330, 331, 364, 386, 389, 404, 406, 413
청포장사요 544, 545
청학동 44
초씨역림 250
초포요 587
최곤술 42
최명길 278, 279, 311
최사전 72, 74
최승우 42
최시형 547
최신 245, 246, 618
최영 133, 145~147
최영경 613
최우 95, 101, 102, 291
최원릉 297
최이 101, 102, 474
최익현 302, 496, 515
최자 40
최제우 539, 540, 541, 545
최충헌 77, 83, 93, 94, 95
최치원 39~45
최항 101, 102, 103
추연 35, 57
충렬왕 109~117, 120
충선왕 113, 116, 117, 120, 121
충숙왕 119~129

충혜왕 118~124, 129, 130
칠화 56
칭기즈칸 111

ㅋ

쿠빌라이 111~114

ㅌ

탁탁귀요 298~300
태조 21, 41, 47, 51, 54, 64, 85, 94, 104, 108, 153, 163, 365, 500, 517
태조신도비명 157
태종 87, 94, 157, 161~165, 299, 365
태천집 231, 270

ㅍ

파랑새요 64, 545, 551, 552, 563
파방요 528
팔십일편 480
팔일청명요 582
패관잡기 161, 162
포박자 56
풍고집 464

ㅎ

하륜 158
하야시 곤스케 520, 521, 522, 585
하재일기 553
학암집 245

한고관외사 488
한광전 416, 417
한국구비문학대계 243
한국민속종합보고서 243
한국민요집 117, 256, 338, 475, 479, 483, 498, 502, 538, 544, 545, 552, 555, 560, 562, 570, 573, 578
한국어
한명회 170, 361
한유 372, 375, 376, 399~403
한중록 403
할미성요 261, 304
할사요 149
항우 59
해동비록 69
해동야언 161, 175, 179, 183, 190
행상도요 404, 413
향약단방치험 481
향약집성방 480
허균 269, 270, 273
허목 321~324, 331, 362, 363
허봉 161, 175, 179, 183, 190
허적 310, 322, 323, 324, 327, 330~334, 340, 413
허적산적요 330, 331, 334, 413
허허우소다요 321~323
헌강왕 31
헌종 482~485, 517
현와전집 494
현종 40~44, 70, 77, 204, 317, 318, 320, 323, 332, 360, 422, 513
혈세일규(게츠제이잇키) 536
혈의 누 513

형장요 314, 317
혜경궁 홍씨 403
혜왕 18
혜통 38
호국성팔각등루기 43
호지목지요 100~103
혼정편록 223, 227
홍경래 469~477, 612
홍경래동란기 471
홍경래란요 475
홍경래전 469, 470, 607
홍경주 198
홍계유 380
홍계희 391, 392, 393, 394, 405, 414
홍국영 310, 405, 408, 409, 410, 413, 414, 415, 423
홍도화요 412, 441
홍봉한 399~403, 415
홍빈 408, 409, 413, 415
홍언충 187~189
홍충도요 420
홍화요 438, 439, 440
화로요 352~355
화양문견록 245
화엄경 38
황성이곡 486
황윤석 330, 331, 335, 337, 368, 369, 371, 392, 394, 395, 400, 401, 408, 413, 434, 438, 440, 442, 443, 445, 452, 455, 456, 457
황정욱 218
황준량 173, 174
황현 491, 495, 513, 517, 518, 520, 523, 529~535, 539, 541, 542, 543, 550, 556, 583, 585~587
효종 308, 310,~316, 318, 320, 323, 332, 357, 360, 422, 503
후재선생별집 318
휴옹집 118
흥선대원군 305, 482, 491~504, 512~517, 520, 548, 590
홍수 27
희락당고 161, 162, 175, 179, 183, 187, 200

참요, 시대의 징후를 노래하다

1판 1쇄 인쇄 | 2012년 7월 23일
1판 1쇄 발행 | 2012년 7월 31일

지은이 심경호
펴낸이 김기옥

프로젝트 디렉터 기획3팀 최한중
커뮤니케이션 플래너 박진모
영업 이봉주
경영지원 고광현, 김형식, 임민진

디자인 성인기획 | **인쇄** 미르인쇄 | **제본** 정문바인텍

펴낸곳 한얼미디어·한즈미디어(주)
주소 121-839 서울시 마포구 서교동 392-34 강원빌딩 5층
전화 02-707-0337 | **팩스** 02-707-0198 | **홈페이지** www.hansmedia.com
출판신고번호 제2004 1-3호 | **신고일자** 2005년 3월 24일

ISBN 978-89-91087-58-3 03810
책값은 뒤표지에 있습니다.
잘못 만들어진 책은 구입하신 서점에서 교환해 드립니다.